日本国憲法の理論

福島　　弘　著

中央大学出版部

目次

日本国憲法の理論

はじめに

一　近代ヨーロッパ憲法について

憲法学では、現行の日本国憲法（昭和二一年一一月三日公布、以下、文脈に応じて単に「憲法」と略すこともある。）を論ずるに当たり、近代ヨーロッパ憲法から出発するのが常道となっているようである。

しかし、近代ヨーロッパ憲法とは、何なのだろうか。

例えば、イギリスは、古くから民主主義の国と見られているが、その憲法理論は、どれだけ普遍性を有しているだろうか。

一七八九年のフランス人権宣言は、人権保障と権力分立が立憲主義の要諦であることを宣言しているが、同宣言の基準からすれば、イギリス立憲主義の意義は、不分明となってしまうであろう。一二一五年に英国王ジョンが承認したマグナカルタは、イギリス憲法史上最重要な法典の一つとみなされているが、これは、それまで慣習的に認められてきた貴族、教会及び都市の特権を再確認したものであり、そこに近代的人権の保障を読み取ろうとする解釈は、市民革命期の拡大解釈に過ぎない。国王は、イギリス議会の一部を構成するものであり、貴族院は、司法権をも行使するのであるから、イギリスにおいて権力分立が確立されていないことは、明白である。ロックは、「統治二論」（一六九〇年）において、市民革命を肯定したが、国王を処刑したピューリタン革命には賛同しておらず、名誉革命は、共和制ではなく、王制を帰結したのである。モンテスキューは、「法の精神」（一七四八年）において、民主主義による暴走を危惧しており、イギリスの統治制度を賛美し、議会の権限を抑制するため、国王と裁判所が機能していることを高く評価している。イギリス議会が成年男性に普通選挙権を認めたのは、ようやく一九一八年になってからのことである。

このようなイギリス憲法は、世界的に最も古い歴史を有するにもかかわらず、世界の標準的な理念を体現しているとは言えないだろう。

また、例えば、フランスは、ヨーロッパ大陸における最も先進的な革命の国と見られたが、その憲法理論は、どれだけ成熟したものであったろうか。

フランスは、一八世紀終わりから一九世紀を通じて、憲法の実験室と評されるほどに、目まぐるしく憲法の改廃を繰り返した。一七九二年に成立したフランス第一共和制の国民公会は、山岳派が実権を握ると、公安委員会、革命裁判所による恐怖政治をしき、多数派がテルミドール九日のクーデタを果たすと、それまで実権を握っていた山岳派を逮捕して翌日には処刑し、政治的混乱と不安定の中で、一八〇四年の第一帝政に至った。トクヴィルは、「アメリカの民主政治」において、民主主義が熱情的となり戦争を志向しがちであることを論じているところである。フランス革命において、政府の実権を掌握した者が、異なる価値観・意見に寛容でなく、他者の自由な表現活動を合法的に弾圧したというのは歴史的事実であり、対仏大同盟が、フランス革命政府のイデオロギーを敵視したのにも、それなりの理由があったとしなければならないだろう。王政復古の後の第二共和制、第二帝政を経て、一八七〇年に成立した第三共和制は、結果的に長期間にわたって存続することとなったが、当初は、王政が確立するまでの臨時体制と目されていたものであり、政治的な安定を欠くものであった。

このようなフランス共和制下の憲法は、世界的に大きな影響力を有したにもかかわらず、政治的安定を招来することが出来なかった。フランス人権宣言は、権力分立の重要性を強調したが、現実に成立したフランス共和制下の憲法は、議会に権力を集中させるものだったのである。

もちろん、近代ヨーロッパ諸国の憲法史が、国民主権、議会制民主主義、議院内閣制などの諸概念を創造し、その理論的発展のもとに日本国憲法が成立したという側面があることは否定できないが、それにしても、近代ヨーロッパ憲法という概念は、歴史的に存在した一個の憲法典として特定できるものではなさそうであるし、そこで語られる理論は、判然としないところを持っているから、抽象的に理論モデルを措定して憲法を論じるという手法には、問題があるのではなかろうか。

二　大日本帝国憲法に対する論難について

憲法学では、大日本帝国憲法（明治二二年公布、「明治憲法」という。）の規範内容及び運用いかんを問題視する見解がほとんどであろう。

例えば、明治憲法下において、帝国議会は、治安維持法など人権を抑圧する法律を制定したことがあり、軍部は、陸海軍大臣を送り出すことを拒否して組閣を拒んだことがあり、裁判所は、違憲審査権を有していなかったことなどが挙げられている。

しかし、これらは、明治憲法の規範内容の問題なのだろうか。

確かに、治安維持法の運用に問題があったことは否定できないが、その運用いかんを捉えて、明治憲法の欠陥と目すことには問題がある。同法は、私有財産制度を否定する活動のみを適用対象としたものであり、当時の国民世論は、過激思想に賛同していなかったのであって、帝国議会が、同法を制定したのには、それなりの経緯があったと言わざるを得ない。帝国議会は、普通選挙法の施行後も、同法を廃止していないのであるが、それが問題であるのならば、それは、明治憲法の有する規範内容又は最高規範性の問題なのではなく、議会制民主主義への懐疑論の問題に帰着することになろう。

そして、明治憲法は、陸海軍大臣の現役武官制などを規定したものではなかったし、軍部が組閣問題へ介入することを認めてもいなかったのである。天皇は、帝国議会の議決した法律を裁可しなかったことはないし、内閣総理大臣を任命するときは元老・重臣などの推薦に従っていたし、裁判に干渉することもなかった。同様にして、天皇は、陸海軍大臣の任命などで統帥権を実質的に行使することはなかったが、それは、明治憲法が軍部に組閣権限を認めていたからではない。逆に、内閣総理大臣は、天皇に上奏する権限を行使し、天皇の名のもとに陸海軍大臣を任命してもらうことも可能だったわけである。帝国議会は、現役武官制を改変しようと思えば、天皇への上奏権限を行使したり、当該法律を議決して天皇の裁可を得たりすることも可能だったわけである。ところが、歴史的現実としては、浜口内閣が、昭和五年のロンドン会議において、海軍兵力の削減に応ずる旨の閣議決定をしたのに対し、野党（立憲政友会）は、これが統帥権の干犯であるとして内閣を攻撃し、犬養首相が、満州事変後に建国された満州国を承認しなかったのに対し、青年将校らは、五・一五事件を引き起こして同首相を殺害したのである。これらは、野党や青年将校らによる行為の違法性の問題なのであって、明治憲法の規範内容の問題なのではない。明治憲法は、議院内閣制・政党内閣制が機能することを是としていたのであって、軍部の横暴や暴力による政治を認めていたわけではない。

また、明治憲法は、裁判所の違憲審査権を明記してはいなかったものの、違憲審査権を否定したものと結論するのは早計である。アメリカ合衆国憲法は、違憲審査権を明記していなかったが、連邦最高裁は、一八〇三年のマーベリー対マディソン事件判決において、裁判所が法令の違憲審査権を行使できるものと判示した。その論理は、憲法が最高法規であり、裁判官にも憲法遵守義務があるから、憲法に違反した法令を適用して司法権を行使することはできないというものであった。この論理によれば、明治憲法下においても、裁判所が違憲審査権を行使することは可能だったのである。

もちろん、もしも、明治憲法が、多様な人権カタログを用意して、人権保障により一層配慮したり、議院内閣制や内閣総理大臣の権限を明確にして、軍部に対する文民統制を確立したり、違憲審査権を明記したりしていれば、よりよい制度運用がなされたであろうことは否定できないが、それにしても、戦前の歴史的、社会的問題を明治憲法の規範的問題として捉えることには、問題があるのではなかろうか。

三　明治憲法と日本国憲法との法的連続性について

憲法学では、明治憲法と日本国憲法とが、法的連続性を欠いているという見解がある。

その見解にも様々ある。例えば、日本政府は、ポツダム宣言を受諾したことにより、国民主権を宣言して八月革命をなし、天皇主権の明治憲法が無効になったという見解がある。また、条文全部の改正が、憲法改正の限界を超えているという見解や、天皇主権・欽定憲法から国民主権・民定憲法への改正が、憲法改正の限界を超えているという見解もある。

しかし、歴史的事実は、どうなのか。

日本国憲法は、明治憲法の改正手続により成立したものである。すなわち、昭和天皇は、昭和二一年三月、幣原内閣の上奏を受けて憲法改正の勅語を発し、帝国議会は、衆議院及び貴族院において、それぞれ憲法草案を審議してその修正案を可決し、天皇は、それを裁可し、同年一一月、憲法を公布したものである。日本国憲法が、明治憲法の改正手続により成立しているのに、両者が法的連続性を欠くと理解すべき合理的な根拠はあるのだろうか。

日本国憲法の成立に前後して、戦前からの法律の改廃が多数行われたが、少なからぬ法律は、戦後もその効力を保った。例えば、現行の刑法は、明治四〇年の制定であるが、裁判所は、これを有効なものとして適用している。日本国憲法が明治憲法と法的連続性を欠くという意見に従えば、帝国議会の制定した刑法は、日本国憲法下において無効になるというのだろうか。

明治憲法の成立前の太政官布告もある。例えば、明治六年太政官布告六五号は、死刑の執行方法を絞首刑と定めている。同太政官布告は、明治憲法下及び日本国憲法下の法律によって改廃されておらず、最高裁昭和三六年七月一九日大法廷判決（刑集一五巻七号一一〇六頁）は、同太政官布告が、日本国憲法下においても有効であると判示している。

戦前の大審院は、民事事件・刑事事件において、多数の判例を形成してきたが、それらは、最高裁により変更されない限り、現在も有効である。例えば、現行の刑事訴訟法によれば、下級審が、大審院の判例と相反する判断をした場合、これは、上告理由となる（四〇五条）。日本国憲法が明治憲法と法的連続性を欠くという意見に従えば、明治二三年の裁判所構成法のもとでの大審院の判例は、日本国憲法下において法的意義を有しないことになるというのだろうか。

明治憲法と日本国憲法とが法的連続性を欠いているという見解は、明治憲法と日本国憲法との相違点を強調するものである。

しかし、日本国憲法は、天皇制を廃止したわけではないし、国会万能主義を規定したわけでもない。天皇は、内閣の助言と承認によるとはいえ、国会を召集し、衆議院の解散をするという国事行為を行う（七条）主体であるのに対し、国会は、自律的に開会を宣言したり、解散したりする権能を有していない。天皇は、国会の指名に基づくとはいえ、内閣総理大臣を任命する（六条）主体である。皇位が世襲のものである（二条）という規定は、国民主権の原理だけで説明をなし得るものではない。

もちろん、日本国憲法において、国政が国民の信託によるものであり、公権力は国民の代表者が行使するものであり、その福利は国民が享受することを宣言したことは重要であり、その歴史的意義は、強調してもし過ぎることはないであろうが、それにしても、明治憲法と日本国憲法とが、法的連続性を欠いていると論断することには、問題があるのではなかろうか。

四　人権論と憲法訴訟論について

憲法学では、人権論と憲法訴訟論に関する議論が盛んであり、とりわけ、表現の自由の重要性とその制約に対する違憲審査権の厳格性が強調されるようである。

それは、こういうことであろう。日本国憲法は、国民主権、議会制民主主義、議院内閣制を採用しており、政治部門における国家意思の決定に重きを置いている。国民は、多種多様な価値観を有するが、多数派は、選挙の過程においても、また、国会での議決過程においても、いずれも大きな力を有するだろうから、機械的な多数決の論理を通すならば、少数派は、政治過程から排除されかねない。少数派が表現の自由を保障され、思想の自由市場が確保され、多数派が少数派の意見に耳を傾け、その内容に配慮してこそ、民主主義が十分に機能する。そのため、裁判所は、少数派が政治過程から排除されないよう配慮し、民主主義の過程を維持するため、積極的に違憲審査権を行使すべきである。かかる違憲審査権の行使は、民主主義の理念と矛盾するものではない。民主主義社会では、表現の自由が極めて重要であり、司法積極主義が期待されるのだ、と。

この議論を敷衍すると、いわゆる二重の基準論となる。すなわち、民主主義社会においては、表現の自由の保障が重要であり、表現の自由を制約する法律・行政処分については、厳格な違憲審査を行うべきであり、逆に、経済的な自由を制約する法律・行政処分については、立法機関・行政機関の裁量権に一定の配慮をすべきであるとされる。そして、経済的な自由を制約する法律・行政処分にも二種類あり、弱者保護などの社会・経済政策の立法行為・行政行為には、比較的緩やかな違憲審査がなされるべきであり、警察規制にかかる立法行為・行政行為には、より厳格な違憲審査がなされるべきである、と。

しかし、表現の自由を重視し、司法積極主義を強調するアプローチに、問題はないのだろうか。

まず、司法行為にも、違憲・違法が生じかねないことを忘れるべきではない。表現の自由よりも大切と思われる人権の一つが、生命である。国家権力は、死刑判決により、合法的に国民の生命を奪うことができる。司法権とは、法律上の争訟の存在を前提として、法令を解釈適用してこれを終局的に解決する作用であると言えようが、裁判所が、事実認定の誤り・法令解釈の誤りを犯さないと断言できるはずがない。仮に、冤罪など起こり得ないとか、司法機関の方が立法機関・行政機関より信頼できるとか、そのような議論があるとすれば、それが乱暴に過ぎることは明白であろう。そして、国会及び内閣は、仮に個別具体的な裁判が違憲・違法であると思えても、これを是正する権限を有していないのである。

つぎに、違憲審査に二重の基準が存在するという議論には、どれだけ合理的な根拠があるのだろうか。社会・経済政策的な立法行為・行政行為には、比較的緩やかな違憲審査基準が適用され、警察規制的な立法行為・行政行為は、より厳格な違憲審査基準が適用されるべきであるという見解があるが、議論がやや抽象的に過ぎはしまいか。確かに、前者の場合、立法行為・行政行為の裁量権の逸脱・濫用が認定されることは少ないだろうが、それは、弱者保護のための立法行為・行政行為に対する違憲審査基準が緩やかであるべきだからではなく、当該事項が高度の政治性を帯びていたり、専門・技術的事項に関わるためであろう。また、後者の場合、時に立法行為・行政行為が違憲・違法であるという判断が下されることがあろうが、それは、警察規制に対する違憲審査基準が厳格であるべきだからではなく、その警察規制の対象が、国民の生命、身体、健康、環境衛生などに対する有害行為・有害物などであり、規制の必要性・手段の相当性が事実認定に馴染みやすいからであろう。国民の生命、身体、健康、環境衛生を保護するための立法行為・行政行為が、弱者保護のための立法行為・行政行為よりも違憲判断を下されやすい人権制約類型であるなどとは、到底考えられない。

例えば、ある薬剤に重篤な副作用の疑いが指摘されたとき、確実な証拠を得るまで、かかる薬剤の流通を放置しなければならないのだろうか。ある農場で伝染病の疑いが指摘されたとき、ある程度の疎明資料があれば、その事業を規制することは許されるのではなかろうか。警察規制的な立法行為・行政行為に対し、より厳格な違憲審査がなされるべきかどうかについては、議論の余地があろう。

もちろん、表現の自由は重要であるし、裁判所による違憲審査権の行使は重要であって、これを軽視することは許されないが、それにしても、人権カタログに序列をつけたり、違憲審査制度を中心とした憲法論を展開することには、問題があるのではなかろうか。

五　公権力の違法性という視点について

日本国憲法の理論を研究するために、いかなるアプローチができるだろうか。

戦前の憲法学では、議論の中心は、議会制民主主義や議院内閣制に向けられていた。枢密院議長として明治憲法案を起草した伊藤博文は、森有礼の批判に答え、国民に権利を保障し、天皇の権限に制約を加えるのでなければ、憲法を制定する意義がないという主張を通した。大正元年の第一次護憲運動・大正一三年の第二次護憲運動は、軍人・貴族を中心とした組閣に反対し、衆議院で与党を占めた政党が組閣することを目指したものである。その後、穂積八束教授が、天皇の統治権が無制限であると主張し、美濃部達吉教授が、天皇機関説を論じて対立し、昭和一〇年、この対立が、政治問題に発展し、憲法学の発展が阻害されるに至ったが、自由民権運動期や大正デモクラシー期の憲法学は、大きな成果を残したと言えよう。

戦後の護憲運動は、日米安全保障条約や自衛隊設置に対する反対運動などがその大きなものであり、そこでは、「表現の自由」としてのデモ活動や「労働争議」としての政治要求などが歴史的事実として展開された。そして、憲法学では、表現の自由や労働基本権の重要性を強調する意見が展開された。法解釈学という立場から、憲法の掲げる人権カタログについて、その概念、性質、内容、制約いかんなどを順次検討するという学問的手法がとられることは当然ではあろうし、人権論では、初めに人権があり、後に公共の福祉による制約があるという思考順序が採用される。国会は、日米安保条約を承認し、自衛隊設置法を制定した国家機関であり、その立法行為の違憲性などが議論された。戦後の憲法学では、議論の中心は、憲法訴訟、違憲審査権、合憲性判定基準となってきた。

しかし、憲法訴訟という特別な訴訟手続はない。

立法行為・行政行為・司法行為は、個々具体的な民事事件（行政事件を含む）・刑事事件の中でその合憲性が判断される。例えば、行政処分の取消訴訟においては、行政処分の根拠となった法律の合憲性が問われ、あるいは行政処分の合憲性が問われ、違憲ないし違法と判断されれば、民事裁判において、行政処分が取り消される。刑罰法令が違憲と判断されれば、刑事裁判において、無罪が言い渡される。民事裁判・刑事裁判は、司法権の行使であるから、法律上の争訟が存在しなければ、実体判断が下されることはなく、訴訟要件がなければ、訴え却下・公訴棄却となる。

また、これらの行政訴訟・刑事訴訟のほか、国家賠償請求という民事訴訟の中においても、公権力の行使の合憲性・合法性が問われてきた。

これらの行政訴訟、国家賠償訴訟、刑事訴訟については、それぞれ行政法学、民事法学、刑事法学などからの研究成果があるが、一度、憲法学の体系の中で整理し直してみたらどうなるだろうか。特に、個別の判例研究ではなく、判例群をある程度体系的に整理することが出来たら、それは、意義のあることであろう。

憲法は、国家権力を行使する国家機関として、国会・内閣・裁判所を中心にして規定を設けており、これらの国家機関には、それぞれ組織規範・手続規範・実体規範がある。公権力行使の合憲性・合法性を研究するに当たっては、人権概念から出発してその制約の限界を論ずる手法もあろうが、それとは異なり、立法行為・行政行為・司法行為の必要性・相当性などを正面から論ずるという手法もあるのではなかろうか。もちろん、かかるアプローチも、結局のところ、違憲審査権、合憲性判定基準を論ずることにつながるのであるが、一度、人権カタログの体系から離れて問題点を整理し直してみることにも意義があるように思うのである。

日本国憲法によれば、国家権力の正当性の根拠は、国民にあるのだから、憲法理論の柱となるのは、国民主権、議会制民主主義などの概念であろう。しかし、憲法を論ずるためには、その最高法規性を保障する制度としての違憲審査権を論じないわけにはいかない。憲法学では、民主主義と違憲審査権とが矛盾しないという考え方が多いかもしれないが、問題の理論的把握は、単純ではなさそうに見える。

私は、憲法学者ではなく、一人の法律家に過ぎないが、日頃、憲法学、行政法学などの書物に接しているうちに、自分なりの拙い研究を文字に残しておきたいとの思いにかられ、筆をとってみた。

出来ることならば、拙著をご覧いただいた皆様から、これまでの私の研究にあるはずの誤りをご指摘いただき、今後の私の研究の励みとさせていただきたいというのが、私の願いである。

第一章　日本国憲法の成立

日本国憲法の成立史は、ポツダム宣言の受諾から論ずるのが適当であろう。

太平洋戦争末期の昭和二〇年（一九四五年）七月二六日、アメリカ、イギリス及び中華民国は、いわゆるポツダム宣言を発した。アメリカは、同年八月六日及び九日、広島及び長崎に原子爆弾を投下し、ソ連は、同月八日、日ソ不可侵条約を破って日本に宣戦布告をした。日本政府は、同月一四日、連合国側に対し、ポツダム宣言を受諾する旨を伝え、天皇が、翌一五日、このことを伝える終戦詔書を発した。

ポツダム宣言には、① 日本国政府が、国民の間における民主主義的傾向の復活強化に対する一切の障碍を除去すべきこと、言論、宗教及び思想の自由並びに基本的人権の尊重を確立すべきこと（一〇項）、② 日本国国民の自由に表明する意思に従い、平和的傾向を有し、かつ責任ある政府が樹立されるべきこと（一二項）などが定められていた。

幣原喜重郎内閣は、帝国議会に対し、女性の参政権を認めるとともに選挙権年齢を二〇歳に引き下げることを内容とした衆議院議員選挙法の改正案を提出し、同年一二月、同改正法が成立した。

アメリカ極東陸軍司令官であり連合国最高司令官のD・マッカーサーは、昭和二一年二月、総司令部幕僚部民政局長のC・ホイットニーに対し、いわゆるマッカーサー・ノートと呼ばれるメモを渡して憲法草案の三原則を示した。

マッカーサー・ノートには、① 天皇が国家元首であること、皇位の継承が世襲であること、天皇の職務及び権能が憲法に基づいて行使されること、② 国家の主権的権利としての戦争を廃棄すること、紛争解決のための手段としての戦争及び自己の安全を保持するための手段としての戦争も放棄すること、③ 封建制度が廃止されること、皇族を除いて、華族の権利は現在生存する者一代以上に及ばないこと、華族の授与は国民的又は公民的な政治的権力を含まないことなどが記載されていた。

ホイットニーのもと、民政局のC・ケーディス大佐、A・ハッシー中佐及びM・ラウエル中佐の三名による運営委員会は、いわゆるマッカーサー草案と呼ばれる憲法草案を取りまとめ、ホイットニーがこれを国務大臣の松本烝治及び外務大臣の吉田茂に手渡した。

マッカーサー草案には、① 主権が国民にあること、天皇は日本国の象徴であり、日本国民統合の象徴であること（一条）、② 戦争の放棄（八条）、③ 基本的人権の保障（三章）、④ 国会の一院制（四一条）、⑤ 内閣制度、⑥ 最高裁判所による違憲審査権、国会が特別多数決により違憲判決をくつがえせること（七三条）などが規定されていた。

注目されるのは、マッカーサー・ノートでは、侵略戦争のほか自衛戦争も放棄することとされていたのに対し、マッカーサー草案では、自衛戦争を放棄する旨の文言が削除されていることである。後に、衆議院憲法改正小委員会長の芦田均は、憲法九条一項に「日本国民は、正義と秩序を基調とする国際平和を誠実に希求し」を加え、二項に「前項の目的を達するため」を挿入し、このいわゆる芦田修正は、自衛隊及び自衛戦争が許されるとの憲法解釈の根拠とされることになる。この点、総司令部は、マッカーサー・ノートからマッカーサー草案へ修正する時点で、既に自衛戦争を容認することに方針転換があったものと思われる。

法制局第一部長の佐藤達夫らとケーディスらとは、同年三月、憲法改正草案要綱を取りまとめ、幣原内閣は、これを閣議決定して上奏し、憲法改正の勅語が発せられた。

同年四月、初めて女性に選挙権を認めた衆議院議員の普通選挙が実施され、同年五月、第一党の自由党と第二党の進歩党が連立して、第一次吉田内閣が成立した。

日本国憲法は、大日本帝国憲法七三条の規定に従い、大日本帝国憲法の改正として成立したものである。憲法草案は、同年六月、枢密院で議決され、憲法改正の勅書によって帝国議会に提出された。同年八月、衆議院が憲法草案の修正案を可決して貴族院に回付し、同年一〇月、貴族院がさらに修正案を可決して衆議院に回付し、衆議院がこれを可決した後、改めて枢密院が議決し、天皇の裁可を得て、日本国憲法が成立したのである。

右の審議過程において、総司令部側が要求した修正項目としては、国民主権の明記（一条）、国務大臣の文民制（六六条二項）、国務大臣の過半数が国会議員であること（六八条一項但し書き）などがあり、日本側の考案した修正項目としては、戦争放棄条項である九条一項に「日本国民は、正義と秩序を基調とする国際平和を誠実に希求し」を加え、同条二項に「前項の目的を達するため」を加えた、いわゆる芦田修正や、生存権規定（二五条一項）などがある。

以上のような経緯を経て、日本国憲法は、同年一一月三日に公布され、昭和二二年五月三日に施行された。

第二章　国民の自由及び平等

日本国憲法は、国民に基本的人権を保障している（第三章）。その人権カタログを見てみよう。

憲法によれば、国民は、すべての基本的人権の享有を妨げられず、この憲法が国民に保障する基本的人権は、侵すことのできない永久の権利として現在及び将来の国民に与えられる（一一条）。すべて国民は、個人として尊重され、生命、自由及び幸福追求に対する国民の権利は、立法その他の国政の上で最大の尊重を必要とする（一三条）。

すべて国民は、法の下に平等であって、人種、信条、性別、社会的身分又は門地により、政治的、経済的又は社会的関係において、差別されない（一四条一項）。華族その他の貴族の制度は、これを認めない（同条二項）。栄誉、勲章その他の栄典の授与は、いかなる特権も伴わず、栄典の授与は、現にこれを有し、又は将来これを受ける者の一代に限り、その効力を有する（同条三項）。

何人も、いかなる奴隷的拘束も受けず、犯罪による処罰の場合を除いて、その意に反する苦役に服させられない（一八条）。何人も、思想及び良心の自由（一九条）、信教の自由（二〇条）、集会、結社及び言論、出版その他一切の表現の自由（二一条）、居住、移転及び職業選択の自由（二二条）、学問の自由（二三条）、財産権（二九条一項）を有する。

結婚は、両性の合意のみに基づいて成立し、夫婦が同等の権利を有することを基本として、相互の協力により、維持されなければならない（二四条一項）。配偶者の選択、財産権、相続、住居の選定、離婚、婚姻及び家族に関するその他の事項に関しては、法律は、個人の尊厳と両性の本質的平等に立脚して、制定されなければならない（同条二項）。すべて国民は、健康で文化的な最低限度の生活を営む権利（二五条）、能力に応じてひとしく教育を受ける権利（二六条）、勤労の権利（二七条）を有する。勤労者は、団結権及び団体行動権（二八条）を保障される。

この憲法が日本国民に保障する基本的人権は、人類の多年にわたる自由獲得の努力の成果であって、これらの権利は、過去幾多の試練に堪え、現在及び将来の国民に対し、侵すことのできない永久の権利として信託されたものである（九七条）。

右の人権カタログに表現されているとおり、国民は、自由かつ平等の存在である。これから日本国憲法の理論を研究するに当たり、国民が、自由かつ平等の存在であることを出発点としたい。

この国民の自由と平等は、どこから由来したものだろうか。

一八世紀啓蒙主義のヨーロッパでは、自由と平等が国家以前の理念であるという理論が存在したが、かかる理論は、日本国憲法下には当てはまらないだろう。近代イギリスのロックによる「自然権思想」や、近代フランスのルソーによる「社会契約説」は、創造主（神）が人を平等に創造したことを前提としており、人は、すべて神の下に平等であるとされ、そこから法の下の平等が導かれている。確かに、明治憲法は、ドイツ憲法学の影響下に成立しており、その改正手続によった日本国憲法は、アメリカ憲法学の影響下に成立しているから、日本国憲法が、近代ヨーロッパ思想と接点を持つことは否定できない。しかし、日本国憲法は、キリスト教の理念や、自然法思想、自然権思想、社会契約説などを出発点として成立したものではない。

日本国憲法は、明治憲法の改正手続によって成立したのであるから、日本国憲法下の人権の由来を検討するためには、明治憲法の制定理念に遡るのが本筋であろう。

明治憲法によれば、現人神たる存在の天皇が主権者とされていた。すなわち、大日本帝国は、万世一系の天皇がこれを統治し（一条）、天皇は、神聖にして侵すべからず（三条）、天皇は、国の元首にして統治権を総攬する（四条）。これは、天照大神の子孫が葦原瑞穂国すなわち日本国を統治し、皇位が天壌無窮であるとの神勅（日本書紀）を踏まえたものである。

この「天皇主権」という理念は、「国民の自由と平等」という理念の対極概念にも見えそうである。しかし、国民の自由と平等は、天皇が国民に対して恩恵的に付与したものとは解し難い。

まず、明治憲法草案を起草した伊藤博文は、憲法制定の意義が、国民の権利を保障し、天皇の権限を制限するところにあるとしていた。すなわち、伊藤博文は、明治一五年（一八八二年）、ウイーン大学のL・シュタインから憲法講義を受けるなどヨーロッパでの憲法調査を行い、明治一七年、制度取調局の長官となって、井上毅、伊東巳代治及び金子堅太郎に命じて憲法草案の検討を始め、明治二一年、枢密院議長となって、枢密院での審議に付した。憲法の審議過程において、森有礼は、臣民は天皇に対して「分際（責任）」を負う存在に過ぎず、天皇に対して「権利」を有する旨の文言を憲法に明記するのは穏当でないと主張したが、伊藤は、これに反論して、天皇の権限を制限して国民の権利を保護することに憲法の意義があると主張し、伊藤の主張に沿って明治憲法が制定されたのである。

つぎに、明治憲法は、欽定憲法とされるが、明治憲法には、天皇が憲法に従うべきことと、国民の「権利」を保護すべきことが宣言されていた。すなわち、天皇は、「茲ニ大憲ヲ制定シ朕カ率由スル所ヲ示シ朕カ後嗣……ヲシテ永遠ニ循行スル所ヲ知ラシム」、「朕ハ我カ臣民ノ権利及び財産ノ安全ヲ貴重シ及之ヲ保護シ此ノ憲法及法律ノ範囲内ニ於テ其ノ享有ヲ完全ナラシムヘキコトヲ宣言ス」（憲法発布勅語）としているのである。そして、憲法は、帝国議会の特別多数決によらなければ改正できなかった（七三条）。明治憲法は、天皇主権とされていたが、天皇は、憲法を勝手に改正する権限を有していなかったのである。

そして、明治憲法によれば、国民の権利は、「法律ノ範囲内ニ於テ」（二二条など）認められ、立法権は、実質的に帝国議会の権限とされていた。確かに、形式的には、天皇が立法権を行う（五条）ものとされていたが、天皇は、帝国議会の協賛（五条）によらなければ、立法権を行うことができなかったのである。実際に、天皇は、帝国議会の議決をすべて裁可しており、これを拒否したことはなかった。立法権は、実質的に帝国議会がこれを行使していたのであり、その国会議員の選挙については、大正一四年（一九二五年）、男子に対する普通選挙法が制定され、国民が国民を統治し、国民の代表が、国民の権利を保障するという政党内閣が機能するようになっていったのである。

なお、明治憲法は、明治天皇が、内閣総理大臣の黒田清隆にこれを手交するという式典を経ているが、そのことは、国民の自由と平等が、天皇から恩恵的に付与されたことを意味するものではない。黒田は、超然主義を唱えたが、明治憲法は、議会制民主主義を志向していたのである。明治憲法は、欽定憲法とされていたが、天皇と国民との間で取り交わされた協約書のような性質を有していたと考えられるのである。

このように、国民の自由と平等は、国会が保障していくものであって、天皇が恩恵として保障するようなものではなかったのである。

これは、日本国憲法にも通じる理念である（一一条、九七条）。日本国憲法の理念を考えるときでも、国民は、そもそもの出発点からして自由かつ平等の存在であると解されなければならない。しかも、自由と平等は、国家以前の概念ではない。基本的人権は、「憲法が国民に保障する」（一一条、九七条）ものであり、「国民」（第三章）たる要件は、「法律」でこれを定めるのである（一〇条）。古代ギリシアのアリストテレスは、人が、本来的にポリス（都市国家）的な存在であると述べたが、日本国憲法の規定する国民も、国家との関係から切り離せない存在である。国民の自由と平等は、国家の存在と同時性を有する概念である。

それにしても、天皇制の扱いは、非常に難しいものがある。

天皇は、昭和二一年元旦、いわゆる人間宣言と呼ばれる詔書により、天皇と国民との紐帯が、相互の信頼と敬愛とによって結ばれるものであり、単なる神話と伝説とによって生ずるものではなく、天皇をもって現御神（あきつみかみ）とし、かつ日本国民をもって他の民族に優越する民族にして、ひいては世界を支配すべき運命を有するとの架空の観念に基づくものではないと宣言した（人間宣言）。

それでも、日本国憲法は、天皇制ひいては皇族制度を維持した。天皇は、帝国議会の議決を経た明治憲法の改正（日本国憲法）を裁可し、これを公布せしめた存在である。天皇は、日本国の象徴であり、日本国民統合の象徴であって、この地位は、主権の存する日本国民の総意に基づく（一条）。皇位は世襲のものであって、国会の議決した皇室典範の定めるところにより、これを継承する（二条）。天皇は、内閣の助言と承認により、国事行為を行い、内閣が、その責任を負う（三条、七条）。

天皇の人間宣言にもかかわらず、伊勢神宮に祭られる天照大神が天皇の祖神であり、出雲大社に祭られる大国主命が天孫に国を譲った国津神であるとの観念が消え去ることはない。全国の神社は、日本書紀、古事記、風土記などに記録された神代の物語を前提にする存在である。

天皇制は、日本における歴史的、文化的、社会的な事象と深く結びついているのであって、法律的、論理的に扱いかねる難しさを秘めていると言わざるを得ない。

少なくともここで言えることは、明治憲法が、絶対君主制を奉じたものではなく、また自然権思想に基づくものでもなく、国民の自由と平等を保障し、天皇の統治権を制限することを目的としていたこと、日本国憲法も、かかる延長線上にあるということである。

最後に、貴族制度について触れておくことは、人権思想を考える上で重要であろう。

貴族とは、古代では、概ね三位以上の支配階級を指し、藤原氏を中心とする律令官僚であった。中世以後では、武士が、征夷大将軍、守護、守護大名、戦国大名、譜代、外様大名などとして支配階級をなした。日本史学では、貴族と武士とを峻別しているが、いずれも世襲制度と結びついた特権階級であり、平等問題を考える上では同じ論点を提示する。

明治維新は、短期的には、太政官制を復活させたが、長期的には、議会制民主主義を志向していたものと言えよう。伊藤博文は、明治一八年（一八八五年）、太政官制を廃止して内閣制度を確立したが、それは、門地によらない統治制度を目指したという側面がある。明治維新の担い手は、武士階級出身者であったとはいえ、高い官位を持っていなかったから、高級官吏に任官する途が閉ざされていたのである。太政官制が存続する限り、下級武士出身者である伊藤が宰相になることは、困難であった。

その方便として採用された方法が、国家に貢献した人物を貴族に列するという方法である。これは、藤原氏流の名門貴族でなくても、平民が、国家公務員に採用され、さらには高級官吏となり、大臣を拝命する途を開くものであった。明治維新は、天皇制を理念として遂行されたため、貴族制を維持することを国是としたが、適材適所の起用をするためには、門地や世襲制に依拠するわけにはいかなかったのである。

明治憲法は、貴族院議員を勅任する制度を設けた。すなわち、帝国議会は、貴族院と衆議院の両院をもって成立するが（三三条）、貴族院は、貴族院令の定めるところにより皇族及び華族のほか、勅任議員をもって組織する（三四条）としたのである。

明治憲法は、価値観が身分社会から平等社会へと変化する歴史的流れの中で成立したものであり、四民平等の理念を規範化する方向性を持っていたと理解すべきであろう。幕藩体制を破壊するに当たり、天皇制を統治制度の中核にしたのであるが、それは、貴族制を統治制度の根幹にすることを目指したのではない。世襲の名門貴族や武士に統治を委ねるのではなく、国民が、均しく文武官に任ぜられ、公務に就くことができる（一九条）とされたのは、四民平等の理念を押し進めるものであった。明治憲法は、平民宰相の出現に途を開いたのである。もっと遡れば、明治元年の五箇条の御誓文であり、その審議過程において、「列侯会議ヲ興シ」という文言が、「広ク会議ヲ興シ（万機公論ニ決スベシ）」と修正されたことから示唆されるように、世襲制度からの解放が目指されたのである。五箇条の御誓文は、昭和二一年の人間宣言の冒頭でも引用されているところである。

日本国憲法は、平等の理念をさらに押し進めた。すなわち、憲法は、人種、信条、性別、社会的身分又は門地による差別の禁止（一四条一項）、華族制度の廃止（同条二項）、栄典に伴う特権の禁止（同条三項）などを明記した。

これは、国民が、自由かつ平等の存在であることを制度的に保障するものであり、願わしいものである。

さて、イギリス憲法史学において、マグナカルタの意義に触れない議論があるとすれば、それは不完全なものとされようし、フランス憲法史学において、一七九一年憲法（王制）、一七九三年憲法（共和制）以来の変遷過程に触れない議論があるとすれば、それは不完全なものとされよう。

日本憲法学では、明治憲法の消極面に重点を置いた議論が多いようであるが、その積極面を視野に置かない限り、日本国憲法の研究は不完全なものに止まると言えよう。

第三章　国家の存在理由

一　国民の自由な活動とその基盤整備

日本国憲法は、国家の存在理由について、いかなる理念を有しているものと理解してよいのか。

憲法によれば、「国政は、国民の厳粛な信託によるものであって、その権威は国民に由来し、その権力は国民の代表者がこれを行使し、その福利は国民がこれを享受する。」（前文）とされる。

そして、国民は、自由かつ平等の存在である（第三章）。国民は、自由な活動をする権利を有しており、教育を受ける権利があり（二三条）、生計を立てるため、住居を定め、職業に就く自由（二二条）があり、土地家屋、動産、現金預金などの財産を私有する権利がある（二九条）。

明治維新、太平洋戦争の終結などを経て、国民の生活は、ますます人、物、金、エネルギー、情報などの流れが大規模になってきている。そして、人口が、農村から都市へ、地方都市から大都市へと流れ、地方の過疎化と都市部での人口過密化が社会問題となり、また、第一次産業の従事者が減少し、第二次、第三次産業の従事者が増加している。

社会は、都市化、工業化、情報化の傾向を強めてきており、国民の社会的活動は、分業化されていくのである。農家が生産する農産物や鉱業者が生産する鉱産物などは、運輸業者により搬送され、食品加工業者・金属業者・機械業者により製品化され、商業者により販売される。この過程において、情報提供、広告宣伝、報道、資金提供、代金決済など多くの事業が複雑に関連し合う。

国民は、豊かな衣食住を求め、充実した教育を願い、多くの所得を得ようとし、幸福を追求する権利（一三条など）を有しており、国民は、その自由な活動により、個人で、あるいは会社などの組織を通じて、幸福を追求する。しかし、国民が充実した自由な活動を展開するためには、その基盤整備が必要である。

憲法によれば、財産権の内容は、公共の福祉に適合するように法律でこれを定め（二九条二項）、私有財産は、正当な補償の下に、これを公共のために用いることができる（同条三項）とされている。

その具体例として、都市計画法、土地収用法を概観してみよう。

例えば、土地収用法（昭和二六年法律二一九号、数次の改正あり）は、公共の利益の増進と私有財産との調整を図り、もって国土の適正かつ合理的な利用に寄与することを目的とし（一条）、公共の利益となる事業の用に供するため土地を必要とする場合において、これを収用し、又は使用することができるとし（二条）、公共の利益となる事業として、道路、河川、鉄道施設、石油パイプライン施設、港湾施設、飛行場、気象観測施設、電波測定装置、電気通信事業施設、放送設備、電気工作物、ガス工作物、水道施設、消防施設など多数の事業施設を列挙している（三条）。

都市計画法（昭和四三年法律一〇〇号、数次の改正あり）は、都市の健全な発展と秩序ある整備を図り、もって国土の均衡ある発展と公共の福祉の増進に寄与することを目的とし（一条）、都市計画は、農林漁業との健全な調和を図りつつ、健康で文化的な都市生活及び機能的な都市活動を確保すべきこと並びにこのためには適正な制限のもとに土地の合理的な利用が図られるべきことを基本理念として定めるものとし（二条）、都市計画区域内において開発行為をしようとする者は、あらかじめ、都道府県知事の許可を受けなければならない（二九条）としている。

憲法が、資産・所得のある国民に納税の義務（三〇条）を課し、国民の財産権を公共の福祉のために制約し（二九条）、公権力行使の福利を国民に享受させる（前文）としているのは、国家が、国民の自由な活動のための基盤整備を行う主体であることを前提としているのであろう。

古来、国家は、都市整備（平城京、平安京、鎌倉、江戸など）、道路整備（山陽道、東海道など）、交通整備（伝馬制など）、港湾整備（博多、難波、江戸など）、治水整備（大和川、淀川、江戸川など）などの基盤整備を事業としてきた。

以上のとおり、国家の存在理由の一つは、国民の自由な活動を保障するための基盤整備をすることにあると言えよう。

二　国民の自由な活動とその紛争処理及び治安維持

憲法は、国民相互の紛争処理及び治安の維持について、いかなる理念を持っているのか。

国民相互の間では、利害対立が生じがちである。国民は、それぞれ仕入、製造、売上などの事業活動を展開したり、労働、購買、その他の社会的活動をするが、その価値観が多種多様である上、その活動が他人と密接に関連しているため、国民相互の間において、契約違反や不法行為が問題となったり、時には犯罪が発生する。

国民は、自由で平等の存在であるが、民事紛争や刑事犯罪を放置すれば、その自由な活動をするための社会的環境が損なわれてしまい、結局、自由な活動を展開することができなくなる。

明治憲法が改正され、日本国憲法が成立しても、民法の第一編ないし第三編（明治二九年法律八九号、数次の改正あり）及び刑法（明治四〇年法律四五号、数次の改正あり）は、廃止されなかった。

民法は、債務不履行や不法行為を初めとして、様々な民事紛争の処理方法を明記している。公の秩序又は善良の風俗に反する事項を目的とする法律行為は、無効であり（九〇条）、詐欺又は強迫による意思表示は、取り消すことができる（九六条）。債務者が任意に債務の履行をしないとき、債権者は、その強制履行を裁判所に請求することができる（四一四条）、債務者がその債務の本旨に従った履行をしないとき、債権者は、その損害賠償を請求することができる（四一五条）、契約当事者の一方がその債務を履行しない場合において、相手方が相当の期間を定めてその履行の催告をし、その期間内に履行がないとき、相手方は、契約の解除をすることができる（五四一条）。また、故意又は過失によって他人の権利又は法律上保護される利益を侵害した者は、これによって生じた損害を賠償する責任を負う（七〇九条）。

刑法は、犯罪構成要件を定めて国民に禁止規範を示し、その刑罰を定めている。例えば、窃盗（二三五条）、詐欺（二四六条）、恐喝（二四九条）、業務上横領（二五三条）などは一〇年以下の懲役、強盗は五年以上の懲役（二三六条）、殺人（一九九条）、現住建造物放火（一〇八条）などは死刑又は無期若しくは五年以上の懲役、電車転覆は無期又は三年以上の懲役（一二六条）、水道毒物混入は二年以上の懲役（一四六条）、通貨偽造は無期又は三年以上の懲役（一四八条）、有価証券偽造は三月以上一〇年以下の懲役（一六二条）である。

国民が自由な活動を展開するためには、債務不履行・不法行為をした者に対して民事上の責任を課し、また、罪を犯した者に対して刑事上の責任を負わせる必要がある。仮に、国民の生命、身体、自由、名誉、財産など権利又は法律上保護される利益が侵害されたにもかかわらず、その民事的・刑事的な救済がなされないのでは、これらの権利・利益は、法的に無いに等しい。

そして、犯罪組織というものが、古今東西を通じて存在するのである。組織犯罪法（「組織的な犯罪の処罰及び犯罪収益の規制等に関する法律」、平成一一年法律一三六号、数次の改正あり）が指摘するとおり、組織的な犯罪は、平穏かつ健全な社会生活を著しく害し、犯罪による収益は、この種の犯罪を助長するとともに、これを用いた事業活動への干渉が健全な経済活動に重大な悪影響を与えることに鑑みれば、組織的に行われた殺人等の行為に対する処罰を強化する必要がある（一条）。いわゆる暴力団、極左暴力集団、狂信的宗教団体などは、国民の生命、身体、自由、財産などに危害を加えかねない存在である。犯罪組織は、統率のとれた組織力を持ち、銃器類を所持することも多いだろう。

国民の自由な活動を保障する（第三章）ためには、その法的な基盤整備が必要であるが、これは、国家でなければなし得ない。国民が日本国内で自由な活動を展開するためには、国内に統一的な行為規範・禁止規範を定立し、その違反者に対して民事上・刑事上の責任を課し、被害救済を実現する制度を整える必要がある。さらに、刑事責任に関しては、公的な捜査機関を整備する必要もある。

憲法によれば、国会は、犯罪者の生命若しくは自由を奪い、又はその他の刑罰を科すための刑事手続を法律によって定めることができ（三一条、罪刑法定主義）、最高裁判所及び下級裁判所は、司法権を行使することができる（七六条）。裁判官は、裁判のほか、逮捕令状（三三条）や捜索・差押令状（三五条）を発する権限をも有する。これらの規定を踏まえて、実体法としての刑法や、手続法としての刑事訴訟法などがある。

憲法は、民事に関して明記していないが、何人も、裁判所において裁判を受ける権利を奪われない（三二条）と規定しており、これは、民事上の争訟を解決することが、国家機関の権限と責務であることを前提としているものと理解できる。具体的には、実体法としての民法、商法や、手続法としての民事訴訟法などがある。

以上のとおり、国家の存在理由の一つは、国民相互の紛争を処理し、また治安を維持することにあると言えよう。具体的には、立法機関としての国会、捜査・訴追機関としての警察・検察、司法機関としての裁判所などである。

三　国民の自由な活動と外交及び防衛

日本国憲法は、日本国民・日本国と外国人・外国政府との紛争処理について、いかなる理念を持っているのか。具体的な歴史的事実のいくつかを見てみよう。

明治政府は、江戸幕府の締結した不平等条約を引き継いだ。江戸幕府は、嘉永六年（一八五三年）、アメリカのペリー提督が江戸湾に軍艦を周航させて示威に及び、安政元年（一八五四年）、日米和親条約を締結し、安政五年（一八五八年）、日米修好通商条約を締結した。この日米修好通商条約では、日本が輸入する商品の関税（運上）税率について、日本は、諸外国と協定（談判）によらなければ改正できないことなどが定められた。国民は、海外から安値の農産物、工業原料、工業製品などを大量に輸入するようになっており、関税自主権が否定された不平等条約は、日本国民の自由な経済的活動を保障する上で障害となった。国内の同業者を保護するためには、関税自主権を回復することが重大事であった。

日本政府は、この不平等条約の撤廃を大きな外交課題としたのである。日本政府は、民法、刑法、憲法などの法整備を進め、近代国家としての体制作りをした上、明治二七年（一八九四年）、領事裁判をなくすことに成功し、明治四四年（一九一一年）、関税自主権を回復するに至った。この間の明治三五年（一九〇二年）、日英同盟協約を締結した。時を経た昭和一六年（一九四一年）七月、アメリカ政府が、在米日本資産を凍結し、同年八月、石油を全面禁輸とした。国民は、アメリカから輸入される石油エネルギーに依存しており、輸入を止められた国民経済は、崩壊に向かって切実な状況となった。

日本政府は、このアメリカによる経済封鎖を打開することを最大の外交課題とした。近衛文麿内閣は、対米交渉を試みたが、アメリカから拒否され、東条英機内閣は、対米開戦を決定したが、これは、東京等への空襲、沖縄戦、広島・長崎への原爆投下などの惨禍を帰結することとなり、国民生活は、窮乏した。

終戦後、アメリカ政府が、日本軍の解体を命じるとともに、日本経済を支援したため、日本国民は、鉄鋼業、自動車製造業を中心として経済復興を遂げたが、その高度経済成長により、アメリカ政府が、日本企業による自動車、家電製品等に高関税を課したり、アメリカから米、牛肉、オレンジなどの安い農産物を輸入するよう要求してきたため、日本の工業は、輸出による利益を減じ、国内農業は、アメリカからの安い輸入農産物との競争により打撃を被ることとなった。

以上のとおり、国民は、自由な経済活動により生計を立てるのであるが、人、物、金、情報などの流れは、海外とつながっており、日本国民は、外国人・外国政府と密接な利害関係があり、その利害得失が対立しがちであるから、日本国民の自由な活動を保障するためには、輸出入のあり方について、外国政府と交渉し、日本国民に有利な条約、協約等を締結する必要がある。

国民の利害得失に関しては、経済活動以外にも外交対象は多くある。

このような外交は、国家でなければなし得ない。

憲法によれば、内閣は、外交関係を処理し、条約を締結する事務を行い（七三条）、国会は、条約の締結に必要な承認をする（六一条、七三条）。天皇は、内閣の助言と承認により、全権委任状並びに大使及び公使の信任状を認証し、批准書その他の外交文書を認証し、外国の大使及び公使を接受し、条約を公布する（七条）。

ところで、日本政府が、国民の利益を保護したり、その損害を防止・回復するため、外国政府と交渉しようとしても、相手国が、外交交渉を拒否したり、交渉において誠実さを欠いていたり、一方的に交渉を打ち切ったりするなら、国民は、利益を損ない、被害を被ることとなる。また、外国政府が、海外で日本の国民を不当に拘束したり、その資産を没収したり、さらには、日本の国民ないし領土に対して武力を行使したりすることもあり得る。例えば、アメリカ政府は、昭和一六年、在米日本資産を凍結したり、在米日系人を収容したたし、また、ソ連軍は、昭和二〇年、日ソ中立条約を一方的に破棄して北方四島を武力制圧したのである。

憲法は、このような場合の対処について、いかなる理念を持っているのか。

広い意味での対外交渉には、平和的な外交交渉もあれば、国際紛争を解決するための手段としての武力の行使がある。

日本国憲法によれば、「日本国民は、……平和を愛する諸国民の公正と信義に信頼して、われらの安全と生存を保持しようと決意した。」、「われらは、いづれの国家も、自国のことのみに専念して他国を無視してはならないのであって、政治道徳の法則は、普遍的なものであり、この法則に従ふことは、自国の主権を維持し、他国と対等関係に立たうとする各国の責務であると信ずる。」（前文）、「国権の発動たる戦争と、武力による威嚇又は武力の行使は、国際紛争を解決する手段としては、永久にこれを放棄する。前項の目的を達するため、陸海軍その他の戦力は、これを保持しない。」（九条）とした。

それでは、憲法は、自衛権、自衛隊ないし自衛戦争をも否定しているのだろうか。

内閣は、自衛隊法（昭和二九年法律一六五号、数次の改正あり）の法律案を提出し、国会は、これを議決しており、内閣及び国会は、自衛権、自衛隊及び自衛戦争が憲法に違反しないとの立場に立っている。同法によれば、自衛隊は、わが国の平和と独立を守り、国の安全を保つため、直接侵略及び間接侵略に対しわが国を防衛することを主たる任務とし、必要に応じ、公共の秩序の維持に当たるものとする（三条）とされる。

最高裁昭和三四年一二月一六日大法廷判決（刑集一三巻一三号三二二五頁）は、刑事特別法違反被告事件につき、侵略戦争は禁止されているが、自衛権は認められると判示した。すなわち、同判決は、「わが国が主権国として持つ固有の自衛権は何ら否定されたものではなく、わが憲法の平和主義は決して無防備、無抵抗を定めたものではないのである。……わが国が、自国の平和と安全を維持しその存立を全うするために必要な自衛のための措置をとりうることは、国家固有の権能の行使として当然のことといわなければならない。……わが国の平和と安全を維持するための安全保障であれば、その目的を達するにふさわしい方式又は手段である限り、国際情勢の実情に即応して適当と認められるものを選ぶことができることはもとよりであって、憲法九条は、わが国がその平和と安全を維持するために他国に安全保障を求めることを、何ら禁ずるものではないのである。そこで、右のような憲法九条の趣旨に即して同条二項の法意を考えてみるに、同条項において戦力の不保持を規定したのは、わが国がいわゆる戦力を保持し、自らその主体となってこれに指揮権、管理権を行使することにより、同条一項において永久に放棄することを定めたいわゆる侵略戦争を引き起こすがごときことのないようにするためであると解するを相当とする。従って同条二項がいわゆる自衛のための戦力の保持をも禁じたものであるか否かは別として、同条項がその保持を禁止した戦力とは、わが国がその主体となってこれに指揮権、管理権を行使し得る戦力をいうものであり、結局、わが国自体の戦力を指し、外国の軍隊は、たとえそれがわが国に駐留するとしても、ここにいう戦力には該当しないと解すべきである。」と判示した。

同判決は、自衛権を肯定したものの、自衛隊・自衛戦争については明確な判断をしていない。

思うに、憲法が、自衛隊・自衛戦争を明確に否定しているとは認め難い。後述のとおり、国家意思は、国会が決定すべきものであるから、国会が自衛隊法を議決したことを軽々に違憲とすべきではなかろう。少なくとも、自国の平和と独立を守り、国の安全を保つことは、国家でなければなし得ないことであり、これをもって、国家の存在理由の一つに挙げることは、一定の根拠がある。

憲法学では、自衛隊の存在が違憲であり、侵略戦争のみならず自衛戦争も許されず、あらゆる戦争が立憲主義にとっての最大の敵であるという見解もあるが、かかる見解には、問題がある。

古今東西の歴史上の国家は、みな自衛権を有しており、これを有しない国家はない。外国の軍隊が、日本国民の生命、身体、自由等に侵害を加えた場合、この侵害を排除できない理由はない。日本国民が殺害されたり、傷害を負わされたり、身柄拘束されたりするとき、これらの侵害行為に対して自衛行動をとるのは、必要であり、かつ、合理的である。外国の軍隊が日本の国民及び国土を侵害することのないよう、日本国が平和的な努力をすることは重要であるが、仮に、外国の軍隊が武力行使をしてきたとき、日本国が自衛権を行使できないはずはない。自衛権・自衛戦争が認められる以上、外国の侵略に備えて自衛のための戦力を保持することは、当然に認められるべきである。自衛戦力は、戦時に至ってから整備するのでは間に合わないから、平時から整備することとなる。日本と海を隔てた隣国である中国及びアメリカも、自衛権及び自衛のための戦力を保有している。

以上のとおり、国家の存在理由の一つは、国民の自由な活動を保障し、その利益を代弁し、損害を回避・救済するため、外交交渉をすることにあり、そこには、侵略に対して自衛行動をとることも含まれると言えよう。

第四章　国家の統治制度

一　国民主権

国民が自由な活動を保障されるためには、国家が必要である。すなわち、国民が自由な活動を保障されるためには、道路、鉄道施設、港湾施設、飛行場などの基盤を整備する必要があるが、これらの基盤整備は、国民個々人にはなし難い。また、国民の生命、身体、自由、財産などを他人から侵害されないようにするため、あるいは、これらの侵害に対する民事上の救済ないし刑事上の制裁をするためにも、紛争処理機関、治安維持機関などの国家機関が必要である。さらに、国民が国境を越えて自由な活動をするに当たり、相手国との間で、旅行、輸出入、外国為替、通信網などに関する様々な取り決めをしたり、また、外国の侵略から自国を自衛するため、外交機関、防衛機関などの国家機関が必要である。

国家が存在するということは、外国に対して独立しており、かつ、国民に対して統治権を行使できるということである。

しかも、日本国程度の大きさの国土・人口を持つ国家では、直接民主主義のような政治形態を想定することは事実上不可能であり、また、一つの国家機関が、すべての国家権力を行使することも困難であるから、結局、複数の国家機関が、国家権力を分掌することになる。少なくとも、統一的な国家意思を決定する機関と、その国家意思を執行する機関とに分かれざるを得ない。多くの場合、国土整備機関、紛争処理機関、治安維持機関、外交機関、防衛機関などがそれぞれ別々の国家機関として設置されるべきであろう。

すると、国権の最高機関がどこかを定めておく必要がある。国権の最高機関は、国家意思を決定する機関であるから、仮に、法律という形式をもって国家意思を決定するのだとすれば、国権の最高機関は、立法機関ということになる。そして、国家機関が何故に国家権力を行使することが許されるのか、その正当性の理論的根拠も問われることになる。

ここで、主権とは、① 対外的な国家の独立、② 対内的な統治権、そして③ 国家権力を行使する正当性の根拠の所在をいうこととする。

日本国憲法は、国民主権の原理を明記している。すなわち、日本国民は、正当に選挙された国会における代表者を通じて行動する（前文）。国政は、国民の厳粛な信託によるものであって、その権威は国民に由来し、その権力は国民の代表者がこれを行使し、その福利は国民がこれを享受する（前文）。主権は、日本国民に存する（一条）。公務員を選定し、及びこれを罷免することは、国民固有の権利である（一五条一項）。すべて公務員は、全体の奉仕者であって、一部の奉仕者ではない（同条二項）。公務員の選挙については、成年者による普通選挙を保障する（同条三項）。

憲法にいう国民主権とは、国家権力の正当性の根拠が国民に由来していること（前記③）を意味している。

国内を統治する国家権力としての主権（前記②）は、立法権（四一条）、行政権（六五条）及び司法権（七六条）を包括した統治権となろう。そして、国権の最高機関は、立法機関である国会であるとされている。

国家権力の正当性の根拠が国民に由来しているということは、国民が、国民を統治するということである。国民が、自由かつ平等な存在であることに立脚すれば、主権は、国民に存するとするのが自然である。統治する者も、統治される者も、国民なのである。

なお、独立国家としての対外的な代表権（前記①）の所在については、難しい問題があるが、天皇が国家元首であると考えるのが穏当であろう。日本国憲法によれば、内閣が、外交関係を処理し、条約を締結する事務を行い、国会が、条約の承認いかんを議決する（七三条）。しかし、天皇が、内閣の助言と承認により、全権委任状並びに大使及び公使の信任状を認証し、批准書その他の外交文書を認証し、外国の大使及び公使を接受し、条約を公布する（七条）こととなっており、実際のところ、来日する外国の大使及び公使の信任状は、天皇が宛先となっており、天皇がこれを受理している。イギリスにおいても、「国王は、君臨すれども統治せず」とされていながら、国王が国家元首と認識されているのであるから、天皇を国家元首と考える見解には、相当な理論的根拠があると言えよう。これが難しい問題であるというのは、世襲制度（二条）を前提とする天皇を国家元首と見ることが、国民主権と矛盾しないのか、という点である。憲法によれば、天皇は、日本国の象徴であり、日本国民統合の象徴であって、この地位は、主権の存する日本国民の総意に基づく（一条）とされ、皇位は、国会の議決した皇室典範の定めるところにより、これを継承する（二条）とされるが、これらの規定は、国民主権と天皇制との微妙な関係を穏当な表現で明記したものである。

さて、国民主権は、どのような統治制度を要請するのか。

古来、日本の国家権力は、特定の家系に属する者のみに独占され、世襲制度が採られていた。例えば、日本国の成立期以来、天武天皇、桓武天皇、後鳥羽天皇、後醍醐天皇を初めとした天皇は、現実に国家権力を行使してきたが、天皇は、「古事記」、「日本書紀」などに明示された天孫思想に依拠する世襲権力者である。また、平安時代以降、高級官吏は、三位以上の貴族に独占され、とりわけ摂政、関白、大臣などの職は、藤原氏が独占することとなり、豊臣秀吉は、関白に就任するため、藤原氏の猶子とならざるを得なかった。中世以降、征夷大将軍は、源氏が就任すべきものとされ、家康は、征夷大将軍に任命されるため、源氏であることを示す家系図を整備せざるを得なかった。

この世襲制度には欠陥がある。まず、ある人物が、国土整備、紛争処理、治安維持、外交、防衛などの分野で功績を上げたとしても、その家督相続者が、同様に才知ある人物であるという保障はない。中臣鎌足以来、藤原氏は、国家権力の担い手であり続けたが、九三九年の平将門と藤原純友の乱（天慶の乱）、一〇五一年の安倍氏の反乱（前九年の役）などに当たり、藤原宗家は、治安を維持することができなかった。これらの乱を治めたのは武士である。名門の出でない人材を登用しようとしたとき、世襲制度は、大きな障害となる。世襲制度の中で、国家権力の担い手が、旧来の権力者から新興の権力者に移行しようとするとき、その政権委譲は、武力衝突を帰結することが通常であろう。例えば、一一八五年前後の源平争乱などがそうである。世襲制度が存続する限り、旧勢力から新勢力への平和的な政権委譲は困難となる。また、世襲制度は、跡目争いを惹起しがちであるという欠陥もある。例えば、将軍足利義政の後継者が、弟の義視か、子の義尚かをめぐる対立が、戦国時代の幕開けを告げる応仁の乱の一因となったのである。

といって、試験制度により政治家を選抜することは、できないであろう。国家公務員試験は、誰が問題を作成するのか、どのような問題を課すのか、人材を適正に選抜することが可能なのか、などの諸点から、本質的な限界があるから、平均水準以上の人材を官吏として採用するのには適しているとしても、高度の政治判断を要求される政治家を選抜することには適していない。古代中国の孔子は、有徳の者が政治をすべきであると説き、古代ギリシアのプラトンは、哲人が政治をすべきであると説いたが、制度論として考えたとき、君子・哲人を選抜するための合理的な手続を構築するのは困難である。

すると、残された途は、選挙制度しかない。

もちろん、選挙制度にも欠陥はある。例えば、国政を適正に運営する意欲と才知を持った人物が立候補してくれるのか、立候補者が選挙運動を通じて自らの意欲と才知を選挙権者に的確に訴えることができるのか、選挙権者が優れた人物を的確に選抜し得るのか、などの問題がある。古来、議会制民主主義は、衆愚政治に陥りかねないという批判がなされてきた。衆愚政治を回避するため、様々な制限選挙の可否が議論されてもきた。

しかし、国民がみな自由かつ平等の存在である以上、普通選挙制度以外に採るべき途はないであろう。明治元年（一八六八年）、五箇条の御誓文では、広く会議を興し、万機公論に決することが宣言され、明治一四年、岩倉具視、伊藤博文らの主導により、国会開設の勅諭が発せられた。四民平等、すなわち国民が自由かつ平等の存在であることを理念とする以上、議会制民主主義を志向せずにはおかないのである。日本国憲法は、華族制度を廃止するなどにより、これを一層徹底したと言える。国民が自由かつ平等の存在であるとすれば、国家権力の行使者は、一般国民の中から一般国民が選挙するしかない。憲法によれば、両議院の議員及びその選挙人の資格については、人種、信条、性別、社会的身分、門地、教育、財産又は収入によって差別してはならない（四四条）とされている。選挙権者も被選挙権者も、教育の有無によって差別されないのである。立候補者が意欲と才知を有しているか否かは、国民が自由に判断すべきことであり、一定の資格を要件とすべきではない。

このように、選挙制度は、国民が国民を統治するという理念を制度化したものであり、国民の自由と平等を制度的に保障するとともに、政権を平和的に委譲することを可能にしたのである。また、選挙制度は、世襲制度が抱えていた人材供給の枯渇問題や、跡目争い問題などを回避することを可能にしたのである。

二　国民の国政に参加する権利及び義務

国民は、主権者であり、国政に参加する権利及び義務を有する。すなわち、国民は、普通選挙権（一五条）を有しており、国会議員を選挙したり、あるいは自ら国会議員に立候補する資格が平等に保障されている（四四条）。国会は、国民の代表であり（前文、四三条）、国権の最高機関であるところ（四一条）、国民は、国会議員に関する選挙権及び被選挙権により国政に参加するのである。

そのほか、国民は、公務員に任命される資格についても平等が保障されている。国会が議決する国家意思は、行政機関及び司法機関により遂行されるところ、国民は、公務員となり、行政機関及び司法機関の職務行為に従事することができる。この点、明治憲法は、国民が資格に応じて均しく文武官その他の公務に就く権利（一九条）を有することを明記していた。日本国憲法は、同種の規定を設けていないのであるが、国民には、職業選択の自由（二二条）があり、法の下の平等（一四条）が保障されているのであるから、資格に応じて等しく公務に就く権利があることは明白であろう。

ところで、国民が国政に参加する権利を有することと、公務員の資格試験制度とは、どのような関係になるのか。国民は、選挙権及び被選挙権について、教育の有無等により差別されない（四四条）が、公務に就くに当たって資格試験を課されることは、平等原則に違反しないのか。

思うに、立法機関においても、専門的技術的な事項や、高度に政治的な事項を取り扱うのであり、才知ある人材が国会議員に選挙されるべきではあろうが、国民主権の理念に照らせば、国会議員に関する選挙権及び被選挙権について、教育の有無等の資格制限を設けるべきではない。

そうすると、国民が、行政官及び裁判官に任命されるについて、資格制限を設けないという法制も、一概に排斥し難いものがある。裁判所法（昭和二二年法律五九号、数次の改正あり）によれば、刑事裁判について、法律で陪審の制度を設けることは妨げないし（三条）、「裁判員の参加する刑事裁判に関する法律」（平成一六年法律六三号、改正あり）によれば、同法は、国民の中から選任された裁判員が裁判官と共に刑事訴訟手続に関与することが司法に対する国民の理解の増進とその信頼の向上に資することに鑑みて、制定されたものであり（一条）、裁判官と裁判員との合議体は、死刑又は無期の懲役若しくは禁錮に当たる罪に係る刑事事件等を取り扱い（二条）、裁判官及び裁判員の合議により、事実の認定、法令の適用及び刑の量定の判断をし（六条一項）、裁判員は、衆議院議員の選挙権を有する者の中から選任するものとされる（一三条）。

しかし、立法権の行使については、一般国民の判断能力に委ねるとしても、行政権及び司法権の行使については、法令の解釈や、行政手続・司法手続の適正確保等に関して、専門的技術的な判断が要求されることから、これを資格試験に合格した公務員・裁判官の判断能力に委ねるという法制は、一定の合理性を有する。「裁判員の参加する刑事裁判に関する法律」によれば、法令の解釈に係る判断、訴訟手続に関する判断等については、裁判員を除いた裁判官のみの合議によることとされている（六条二項）。これも、専門的技術的な判断については、専門家の判断に委ねるべきことに配慮したものであろう。

したがって、国民主権は、すべての国家権力を国民全体で行うこと（直接民主主義）を帰結するものではないし、専門的技術的な判断を求められる行政官・裁判官について、資格試験制度を設けることを否定するものではないと解される。要求されているのは、国民が公務員試験を受験するに当たり、機会の平等が保障され、不合理な差別がないことである。才知ある人材を登用するための試験制度は、不合理な差別ではない。

さて、ある業種の国家公務員について、任官希望者がいない場合、国家は、一般国民に対し、当該業種の国家公務員になることを義務付けられるだろうか。

思うに、公務も多種多様である。例えば、警察官は、犯罪者を逮捕し、関係場所を捜索するなどの権限及び責務を有するが、当該職務行為の遂行中に、生命、身体等に危険が及ぶことも多い。現在、警察官への任官希望者が少なからず存するため、問題が顕在化していないが、仮に、警察官への任官希望者が皆無となった場合、治安を維持することは不可能となり、国家としての存在基盤が崩壊しかねないことになる。公務の内容が危険であればあるほど、任官希望者が限定されてこよう。

問題となるのは、軍人である。戦争に従軍すれば、軍人は、戦場で死亡する危険性が高い。軍人の生命、身体等に危険が及ぶ可能性は、警察官よりも格段に高い。仮に、武官への任官が、志願者に対する資格試験制度によるのだとすれば、一兵卒への任官希望者は、皆無となる可能性まである。それ故、古今東西の国家では、一般国民に兵役の義務を課すことが多く、殊に、フランス革命以後、ヨーロッパでの戦争は、貴族という専門家同士の戦いではなく、一般国民による総力戦の様相を呈するようになっている。明治憲法も、武士階級を否定したため、一般国民に対し、兵役の義務（二〇条）を課していたのである。

現在の日本国は、国民に対し、自衛隊への入隊義務を課すような事態となっていない。日本国憲法は、国際紛争を解決するための手段としては、戦力保持及び侵略戦争を禁止している（九条）上、現在の国際情勢は、自衛戦争に応じなければならないような緊急事態にもない。それ故、現在、職務遂行中に自衛隊員の生命、身体等に危険が及ぶ可能性もそれほど高くはなく、自衛隊へ入隊を希望する者が、ある程度確保されている。

しかし、仮に、外国軍隊が日本国を侵略するような事態が生じたにもかかわらず、必要な自衛隊員が確保できず、国家存亡の危機に至ったと仮定した場合、一般国民に対し、自衛隊への入隊を義務付ける必要性が生じるであろうし、自衛隊員の選抜方法の相当性についても検討せざるを得ないように思われる。国家存亡の危機を救うという緊急事態が生じた場合に、仮に、国民に自衛隊への入隊義務を課すような法律が制定されたとしても、かかる法律が一概に憲法違反であると断定することには、慎重にならざるを得ないように思われる。

国民は、国会議員に関する選挙権・被選挙権により、あるいは国家公務員への任官により、国政に参加する権利を有するが、その反面、国政に参加することの責務も生じてくると言えよう。

つぎに、納税の義務（三〇条）について、見てみよう。国民は、国会に代表者を送り（前文、一五条、四三条）、また公務員を選定する権利を有する（一五条）。これは、国民が、国家権力の正当性の根拠であり、立法機関、行政機関及び司法機関に対し、国政を信託することを意味する。その反面、国民は、公務員の給料を含め、国政運営に必要な国費を負担すべき義務を負うことになる。

この納税義務の負担のあり方は、どのようにあるべきだろうか。国民の中には、資産・収入が多い者もあれば、逆に少ない者もある。資産・収入の多寡によって、租税負担の程度を変えるべきなのだろうか、変えるべきではないのだろうか。

確かに、国家は、人、物、金、情報などの円滑な流れを維持するための基盤を整備したり、国民相互の紛争を処理したり、外交問題を処理したりする権限及び責務を有しており、国家権力の行使による福利は、国民一般が享受するものであるから、本来、その国費は、国民全体で等しく負担すべきものである。

しかし、国民全体の中で、その資産・収入に多寡の格差が生じることは避けられないのであって、現実に租税負担能力の乏しい者がいることは事実である。所得税法（昭和四〇年法律三三号、数次の改正あり）によれば、所得税の額は、課税総所得金額、課税退職所得金額及び課税山林所得金額にそれぞれの税率を乗じるなどして計算するのであるが、その税率は、それら所得金額の多寡に応じた累進課税となっており（八九条）、高額所得者ほど高い税率による所得税を納める義務を負うこととされている。もちろん、所得がない者は、所得税を負担しない。

しかも、憲法は、国家に対し、社会経済的弱者を保護する政策を講じるべきことを義務付けている。

まず、すべて国民は、健康で文化的な最低限度の生活を営む権利を有し、国は、すべての生活部面について、社会福祉、社会保障及び公衆衛生の向上及び増進に努めなければならない（二五条）。生活保護法（昭和二五年法律一四四号、数次の改正あり）は、国が生活に困窮するすべての国民に対し、その困窮の程度に応じ、必要な保護を行い、その最低限度の生活を保障するとともに、その自立を助長することを目的としており（一条）、保護の種類は、生活扶助、教育扶助、住宅扶助、医療扶助、介護扶助、出産扶助、生業扶助及び葬祭扶助である（一一条）。

また、すべて国民は、法律の定めるところにより、その能力に応じて、ひとしく教育を受ける権利を有し、義務教育は、これを無償とする（二六条）。教育基本法（平成一八年法律一二〇号）によれば、教育は、人格の完成を目指し、平和で民主的な国家及び社会の形成者として必要な資質を備えた心身ともに健康な国民の育成を期して行われなければならない（一条）。

さらに、すべて国民は、勤労の権利を有し、義務を負い、賃金、就業時間、休息その他の勤労条件に関する基準は、法律でこれを定める（二七条）。労働基準法（昭和二二年法律四九号、数次の改正あり）によれば、労働条件は、労働者が人たるに値する生活を営むための必要を充たすべきものでなければならない（一条）。最低賃金法（昭和三四年法律一三七号、数次の改正あり）によれば、厚生労働大臣又は都道府県労働局長は、賃金の最低額に関する定めを含む労働協約に基づき（一一条）、あるいは最低賃金審議会の意見を聴いて（一六条）、最低賃金の決定をすることができる。

このように、国会は、生活困窮者に対して生活保護費を支給し、義務教育を無償とし、使用者に対して最低賃金を義務付けるなどの法律を制定し、行政機関は、これらの法律に関連して、様々な社会経済政策を遂行すべき権限と責務を有している。

かかる社会経済政策の遂行には、多くの財政支出を必要とするが、その裏付けとなる財政収入については、資産・収入の多い国民に多額の租税負担をしてもらうしか方法がないであろう。

国民は、自由で平等な存在であり、多くの資産・収入が得られるか否かは、本来、個人の問題であり、かつては、一定額以上の納税者のみが選挙権を有するという制限選挙制度も存在したが、社会経済問題は、必ずしもすべて個人の帰責事由に解消できないものがある。例えば、身寄りのいない年少者、高齢者、病気や障害のために定職に就けない者などがおり、だからこそ弱者救済政策を講じる必要性がある。

国民主権の原理は、普通選挙権を志向するのであり、選挙権及び被選挙権については、財産又は収入によって差別してはならない（四四条）。租税を負担できない社会経済的弱者も、国政に参加する権利があり、選挙権の行使を介して、手厚い社会経済政策を講じるよう求める自由が認められるのである。

三　議会制民主主義

これまで、国家意思が、法律という形式によって決定される場合を想定して論じてきた。国家権力の正当性の根拠が国民にあり（国民主権）、国家意思が法律という形式によって決定されるのであれば（立法権）、国民は、立法機関に自らの代表を送り込む権利（参政権）を有するということが帰結される。

これと別の想定をすることは可能だろうか。例えば、国家意思の決定は、最高行政機関が行い、立法機関は、単に行政権を抑制する機関に過ぎないという統治体制は、想定できるだろうか。国民主権を原理とするのであれば、この場合、国民は、最高行政機関の長を選挙する権利（参政権）を保障されるべきことになる。国民から選ばれた最高行政機関の長、例えば、大統領は、国民の代表たる地位を有し、議会の制約を受けつつも、自ら国家意思を決定する存在となる。

確かに、国民は、一人の権力者を選挙し、これに国政を委ねるという法制を採用することもできそうである。外交や防衛などに関しては、会議体より、一人の判断に委ねる方が適切であることが少なくないであろう。大衆は、近代フランスのナポレオンや、現代中国の毛沢東のような指導者が出現することを待望し、これを英雄として崇拝しがちである。アメリカやフランスでは、大統領制が採用されているところである。

しかし、日本国憲法は、そのような統治制度を設計していない。

憲法によれば、国権の最高機関が、会議体の立法機関であるとされている。すなわち、国会は、国権の最高機関であって、国の唯一の立法機関であり（四一条）、国会は、衆議院及び参議院の両議院でこれを構成し（四二条）、両議院は、全国民を代表する選挙された議員でこれを組織し（四三条）、両議院は、出席議員の過半数で議事を決する（五六条）ものとされ、内閣及び裁判所は、国会の決定した法律を執行するものとされているのである（七三条一号、七六条三項）。

国会が、法律という形式により国家意思を決定し、内閣及び裁判所が、これを執行するというのが、憲法の想定する統治制度の基本であると理解できよう。

国民を代表する国家機関が、会議体とされたことには、どのような意義があるのか。

思うに、国家意思を決定すべき事項は、数多くあるのであって、例えば、紛争処理に関する国家機関（裁判所）をどのように組織するのか、紛争処理の手続（例えば、民事訴訟法、刑事訴訟法など）をどのようなものにするのか、紛争処理のルール（例えば、民法、刑法など）をどのようなものにするのか、などを考えても、ものごとは単純ではない。いかなる法律を制定すべきかをめぐり、国民は、多種多様な価値観・意見を有している。立法に当たっては、ただ一人の代表が独断で法律を決定するより、複数の代表が十分な審議を通じて法律を制定する方が、国民の多種多様な価値観・意見を反映するものとなろう。

国会は、国民相互の複雑な利害対立を調整しつつ、国家意思を決定する権限と責務があり、それ故に会議体とされているものと理解できよう。

この立法機関の構成員には、任期の定めが必要となる。

というのは、民意を国政に反映させるためには、一定期間毎に選挙を実施するのが適当だからである。例えば、ある一つの議案が争点となって選挙が行われ、国民の価値観・意見が国会議員の構成に反映され、国会で多種多様な国民の価値観・意見を汲み取りつつ審議が行われ、当該議案の議決がなされたとしても、議案は、ほかにも多数ある。国会議員は、国勢を調査し、あるいはその他の手段を講じて、国民の多種多様な価値観・意見を汲み取るものであるが、端的に民意を国政に反映させるには、国民による選挙権の行使にまつのが直接的である。国民の価値観・意見は、固定的なものではなく、政治、経済、社会等の変化に応じて変わっていくものである。国会議員が、全員終身議員となったら、民意を国政に的確に反映させることは困難となろう。

そして、任期が長過ぎれば民意を汲み取ることが困難となり、任期が短過ぎれば国政が停滞してしまうので、任期の長短は、政治的な判断によって合理的に決定せざるを得ない。この点、憲法は、衆議院議員の任期を四年とし(四五条)、参議院議員の任期を六年とし(四六条)た上、衆議院の解散制度(七条、六九条)をも用意している。解散制度は、とりわけ重大案件に関する国家意思の決定に民意を反映させることを目指したものであろう。

憲法によれば、内閣総理大臣は、国会議員の中から国会の議決で指名し(六七条)、内閣総理大臣は、国務大臣の過半数を国会議員の中から選ばなければならない(六八条)。内閣は、行政権の行使について、国会に対し連帯して責任を負う(六六条三項)。内閣は、衆議院で不信任の決議案を可決し、又は信任の決議案を否決したときは、一〇日以内に衆議院が解散されない限り、総辞職をしなければならない(六九条)。衆議院議員総選挙の後に初めて国会の召集があったときは、内閣は、総辞職をしなければならない(七〇条)。

最高裁判所の長たる裁判官は、内閣が指名し(六条)、それ以外の裁判官は、内閣が任命し(七九条)、下級裁判所の裁判官は、最高裁判所の指名した者の名簿によって、内閣でこれを任命する(八〇条)。国会は、罷免の訴追を受けた裁判官を裁判するため、両議院の議員で組織する弾劾裁判所を設ける(六四条)。

このように見ると、日本国は、立法権(四一条)、行政権(六五条)及び司法権(七六条)の三つの国家権力が独立した国家機関に分離しているとはいえ、内閣及び裁判所の組織について、民主的統制がなされていることに気づかされる。政治部門においては、議院内閣制が採用され、司法部門においては、国会に対して責任を負う内閣が裁判官の任命権を有しているのである。日本国憲法は、組織規範の分野において、完全な権力分立を採用しておらず、国会優位の統治制度を採用していることが認められるのである。

ただし、憲法によれば、手続規範の分野において、内閣は、実質的な国会の招集権（七条、五三条など）及び衆議院の解散権を有し（七条）、実体規範の分野において、裁判所は、法律の違憲審査権を有している（八一条）が、この問題については、後述することとする。

四　三権分立

国会は、国民の代表であり、国権の最高機関であるから、国政のあらゆる事項について、国家意思を決定できる。憲法は、国会が議決すべき多くの事項を挙げる。例えば、皇位の継承に関する皇室典範（二条）、天皇の国事行為の委任に関する事項（四条）、皇室の財産授受（八条）、日本国民たる要件（一〇条）、公務員の不法行為により損害を受けた者が請求する損害賠償に関する事項（一七条）、配偶者の選択、財産権、相続、住居の選定、離婚並びに婚姻及び家族に関するその他の事項（二四条）、すべての国民が能力に応じてひとしく受ける教育に関する事項（二六条）、賃金、就業時間、休息その他の勤労条件に関する基準（二七条）、財産権の内容（二九条）、納税に関する事項（三〇条）、刑罰を科す手続（三一条）、抑留又は拘禁された後、無罪の裁判を受けた者に対する刑事補償に関する事項（四〇条）、国会の両議院の議員の定数（四三条）、両議院の議員及び選挙人の資格（四四条）、選挙区、投票の方法その他両議院の議員の選挙に関する事項（四七条）、両議院の議員の歳費（四九条）、両議院の議員の不逮捕特権の例外（五〇条）、両議院の協議会に関する事項（五九条、六〇条、六一条、六七条）、予算（六〇条、八六条）、条約（六一条、七三条三号）、罷免の訴追を受けた裁判官を裁判するための弾劾裁判所に関する事項（六四条）、内閣の組織（六六条）、内閣総理大臣の指名（六七条）、内閣の不信任決議（六九条）、官吏に関する事務の基準（七三条四号）、内閣が憲法及び法律の規定を実施するために制定する政令に関し、罰則を設けることの可否を含めた委任内容（同条六号）、下級裁判所の設置に関する事項（七六条）、最高裁判所の裁判官の員数、同裁判官の国民審査に関する事項、同裁判官の退官年齢（七九条）、下級裁判所の退官年齢（八〇条）、国の財政（八三条）、新たに課す租税、又は現行の租税の変更（八四条）、国費の支出、又は国が負担する債務（八五条）、予見し難い予算の不足に充てるための予備費（八七条）、皇室の費用（八八条）、会計検査院の組織及び権限（九〇条）、地方公共団体の組織及び運営に関する事項（九二条）、地方公共団体の議会、吏員に関する事項（九三条）、憲法の改正の発議（九六条）などである。

国会の議決事項は、憲法の明示する右の事項に限定されているのではない。国会は、国民の代表であり、国権の最高機関であるから、様々な事項について、議決する権限を有しているのである。

すなわち、国会は、行政機関及び司法機関について、それぞれの組織規範（組織法）、手続規範（手続法）及び実体規範（実体法）を定める権限を有している。例えば、国会は、国家行政組織法（昭和二三年法律一二〇号、数次の改正あり）、行政手続法（平成五年法律八八号、数次の改正あり）、各種の行政実体法、裁判所法（昭和二二年法律五九号、数次の改正あり）、民事訴訟法（平成八年法律一〇九号、数次の改正あり）、行政事件訴訟法（昭和三七年法律一三九号、数次の改正あり）、刑事訴訟法（昭和二三年法律一三一号、数次の改正あり）、民法（明治二九年法律八九号、数次の改正あり）、刑法（明治四〇年法律四五号、数次の改正あり）などの法律を制定しているところである。

ところで、憲法によれば、立法権、行政権及び司法権の三権は、それぞれ国会（四一条）、内閣（六五条）及び裁判所（七六条）に分掌されている。すなわち、国会は、法律を制定する権限を行使し、内閣及び裁判所は、法律を執行する権限を行使するということであり、言葉を変えれば、国会は、国家意思を決定する権限を有し、内閣及び裁判所は、その国家意思を遂行する権限を有するとも言える。

ここでは、立法権、行政権及び司法権が異なる三つの国会機関に分掌されていることをもって三権分立と呼ぶことにする。

この三権分立の意義を検討してみたい。国民の代表たる最高機関が、行政権及び司法権を行使したり、これらに関与したりすることは、そもそも許されないことなのだろうか。

例えば、イギリスは、議会が万能の様相を呈しており、歴史上、その貴族院は、立法権を行使するとともに、上告審としての権限をも有し、司法権を行使する権限を有していた。フランス一七九三年憲法によれば、国家権力は、議会に集中していたと言えよう。中華人民共和国憲法によれば、三権分立は採用されておらず、統治制度は共産党の主導である。国民主権の原理からすれば、国会が、行政権及び司法権に対して介入することも、あながち不当とは言い切れない。

ただし、国会は、行政事務及び司法事務の処理に適した国家機関とは言えない。例えば、行政事務は、外交、国防、警察、財務、税務、教育、学術研究、社会保障、労働行政、経済振興、農林水産業保護、国土開発、エネルギー対策、環境保護など多分野にわたっている。司法事務も、様々な民事事件（土地の所有権争い、契約不履行による損害賠償請求訴訟、不法行為による損害賠償請求訴訟、行政処分の取消訴訟、国家賠償請求訴訟など）や、刑事事件（殺人、強盗、放火など）

がある。これら行政事務及び司法事務は、その種類が多岐にわたり、その内容が高度に専門化されていることがあり、その事務量が大量である。国会が、これら行政事務及び司法事務に関与するのは、合理的とは思えない。これら行政事務及び司法事務は、専門的技術的な事項にわたることが多いから、資格試験制度を経た専門家（行政官及び裁判官）に委ねることに一定の合理性があると言えよう。また、外交などの分野では、多数の議員団によって国家意思を迅速に決定するのは容易ではない。

思うに、三権分立の実質的根拠は、行政事務及び司法事務が、国会による処理に不適当だからである、と理解したら良いのではないか。そして、その形式的根拠は、日本国憲法の制定経緯にある。日本国憲法は、帝国議会の議決を経て成立しているのだから、国会が、行政権及び司法権を行使しないというのは、国会による自己制約たる側面がある。国会は、日本国憲法を可決することで、内閣及び裁判所に対し、専門的技術的な事項を取り扱う行政事務及び司法事務の執行を委ねたのである。かかる理由以外に、国民主権下の三権分立を合理的に説明することは、困難であると思われる。三権分立は、国民主権から必然的に導かれるものではないから、憲法を改正して、国家権力を国会に集中することも可能なはずである。

憲法学では、モンテスキューを引用しつつ、個人の自由を尊重するという立場から、国民主権の目的が、自由のもたらす恵沢を確保するところにあるとした上で、国民主権と三権分立が整合的であると理解しようとする見解があるし、また、一七八九年フランス人権宣言を引用したり、立法不信への対応が現代的立憲主義の課題であると指摘したりする見解もあるが、これらの見解には、問題がある。

まず、イギリス憲法史は、議会制民主主義の強化の歴史である。モンテスキューは、「法の精神」において、民主主義による暴走を危惧し、議会の権限を抑制することを念頭に置いていたのであって、これは、国民主権や議会制民主主義の理念とは異なる哲学に基づくものであり、それは、君主主権を前提とするものである。その後のイギリスは、都市労働者によるチャーティスト運動を経て、普通選挙を実現するに至ったが、これにより、議会を制約する正当根拠は、ますます薄弱となったのであり、モンテスキューの期待とは逆に、イギリスは、議会万能主義へと進んだのである。

つぎに、フランス人権宣言は、権力分立の定められていない社会は憲法を持つものではない、と宣言しているが、そのフランスこそ、裁判所不信の国であり、一七九三年憲法は、国家権力を議会に集中させることを意図し、行政機関及び裁判所は、議会と対等な国家機関とは考えられていなかったのである。違憲審査権がフランスで生まれなかったのも当然である。

思うに、憲法制定権力の正当根拠が、究極的には国民であり、その国民の代表が、国会議員であり、国会議員の選挙権・被選挙権は、教育の有無を問わないものとされ（四四条）、選良思想は、排除されているのである。立法不信を強調する考え方は、かかる国民主権の原理をないがしろにしかねない危険性を有している。

国家統治の根本原理は、国民主権にある。にもかかわらず、国会の権限を制限するというのは、国民主権とは異なる思想によるものである。国民主権は、統治者と被統治者の自同性を帰結するのである。国民主権の目的が、国民の自由な活動を保障することにあるとはいえ、それ故に国会の権限が必然的に制約されるというのは、困難であろう。

統治制度の根幹が、国民主権、議会制民主主義であるならば、むしろ、国会に国家権力を集中させることすら可能なはずである。法律を制定する権限を有する国家機関が、法律の執行に関与できないなどとは、考え難いところである。にもかかわらず、三権分立を採用するというのは、行政権及び司法権を国会以外の国家機関に委ねるべき合理的理由があるからであり、それも、国会が、自らの判断により国家権力のうち行政権と司法権をそれぞれ内閣と裁判所に分掌させたのである、と考えるのが穏当というものであろう。

なお、三権分立に関しては、内閣による国会の召集及び衆議院の解散制度と、裁判所による違憲審査権も、問題となるが、これらの制度は、国会がその権限を自己制約したという論理では説明できないところであり、この点については、改めて論ずることとする。

五　法治主義と法の支配

国家権力には、立法権（四一条）、行政権（六五条）及び司法権（七六条）があり、違憲審査権の問題を除けば、行政権及び司法権は、法律に従わなければならない。ここでは、行政権及び司法権が法律に従うべきことをもって「法治主義」と呼ぶことにする。

行政行為及び司法行為が法律に違反した場合、どのような是正措置が講じられることになるか。

立法機関は、法律を制定する権限を有するだけであり、行政機関及び裁判所が法律を遵守しているか否かを審判したり、個別具体的な違法行為を是正する権限があるとまでは理解されていない。

法律違反の有無を判断し、違法な公権力の行使を是正するのに適した国家機関は、司法機関ということになる。司法権は、すべて通常裁判所に属し、そこでは、最高裁判所による統一的な法解釈が予定されており、通常裁判所に属しない特別裁判所の存在は認められないし、行政機関がなした審判は、すべて通常裁判所の事後審査に服する（七六条）ことになる。

裁判所は、司法権を行使することにより、違法な行政行為を取り消し、あるいは違法な行政行為の無効を確認する権限を有する。例えば、行政事件訴訟法（昭和三七年法律一三九号、数次の改正あり）によれば、行政庁の裁量処分について、裁量権の範囲をこえ又はその濫用があった場合、裁判所は、その処分を取り消すことができる（三〇条）とされている。違憲審査権の問題を除き、ここでは、行政権が裁判に従うべきことをもって「法の支配」と呼ぶことにする。

そして、下級裁判所の違法行為については、上訴をまって、上級裁判所がこれを是正することになる。民事訴訟法（平成八年法律一〇九号、数次の改正あり）及び刑事訴訟法（昭和二三年法律一三一号、数次の改正あり）によれば、上訴については、三審制度が採用されている。

このように、行政行為及び司法行為において、違法がなされたとしても、それらの違法は、司法過程を通じて是正され、適法な状態が回復されることになる。

それでは、違法な公権力の行使により国民が損害を被った場合、これに対する救済は、どうなるのか。

古来、違法な公権力の行使による損害を賠償請求する手段は、認められていなかった。第二次世界大戦前は、多くの諸国において、国家無答責の原則が通用していたのである。

例えば、イギリスでは、長らく「国王は悪をなさない。」という考え方が支配し、日本の国家賠償法に相当する法律が制定されたのは一九四七年になってからである。アメリカ合衆国でも、日本の国家賠償法に相当する法律を制定したのは一九四六年のことであった。明治憲法下の日本でも、国家無答責の原則が認められていた。すなわち、明治憲法によれば、行政庁の違法処分により権利を傷害せられたとする訴訟は、行政裁判所の裁判に属すべきものとされ（六一条）、明治二三年法律一〇六号によれば、行政裁判所は、課税事件、租税滞納処分事件、営業免許取消事件、水利・土木事件、土地区分査定事件等について、行政訴訟を受理するものとされたが、行政裁判法（明治二三年法律四八号）によれば、行政裁判所は、損害要償の訴訟を受理しない（一六条）とされており、このため、公権力の行使に当たる公務員が、その職務を行うについて、故意又は過失によって違法に国民に損害を加えても、国は、これを賠償する責を負わなかったのである。

国家無答責の原則は、いかなる根拠に基づいていたのだろうか。

思うに、国家無答責の原則を正当化する根拠は、身分差別を肯定していた歴史的事情にその遠因を求められるのではなかろうか。例えば、貴族社会において、貴族階級でない公民は差別され、士農工商の社会において、武士階級でない百姓は同様に差別されていた。かかる身分社会においては、公民・百姓といった階級は、国政に参加する権利が認められていなかったのであるから、違法な公権力の行使を是正するため、裁判所に訴えるというような法的手段も認められておらず、ましてや、国家賠償請求をすることも認められなかったのであろう。

近代ヨーロッパ及び明治憲法下の日本国において、法の下の平等が謳われ、行政訴訟制度が創設されたとき、その先にある国家賠償請求制度まで創設することが可能だったように思われるが、実際には、直ちに国家賠償請求制度が創設されることはなかった。

その理由であるが、一つには、違法状態を適法状態に是正できれば、それで大きな制度目標が達成されており、それで良しとすべきではないか、という考慮が働いたのではなかろうか。もう一つには、納税義務を果たしている国民の資産をもって、一部の国民の損害を補填することの妥当性いかんが問題となったのではなかろうか。すなわち、国家が、個別具体的な国民に対して賠償金を支払うとしたら、その原資は、国民全体に対して納付義務を課すべき税金収入とせざるを得ないのである。さらには、そもそも、公権力の行使にかかる損害については、損害賠償を論ずべきではない、という議論があり得たかもしれない。例えば、国民が兵役の義務を負っている場合、その生命、身体等に危険が及ぶ可能性は極めて高いが、国民の生命、身体等が現実に侵害されたからといって、これを違法視していては、危急時の国防を果たせなくなり、国家の存亡問題に直結してしまう。国民に最も大きな負担を課す兵役の義務については、国家賠償制度によるのではなく、死者に対する名誉の附与と遺族に対する生活保障で報いるしかない。だとすれば、兵役強制より自由制約の程度が低い公権力の行使による損害については、なおさら違法を論ずべきではなく、国家賠償請求を認めるべきではない、と考えられたのではなかろうか。

そうすると、国家賠償請求制度に対する考え方が変われば、これを創設できることになる。公権力の行使によって損害を被った国民には、やはり損害を補填すべきであるという考え方である。国民の生命、身体、自由、名誉、財産等に対する侵害行為は、国家権力の行使であったとしても、違法性を帯びる場合があると考えるのである。損害賠償金を受け取る国民は、一部の国民であるが、その被害を補填せずに放置するのが不当であるとしたら、その損害賠償金は、公権力の正当性の根拠となっている国民全体が負担するのが当然ということになる。

日本国憲法は、国家賠償法の制定を認めた。すなわち、憲法によれば、何人も、公務員の不法行為により、損害を受けたときは、法律の定めるところにより、国又は公共団体に、その賠償を求めることができる（一七条）と規定された。そして、国家賠償法（昭和二二年法律一二五号）によれば、国又は公共団体の公権力の行使に当たる公務員が、その職務を行うについて、故意又は過失によって違法に他人に損害を加えたときは、国が、これを賠償する責に任ずる（一条）こととされたのである。

国民は、主権者として国会に自らの代表を送り込む権利を有しており（国民主権）、国会は、法律という形式により国家意思を決定する（議会制民主主義）。行政機関及び司法機関は、法律の執行機関であって、法律に拘束され（法治主義）、例えば、行政機関が、法律に違反すれば、行政訴訟及び国家賠償請求訴訟により、裁判所の審判を受けることになるのである（法の支配）。

第五章　憲　法

一　憲法の最高法規性

明治憲法や日本国憲法は、憲法典の形式を採っており、形式的な意味においても憲法であるが、実質的な意味においても憲法であると言われる。

実質的な意味の憲法とは何か。憲法は、普通の法律とどう違うのか。

憲法学によれば、実質的な意味の憲法といっても、その概念は多義的である。すなわち、憲法とは、第一に、国家の統治制度の組織、権限などを定めた根本規範をいうとされ、あるいは、第二、これに加えて、人権保障及び権力分立を定めた根本規範をいうとされ、さらには、第三に、これに加えて、最高法規たる根本規範をいうなどとされる。そして、国会による通常の立法手続により改正できる最高法規を軟性憲法、そうでなく、特別な改正手続によらなくては改正できない最高法規を硬性憲法と呼んでいる。

日本国憲法は、硬性憲法である。すなわち、憲法によれば、憲法の改正は、各議院の総議員の三分の二以上の賛成で、国会が、これを発議し、国民に提案して、特別の国民投票又は国会の定める選挙の際行われる投票において、国民の過半数の賛成を必要とし、この国民の承認を経たときは、天皇は、国民の名で、この憲法と一体を成すものとして、直ちにこれを公布する（九六条、七条一号）。この憲法は、国の最高法規であって、その条規に反する法律、命令、詔勅及び国務に関するその他の行為の全部又は一部は、その効力を有しない（九八条）。天皇又は摂政及び国務大臣、国会議員、裁判官その他の公務員は、この憲法を尊重し、擁護する義務を負う（九九条）。

確かに、憲法が軟性憲法であれば、国会は、法律を制定するのと同じように、憲法を改正することが可能となり、国会の制定した法律が憲法に反して無効であるという事態は生じないであろうから、憲法は、最高法規として機能しないであろう。

しかし、逆に、硬性憲法であれば最高法規であると言えるのだろうか。

例えば、憲法は、法の下の平等（一四条）を宣言しているが、刑法（明治四〇年法律四五号、数次の改正あり）は、かつて尊属殺人の重罰規定を有していた。刑法一九九条は、普通殺人を死刑、無期懲役又は有期懲役と規定し、執行猶予を付する余地を残しているのに、かつて存した刑法二〇〇条は、「自己又ハ配偶者ノ直系尊属ヲ殺シタル者ハ死刑又ハ無期懲役ニ処ス」と規定し、執行猶予を付する余地をなくしていた。尊属殺人の規定は、普通殺人より重罰であったが、法の下の平等に違反しないのか。最高裁昭和二五年一〇月二五日大法廷判決（刑集四巻一〇号二一二六頁）は、尊属殺人の重罰規定が憲法一四条に違反しないと判示したが、後の最高裁昭和四八年四月四日大法廷判決（刑集二七巻三号二六五頁）は、これが憲法一四条に違反すると判示して、判例を変更した。有権的な違憲判断がなされるまで、刑法二〇〇条は、有効なものとして運用されていたのである。

また、例えば、憲法によれば、公金その他の公の財産は、公の支配に属しない慈善、教育若しくは博愛の事業に対し、これを支出し、又はその利用に供してはならない（八九条）と規定されているが、私立学校振興助成法（昭和五〇年法律六一号、数次の改正あり）によれば、同法は、私立学校の教育条件の維持及び向上並びに私立学校に在学する児童、生徒、学生又は幼児に係る修学上の経済的負担の軽減を図るとともに私立学校の経営の健全性を高め、もって私立学校の健全な発達に資することを目的とし（一条）、国は、大学又は高等専門学校を設置する学校法人に対し、教育又は研究に係る経常的経費について、その二分の一以内を補助することができる（四条）などと規定する。私立学校振興助成法は、憲法八九条に違反するのではないかとの意見もあるが、同法は、有効なものとして運用されている。

このように、憲法が、最高法規であり、かつ、硬性憲法であると明記されていても、憲法の条項に違反する疑いのある法律が、その効力を否定されずに執行され続けることがある。硬性憲法であることは、法律に優位する最高法規であることを必ずしも意味しない。

結局、憲法は、違憲審査制度が存在して初めて最高法規たり得るのである。重要なのは、個々の法令が憲法に適合するか否かを判断する違憲審査権である。違憲審査権を行使する国家機関が存在しなければ、憲法は、法律を規制することができず、単なる建国精神の宣言文に過ぎなくなる。たとえ国家の統治制度の根本規範に人権保障及び権力分立などが規定されていたとしても、違憲審査権が存しないのなら、その根本規範は、最高法規とは言えないであろう。日本国憲法は、違憲審査権を明記しており、最高法規として機能し得るが、明治憲法は、違憲審査権が明記されておらず、この点、問題を残していた。

二　違憲審査権と立法権

国民が主権者であり、国民の代表である国会が国権の最高機関であるなら、法律は、法規範の頂点をなすべきはずであるのに、何故、法律より優位な法規範（憲法）が存在するのか。憲法が、法律より上位に置かれるのは、いかなる理由によるのか。法律に優越する最高法規を定める必要性は、どこにあるのか。

この点に関し、憲法学では、憲法制定権力は、主権者である国民に存し、主権者が制定した憲法は、国会の制定した法律に優越するなどと説かれ、また、基本的人権は、侵すことのできない永久の権利であり（九七条）、この人権を保障する規定を持つが故に、憲法は、法律に優越するなどと説かれる。

しかし、これらの説明には、やや問題がある。

歴史上、日本国憲法は、帝国議会の議決と天皇の裁可に基づいて成立したものであって、議決が特別多数決であったことを除けば、通常の法律の成立過程と比較して、特別な相違があったわけではない。昭和二一年三月六日、憲法改正草案要綱が公表され、四月一〇日、衆議院議員の普通選挙が実施されたとはいえ、その総選挙は、憲法案の採否を決するものではなかった。現に、内閣草案が作成されたのは、その後の四月一七日であるし、さらにその後、衆議院及び貴族院において、各種の修正を経ているのであり、日本国憲法は、国民投票によって成立したものではない。憲法によれば、国民がこの憲法を確定する、と宣言されているが、これは、理念的な宣言文に過ぎず、通常の立法過程と異なる特別な国民投票に基づくものではなかった。

すると、国民の代表が可決した憲法と法律とは、その成立過程が概ね同じであるから、両者の効力の優劣の差違は、成立過程の外に求めざるを得ない。国民が憲法制定権力を有していると言ってみても、憲法は、国民投票で成立したわけではないのである。憲法制定権力とか、立法権とかは、いずれも国民主権に基づくものであり、具体的な権力を行使したのは、いずれも国民の代表である国会であることには変わりがない。

また、憲法には、基本的人権の保障が明記されているが、同様の条項を法律に明記することも可能なのであって、内容が崇高であるから優位な効力が認められるというわけにもいかないであろう。

現行法制上、効力の差異を除き、憲法と法律とが相違しているのは、その改正手続である。日本国憲法は、硬性憲法である。憲法の改正は、国会の議決のほか、国民投票において、その過半数の賛成を必要とするのである（九六条）。それでは、国民投票の有無という改正手続の相違点が、憲法の優位を導くのであろうか。

現行の改正手続は、必ずしも国民主権を尊重したものとは言えないだろう。というのは、もしも、国民投票により民意を国政に直接反映することを重視したいのなら、国会による発議要件をより緩和すべきだからである。国会の特別多数決（九六条）がなければ、国民に憲法改正を発議できないということは、憲法改正に関する民意を問う門戸を狭めることを意味する。国民投票を憲法改正の手続要件とするのであれば、国会の発議は、出席議員の過半数で発議できることにした方が、より民意を問いやすくなる。

軟性憲法であれば、最高法規としての機能を果たし難いが、仮に、国民投票制を廃止しても、硬性憲法であることは可能である。国会の特別多数決を維持していれば、国民投票制がなくても、硬性憲法であって、憲法の最高法規性が失われることはないであろう。例えば、アメリカ合衆国憲法や、かつての西ドイツ憲法は、憲法の改正手続に国民投票を要件としていないが、いずれの憲法も、最高法規であり、法律に優位する規範である。

先に見たとおり、硬性憲法であったとしても、最高法規として機能するとは限らない。結局、憲法の最高法規性を制度的に保障する意義がどこにあるのかという問題は、違憲審査制度を設けることの意義がどこにあるのかという問題にほかならない。

憲法が最高法規であるということは、端的に立法権を制約することを目的としたものである。行政権及び司法権は、本来、法律に従わなければならないのであり（法治主義）、行政権及び司法権が法律に違反しているか否かは、裁判所が統制しているから（法の支配）、行政権及び司法権を抑制するためには、法律があれば十分であって、憲法を必要としない。法律に優越する最高法規を必要とするということは、立法権を統制すべきであるということである。硬性憲法は、国会の特別多数決や国民投票など特別の改正手続を要求するが、要するに、それは、国会が容易に憲法を改正できないようにすることに主眼がある。

国会が、国民の代表であるとしたら、何故、立法権は、制限されなければならないのか。国民が、主権者であるとしたら、何故、憲法改正の発議に国会の特別多数決を要求し、民意を問う機会を狭めているのだろうか。

憲法学では、違憲審査権が、国民主権や議会制民主主義と矛盾することはないという意見が在するが、この意見を理解するのは容易でない。むしろ、違憲審査権が国民主権や議会制民主主義と矛盾する契機を有していると認識した方が、分かりやすい。イギリスでは、議会が万能であると言われ、法律に優越する憲法典は存在しないが、民主主義の国であると言われている。フランスの一七九一年憲法は、国の最高法規であるとされたが、国会の権限を制約する違憲審査制度は存在しなかった。古来、国民主権や民主主義を実現するためには、国会の権限強化を目指してきたのであって、国会の権限を制限することを目指してきたのではない。

後述するとおり、日本の違憲審査権は、裁判所が行使するが、裁判官が違憲審査権を行使することの意義は、どこにあるのか。

裁判官は、内閣の指名又は任命によるのであって（七条、七九条、八〇条）、裁判所の組織が、それなりに民主的契機を有することは否定できないが、国民が直接国会議員を選挙する（一五条、四三条）のと比較すれば、裁判所の民主的契機が弱いものであることは明白である。

そして、憲法解釈とは、事実上、立法権と類似した法規範の創造作業という側面がある。というのは、通常の法律と比較して、憲法は、条文数が少なく、各条文の文言が比較的抽象性を帯びており、全体の内容が多くの価値観を包含しており、個々の条文解釈においても大局的な視野に立った利害調整が求められがちだからである。憲法解釈は、法解釈でありながら、政治判断の側面を有することがある。

裁判官による違憲審査権の行使に一定の合理性があるとすれば、法令解釈におけるその専門技術性しかない。概ね各国において、裁判官の任官に当たっては、法令解釈の専門家としての知識や素養を判断し、人材を選抜するための資格試験が課せられる。裁判官は、その判断の的確さにおいて、大きな信頼を得てきたと言えよう。古来、民主主義が、衆愚政治に陥りがちであると批判されてきたことと、対照的である。

違憲審査権を行使する国家機関が、通常裁判所ではなく、特別な憲法裁判所であったとしても、その理念は、同じである。憲法裁判所の裁判官も、法令解釈の専門家であり、憲法裁判所による違憲審査権が合理性を有するとすれば、それは、法令解釈におけるその専門技術性しかない。

この違憲審査権の行使は、国民主権や議会制民主主義と矛盾する契機があることを率直に認めざるを得ない。国民主権は、選挙権及び被選挙権において、教育の有無によって差別しないことを要求する（四四条）が、専門の裁判官制度は、才知や能力の高い者を選抜する制度であり、普通選挙の理念とは異なっている。裁判所による違憲審査権の行使は、民主的契機の乏しい国家機関に政治判断を求めることをも許容する。それは、専門合理性の観点から初めて許容されるのであって、国民主権や民主主義の視点から支持されるものとは言い難い。

三　違憲審査権の歴史的誕生

違憲審査権の正当根拠は、司法権の意義から説明できそうである。歴史上、違憲審査権を採用した最初の国家は、アメリカ合衆国である。アメリカ合衆国憲法は、違憲審査権を明記していなかったが、連邦最高裁は、一八〇三年のマーベリー対マディソン事件判決において、裁判所が法令の違憲審査権を行使できるものと判示した。その論理は、憲法が最高法規であり、裁判官にも憲法遵守義務があるから、憲法に違反した法令を適用して司法権を行使することはできないというものであった。

このマーベリー対マディソン事件判決は、歴史的に新しい論理であった。この論理に従えば、明治憲法下でも、違憲審査権を行使することが認められたであろうが、実際には、違憲審査権が行使されることはなかった。近代ヨーロッパでも、違憲審査権は、一般に制度化されていなかった。

イギリスは、長い憲法史を有するが、統治制度に関する根本規範は、憲法典の形式を採っておらず、マグナカルタを初めとした重要文書は、通常の法律よりも優位であるわけではない。イギリスは、建国の精神を刻んだ最高法規を持っていない。イギリスは、判例法（コモン・ロー）の国であり、古来、殺人罪ですら、制定法がなく、判例法に基づいていた。判例法は、社会が変化しても変更不可とされ、これを変更するためには、制定法によらざるを得なかった。それ故、イギリスでは、立法権が司法権より優位に立つことが、統治制度における重要部分を構成していたのである。イギリス憲法史は、議会制民主主義の歴史であり、違憲審査権のような発想は、現実の法制度とはならなかった。

近代フランスは、最高法規としての憲法を多数制定したが、違憲審査権を創設することはなかった。中世フランスでは、貴族が裁判官であり、自由と平等を理念とした近代フランスは、貴族の特権を剥奪することを目指したのであって、裁判所を不信の対象とした。近代フランスは、世界史における憲法の実験室の様相を呈し、第一共和制の中だけでも三つの憲法が生まれては消え、その後も新しい憲法が試行錯誤を繰り返した。憲法は、歴史のただ中にあって、時の権力者が、建国の精神を刻み込んだものであり、その都度、未来永劫に引き継がれるべき最高法規であることが謳われ、国家の根本規範は、通常の法律とは異なる特別な改正手続によらなければ変更し得ないものとされたが、それにもかかわらず、憲法は、政治情勢が変化する都度、容易に改廃された。憲法は、最高法規とされ、硬性憲法とされたが、違憲審査権は、創設されなかったのである。

イギリスでも、フランスでも、憲政とは、議会制民主主義のことであり、議会の権限を制限するなどという発想は存しなかった。近代ヨーロッパの啓蒙主義は、国王の命令より上位にある自然法の観念を打ち立てたが、自然法は、国会の法律として具体化する以外になかったのである。議会の法律より上位にある自然法の観念を認めてしまえば、無政府状態が生まれるだけであった。

明治憲法も、違憲審査権を明記していなかった。明治憲法によれば、憲法に矛盾しない現行の法令のみが効力を有する（七六条）こととされ、反対解釈をすれば、憲法に抵触する法令は、効力を有しないことになる。「朕及朕カ子孫ハ将来此ノ憲法ノ条章ニ循（したが）ヒ之ヲ行フコトヲ愆（あやま）ラサルヘシ」（憲法発布勅語）とされたが、違憲審査制度は、明記されなかった。

マーベリー対マディソン事件判決に見られるように、憲法が最高法規であれば、憲法に違憲審査権が明記されていなくても、これを認めることが論理的に可能であるにもかかわらず、それまでの各国憲法が違憲審査権を認めてこなかったのは、これが、国民主権、議会制民主主義と矛盾する契機を有していたからであろう。

実際、アメリカにおける違憲審査権は、司法機関による立法機関に対する攻撃の手段であった。アメリカは、建国当初から、王制も貴族制もない社会であったが、国民相互の間には、利害対立がつきまとった。例えば、南北戦争時における北部の商工業者と南部の農業者との対立、白人と黒人の対立、世界恐慌時における使用者と労働者との対立などである。アメリカでは、国民が自由な経済活動により資産家となる夢が語られるのであり、ルーズベルト大統領が、社会的経済的弱者を保護するため、ニューディール政策を実施しようとしたとき、裁判所は、多くの社会立法・経済立法が違憲無効であると宣言した。アメリカの連邦最高裁では、一時、自由民主主義が強調され、社会民主主義が排除されたのである。

マーベリー対マディソン事件判決は、論理的であるにもかかわらず、それは形式論理なのである。大統領と議会が、ある法律を合憲と判断しているのに、裁判所が、これを違憲と判断するのは、いかなる意義を有するのか。違憲審査権の行使は、人権を保障した憲法を守ったに過ぎず、裁判所は、司法権を行使したに過ぎないという。にもかかわらず、国民主権の原理が、法の支配の原理に屈服したようにしか見えない。法の支配といいながら、それは、政治判断という側面をも有しているのである。

憲法学では、違憲審査制度が、法の支配の原則に基づくものであるという意見もあるが、かかる意見は、厳密な検証を経るべきであろう。もともと、法の支配の原則は、中世イギリスのブラクトンが、「国王は何人の下にもいない。

しかし、神と法の下にある。」と述べたところに本質を有するとされ、ダイシーは、その内容として、すべての人が通常裁判所の裁判に服すること、通常裁判所による適正手続によらなければ刑罰を科せられないこと、国民の自由と権利が通常裁判所の裁判で決定されることなどを指摘している。法の支配は、行政権が司法権に服従することを意味したのであって、立法権が司法権に従うべきことを意味したのではない。法の支配の国であるイギリスでは、議会が万能とされており、制定法は、判例法に優越するのである。もしも、違憲審査権が法の支配の具体化であるならば、法の支配は、立法権が司法権に従うべきことを意味することになってしまうだろう。

憲法学では、裁判所が、立憲民主主義を維持保全するのに寄与するため、少数者が政治過程から排除されないよう、違憲審査権を積極的に行使すべきであるという司法積極主義をとなえる意見もあるが、かかる意見は、慎重に検討されるべきである。民主主義とは、国民が、国政に参加する権利と義務を有することをいうのであろう。裁判所は、民主的契機に乏しいのであるから、いくら人権保障という目的を掲げたとしても、民主主義を体現したことにはならない。立憲民主主義は、教育の有無を問わずに、国民に選挙権・被選挙権を保障するところにある。司法積極主義の背後には、一般国民の中から選挙された国会議員による憲法判断より、資格試験を経た法律の専門家である裁判官による憲法判断の方が、より合理的であるという思想がありはしないだろうか。しかし、法律の専門家が民主主義を擁護するという発想は、エリート思想につながりかねない。憲法制定権力が国民にあるのなら、なおのこと、国民の代表である国会の判断が尊重されるべきである。

結局、違憲審査権は、国民主権や民主主義から論理的に帰結されたものではなく、アメリカにおいて歴史的に誕生した形式論理の所産であると理解するしかない。一度誕生した違憲審査権は、歴史的な存在として世界中に大きな影響力を及ぼしている。違憲審査制度は、歴史の中で一人歩きを始め、今では、これを廃止しようという意見もないようである。違憲審査権を議会制民主主義と矛盾しないものとして理解しようとする意見には、それなりの意義がないではないが、議論を不透明なものにする危険がある。むしろ、違憲審査権が議会制民主主義と矛盾する契機をはらんでいることを認めつつ、その合理的な運用を図るべきであろう。司法積極主義を標榜し、国権の最高機関である立法機関の判断を安易に否定することは、適切とは思われない。

四　日本国憲法における違憲審査権

日本国憲法によれば、最高裁判所は、一切の法律、命令、規則又は処分が憲法に適合するかしないかを決定する権限を有する終審裁判所である（八一条）。憲法の条規に反する法律は、効力を有せず（九八条）、裁判官は、憲法を尊重し擁護する義務を負う（九九条）のであるから、裁判所は、憲法に反する法律を適用できないのである。ここに、違憲審査権の根拠がある。

違憲審査権の根拠について、最高裁の判例を見てみよう。

最高裁昭和二三年七月八日大法廷判決（刑集二巻八号八〇一頁）は、窃盗被告事件という刑事裁判である。この事案は、当初、大審院が、上告審を審理していたところ、刑訴応急措置法により、東京高等裁判所が、同事件を受理したものとされ、被告人に有罪判決を言い渡したが、被告人は、事実誤認及び手続違反を主張して、最高裁に再上告したというものである。この刑事裁判では、再上告が憲法違反を理由とするものか否かが争われ、その判断の前提として、違憲審査権の趣旨が論じられることになった。

この事案につき、同判決は、憲法の最高法規性と裁判官の憲法遵守義務から違憲審査権が導き出されると判示した。すなわち、同判決は、「憲法第八一条の規定は、第九八条第一項に『この憲法は、国の最高法規であって、その条規に反する法律、命令、詔勅及び国務に関するその他の行為の全部又は一部は、その効力を有しない』とある規定と密接な表裏の関係が存することも明白である。さらに、第七六条第三項においては、『すべて裁判官は、その良心に従ひ独立してその職権を行ひ、この憲法及び法律にのみ拘束される』と規定し、又第九九条においては、『天皇又は摂政及び国務大臣、国会議員、裁判官その他の公務員は、この憲法を尊重し擁護する義務を負ふ』と規定し、裁判所の憲法遵守義務を明らかに定めているのである。現今通常一般には、最高裁判所の違憲審査権は、憲法第八一条によって定められていると説かれるが、一層根本的な考え方からすれば、よしやかかる規定がなくとも、第九八条の最高法規の規定又は第七六条若しくは第九九条の裁判官の憲法遵守義務の規定から、違憲審査権は十分に抽出され得るのである。米国憲法においては、前記第八一条に該当すべき規定は全然存在しないのであるが、最高法規の規定と裁判官の憲法遵守義務から、一八〇三年のマーベリー対マディソン事件の判決以来幾多の判例をもって違憲審査権は解釈上確立された。日本国憲法第八一条は、米国憲法の解釈として樹立せられた違憲審査権を、明文をもって規定したという点において特徴を有するのである。……裁判は一般的抽象的規範を制定するものではなく、個々の事件について具体的処置をつけるものであるから、その本質は一種の処分であることは言うをまたぬところである。……立法行為も行政行為も司法行為（裁判）も、皆共に裁判の過程においてはピラミッド型において終審として最高裁判所の違憲審査権に服するのである。」と判示した。

最高裁昭和二五年二月一日大法廷判決（刑集四巻二号七三頁）は、食糧管理法違反被告事件という刑事裁判である。この刑事裁判では、食糧管理法が憲法に違反しないのかが争われ、原審は、これを合憲と判断したが、弁護人は、違憲審査権が最高裁の専権であり、下級審に違憲審査権はなく、憲法適否の判断を受けるためには事件を最高裁に移送すべきであったと主張していた。

この事案につき、同判決は、下級裁判所も違憲審査権を有すると判示した。すなわち、同判決は、「憲法は国の最高法規であってその条規に反する法律命令等はその効力を有せず、裁判官は、憲法及び法律に拘束せられ、また憲法を尊重し擁護する義務を負うことは憲法の明定するところである。従って、裁判官が、具体的訴訟事件に法令を適用して裁判するに当たり、その法令が憲法に適合するか否かを判断することは、憲法によって裁判官に課せられた職務と職権であって、このことは最高裁判所の裁判官であると下級裁判所の裁判官であるとを問わない。憲法八一条は、最高裁判所が違憲審査権を有する終審裁判所であることを明らかにした規定であって、下級裁判所が違憲審査権を有することを否定する趣旨をもっているものではない。」と判示した。

右の昭和二三年判決（窃盗被告事件）と昭和二五年判決（食糧管理法違反被告事件）は、いずれも相当である。憲法は最高法規であり、裁判官は憲法の尊重擁護義務を負うから、具体的訴訟事件に適用すべき法令が憲法に違反している場合、当該法令を具体的訴訟事件に適用することは許されない。よって、最高裁判所のみならず、下級裁判所も、違憲審査権を有することになる。

右の両判決において、裁判とは、「個々の事件について具体的処置をつけるもの」であるとか、「具体的訴訟事件に法令を適用」することであると判示されているが、司法権の意義については、後述することとする（第十章、三、1司法権の意義）。

五　行政機関の違憲審査権

内閣などの行政機関は、違憲審査権を有するのだろうか。

憲法は、国の最高法規であって、その条規に反する法律は、その効力を有せず（九八条）、国務大臣その他の公務員は、この憲法を尊重し擁護する義務を負う（九九条）のであるから、内閣などの行政機関は、その独自の判断により、憲法に反すると認めた法律の執行を拒否できると考えられそうである。現実問題として、内閣法制局などが、法律の憲法適合性又は合憲的解釈のあり方を検討することは、必要であるし、また重要でもある。仮に、内閣が、ある法律について憲法に反する疑いを持った場合、その法律の執行を事実上差し控えたくなるし、憲法に反することが明白な法律に従う義務があるとは言えないと思う。

内閣は、裁判所と異なり、その組織構成が民主的契機を強く持っている。下級裁判所の裁判官は、国民審査（七九条）に付されないにもかかわらず、違憲審査権を行使することができるのであって、国民主権の原理との矛盾の契機が強いが、内閣は、そうでない。すなわち、内閣総理大臣は、国会議員の中から国会の議決で指名され（六七条）、その内閣総理大臣は、国務大臣の過半数を国会議員の中から選ばなければならない（六八条）のであり、内閣は、国民の代表者に対して政治的責任を負う（六六条）存在である。内閣は、裁判所と比較すれば、その組織に民主的契機が認められる。憲法制定権力が、国民主権に由来するのなら、民主的基盤に立脚しているとは言い難い裁判官に違憲審査権を認めておいて、民主的基盤に立脚している内閣に違憲審査権を認めないというのは、国民主権の観点からは説明困難である。なお、制度趣旨は異なるものの、アメリカの大統領は、連邦議会の議決を拒否する権限を持っている。

それでは、内閣などの行政機関は、裁判所と同じように、有権的な違憲審査権を行使できると言えるのか。

しかし、前記のとおり、違憲審査権は、国民主権、議会制民主主義との関係で慎重な配慮が求められるべきものである。内閣が、積極的に独自の違憲審査権を行使して、法律の執行を頻繁に拒否するような事態が発生すれば、法律が法規範としての機能を失い、国会は、立法機関として機能しなくなるばかりか、国民の代表者としての地位も形骸化してしまう。国会は、法律という形式により国家意思を決定する機関であり、内閣は、法律の執行により国家意思を実現する機関のはずである。国会は、国民主権を端的に具体化した国家機関であり、法律の効力が安易に否定されるところでは、国民主権が実質的に否定されることになりかねない。

憲法は、歴史的に発生した政治の産物であり、国家の統治制度は、各国において異なっているが、議会制民主主義は、近代ヨーロッパの統治制度の中で最も重要な理念である。その統治制度は、国民の自由及び平等の理念とともに成長したものであり、その歴史は、議会がいかに行政機関を統制するか、議会及び行政機関がいかにより一層民主的基盤を持つことができるのかにあった。近代ヨーロッパは、憲法という抽象的な最高法規を定立することを最大の目的としたのではなく、国民主権の実質的な具体化、行政機関を立法機関に従属させることを最大の課題としたのである。歴史上、立憲民主主義とは、時に議会制民主主義と同義を指す言葉であり、イギリス及びフランスの憲法史は、議会制民主主義の確立の歴史であった。そこでは、憲法が制定されても、憲法の最高法規性及び違憲審査制度の確立には強い関心が寄せられず、逆に議会万能の様相を呈することさえあった。明治憲法下の日本でも、憲政擁護運動は、議院内閣制の実現を目指して展開されており、国会が主役を演じてきた。すなわち、一九一二年（大正元年）、二個師団増設問題で上原勇作陸軍大臣が辞任して、第二次西園寺内閣が総辞職し、桂太郎が第三次桂内閣を組閣すると、憲政擁護会、政友会、国民党などが第一次護憲運動を展開したため、翌年、桂内閣が総辞職に追い込まれた。一九二四年（大正一三年）一月、枢密院議長であった清浦奎吾が、陸軍大臣及び海軍大臣を除く全閣僚を貴族院議員の中から選んで組閣すると、政友会、憲政会及び革新倶楽部の護憲三派連盟が第二次護憲運動を展開し、同年五月の総選挙で勝利したため、清浦内閣が総辞職に追い込まれた。国家の統治制度の中で最も重要な理念は、議会制民主主義だったのである。アメリカの憲法史は、違憲審査権の運用いかんを大きな課題としてきたが、第二次世界大戦前にあって、これは例外的なことに過ぎなかった。

思うに、日本国憲法の有権的な違憲審査権を行使するのは、裁判所だけであると考える方が穏当であろう。もともと、違憲審査権の行使は、議会制民主主義との矛盾の契機に配慮せざるを得ないのであり、その行使に関する積極主義は、穏当ではない。日本国は、アメリカ軍の占領下に憲法を改正し、その憲法は、アメリカ合衆国憲法の影響を受け、違憲審査権を裁判所に付与する規定（八一条）を設けたが、議会の議決を拒否できる大統領制を創設することはなく、議院内閣制を明文化し、違憲審査権を内閣に付与する規定を設けなかったのである。日本国憲法は、最高法規として機能することが期待されたが、違憲審査権は、裁判所に付与されたのであり、内閣に付与されたのではない。

国会と内閣とが、憲法解釈をめぐって厳しい衝突を見せた場合、国会に責任を負うべき内閣が、国会の制定した法律の無効を宣言するのは相当ではないので、その場合、政治的に問題を解決すべきであろう。すなわち、国会が、内閣不信任決議案の可決又は信任決議案の否決により、内閣を総辞職（六九条）させて新たな内閣を組織する（六七条、六八条）か、あるいは、内閣が、衆議院の解散（七条三号）をして新たな国会の招集（五四条）をするのか、いずれにしても政治過程において問題を決着すべきだろう。衆議院の総選挙となれば、国民投票ではないものの、それは当該憲法解釈のあり方を問う意味を持ち、主権者である国民の意思を反映させる契機となるため、より国民主権の趣旨に適うものとなる。

第六章　国　会

一　国会の組織

1　選挙制度

国民は、自由かつ平等の存在であり、その自由な活動を十全に発揮するため、正当に選挙された国会における代表者を通じて行動し、国政の福利を享受する（前文）。国民は、経済活動の基盤整備や、国内の紛争処理、外国との交渉、国土及び国民の防衛、社会保障などのあり方について、多種多様な価値観・意見を持っており、国会は、様々な選択肢から一つの国家意思を決定しなければならない。

国家意思を決定する過程については、まず、国民が、国会議員を選挙する第一段階（前文、四三条）と、つぎに、国会議員が、法律を制定し（五九条）、予算を承認し（六〇条）及び条約を承認する（六一条）という第二段階とがある。

ここでは、まず、選挙について見てみよう。

憲法によれば、国会は、衆議院及び参議院の両議院でこれを構成し（四二条）、両議院は、全国民を代表する選挙された議員でこれを組織する（四三条）。衆議院議員の任期は四年とし（四五条）、参議院議員の任期は六年とする（四六条）。

さて、この選挙制度は、いかにあるべきか。

選挙には、一つの選挙区から一人の議員を選抜する制度（小選挙区制）と、一つの選挙区から二人以上の議員を選抜する制度（大選挙区制）とがある。また、大選挙区制の中には、一人の立候補者に投票する制度（単記投票制）と、二人以上の立候補者に投票できる制度（連記投票制）とがある。また、大選挙区制の中には、政党の存在を前提として、各政党の得票数に比例して議員を選抜する制度（比例代表制）もある。小選挙区制は、選挙区の多数派の政党が一人の当選者を独占する方法（多数代表法）となり、大選挙区単記投票法は、選挙区の少数派の政党でも当選者を出す可能性を持つ方法（少数代表法）となる。

多数代表法は、第一段階である選挙の時点で、国家意思の方向性をある程度決定し、第二段階である国会審議の時点で、その最終決定をする方法である。これに対し、少数代表法及び比例代表法は、第一段階である選挙の時点では、国家意思の方向性を決定することを留保し、第二段階である国会審議の時点で、国家意思を決定する方法であると言えよう。

多数代表法は、第一段階の選挙の場面で、多数派の政党が議席を独占し、少数派の政党が議席を取れず、少数派の政党を支持した国民の意思が死票となる。多数代表法において、国民の多種多様な価値観・意見を踏まえた国家意思の決定がなされるためには、第一段階の選挙の際、各政党が、国民に対し、さまざまな政治課題に関していかなる政策を選択する方針なのかを明示し、また、各政党から誰を内閣総理大臣（六七条）の指名候補者とするのかを明示することが望まれる。国民の中には、確固たる政治信条を持って特定の政党に所属している者もいるが、無党派の者もいる。各政党が、選挙の際、多様な価値観を踏まえた政治上の争点を形成し、選挙運動を通じて各政党の政策の優劣を競うことになれば、国民は、特定の政党の立候補者に投票することにより、自己の価値観を国家意思の決定に反映することができる。第一段階における思想の自由市場の中で、政策の優劣が十分に競われるのであれば、死票が多いことは、大きな問題とならないであろう。多数代表法によれば、第二段階の国会審議の場面で、多数派の政党を支持した国民の意思がほぼそのまま国家意思となることが多いと思われる。このため、国家意思を決定する国会審議の過程は、安定し、紛糾することは少ないであろう。ただし、政治課題の中には、選挙の際に問題とされておらず、選挙後に生じる問題もあることから、多数派の政党は、第二段階である国会審議の場面においても、少数派の意見を踏まえた価値選択の過程を透明化すべきである。

少数代表法は、第一段階の選挙の場面で、多数派のみならず少数派の政党も、議席を得ることが比較的容易であり、死票が少なくなるため、国民の多種多様な価値観・意見が、国会議員の構成に相当程度反映される。ただし、第一段階である選挙の場面においても、各政党が、それぞれ多種多様な価値観・意見を表明し、選挙運動を通じて各政党の政策の優劣を競うことが重要である。少数代表法によれば、第二段階の国会審議の場面で、実質的にも初めて国家意思の決定がなされることになる。第二段階における思想の自由市場の中で、各政党は、さまざまな政治課題を争点として、多種多様な政策の優劣を競い、多種多様な価値観の中から一つの選択肢が選択されるのである。国会審議の過程は、不安定となり、紛糾することも多いであろうが、多数代表法と比べて、国会が、実質的な審議の場となる傾向が大きいので、一概に不合理であるとは言い難いであろう。

憲法は、多数代表法又は少数代表法のいずれを選択すべきなのか、などについて、国会自身が決定すべきこととした。すなわち、憲法は、選挙制度について、成年者による普通選挙（一五条三項）、選挙における投票の秘密（同条四項）、両議院の議員及びその選挙人の資格については、人種、信条、性別、社会的身分、門地、教育、財産又は収入によって差別してはならないという平等選挙（四四条）を明記するだけであり、その他、両議院の議員及びその選挙人の資格（同条）、選挙区、投票の方法その他両議院の議員の選挙に関する事項（四七条）は、法律でこれを定めるとしている。

国会は、国民の代表なのであるから、いかなる選挙制度を設けるべきか、合理的な裁量権を有するのである。

つぎに、選挙活動は、いかにあるべきか。

選挙は、国民の多種多様な価値観・意見を踏まえつつ、一部の立候補者のみを選抜するものである。同じ価値観を共有する国民が、特定の立候補者を擁立することもあろうし、特定の政党に所属する国民が、その政党の推薦する立候補者に投票することもあろう。あるいは、無党派の国民が、多数の立候補者の選挙活動を見聞きし、誰に投票するかを決定するということもあろう。いずれにしても、選挙において、政党の役割は大きい。政治資金規正法（昭和二三年法律一九四号、数次の改正あり）によれば、政治団体とは、①政治上の主義若しくは施策を推進、支持又は反対することを本来の目的とする団体、②特定の公職の候補者を推薦、支持又は反対することを本来の目的とする団体などのことをいい（三条）、政党助成法（平成六年法律五号、数次の改正あり）によれば、政党とは、政治団体のうち、①衆議院議員又は参議院議員を五人以上有するもの、又は②直近において行われた選挙における得票総数が有効投票の総数の一〇〇分の二以上であるものをいう（二条）。選挙において、国民の多様な価値観をそっくりそのまま縮図のように国会議員の構成に反映させることは不可能であり、代表を選抜するということは、少数派をある程度切り捨てるということである。それは、一つの国家意思を決定する過程である以上、避けられないことである。

そのため、選挙は、その選抜機能が適正に発揮されなければならない。選挙における選抜機能が適正に発揮されるためには、各立候補者又はその所属する各政党が、様々な政治課題たる争点を明示し、それに対していかなる政策を持っているのかを公表し、思想の自由市場の中で、政策の優劣を競い、国民が、投票を通じて多種多様な価値観・意見を選挙に投影できることが重要である。それは、投票方法について、多数代表法又は少数代表法のいずれを選択するかに関わらないし、また、国民が、特定の政党に所属しているか、無党派であるかに関わらない。無党派の者に限らず、特定の政党に所属する者であっても、各立候補者の演説などを聴き、また各政党の公約を読むことは、重要な意義を有することである。国民は、所属政党と異なる政党の立候補者に投票することが許されるのであって、選挙人は、その選択に関し、公的にも私的にも責任を問われない（一五条四項）。国民は、どの立候補者に投票するかという価値判断をするに当たり、事前に充分な情報を与えられることが重要なのである。

憲法は、選挙活動について具体的な規定を設けていない。憲法は、思想の自由（一九条）、集会、結社及び言論、出版その他一切の表現の自由（二一条）を保障しているが、政党についての規定を設けていないし、また、国民が有権者として何をすべきかについても規定を設けていない。それは、選挙活動が、主権者たる国民の自由な政治活動であるべきだからであろう。国民は、自由かつ平等の存在であり、経済基盤の整備、国内紛争の解決、国土の防衛などの必要から国家を創設する主権者であり、国家機関が決定した法律、条約などに拘束され、国家機関を維持するために納税の義務を負う存在である。国民は、自由な政治活動を行う主体であり、選挙活動のあり方も、国民の代表である国会が決定することとしたのであろう。

2　選挙に対する裁判所の違憲審査権

憲法は、国会の両議院の議員及びその選挙人の資格（四四条）、選挙区、投票の方法その他両議院の議員の選挙に関する事項（四七条）をどのように定めるかについて、国会の判断に委ねており、具体的な選挙制度のあり方について明文規定を欠いている。国会は、選挙制度の法定に当たり、広範な立法裁量を有しているのである。

それでは、国会の制定した公職選挙法（昭和二五年法律一〇〇号、数次の改正あり）が、憲法の条項に抵触する可能性がある場合、当該選挙の効力はどうなるのか。例えば、各選挙区間における議員定数配分の不均衡は、平等選挙（一四条、四四条）の要請の観点から違憲の疑いが生じる。国会の組織について、裁判所が違憲審査権を行使する際の問題点を検討する必要がある。

最高裁昭和三九年二月五日大法廷判決（民集一八巻二号二七〇頁）は、選挙無効確認請求事件という民事裁判であり、投票価値の不平等が選挙の無効を来すのかが争点となった。同判決は、「議員定数、選挙区及び各選挙区に対する議員数の配分の決定に関し、立法府である国会が裁量的権限を有する以上、選挙区の議員数について、選挙人の選挙権の享有に極端な不平等を生じさせるような場合は格別、各選挙区に如何なる割合で議員数を配分するかは、立法府である国会の権限に属する立法政策の問題であって、議員数の配分が選挙人の人口に比例していないという一事だけで、憲法一四条一項に反し無効であると断ずることはできない。」と判示した。

最高裁昭和五一年四月一四日大法廷判決（民集三〇巻三号二二三頁）は、選挙無効確認請求事件という民事裁判であり、各選挙区間の議員一人当たりの有権者の比率が最大で四・九九対一に及んでいたという事案であった。同判決は、当該選挙が憲法一四条に違反するが、無効とはならないと判示した。すなわち、同判決は、「具体的に決定された選挙区割と議員定数の配分の下における選挙人の投票価値の不平等が、国会において通常考慮しうる諸般の要素を斟酌してもなお、一般的に合理性を有するものとは到底考えられない程度に達しているときは、もはや国会の合理的裁量の限界を超えているものと推定されるべきものであり、このような不平等を正当化すべき特段の理由が示されない限り、憲法違反と判断するほかはないというべきである。……具体的な比率の偏差が選挙権の平等の要求に反する程度となったとしても、これによって直ちに当該議員定数配分規定を憲法違反とすべきものではなく、人口の変動の状態をも考慮して合理的期間内における是正が憲法上要求されていると考えられるのにそれが行われない場合にはじめて憲法違反と断ぜられるべきものと解するのが、相当である。……本件議員定数配分規定についてみると、右規定が憲法に違反し、したがってこれに基づいて行われた選挙が憲法の要求に沿わないものであることは前述のとおりであるが、そうであるからといって、右規定及びこれに基づく選挙を当然に無効であると解した場合、これによって憲法に適合する状態が直ちにもたらされるわけではなく、かえって、右選挙により選出された議員がすべて当初から議員としての資格を有しなかったこととなる結果、すでに右議員によって組織された衆議院の議決を経た上で成立した法律等の効力にも問題が生じ、また、今後における衆議院の活動が不可能となり、前記規定を憲法に適合するように改正することさえもできなくなるという明らかに憲法の所期しない結果を生ずるのである。……行政処分の適否を争う訴訟についての一般法である行政事件訴訟法は、三一条一項前段において、当該処分が違法であっても、これを取り消すことにより公の利益に著しい障害を生ずる場合においては、諸般の事情に照らして右処分を取り消すことが公共の福祉に適合しないと認められる限り、裁判所においてこれを取り消さないことができることを定めている。この規定は法政策的考慮に基づいて定められたものであるが、しかしそこには、行政処分の取消の場合に限られない一般的な法の基本原則に基づくものとして理解すべき要素も含まれていると考えられるのである。……明文の規定がないのに安易にこのような法理を適用することは許されず、殊に憲法違反という重大な瑕疵を有する行為については、憲法九八条一項の法意に照らしても、一般にその効力を維持すべきものではないが、しかし、このような行為についても、高次の法的見地から、右の法理を適用すべき場合がないとはいいきれないのである。」と判示した。

最高裁昭和六〇年七月一七日大法廷判決（民集三九巻五号一一〇〇頁）は、選挙無効確認請求事件という民事裁判であり、右の昭和五一年判決を引用した上、「違憲の議員定数配分規定によって選挙人の基本的権利である選挙権が制約されているという不利益など当該選挙の効力を否定しないことによる弊害、右選挙を無効とする判決の結果、議員定数配分規定の改正が当該選挙区から選出された議員が存在しない状態で行われざるを得ないなど一時的にせよ憲法の予定しない事態が現出することによってもたらされる不都合、その他諸般の事情を総合考慮し、いわゆる事情判決の制度（行政事件訴訟法三一条一項）の基礎に存するものと解すべき一般的な法の基本原則を適用して、選挙を無効とする結果余儀なくされる不都合を回避することもあり得るものと解すべきである（昭和五一年大法廷判決参照）。」と判示した。

右の昭和三九年判決、昭和五一年判決及び昭和六〇年判決には、問題がある。

まず、これらの判決によれば、「選挙区の議員数について、選挙人の選挙権の享有に極端な不平等を生じさせるような場合」（昭和三九年判決）、「公の利益に著しい障害を生ずる場合」でない限り（昭和五一年判決）、又は、「諸般の事情を総合考慮し」（昭和六〇年判決）、裁判所は、選挙を無効と言い渡すことが可能であるということになるが、かかる結論は、相当ではない。

まず、仮に、当該公職選挙法の定める議員定数配分規定が無効であり、当該選挙自体が無効であるとされれば、当該選挙によって選出された全国会議員が資格を失うことになり、国権の最高機関である国会が存在しない事態を招来しかねない。かかる事態を憲法が許容するとは考えられない。

これらの判決は、「憲法九八条一項の法意……（を超える）高次の法的見地から」（昭和五一年判決）、又は「事情判決の制度の基礎に存するものと解すべき一般的な法の基本原則を適用して」（昭和六〇年判決）、当該具体的な選挙を有効と判示することが可能であるとするが、かかる判示は、憲法九八条一項の明文に抵触する。憲法の条規に反する法律は、その効力を有しない（九八条一項）のであり、当該選挙が憲法一四条（平等の原則）に違反するのなら、当該選挙は無効としなくてはならないはずである。これらの判決は、憲法（九八条一項）よりも上位に「高次の法的見地」又は「一般的な法の基本原則」が存在すると判示しているが、その概念の内容も法的根拠も全く理解できない。憲法は、国家の最高法規なのであり、憲法を超える「自然法」類似の法規範など存在しないはずである。これらの判決は、憲法の最高法規性を否定しかねない契機をはらんでおり、危険な論理を展開していると言わざるを得ない。

事情判決の法理（行政事件訴訟法三一条一項）は、そもそも本件に適切でない。というのは、国会が、行政機関を拘束する法律を制定したにもかかわらず、行政機関が、法律に違反した場合、本来、裁判所は、法律に従って行政機関の違法を是正しなければならないが、国会は、裁判所に対し、行政機関の違法を是正しないで済ませる例外的権限を認めたというのが、この事情判決の法理だからである。国会は、法律を制定した国家機関であるから、法律に違反した場合の司法処理について、例外的な定めを設けることができるのは、当然である。これに対し、選挙の有効性が問われるとき、その規範を提示しているのは、最高法規たる憲法なのである。仮に、最高法規が、ある選挙の違法を招来するのならば、無効とせねばならないはずである。最高法規の明文に反して、当該選挙を例外的に有効として扱う法的根拠などあるはずがない。

国会の組織規範のあり方は、国家の統治制度の根幹をなすものである。投票価値の実質的不平等を理由として、一部又は全部の国会議員の資格を否定できるという議論は、国権の最高機関の存立を論じるものである。仮に、選挙が無効であり、国民が、正当に代表を選出できないというのであれば、国会及び内閣が、その存在の正当根拠を失うことになる。裁判所が、国会及び内閣の存立基盤を否定するような宣言をなし得る権限を有しているとは、考え難い。

思うに、無効となし得ない法律（公職選挙法）は、そもそも憲法（一四条）に違反しないと考えるべきであろう。選挙の違法・有効判決は、司法権の行使という形式を備えているが、それにもかかわらず、この判決は、実質上、法律改正を促すための政治的宣言でしかない。法は無理を強いないのであって、この種の裁判では、選挙の合憲・有効を宣言せざるを得ないものと考える。

3　国会の召集と衆議院の解散

憲法によれば、国会は、衆議院と参議院の両議院でこれを構成する（四二条）とされているが、国会が二院制を採用しているのは、いかなる理由によるのか。

衆議院と参議院は、その権限及び任期において差異がある。すなわち、衆議院は、法律案の議決（五九条）、予算の議決（六〇条）、条約の承認（六一条）、内閣総理大臣の指名（六七条）において参議院に優越し、また、内閣不信任決議（六九条）という参議院にない権限を有している。衆議院議員の任期は、四年であり、解散による終了の場合もあるが（四五条）、参議院議員の任期は、六年であり、解散による終了はない（四六条）。衆議院は、参議院より任期が短く、かつ、解散制度があるため、参議院より民意を反映する機会が比較的多いと言える。

しかし、権限及び任期の相違は、衆議院と別個に参議院を設置しなければならない理由を説明してはいない。

憲法によれば、両議院の議員の定数（四三条）も、議員及び選挙人の資格（四四条）も、法律でこれを定めるとされているだけであり、衆議院と参議院とを区別すべき特段の要請は、明記されていない。国会は、両議院の組織について、いかなる法律を制定するのか、広い裁量権を有しており、憲法から特段の拘束は受けていないのである。

思うに、国会が二院制とされたのは、歴史的な産物としか言えないであろう。連想できるのは、明治憲法が、衆議院と貴族院の二院制を採用していたことである。日本国憲法は、貴族制度を廃止したが、その際、衆議院だけの一院制にすることも可能だったはずである。参議院の意義については、種々の意見があるものの、一院制ではいけないという確たる根拠もない。しかるところ、日本国憲法は、二院制を採用すべき実質的根拠を明示せず、両議院の議員の定数、議員及び選挙人の資格について、国会の裁量判断に委ねているのである。日本国憲法は、明治憲法における二院制の「伝統」を引き継いだに過ぎないのではなかろうか。

さて、衆議院と参議院は、一定の自律権を有している。すなわち、両議院は、各々その議長その他の役員を選任し、その会議手続及び内部規律に関する規則を定め、また、院内の秩序をみだした議院を懲罰することができる（五八条）。原則として、両議院は、それぞれ独立して審議・議決（五六条）を行い、両議院の意思の合致により、国会の意思決定がなされる。

しかし、国会は、他律的な召集を原則としており、また、衆議院は、他律的に解散される。すなわち、天皇は、内閣の助言と承認により、国会を召集し（七条二号）、衆議院の解散をする（同条三号）。内閣は、常会（五二条）のほか、臨時会の召集を決定することができるが、両議院の国会議員は、いずれかの議院の総議員の四分の一以上でなければ、内閣に臨時会の招集を要求できない（五三条）。内閣は、衆議院が解散されたとき、国に緊急の必要があるときは、参議院の緊急集会を求めることができる（五四条）。

国会が自律的な集会を開けず、衆議院が他律的に解散されることは、国会が国民の代表であり、国権の最高機関であることと矛盾しないのであろうか。

思うに、国会が自律的に集会を開く法制や、内閣による衆議院の解散権を認めない法制も、不合理ではない。かかる法制は、技術的に可能であるし、困難なものではない。内閣が、国会の召集や衆議院の解散について、実質的な決定権を有しなければならない必然性はないと思う。内閣は、国会に組織の基礎を置き（六七条、六八条）、国会に対して責任を負っている（六六条）のであって、国会より優位に立つべき国家機関ではない。衆議院の解散制度は、衆議院と内閣との政治的対立の膠着状態を脱し、総選挙により民意を問う機会を設けることになるから、国民主権の理念に照らして必ずしも不合理なものではない。しかし、国会は、国民の代表なのであり、内閣と比較してより国民に近い位置にあるはずであり、仮に、民意を問うための総選挙を制度化するにしても、内閣による解散権の行使が唯一の方法ではなく、衆議院による自律的な解散を制度化することも可能なはずである。

すると、内閣による招集制度や、内閣による衆議院の解散制度などは、いかなる論拠によって成り立っているのであろうか。

実は、日本国憲法は、国民主権の原理だけで国家の統治制度の根幹部分を設計してはいない。確かに、国民は、自由かつ平等の存在であり、国政は、国民の信託によるものであり、その権威は国民に由来し、その権力は国民の代表者がこれを行使し、その福利は国民がこれを享受する（前文）こととされている。しかし、日本国憲法は、天皇制も採用しているのである。すなわち、天皇は、民主的統制を加えられているものの、依然として国事行為を行う主体なのである（三条、六条、七条）。想起されるのは、明治憲法である。明治憲法は、天皇が、国の元首にして統治権を総攬し（四条）、帝国議会を召集し、その開会、閉会及び衆議院の解散を命ずる（七条）主体とされていた。日本国憲法によれば、天皇は、実質的に国政に関する権能を有しない（四条）ものとされたが、それでも、国事行為を行う権限がある。近代ヨーロッパの王制国家においては、国王（ないし内閣）による議会（ないし下院）の解散制度が存置されていたことがあり、明治憲法も、その流れを汲んでいる。日本国憲法は、かかる明治憲法における「伝統」を継承したのであろう。

国会が他律的に召集され、衆議院が内閣の判断によって解散させられるような議院内閣制は、国民主権や議会制民主主義の理念から説明するのが困難であると言わざるを得ない。

4　国会議員の身分保障

国会議員は、国会の審議過程において、国民の代表としてその職務権限及び責務を果たす。国会は、法律の制定（五九条）、予算の議決（六〇条）、条約の承認（六一条）などの議決を通じて、国家意思を決定するのであり、国会議員は、最終的に議事に関する表決においてその職務権限及び責務を果たす。国会議員は、多種多様な価値観・意見を反映した様々な政党に所属しており、総議員の意見が完全に一致することは考え難いから、国会の議決は、最後は多数決となる（五六条）。

その際、国会議員は、事実上、選挙区内の支持者及び支持団体の価値観・意見に拘束されがちである。選挙制度は、小選挙区制、大選挙区制、比例代表制など様々あるが、いずれの制度によるとしても、国会議員は、自己及び自己が所属する政党の公約を掲げて選挙運動を展開し、有権者の支持を得て、当選を果たすことができる。国民は、自己の価値観・意見を代弁してくれる立候補者に投票するのであり、国会議員は、有権者の価値観・意見を代弁することを約するからこそ支持されるのである。

しかし、国会議員は、法的に、支持者及び支持団体に拘束されるのだろうか。

例えば、ある政治課題が、選挙運動期間を通じて争点となり、複数の公約が、有権者に示され、これによってある国会議員が当選したとする。当該議員は、自己が表明した当該公約を支持されて当選したのであり、当該選挙は、民意を汲み取るという意義を有していたと言えようが、選挙は、国会の議決そのものではない。国家意思は、国会の議決で定まるのであって、選挙自体で政治課題に結論を出すわけではない。ある公約を掲げて当選した議員も、国会で他の議員の意見を聞くうちに、自己の意見を変え、当該公約を撤回すべきであると思い至る可能性もある。国会審議は、思想の自由市場が形成されるべき場なのである。さらには、国会審議の過程において、選挙運動期間中には争点となっていなかった新たな議案が提出されることもある。新たな議案が提出されるたびに選挙をするわけにはいかないであろうから、各議員は、自己の選挙区の支持者及び支持団体の意見によらないで、表決せざるを得ないこともある。

よって、国会議員は、当該選挙区内の支持者及び支持団体の意思に法的に拘束されるべきものではない。

憲法によれば、国会議員には、身分保障が認められている。すなわち、衆議院解散の場合を除き、衆議院議員(四五条)及び参議院議員(四六条)には、任期が認められている。両議院の議員は、法律の定めるところにより、国庫から相当額の歳費を受ける(四九条)。両議院の議員は、法律の定める場合を除いては、国会の会期中逮捕されず、会期前に逮捕された議員は、その議院の要求があれば、会期中これを釈放しなければならない(五〇条)。両議院の議員は、議院で行った演説、討論又は表決について、院外で責任を問われない(五一条)。両議院の議員は、その議院で行う資格争訟の裁判において、出席議員の三分の二以上の多数による議決がなければ、議席を失わない(五五条)。両議院の議員は、その議院において、出席議員の三分の二以上の多数による議決がなければ、除名されない(五八条)。

憲法が、国会議員の身分を保障しているのは、国会議員が、当該選挙区内の支持者に選挙されたにもかかわらず、一度当選すれば、全体の奉仕者であって、一部の奉仕者ではなくなり（一五条二項）、全国民を代表する地位につく（四三条）からであろう。議員は、支持者及び支持団体から法的に拘束されることはなく、思想の自由市場である国会の場において、十分な審議をなすべきなのである。逆に、ある議員が、引き続き当該選挙区内の支持を得ていたとしても、その議院における資格争訟の裁判において資格を剥奪されたり、懲罰の議決により除名されたりする可能性もあるのである。

二　国会の審議手続

1　公開の原則

国会は、国民の代表として、法律案（五九条）、予算（六〇条）及び条約（六一条）を審議・議決する権限及び責務を有するが、この国会による審議・議決は、いかなる手続により行われるべきなのか。

憲法によれば、両議院の会議は、公開を原則としている。すなわち、両議院の会議は、公開とし、両議院は、各々その会議の記録を保存し、これを公表し、かつ一般に頒布しなければならず、出席議員の五分の一以上の要求があれば、各議員の表決は、これを会議録に記載しなければならない（五七条）。

公開の原則は、国民の傍聴の自由及び報道機関の報道の自由に資するものであり、国民が、国家意思の形成過程及び決定内容を知る権利を保障するものである。これにより、国民は、次の選挙においていかなる立候補者ないし政党に投票すべきかを決定する判断材料を入手することが可能となるし、当該国会の審議の適正さが、手続的に保障されることにもなる。

2 議案の提出

国会審議の対象となる議案は、どのように発議・提出されるのか。

憲法によれば、国会は、他のすべての案件に先立って、内閣総理大臣の指名議決を行う（六七条）とされるほか、特段の規定はない。

議案の多くは、事実上、内閣が提出している。すなわち、内閣は、条約を締結するに当たり、事前に、時宜によっては事後に、国会の承認を経なければならず（七三条三号）、また、予算を作成して国会に提出しなければならず（同条五号、八六条）、国の収入支出の決算を、会計検査院の検査報告とともに、国会に提出しなければならない（九〇条）。内閣法（昭和二二年法律五号、数次の改正あり）によれば、内閣総理大臣は、内閣を代表して内閣提出の法律案、予算その他の議案を国会に提出し、一般国務及び外交関係について国会に報告する（五条）ことができる。内閣は、法律の執行機関（七三条一号）であり、立法機関（四一条）ではないが、国会に法律案を提出することも可能である。というのは、法律案の提出は、立法権の行使そのものではないし、また、国会による立法権の行使を助ける役割を果たしているからである。国会は、内閣から法律案を提出してもらうことにより、様々な政治課題を審議し、立法権を有効・適切に行使することができるのである。

国会議員は、国民の代表である（四三条）から、抽象的には、それぞれが自律的に議案を発議・提案できてしかるべきところである。

ところで、国会法（昭和二二年法律七九号、数次の改正あり）によれば、議員が議案を発議するには、衆議院においては議員二〇人以上、参議院においては議員一〇人以上の賛成を要し、予算を伴う法律案を発議するには、衆議院においては議員五〇人以上、参議院においては議員二〇人以上の賛成を要する（五六条）とされている。同法は、国会議員に対し、発議に関する制限条項を定めているわけであるが、かかる制限条項は、許されるのだろうか。

思うに、両議院は、自律的な活動をするため、会議の手続に関する規則を定めることができる（五八条）のであり、国会も、会議の手続に関する法律を定めることが許されると考えられる。

両議院ないし国会は、国家意思を迅速適正に決定していかなければならないが、審議に割ける時間には制約があるし、最終的な議決は多数決によらざるを得ない。そこで、国会法における発議制限は、合理性が認められる限り、有効であると解される。その合理性いかんは、国会が、国民の代表として広い裁量権を持っていることを前提に判断されるべきであろう。仮に、同制限条項が存しなければ、極一部の国会議員から多数の発議が頻発に提案され、その審議に時間を取られるため、重要な議案の審議に十分な時間を確保することができなくなり、ひいては、国会が立法機関として適切に機能できなくなる可能性がある。よって、同制限条項は、合理性が認められ、適法であると解される。

さて、国民は、主権者であるから、抽象的には、国家意思の決定に参加する権利及び義務があるところ、実際には、国民は、正当に選挙された国会における代表者を通じて行動するものである（前文）。人口及び国土の規模が日本国程度の大きさを有する国家では、直接民主主義を採用することはできないから、間接民主主義（議会制民主主義）を採用せざるを得ない。

それにしても、国民主権を原理とするのであるから、国民は、損害の救済、公務員の罷免、法律、命令又は規則の制定、廃止又は改正その他の事項に関し、平穏に請願する権利を有する（一六条）。国民は、選挙権（一五条）の行使により、自己の価値観・意見を国政に反映させることを制度的に保障されているのであるが、その価値観・意見が少数派である場合、個々具体的な投票が、死票となり、国会議員の構成に反映されないこともある。よって、国民は、請願権の行使により、より直接的に自己の価値観・意見を国政に反映させる方途を保障されるべきなのである。

国会法によれば、各議院に請願しようとする者は、議員の紹介により請願書を提出しなければならず（七九条）、各議院の委員会において、議院の会議に付するを要しないと決定した請願は、これを会議に付さない（八〇条）とされている。かかる制限条項は、許されるのだろうか。

請願に関する制限条項は、難しい問題である。これは、間接民主主義（議会制民主主義）の意義を問う問題でもある。仮に、一億人を超えるすべての国民が、一斉に請願をなし、国会が、これらの請願をすべて本会議で審議しなければならないとすれば、国会は、事実上、機能しなくなってしまう。日本国は、その規模の大きさに照らし、直接民主主義ないし国民の声をすべて汲み取るような制度を採用できないのである。同制限条項の合理性いかんは、運用実態と関連付けて判断すべきであり、年間の受理処理数が多くなれば、より制限することも合理的であろうし、少ないのであれば、より緩やかに請願を許すのが合理的となろう。その違法性判断は、国会に広い裁量権があることを前提として判断されるべきである。

3　議院の国政調査権

国会は、国家意思を適正迅速に決定するため、充分な情報収集を必要とする。この点、憲法によれば、両議院は、各々国政に関する調査を行い、これに関して、証人の出頭及び証言並びに記録の提出を要求することができる（六二条）。内閣総理大臣その他の国務大臣は、答弁又は説明のため出席を求められたときは、議院に出席しなければならない（六二条）。

ところで、国政調査権については、その対象が行政権及び司法権に及ぶとき、問題が生じかねない。まず、行政機関の公務員が、国政調査権に対し、職務上の秘密を理由にして、証言又は書類の提出を拒否することができるのかを検討しよう。

国会法（昭和二二年法律七九号、数次の改正あり）によれば、内閣又は官公署は、各議院又は各議院の委員会から、審査又は調査のため、必要な報告又は記録の提出を求められたとき、その理由を疎明してその求めを拒否することができ、各議院又は各議院の委員会が、その理由を受諾することができない場合、内閣又は官公署は、その報告又は記録の提出が国家の重大な利益に悪影響を及ぼす旨の声明を出して、その報告又は記録の提出を拒否することができる（一〇四条）。「議院における証人の宣誓及び証言等に関する法律」（昭和二二年法律二二五号、数次の改正あり、以下「議院証言法」という。）によれば、証人が、国務大臣、内閣官房副長官、内閣総理大臣補佐官、副大臣、大臣政務官その他の公務員である場合又は公務員であった場合で、求められた証言又は書類が、職務上の秘密に関するものであるとき、その公務所又は監督庁は、各議院若しくは委員会又は両議院の合同審査会に対し、理由を疎明して証言又は書類の提出を承認しないことができ、各議院若しくは委員会又は両議院の合同審査会が、その理由を受諾することができない場合、内閣は、証言又は書類の提出が国家の重大な利益に悪影響を及ぼす旨の声明を出して証言又は書類の提出を拒否することができる（五条）。

国会は、国民の代表であり、国権の最高機関であり、国家意思の決定機関である。内閣及びその統轄下の行政機関は、国家意思である法律の執行機関であるのに、立法機関に対し、職務上の秘密を主張できるのであろうか。

本来、国会は、国政上のすべての事項について、国政調査権を行使できるはずである。内閣は、行政権の行使について、国会に対し連帯して責任を負わなければならず（六六条）、内閣総理大臣は、行政各部を指揮監督し、一般国務及び外交関係について国会に報告する義務を負っているのである（七二条）から、内閣及び下級行政機関は、安易に証言又は書類の提出を拒否できないはずである。安易な拒否が許されるのであれば、それは、国民主権、議会制民主主義の要請に抵触しかねない。

しかし、行政機関が職務内容を直ちに公開したために、国家の重大な利益に悪影響を及ぼしてしまうという事態が生じる可能性を否定しきれない。職務上の秘密は、時宜を得て公開すべきことがある。

例えば、日露戦争のポーツマス条約で、日本は、ロシアに対して償金と北樺太を放棄したが、この条件を呑まなければ講和条約の締結が困難であったにもかかわらず、東京の日比谷では、これに反対した国民大会が開かれ、焼き討ち事件が勃発したのである。国防や外交の分野では、相手国が存在するのであり、条件要求や譲歩の過程が公表されると、交渉がまとまらないということもある。事後的にであれ、交渉過程が公表されることにより、相手国の信頼を失い、将来的な外交交渉の障害となることもある。

この点、「行政機関の保有する情報の公開に関する法律」（平成一一年法律四二号、数次の改正あり、以下「情報公開法」という。）は、行政機関が、国民からの開示請求に対し、行政文書の開示を拒否できる場合を列挙している（五条）が、これは、国会法及び議院証言法における証言拒否等と同趣旨のものではないものの、その問題を考える上で参考になろう。例えば、同条によれば、

① 公にすることにより、国の安全が害され、他国若しくは国際機関との信頼関係が損なわれるおそれ又は他国若しくは国際機関との交渉上不利益を被るおそれがある情報

② 公にすることにより、犯罪の予防、鎮圧又は捜査、公訴の維持、刑の執行その他の公共の安全と秩序の維持

に支障を及ぼすおそれのある情報

③　行政機関等の審議、検討又は協議に関する情報であって、公にすることにより、率直な意見の交換若しくは意思決定の中立性が不当に損なわれ、不当に国民の間に混乱を生じさせ、又は特定の者に不当に利益を与え若しくは不利益を及ぼすおそれのある情報

④　行政機関等が行う事務又は事業に関する情報であって、公にすることにより、当該事務又は事業の適正な遂行に支障を及ぼすおそれのある情報

については、国民からの開示請求を拒否できるとされている。

思うに、国会は、国家意思を決定する最高機関であるところ（四一条）、行政機関の公務員が証言等を安易に拒否できるのであれば、適正迅速な国会審議が不可能となり、立法機関としての権限と責務を果たせなくなるが、逆に、職務上の秘密を公に調査したために、国家の重大な利益に悪影響を及ぼすのであれば、国民の自由な活動を保障し、国民の福利のために国家権力が創設された（前文）という趣旨を没却してしまう。

国会は、上記の国会法、議院証言法などを制定することにより、自ら国政調査権の行使に限界を設けたのである。これは、議会制民主主義を体現する立法機関と、専門技術性等の要請を体現する行政機関との対立について、調整手続を設け、政治的な解決を目指すものである。国会は、自己の権限を制約することも可能であり、これら条項による自己制約にも、一定の合理性があると言えよう。

つぎに、国政調査権が、司法権に及ぶ場合の問題を検討してみよう。

国会は、司法権の行使についても、国政調査権を行使できなければならないと言えよう。国会は、国権の最高機関であり（四一条）、下級裁判所の設置を法律で定めたり（七六条）、最高裁の裁判官の員数を法律で定めたり（七九条）、

裁判官の弾劾裁判所を設けたり（六四条）、刑事手続を法律で定めたり（三一条）することができる。裁判の対審及び判決は、公開法廷でこれを行う（八二条一項）。よって、国会は、司法権の行使の実態を調査できなければならない。

しかし、司法権の行使のすべてが公開にさらされれば、国民の福利が害される場合もある。憲法によれば、裁判所は、裁判官の全員一致で、公の秩序又は善良の風俗を害する虞があると決した場合には、対審は、公開しないでこれを行うことができる（八二条二項）。例えば、紛争当事者は、私事を公開されない自由を有しているのであり、国民の名誉は、保障されるべきである。また、司法機関は、その良心に従い独立してその職権を行い、この憲法及び法律にのみ拘束される（七六条三項）のであり、法の支配を目指す専門技術的な国家機関である。立法機関は、多数決による人の支配を体現した国家機関であり、法令解釈という専門技術性の高い国家作用を司法機関に委ねたのである。国会が、司法権の行使に不当に介入すれば、紛争解決作用は、適正に機能しなくなるおそれがある。国家の存在理由の一つは、国民相互の間の紛争を解決することにあるが、国勢調査が不当に行われ、司法権の行使が適正に行われないのであれば、国家の存在意義が失われかねない。司法権の独立は、重要である。

さて、昭和二四年、いわゆる浦和事件が起きた。これは、参議院法務委員会が、浦和地方裁判所の個別具体的な刑事事件を調査し、判決の量刑が不当に軽いとの決議を行ったものである。これに対し、最高裁判所は、この国政調査が権限を逸脱し、司法権の独立を侵害するものであると抗議したが、法務委員会は、これに反論した。

国会は、個別具体的事件における量刑の相当性を調査することが許されるのか。かかる国勢調査は、司法の独立を害するのだろうか。

確かに、法務委員会は、裁判所の職務上の秘密を調査したものではないし、裁判官に対し、証人としての出頭及び証言又は書類の提出を求めたわけでもない。日本の刑法（明治四〇年法律四五号、数次の改正あり）は、量刑の幅が広く、裁判所に広い裁量権を認めている。国会は、実際の裁判における量刑を調査し、量刑が不当に軽いと判断すれば、刑罰を重くするべく法改正をする権限及び責務があるし、あるいは、犯罪類型をより精密に分類し、悪質な犯罪に重い刑罰を科し、軽微な犯罪に軽い刑罰を科すよう法改正をする権限及び責務がある。

したがって、国会が、個別具体的な争訟事件を調査したとしても、それだけで直ちに司法の独立を侵害することにはならないと解すべきであろう。

しかし、国会が個別具体的事件の量刑不当を決議したのは、軽率であったと言うべきである。

4　多数決の論理

国会の両議院の議決は、多数決の論理に従う。すなわち、憲法によれば、両議院は、各々その総議員の三分の一以上の出席がなければ、議事を開き議決することができず、両議院の議事は、出席議員の過半数でこれを決し、可否同数のときは、議長の決するところによる（五六条）。そして、議員の資格争訟の裁判における議員の議席喪失の裁判（五五条）、両議院の会議の秘密会の議決（五七条）、院内の秩序をみだした議員を除名する懲罰の議決（五八条）、衆議院で可決し、参議院でこれと異なった議決をした法律案を、衆議院で再び可決して法律とする場合（五九条）については、出席議員の三分の二以上の特別多数決を必要とし、また、憲法の改正を発議する場合（九六条）は、総議員の三分の二以上の特別多数決を必要とする。

多数決の論理には、いかなる意義があるのか。

主権者である国民は、自由かつ平等の存在であり、国民に選挙され、国政を信託された国会議員は、国家意思を決定する。国家意思の決定過程は、第一に、国会議員を選挙する段階があり、第二に、国会で議案を審議する段階がある。第一段階の選挙の場では、多数票を勝ち得た立候補者が国会議員に当選し、第二段階の国会審議の場でも、多数票によって議決の可否が決せられる。国民は、多種多様な価値観・意見を有するところ、一つの国家意思を決定するということは、最終的には、多数意見に従わざるを得ないということである。つまり、少数意見は切り捨てざるを得ないということである。

多数決による意思決定は、その内容が合理的であることを保障しない。

例えば、開戦や降伏などに関する賛成意見と反対意見とを比較したとき、そもそも何が合理的なのかを判断することすら困難なことがある。日清・日露戦争の当否についても、様々な議論があろう。それに先立つ西郷隆盛の征韓論や、日清戦争後の国民世論（臥薪嘗胆の標語、三国干渉に対する報復意見）、日露戦争後の日比谷焼き討ち事件（日露講和条約の破棄意見）などを見ると、国民世論が常に合理的であると断定するのは問題である。

なお、一九世紀フランスのトクヴィルは、「アメリカの民主政治」において、民主主義が得てして戦争を志向しがちであることを指摘している。

仮に、「有識者」の視点から見て、何が合理的な結論なのか、正解が存在すると仮定しても、「多数意見」が常に必ず正解を選択するという保障はない。古代中国の孟子は、恒産なければ恒心なしと言い、古代ローマでは、民衆がパンとサーカスを求めたというが、国民は、常に冷静であるわけではなく、むしろ一般的には、自己の生計における利害得失や、流行などに左右されがちである。

だからといって、「有識者」を立法権者にするわけにはいかない。古代中国の孔子や、古代ギリシアのプラトンなどは、聖人・哲人による政治を理想としたが、かかる理想政治には、問題がある。例えば、何をもって聖人・哲人というのか（判断基準）、ある人物が聖人・哲人であるのか否かをどのように認定できるのか（判断主体）、など多くの解決困難な問題がある。国民は、みな自由かつ平等の存在であり、すべての国家権力の正当根拠である。選挙権・被選挙権は、平等の原則が貫かれるべきであり、教育の有無による差別は許されない（四四条）。国民は、専門技術性の高い行政行為及び司法行為について、これを選抜試験を経た専門家（行政官及び裁判官）に委ねることはできるが、立法機関に関する選挙権・被選挙権を手放すわけにはいかない。国民主権は、統治者と被治者が、同じ一般国民であることを要請するのである。

このように、国民主権、議会制民主主義を採用する以上、多数決の論理に依拠せざるを得ないが、これは、手続上、少数意見を切り捨てざるを得ないという問題を抱えており、内容上は、常に必ずしも合理的な結論を導き出す保障がないという問題を抱えているのである。

多数決の論理は、合理性を意味しないのである。国民は、ただ国民であるというだけで平等に国会議員の立候補者となる資格を有するのであって、教育の有無によって差別されることはない。日本国憲法は、国民が、同輩中から国民の代表を選出し、全国民の代表たる国会議員が、国家の最高機関を組織することとしたのである。国家の主権は国民に存し、国民の価値観が多種多様である中で国家意思を一つに確定するため、多数決の論理が採用されたのである。

国家意思の決定は、通常、出席議員の過半数による（五六条）。これは、国民主権、議会制民主主義の立場から帰結されるものであろう。仮に、全員一致方式や特別多数決方式を採用したならば、迅速な意思決定が困難となり、国政が立ちゆかなくなるであろう。

ところで、国家意思の決定には、特別多数決によることとされている場合がある。例えば、議員の資格争訟の裁判における議員の議席喪失の裁判（五五条）、院内の秩序をみだした議員を除名する懲罰の議決（五八条）、両議院の会議の秘密会の議決（五七条）、衆議院で可決し、参議院でこれと異なった議決をした法律案を、衆議院で再び可決して法律とする場合（五九条）である。

何故、これらの場合に、特別多数決によるべきことが明記されているのだろうか。

思うに、国会議員は、その一人一人が全国民の代表なのである。仮に、通常の過半数によって議院の議席を失わせることが可能だとしたら、少数意見の国会議員が排除され、少数意見の発言の機会を奪い、国会審議における思想の自由市場は、およそ達成できなくなる。確かに、特定の国会議員の資格に疑義があったり、院内の秩序がみだされた場合、当該国会議員を排除することに合理性が認められることもあるが、国会議員が国民の代表であることに鑑みれば、その排除には、慎重な議決を要するであろう。それ故、議席喪失の裁判や議員除名の懲罰には、特別多数決を要することとしたのであろう。

また、主権者である国民は、自己らの代表である国会議員が、国民の厳粛な信託に応えているか否かを監視する地位にあるから、公開の原則（五七条）は、極めて重要な制度である。仮に、過半数の議決で会議を秘密にできるとしたら、少数意見が十分に検討されているのか、十分な審議がなされたのかが、判然としなくなる危険性がある。それ故、秘密会の議決は、特別多数決を要することとしたのであろう。

ある法律案が、衆議院の特別多数により可決される場合、そこに重大な意義を読み取り、法律案を成立させるべきであるという考え方には、一定の合理性がある。確かに、憲法が二院制を採用した以上、参議院の過半数の賛成意見がない以上、法律案を成立させなくてよいという考え方にも、一定の合理性がある。しかし、衆議院議員は、参議院議員と比較して任期が短いし、解散制度もあることから、参議院議員よりも民意を反映しやすいという制度上の利点がある。それ故、法律案の成立には、特別多数決を条件として、衆議院の優越を認めたのであろう。

右のとおり、特別多数決にも、一定の合理性があると言えよう。

さて、国会は、憲法の改正を発議する場合、総議員の三分の二以上の特別多数決を必要とする（九六条）が、このような改正手続には、どのような合理性があるのだろうか。

思うに、憲法が最高法規であるためには、軟性憲法であっては不都合である。それ故、仮に、憲法改正に国民投票を必要としないのであれば、国会における特別多数決を要件とすることに合理的な根拠がある。しかし、憲法改正に国民投票を必要とするのであれば、国会の特別多数決を要件としなくても、硬性憲法の性質を保持できる。しかも、国民投票は、主権者の声を直接示すものである。国会による発議を特別多数決にかからせることは、民意を聞く機会を制限することを意味し、国民主権の原理に適うものとは言い難い。したがって、出席議員の過半数が得られれば、国民投票を発議できるとすべきではなかろうか。

憲法の改正手続として、国会の特別多数決と、国民投票の過半数との二つを要件とする必然性はないように思う。憲法改正にこの二つの要件を課したのは、日本国憲法の成立時の内閣及び帝国議会が、日本国憲法に盛り込んだ価値観・意見を将来的に維持しようと欲したからであろう。しかし、過去の国民又は国会が、ある価値観・意見を選択したとしても、将来の国民又は国会が、これに拘束されるいわれはない。国民の価値観・意見は、変化するものである。憲法の改正手続としては、右二つの要件のうち、いずれか一つで十分であると思う。

5　審議・議決手続に対する裁判所の違憲審査権

法律案は、国会議員又は内閣が提出し、国会の両議院の審議・議決を経て法律（五九条）となり、法律は、主任の国務大臣及び内閣総理大臣が署名し（七四条）、内閣の助言と承認により、天皇がこれを公布する（七条一号）。

国会の両議院は、その審議・議決手続について、自律権を有している。すなわち、憲法によれば、両議院は、各々その会議その他の手続に関する規則を定めることができる（五八条）。憲法は、請願（一六条）の受理処理、議案の発議、国勢の調査（六二条）などについて手続規定を設けていないし、違法な審議・議決手続に対する是正方法についても規定を設けていない。憲法は、両議院の審議・議決手続が、両議院の自律的な運用によるべきであるとしているのであろう。

そして、国会は、これらの手続規定について、国会法に定めているのである。

さて、国会の審議・議決手続について、その違法性が指摘された場合、裁判所は、その違法性を審査できるのだろうか。裁判所による違憲審査権は、国会の審議・議決手続の違法性に及ぶのだろうか。

最高裁昭和三七年三月七日大法廷判決（民集一六巻三号四四五頁）は、地方自治法に基づく警察予算の支出禁止請求という民事裁判である。この事案は、昭和二九年の第一九回国会の会期末、警察法の審議過程において、野党議員が強硬に反対し、衆議院の議場が議員による乱闘騒ぎとなり、衆議院議長が議場に入れないまま議長席後方のドアを二、三寸開いて二本の指を出し、「二日間延長。」と叫び、与党議員が拍手し、これをもって会期延長の議決があったものとした上で、この延長会期中に、警察法が可決され、同法は、その後、主任の国務大臣と内閣総理大臣が署名し、天皇が公布したというものである。この民事裁判では、大阪府の住民が、会期延長の議決に効力がなく、延長会期中に可決された同法が無効であるとして、大阪府知事に対し、同法に基づく警察費の支出の禁止を求めて、地方自治法（昭和二二年法律六七号、数次の改正あり）に基づく住民訴訟（二四二条の二）を提起したことから、会期延長議決の合法性・有効性が争点となった。

この事案につき、同判決は、「同法は両院において議決を経たものとされ適法な手続によって公布されている以上、裁判所は両院の自主性を尊重すべく同法制定の議事手続に関する所論のような事実を審理してその有効無効を判断すべきでない。従って所論のような理由によって同法を無効とすることはできない。」と判示した。

同判決が支出禁止請求を認めなかったのは、相当である。

というのは、この場合に、裁判所が、国会の議事手続を違法・無効と宣言することは、国会の自律権を無視することになるからである。議長は、ドア越しとはいえ会期延長を宣言し、議員の過半数がこれを受け入れ、その延長会期において可決した警察法は、正当に成立したものとして所定の署名と公布の各手続を経ているのである。国権の最高機関である国会が、当該法律の制定手続を有効なものとして取り扱っているのに、裁判所が、この議事手続を無効と宣言したら、国会が、国民の代表であり、最高機関であるということを否定しかねない。憲法は、多くの価値観を明文化しており、裁判所は、法律の内容が憲法の人権条項などに違反すれば、その法律の無効を宣言する権限と責務を有する。しかし、憲法は、国会の議事手続を自律的な運用に任せていると解されるから、裁判所は、議事手続の効力を否定すべきではない。また、本件事案において、少数派の国会議員らが、有形力の行使をもって、国会の審議・議決手続を阻止しようとしたのを許すべきではない。これを許せば、少数派の実力行使により、多数派の国会議員らの価値観・意見が国政に反映されなくなり、議会制民主主義の意義が失われかねない。少数派の議員らは、十分な審議を求める権限を有するとはいえ、実力行使により延長審議を阻止する権限を有するとは考えられない。

ただし、同判決の理由付けには、検討を要する問題がある。

同判決は、裁判所が、国会の議事手続の有効・無効を判断すべきではないと言い、国会の議事手続の違法性には、司法権が及ばないかのような判示をしている。同判決は、国会の自律権に配慮したようであり、その点において、一定の合理性がないわけではない。

しかし、国会の自律権に配慮するとしても、司法権が、国会の議事手続の合法性・有効性に及ばないとまで判示する必然性はなかったと思われる。というのは、国会の自立権に配慮するのであれば、端的に、国会が最高機関であり、国会が自主的に当該議事手続を有効と取り扱っている以上、その議事手続が違法・無効になることはないと宣言すれば足りたからである。国会の議事手続を司法審査の対象にすること自体は、何ら国会の自律権を侵害するものとは思えない。本件は、住民訴訟において、国会の議事手続の合法性・有効性が争われた事案であるところ、議事手続に関する合法・有効の判断を回避しなければならない理由はなかったと思われる。

なお、投票価値の実質的不平等を理由とした選挙無効訴訟に関しては、先に最高裁昭和三九年二月五日大法廷判決（民集一八巻二号二七〇頁）、最高裁昭和五一年四月一四日大法廷判決（民集三〇巻三号二二三頁）及び最高裁昭和六〇年七月一七日大法廷判決（民集三九巻五号一一〇〇頁）について述べた。これらの判決は、裁判所が、選挙の違法性・無効性を審査できるという立場に立っているが、国会の組織規範について、これを司法審査の対象にできるのであれば、国会の手続規範についても、これを司法審査の対象にできると考える方が理論的に一貫しているであろう。右の昭和三七年判決は、国会の議事手続を審査することはできないと判示しているように読み取れるが、選挙にしても、議事手続にしても、いずれも司法審査の対象になるとした上で、国会の自律権に配慮して、いずれも適法・有効であると判示するのが、適切だったように思われる。

三　立法権

国会の立法事項は、第三章及び第四章で触れたとおり広範である。

1　刑事法の制定

国会は、国民の自由な活動を保障するため、他人の生命、身体、自由、名誉、財産等を侵害してはならないという行為規範（禁止規範）を制定し、紛争処理の解決基準を定立する権限と責務を有する。

行為規範（禁止規範）のうち、一定の行為を犯罪と定め、これに刑罰を科すのが、刑事実体法であり、その典型が、刑法（明治四〇年法律四五号、数次の改正あり）である。憲法によれば、法律の定める手続により、犯罪者に対し、その生命若しくは自由を奪い、又はその他の刑罰を科すことができる（三一条）。

刑法によれば、犯罪として、内乱罪（七七条）、外患誘致罪（八一条）、私戦予備罪（九三条）、公務執行妨害罪（九五条）、逃走罪（九七条）、犯人蔵匿罪（一〇三条）、騒乱罪（一〇八条）、現住建造物等放火罪（一〇八条）、現住建造物等浸害罪（一一九条）、往来妨害罪（一二四条）、住居侵入罪（一三〇条）、秘密漏示罪（一三四条）、アヘン煙販売罪（一三六条）、水道損壊罪（一四七条）、通貨偽造罪（一四八条）、公文書偽造罪（一五五条）、有価証券偽造罪（一六二条）、公印偽造罪（一六五条）、偽証罪（一六九条）、虚偽告訴罪（一七二条）、強姦罪（一七七条）、賭博罪（一八五条）、死体損壊罪（一九〇条）、収賄罪（一九七条）、殺人罪（一九九条）、傷害罪（二〇四条）、過失傷害罪（二〇九条）、堕胎罪（二一二条）、保護責任者遺棄罪（二一八条）、逮捕監禁罪（二二〇条）、脅迫罪（二二二条）、身代金目的略取罪（二二五条の二）、名誉毀損罪（二三〇条）、業務妨害罪（二三三条）、強盗罪（二三六条）、詐欺罪（二四六条）、横領罪（二五二条）、盗品譲り受け罪（二五六条）、器物損壊罪（二六一条）などがある。

また、刑法によれば、刑罰としては、死刑、懲役、禁錮、罰金、拘留及び科料といった主刑があり、没収という付加刑がある（九条）。

国会は、個々の犯罪に対する法定刑を幅広く規定し、裁判所に対し、量刑に関する広い裁量権を委ねているのであるが、いずれにしても、当該行為を犯罪とする必要性（可罰性）があり、当該刑罰がその目的・必要性に照らして合理的であること（罪刑の均衡など）が要求されることになる。

立法権の限界を考えるに当たり、まず、いわゆる「表現行為」の様相を呈する行為を犯罪と規定する場合を検討してみよう。他人の生命、身体、自由、名誉、財産等を直接侵害する行為は、一般的に可罰性が肯定できるであろう。例えば、他人の名誉を毀損したり、他人に性的嫌悪感を惹起させたりする行為である。これに対し、現実の法益侵害に至らず、その前段階のいわゆる「表現行為」に止まっている場合、これを犯罪とすることに謙抑的であるべきだ、との意見があることから、問題となりがちである。

最高裁平成二年九月二八日第二小法廷判決（刑集四四巻六号四六三頁）は、破壊活動防止法（昭和二七年法律二四〇号、数次の改正あり）違反被告事件という刑事裁判である。この刑事裁判では、「せん動」行為を罰することが表現の自由を保障する憲法二一条に違反しないかが争点となった。

この事案につき、同判決は、重大犯罪を引き起こす可能性のある表現行為を犯罪として処罰しても、憲法違反にはならないと判示した。すなわち、同判決は、「表現活動といえども、絶対無制限に許容されるものではなく、公共の福祉に反し、表現の自由の限界を逸脱するときには、制限を受けるのはやむを得ないものであるところ、右のようなせん動は、公共の安全を脅かす現住建造物等放火罪、騒擾罪等の重大犯罪を引き起こす可能性のある社会的に危険な行為であるから、公共の福祉に反し、表現の自由の保護を受けるに値しないものとして、制限を受けるのはやむを得ないものと言うべきであり、右のようなせん動を処罰することが憲法二一条一項に違反するものでないことは、当裁判所大法廷判決の判例（中略）の趣旨に徴し明らかであり、所論は理由がない。」と判示した。

同判決は、相当である。破壊活動防止法によれば、「せん動」とは、他人に対し、内乱、外患、放火、殺人など一定の犯罪行為を実行する決意を生ぜしめ、又は既に生じている決意を助長させるような勢のある刺激を与えることをいう（四条二項）。せん動罪は、重大犯罪を引き起こす可能性のある表現行為に限定して、これを犯罪とするものであり、かかる危険行為は、犯罪として罰する必要性が認められる。しかも、内乱罪をせん動しても七年以下の懲役又は禁錮に過ぎず、また、放火罪・殺人罪をせん動しても五年以下の懲役又は禁錮に止まるのである。せん動した者は、現実に殺人罪などを実行した者と比較して、軽い刑罰を科すに止めており、その刑罰は、せん動罪を罰する目的・必要性に照らし、合理的な範囲に止まっているのである。

なお、憲法学では、表現行為それ自体を禁止する場合、当該表現行為が実体的害悪をもたらす「明白かつ差し迫った危険」ないし「明白かつ現在の危険」の有無により、当該禁止の合憲性を判断すべきであり、表現行為の時・所・方法を規制するに止まる場合、「より制限的でない他の選択し得る手段」の有無により、当該制限の合憲性を判断すべきであるという意見が有力である。

しかし、最高裁は、破壊活動防止法の合憲性を論じるに当たり、かかる合憲性判定基準を用いてはいない。それは、立法権の行使が憲法に違反するか否かは、当該表現行為を犯罪とする必要性があるのか（可罰性）、必要性があるとすれば、その目的・必要性に照らして、当該刑罰が合理性を有しているのか（罪刑の均衡など）を論ずれば足りるからであろう。憲法学における「明白かつ差し迫った危険」又は「明白かつ現在の危険」テストは、アメリカ連邦最高裁の判決によった意見であろう。これらの合憲性判定基準は、表現の自由が、経済活動の自由よりも重要であり、優越的地位があるから、表現行為に対する制約の合憲性は、より厳格に審査されるべきである、という思想に裏付けられているようであるが、政治的活動であろうと、経済的活動であろうと、いずれにしても、当該行為が公共の福祉を脅かす危険な行為であるならば、それを犯罪として規制する必要性は認められるはずであり、当該行為が政治的活動なのか、経済的活動なのかによって、合憲性判定基準が異なるというのは、理解困難と言わざるを得ない。

つぎに、一定の行為を犯罪として定める必要がある場合、その犯罪構成要件の明確性の要請について、見てみよう。最高裁昭和三七年二月二一日大法廷判決（刑集一六巻二号一〇七頁）は、地方税法違反被告事件という刑事裁判である。この事案は、遊興飲食税の納税義務者又は特別徴収義務者に対し、税金の徴収・納付をしないよう煽動したというものである。この刑事裁判では、煽動という概念が漠然・不明確であるとして、煽動罪が憲法に違反するのではないかが争われた。

この事案につき、同判決は、煽動という概念が漠然・不明確とは言えないと判示した。すなわち、同判決は、「地方税法一二条一項にいう煽動とは、同条項に掲げた所為のいずれかを実行させる目的で文書若しくは図画または言動によって、他人に対し、その行為を実行する決意を生ぜしめるような、または既に生じている決意を助長させるような勢のある刺激を与えることをいうものと解するを相当とする。してみれば、右条項の煽動という概念は必ずしも所論のようにあいまいであり、漠然としているものとは言い難く、従って、所論違憲の主張はその前提を欠くに帰し、採用できない。」と判示した。

最高裁昭和四五年七月二日第一小法廷判決（刑集二四巻七号四一二頁、破壊活動防止法違反被告事件）及び最高裁昭和四八年四月二五日大法廷判決（刑集二七巻四号五四七頁、国家公務員法違反被告事件）も、当該犯罪構成要件が漠然・不明確とは言えないと判示をしているが、これら判例は、犯罪構成要件が漠然・不明確な場合、憲法三一条に違反するのか否かについて、判示してはいなかった。

最高裁昭和五〇年九月一〇日大法廷判決（刑集二九巻八号四八九頁）は、徳島市条例違反被告事件という刑事裁判である。この事案は、集団行進者が交通秩序の維持に反する行為をするようにせん動したというものである。この刑事裁判では、「交通秩序を維持すること」という概念が明確性を欠き、罪刑法定主義の原則（三一条）に違反するのではないかが争われた。根拠法令は、法律ではなく、条例であるが、争点は同様である。

この事案につき、同判決は、一般通常人を基準にして、禁止される行為とそうでない行為との識別が可能であれば、憲法三一条に違反しないと判示した。すなわち、同判決は、「およそ、刑罰法規の定める犯罪構成要件があいまい不明確のゆえに憲法三一条に違反し無効であるとされるのは、その規定が通常の判断能力を有する一般人に対して、禁止される行為とそうでない行為とを識別するための基準を示すところがなく、そのため、その適用を受ける国民に対して刑罰の対象となる行為をあらかじめ告知する機能を果たさず、また、その運用がこれを適用する国又は地方公共団体の機関の主観的判断にゆだねられて恣意に流れる等、重大な弊害を生ずるからであると考えられる。しかし、一般に法規は、規定の文言の表現力に限界があるばかりでなく、その性質上多かれ少なかれ抽象性を有し、刑罰法規もその例外をなすものではないから、禁止される行為とそうでない行為との識別を可能ならしめる基準といっても、必ずしも常に絶対的なそれを要求することはできず、合理的な判断を必要とする場合があることを免れない。それゆえ、ある刑罰法規があいまい不明確のゆえに憲法三一条に違反するものと認めるべきかどうかは、通常の判断能力を有する一般人の理解において、具体的場合に当該行為がその適用を受けるものかどうかの判断を可能ならしめるような基準が読み取れるかどうかによってこれを決定すべきである。」と判示した。

同判決は、相当である。同判決は、犯罪構成要件が漠然・不明確な場合、憲法三一条に違反することを肯定したものと理解できる。刑事法は、他人の生命、身体、自由、名誉、財産等を侵害するような行為を犯罪として定め、国民の自由な活動を保障するものであるから、国民が、犯罪行為か否かを識別できるようなものでなければならない。犯罪に該当するのか否かが判然としないのでは、行為規範（禁止規範）として機能しないからである。漠然・不明確な犯罪構成要件は、刑事法の基本的な機能を有しているとは言えないから、憲法三一条の保障する罪刑法定主義に反すると言えよう。

それでは、一定の行為を犯罪と定める必要性があるとして、その刑罰として定める法定刑について、立法権の限界を考えてみよう。

最高裁昭和四九年一一月六日大法廷判決（刑集二八巻九号三九三頁）は、国家公務員法違反被告事件という刑事裁判である。この事案は、北海道宗谷郡猿払村の郵便局職員が、日本社会党を支持する目的で、選挙用ポスターを掲示したり、配布したりしたというものである。この刑事裁判では、公務員の政治的行為を禁止する必要性があるとしても、これを刑罰で禁止することが許されるのかが争われた。

この事案につき、同判決は、刑罰の法定刑が、犯罪行為の違法性の大小と均衡すべきであると判示した。すなわち、同判決は、「およそ刑罰は、国権の作用による最も峻厳な制裁であるから、特に基本的人権に関連する事項につき罰則を設けるには、慎重な考慮を必要とすることはいうまでもなく、刑罰規定が罪刑の均衡その他種々の観点からして著しく不合理なものであって、とうてい許容し難いものであるときは、違憲の判断を受けなければならないのである。

そして、刑罰規定は、保護法益の性質、行為の態様・結果、刑罰を必要とする理由、刑罰を法定することによりもたらされる積極的・消極的な効果・影響などの諸々の要因を考慮しつつ、国民の法意識の反映として、国民の代表機関である国会により、歴史的、現実的な社会的基盤に立って具体的に決定されるものであり、その法定刑は、違反行為が帯びる違法性の大小を考慮して定められるべきものである。」と判示した。

同判決は、相当である。一定の行為が犯罪と定められるべき必要性があるとしても（可罰性）、その目的・必要性に照らして、その刑罰の法定刑が合理的なものでなければならないのである（罪刑の均衡など）。

最後に、死刑制度の可否について、見てみよう。死刑は、合法的に国民の生命を奪う刑罰であり、極刑である。多くの世論調査によれば、死刑存続論が多数派であるが、死刑廃止論も在する。死刑が許されるとしたら、その理由は、どこにあるのか。

まず、刑罰を科すには、その必要性がなければならない。刑罰の目的は、犯罪者を社会から隔離して、国民の生命、身体、自由、名誉、財産などを保障すること（社会防衛）、犯罪者に矯正教育を施して、社会復帰させること（特別予防）、刑罰の威嚇力をもって新たな犯罪を減少させること（一般予防）、被害者又は遺族の応報感情をある程度満足させること（応報主義）などが考えられる。

刑法によれば、死刑を定めた犯罪は、複数ある。例えば、内乱罪（七七条、憲法の定める統治の基本秩序を壊乱することを目的として暴動をした者の首謀者）、外患誘致罪（八一条、外国と通謀して日本国に対し武力を行使させた者）、現住建造物等放火罪（一〇八条、放火して現に人が住居に使用している建造物等を焼損した者）、電車転覆等致死罪（一二六条、現に人がいる電車を転覆させるなどして人を死亡させた者）、水道毒物等混入致死罪（一四六条、水道により公衆に供給する飲料の浄水又はその水源に毒物等を混入して人を死亡させた者）、殺人罪（一九九条）、強盗致死罪（二四〇条、暴行又は脅迫を用いて他人の財物を強取して人を死亡させた者）などである。

これらの犯罪は、現実に他人を死亡させたか、又は国家の存亡の危機（内乱・外患）を惹起したことが構成要件となっており、いずれの結果も、重大なものに限られている。しかも、いずれも故意犯（三八条）に限られており、過失犯に死刑を科そうというのではない。内乱、外患誘致、現住建造物等放火、電車顛覆、水道毒物混入、殺人、強盗を犯すことの認識・認容が、犯罪構成要件となっているのである。もちろん、違法性阻却事由又は責任阻却事由があれば、刑事責任を問われることはない。正当行為（三五条）、正当防衛（三六条）、緊急避難（三七条）、心神喪失（三九条）、一四歳に満たない者の行為（四〇条）は、犯罪とならないのである。

これらの犯罪類型は、刑罰を科す目的・必要性があると認められよう。

つぎに、これらの犯罪類型に刑罰を科す目的・必要性に照らし、死刑は、合理的な手段と言えるのかを検討しなければならない。

思うに、日本国の刑法は、法定刑の幅が広く、国会は、裁判所に対し、量刑に関する広い裁量権を与えているから、右の犯罪類型に該当しても、犯罪者が常に死刑に処せられるわけではない、という前提がある。右の犯罪類型の多くは、死刑ではなく、懲役刑が選択できるのであり、死刑しか定められていないのは、外患誘致罪しかない。その外患誘致罪も、情状酌量により、一〇年以上の懲役・禁錮に減軽できるのである。殺人罪は、死刑又は無期懲役に処せられることが稀で、五年以上の有期懲役に処せられるのが通常であり、情状酌量により、刑の執行が猶予されることもある（二五条）。

裁判所が死刑を選択することの問題、すなわち量刑の裁量権については、後述するが（第十章、三、6（2）刑事訴訟における刑の量定）、死刑が現実に選択されることが少ないのは、事実である。

そして、数少ない犯行の中において、犯行の罪質、動機、態様、結果の重大性、遺族の被害感情、社会的影響、犯人の年齢、前科、犯行後の情状等諸般の事情を総合考慮したとき、刑罰の目的・必要性（社会防衛、特別予防、一般予防、応報主義）の見地から見て、犯罪者に矯正教育を施して社会復帰の機会を与えることが正義に反し、罪刑の均衡を維持できないと言わざるを得ないような、やむを得ない場合、死刑は、合理的な手段と認められよう。

最高裁昭和二三年三月一二日大法廷判決（刑集二巻三号一九一頁）は、尊属殺人、死体遺棄被告事件という刑事裁判である。この刑事裁判では、死刑制度の合憲性が争点となった。

この事案につき、同判決は、死刑制度が憲法に違反しないと判示した。すなわち、同判決は、「同条（一三条）においては、公共の福祉という基本的原則に反する場合には、生命に対する国民の権利といえども立法上制限乃至剥奪されることを当然予想しているものといわねばならぬ。そしてさらに、憲法第三一条によれば、国民個人の生命の尊貴といえども、法律の定める適理の手続によって、これを奪う刑罰を科せられることが、明らかに定められている。すなわち、憲法は、現代多数の文化国家におけると同様に、死刑の威嚇力によって一般予防をなし、死刑の執行によって特殊な社会悪の根元を絶ち、これをもって社会を防衛せんとしたものであり、また個体に対する人道観の上に全体に対する人道観を優位せしめ、結局、社会公共の福祉のために死刑制度の存続の必要性を承認したものと解せられるのである。……死刑そのものをもって残虐な刑罰と解し、刑法死刑の規定を憲法違反とする弁護人の論旨は、理由なきものといわねばならぬ。」と判示した。

同判決は、相当である。同判決は、「社会を防衛」、「一般予防」、「全体に対する人道観」、「社会公共の福祉」などを理由に挙げているが、これは、刑罰の目的・必要性（社会防衛、一般予防、応報主義など）に照らし、死刑によらなければ罪刑の均衡を維持できず、もはや特別予防に配慮する余地がないなど、死刑という手段が合理的と認められる場合があることから、死刑制度が憲法に違反しないと判示したものであろう。

2 警察規制に関する行政法の制定

国会は、国民の生命、身体、自由、名誉、財産等を保護するため、さまざまな法律を制定する権限と責務を有しているが、かかる社会公共の安全と秩序維持のための規制を、警察規制ないし消極目的の規制と呼ぶことにする。国会は、かかる警察規制の目的を果たすため、行政機関に対し、営業許可処分などの権限を付与する行政法を制定することができる。国民は、本来、自由な活動を保障されているはずであるが、一定の行為について、これを許可にかかるものとされれば、無許可で当該行為をすることが禁止され、行政機関から許可処分を受けて初めて当該行為をなし得ることになる。一旦、一定の行為について、許可処分がなされても、事後的に、不適格であることが判明したりすれば、当該許可処分が取り消されることになる。許可処分は、利益処分であるが、許可の取消処分は、不利益処分である。また、警察規制は、許可制度に限られるものではない。

警察規制に関する行政法につき、その合憲性は、どのように審査されるべきなのか。

最高裁昭和三〇年一月二六日大法廷判決（刑集九巻一号八九頁）は、公衆浴場法違反被告事件という刑事裁判である。この刑事裁判では、同法が、公衆浴場に距離制限を設け、既存の公衆浴場から一定範囲内において、新規の公衆浴場を許可しないこととしていたため、かかる配置基準を定めることが、職業選択の自由を保障する憲法二二条に違反しないかが争われた。

この事案につき、同判決は、国民保健及び環境衛生という警察規制目的で、公衆浴場の配置規制をしても、憲法に違反しないと判示した。すなわち、同判決は、「公衆浴場は、多数の国民の日常生活に必要欠くべからざる、多分に公共性を伴う厚生施設である。そして、若しその設立を業者の自由に委せて、何等その偏在及び濫立を防止する等その配置の適正を保つために必要な措置が講ぜられないときは、その偏在により、多数の国民が日常容易に公衆浴場を利用しようとする場合に不便を来すおそれなきを保し難く、また、その濫立により、公衆浴場に無用の競争を生じその経営を経済的に不合理ならしめ、ひいて浴場の衛生設備の低下等好ましからざる影響を来すおそれなきを保し難い。このようなことは、上記公衆浴場の性質に鑑み、国民保健及び環境衛生の上から、出来る限り防止することが望ましいことであり、従って、公衆浴場の設置場所が配置の適正を欠き、その偏在乃至濫立を来すに至るがごときことは、公共の福祉に反するものであって、この理由により公衆浴場の経営の許可を与えないことができる旨の規定を設けることは、憲法二二条に違反するものとは認められない。」と判示した。

同判決の合憲性判定基準は、やや問題がある。というのは、同判決は、国民保健及び環境衛生という警察規制目的の必要性を認めたものの、その目的・必要性に照らし、当該距離規制が合理的であったか否かを十分に検討していないきらいがあるからである。

同判決の結論が相当であったか否かについては、最高裁昭和四七年一一月二二日大法廷判決（刑集二六巻九号五八六頁）、最高裁平成元年一月二〇日第二小法廷判決（刑集四三巻一号一頁）及び最高裁平成元年三月七日第三小法廷判決（判時一三〇八号一一一頁、判タ六九四号八四頁）をも検討する必要がありそうであり、後述することにする（第六章、三、3　社会経済政策上の規制に関する行政法の制定）。

最高裁昭和五〇年四月三〇日大法廷判決（民集二九巻四号五七二頁）は、県知事による不許可処分の取消請求という民事裁判である。この事案は、ある会社が、県知事に対し、医薬品の一般販売業の許可申請をしたところ、薬事法及びこれに基づく県条例によれば、既存の薬局から一定の距離内において、新規の薬局を認めないこととされていたため、当該申請が不許可処分になったというものである。この民事裁判では、薬局の距離制限をすることが、職業選択の自由を保障する憲法二二条に違反しないかが争われた。

この事案につき、同判決は、規制目的が公共の福祉に合致し、かつ、規制措置が必要かつ合理的であるのでなければ、違憲・無効であると判示した。すなわち、同判決は、「職業は、前述のように、本質的に社会的な、しかも主として経済的な活動であって、その性質上、社会的相互関連性が大きいものであるから、職業の自由は、それ以外の憲法の保障する自由、殊にいわゆる精神的自由に比較して、公権力による規制の要請がつよく、憲法二二条一項が『公共の福祉に反しない限り』という留保のもとに職業選択の自由を認めたのも、特にこの点を強調する趣旨に出たものと考えられる。……裁判所としては、規制の目的が公共の福祉に合致するものと認められる以上、そのための規制措置の具体的内容及びその必要性と合理性については、立法府の判断がその合理的裁量の範囲にとどまるかぎり、立法政策上の問題としてその判断を尊重すべきである。……一般に許可制は、単なる職業活動の内容及び態様に対する規制を超えて、狭義における職業の選択の自由そのものに制約を課するもので、職業の自由に対する強力な制限であるから、その合憲性を肯定しうるためには、原則として、重要な公共の利益のために必要かつ合理的な措置であることを要し、また、それが社会政策ないしは経済政策上の積極的な目的のための措置ではなく、自由な職業活動が社会公共に対してもたらす弊害を防止するための消極的、警察的措置である場合には、許可制に比べて職業の自由に対するよりゆるやかな制限である職業活動の内容及び態様に対する規制によっては右の目的を十分に達成することができないと認められることを要するもの、というべきである。」と判示した上、薬事法によれば、同法による規制目的は、不良医薬品の供給の防止という警察規制にあるが、薬局の距離制限は、同法の目的のために必要かつ合理的な規制と認められないから、憲法二二条に違反すると判示した。

同判決の結論は、相当である。というのは、薬事法を検討する限り、薬局の許可制は、警察規制を目的としていると考えるのが穏当であるところ、不良医薬品の供給を防止するためには、他に合理的な種々の規制が設けられているのであって、このほかに薬局の距離規制を施すことは、その目的・必要性に照らし、合理性を有するとは認め難いからである。

しかし、同判決の理論には、問題がある。

同判決は、「経済的自由」は、「精神的自由」よりも強い規制が許される、「警察目的（消極目的）の規制」は、「社会経済政策目的（積極目的）の規制」より緩やかな規制でなければならず、「より緩やかな規制では目的を十分に達成できない」と認められることが合憲性の要件である、と判示しているようである。

憲法学では、「精神的自由」に対する制限は、「より制限的でない他の選択し得る手段」がないことを要件とする（厳格な基準）、「経済的自由」に対する警察規制は、必要最小限のものにとどまるべきであるが、具体的な危険がなくともよく、抽象的な危険があればよい（厳格な合理性の基準）、「経済的自由」に対する社会経済施策目的の規制は、目的達成のために必要かつ合理的な範囲にとどまる限り、許され（合理性の基準）、規制が著しく不合理であることが明白である場合に限って、違憲となる（明白性の原則）、という意見がある。

右の判決及び学説は、精神的自由に優越的地位を認める二重の基準を採り、経済的自由の中でも、警察目的の規制と社会経済政策上の目的による規制とを分ける二重の基準を採っている。

しかし、精神的自由が、経済的自由よりも優越的地位にあるという前提には、合理的な根拠があるとは思われない。当該表現行為が、殺人を教唆・幇助するものであれば、それは、表現の自由として保障するに値しないのであり、かかる表現行為を規制する必要性は強い。逆に、経済的自由であっても、他人の生命、身体、自由、名誉、財産等を侵害するおそれがないのであれば、かかる経済活動を規制する必要性は乏しい。要は、規制する必要性があるのか否か、その目的・必要性に照らし、規制手段が合理的なのか否か、が問われるべきなのであって、問題とされている人権カタログの種類・内容によって、合憲性判定基準の類型化が可能であると前提するのは、危険である。実際、右の昭和五〇年判決は、精神的自由に対する規制より、経済的自由に対する規制の方が、より緩やかな合憲性判定基準を採用できる、と一般論を判示しているに過ぎない。様々な最高裁判例を見ても、精神的自由に対する規制について、厳格な合憲性判定基準が採用されるべきであるという理由付けにより、当該規制法令を違憲・無効と判断した具体的事例は、見当たらないようである。

また、経済的自由についても、社会経済政策上の目的（積極目的）による規制より、警察目的（消極目的）の規制の方が、厳格な審査をすべきであるという前提にも、合理的な根拠があるとは思われない。警察目的の規制は、国民の生命、身体、自由、名誉、財産等に直結するのであり、それを保護する目的の規制は、極めて重要である。警察目的の規制が、社会経済的弱者を保護する目的の規制より厳格に審査されなければならないなどという合理的根拠があるとは思われない。両者に関連して、合憲性判定基準に相違があるように見えるとしたら、それは、規制目的の相違に基づくのではなく、警察目的の規制は、裁判において、その必要性及び規制手段の合理性が、具体的な主張・立証にさらされることが多いため、事実認定が比較的容易であるのに対し、社会経済政策上の目的による規制は、高度に政治的な事項や、専門技術的な事項を取り扱うことが多いため、裁判において、その必要性及び規制手段の合理性を弾劾することが比較的困難であるという事情によるのではなかろうか。それ故、警察規制が問題となる事例であっても、専門技術的な事項が対象となる場合、立法裁量の合理性が肯定されることが多くなろうし、逆に、社会経済政策上の目的による規制が問題となる事例であっても、専門技術的な事項が対象とならず、比較的容易な事実認定が争点となるような場合、立法裁量の合理性が否定されることが比較的多くなるのではなかろうか。

思うに、先の昭和五〇年判決（薬事法違憲判決）の事例は、薬事法の目的・必要性に照らし、距離制限というその規制手段が合理性を欠くため、違憲・無効である、と判示すれば足りたのである。その結論を導くために、二重の基準論を論じなければならないという必然性はなかったし、合憲性判定基準が「厳格な基準」であるべきか、「緩やかな基準」でもよいのか、といった点も論じなければならない必然性などなかったのである。

その後の判例を見てみよう。

最高裁昭和六二年四月二二日大法廷判決（民集四一巻三号四〇八頁）は、共有森林の分割請求という民事裁判である。この民事裁判では、森林法によれば、持分価額二分の一以下の共有者が、民法による共有物分割請求をなし得ないこととされていたため、同法が、財産権を保障する憲法二九条に違反しないかが争われた。

この事案につき、同判決は、先の昭和五〇年判決を引用しつつ、規制目的が公共の福祉に合致し、かつ、規制措置が必要かつ合理的であるのでなければ、違憲・無効であると判示した。すなわち、昭和六二年判決は、「財産権に対して加えられる規制が憲法二九条二項にいう公共の福祉に適合するものとして是認されるべきものであるかどうかは、規制の目的、必要性、内容、その規制によって制限される財産権の種類、性質及び制限の程度等を比較考量して決すべきものであるが、裁判所としては、立法府がした右比較考量に基づく判断を尊重すべきものであるから、立法の規制目的が前示のような社会的理由ないし目的に出たとはいえないものとして公共の福祉に合致しないことが明らかであるか、又は規制目的が公共の福祉に合致するものであっても規制手段が右目的を達成するための手段として必要性若しくは合理性に欠けていることが明らかであって、そのため立法府の判断が合理的裁量の範囲を超えるものとなる場合に限り、当該規制立法が憲法二九条二項に違背するものとして、その効力を否定することができるものと解するのが相当である（最高裁昭和四三年（行ツ）第一二〇号同五〇年四月三〇日大法廷判決・民集二九巻四号五七二頁参照）。」と判示した上、森林法の立法目的は、森林の細分化を防止することによって森林経営の安定を図ることにあり、これが公共の福祉に合致することは認められるが、共有森林の分割を一律に禁止することは、立法目的を達成する規制手段として合理性に欠け、必要な限度を超えるから、同法の規定は違憲・無効であると判示した。

同判決の結論は、相当であろうが、その理論付けには、問題がある。

というのは、昭和六二年判決も、先の昭和五〇年判決を引用し、総論部分において、財産権に対する規制には、社会経済政策上の積極目的によるものと、安全保障や秩序維持等の消極目的によるものとがあり、規制も種々様々であるとしておきながら、各論部分においては、森林法の規定の合憲性を判定するに当たり、当該規制の目的が、積極目的によるものなのか、消極目的によるものなのか、について検討判断していないからである。ここでは、二重の基準論や、厳格な基準、厳格な合理性の基準、合理性の基準などといった合憲性判定基準は、機能していないのであり、これらの理論の有用性が問われざるを得ない。

結局、合憲性判定基準としては、財産権を制約することが公共の福祉に合致するのか（必要性）、立法目的に照らし、当該規制手段が合理的なのか（合理性）、を個別に問うしかないのではなかろうか。

最高裁平成四年七月一日大法廷判決（民集四六巻五号四三七頁）は、運輸大臣による工作物使用禁止命令に対する取消請求という民事裁判である。この事案は、三里塚芝山連合空港反対同盟が、新東京国際空港の建設に反対し、過激派による実力闘争を展開して空港の建設を大幅に遅らせた上、空港の供用開始日の直前に、空港内に火炎車を突入させ、火炎瓶を投げつけ、管制塔に侵入してレーダー等を破壊するなどし、空港の供用開始を延期に追い込んだことから、国会が、新東京国際空港の安全確保に関する緊急措置法を制定し、運輸大臣に対し、同空港関連施設の管理を阻害し又は航空機の航行を妨害する暴力主義的破壊活動を防止するため、その活動の用に供される工作物の使用禁止等の措置を講ずる権限を与え、運輸大臣は、同法に基づき、過激派集団のアジトとして使用されていた建物の使用を禁止したというものである。この民事裁判では、同法が、集会の自由を保障する憲法二一条や居住の自由を保障する憲法二二条に違反しないかが争われた。

この事案につき、同判決は、規制目的が公共の福祉に合致し、かつ、規制措置が必要かつ合理的であれば、合憲・有効であると判示した。すなわち、同判決は、「本法三条一項一号に基づく工作物使用禁止命令により保護される利益は、新空港若しくは航空保安施設等の設置、管理の安全の確保並びに新空港及びその周辺における航空機の航行の安全の確保であり、それに伴い新空港を利用する乗客等の生命、身体の安全の確保も図られるのであって、これらの安全の確保は、国家的、社会経済的、公益的、人道的見地から極めて強く要請されるところのものである。他方、右工作物使用禁止命令により制限される利益は、多数の暴力主義的破壊活動者が当該工作物を集合の用に供する利益にすぎない。しかも、前記本法制定の経緯に照らせば、暴力主義的破壊活動等を防止し、前記新空港の設置、管理等の安全を確保することには高度かつ緊急の必要性があるというべきであるから、以上を総合して較量すれば、規制区域内において暴力主義的破壊活動者による工作物の使用を禁止する措置を採り得るとすることは、公共の福祉による必要かつ合理的なものであるといわなければならない。……同項一号が過度に広範な規制を行うものとはいえず、その規定する要件も不明確なものであるとはいえない。以上のとおりであるから、本法三条一項一号は、憲法二一条一項に違反するものではない。……本法三条一項一号は、憲法二二条一項に違反するものではない。」と判示した。

同判決は、相当である。

ここで注目すべきは、同判決が、先の昭和五〇年判決（薬事法違憲判決）及び昭和六二年判決（森林法違憲判決）で展開したような総論部分に触れていない点である。すなわち、平成四年判決（成田新法合憲判決）は、精神的自由と経済的自由との二重の基準論や、警察目的の規制と社会経済政策上の目的による規制とで合憲性判定基準が異なるべきであるという理論には、一切触れていないのである。本来、精神活動であっても、それが他人の生命、身体、自由、名誉、財産等を侵害する危険性を有しており、これを規制することが公共の福祉に合致し（必要性）、その目的・必要性に照らし、規制手段が合理的であるならば（合理性）、精神的自由に対する規制も許されなければならない。かかる合憲性判定基準は、規制対象が精神的自由なのか、経済的自由なのか、によって異なるものとは考え難い。また、警察目的の規制なのか、社会経済政策上の目的による規制なのか、によって異なるものとも考え難いのである。

もともと、昭和五〇年判決及び昭和六二年判決の事例は、規制の必要性及び規制手段の合理性いかんによって合憲性を判定すれば足りた事案であって、二重の基準論などは、結論を導き出すために必要な理論ではなかったのであり、平成四年判決が、二重の基準論などに触れなかったのは、極めて自然であったと言えよう。

3　社会経済政策上の規制に関する行政法の制定

国民の自由な活動に対する規制の中には、国民経済の円満な発展や社会公共の便宜の促進、経済的弱者の保護等の社会政策及び経済政策上の積極的な目的によるものがある。これを社会経済政策上の規制ないし積極目的の規制と呼ぶことにする。

社会経済政策上の目的による規制に関する行政法につき、その合憲性は、どのように審査されるべきなのか。

最高裁昭和四七年一一月二二日大法廷判決（刑集二六巻九号五八六頁）は、小売商業調整特別措置法違反被告事件という刑事裁判である。この事案は、同措置法によれば、政令で指定する都市区域内の一つの建物において、一〇店舗以上の小売商がまとまって野菜、生鮮魚介類の小売市場を作るに当たり、都道府県知事の許可を受けなければならないとされていたところ、無許可で大規模小売業をすることが問題とされたというものである。この刑事裁判では、同法が、地元の商店街を守るため、大型百貨店などが駅前に進出するのを阻止する目的を持っていたことから、同法による規制が、営業の自由を保障する憲法二二条に違反しないのかが争われた。

この事案につき、同判決は、社会経済政策上の規制目的が合理的であり（必要性）、規制手段が著しく不合理であることが明白でなければ（合理性）、合憲であると判示した。すなわち、同判決は、「憲法は、全体として、福祉国家的理想のもとに、社会経済の均衡のとれた調和的発展を企図しており、その見地から、すべての国民にいわゆる生存権を保障し、その一環として、国民の勤労権を保障する等、経済的劣位に立つ者に対する適切な保護政策を要請していることは明らかである。このような点を総合的に考察すると、憲法は、国の責務として積極的な社会経済政策の実施を予定しているものということができ、個人の経済活動の自由に関する限り、個人の精神的自由等に関する場合と異なって、右社会経済政策の実施の一手段として、これに一定の合理的規制措置を講ずることは、もともと、憲法が予定し、かつ、許容するところと解するのが相当であり、国は、積極的に、国民経済の健全な発達と国民生活の安定を期し、もって社会経済全体の均衡のとれた調和的発展を図るために、立法により、個人の経済活動に対し、一定の規制措置を講ずることも、それが右目的達成のために必要かつ合理的な範囲にとどまる限り、許されるべきであって、決して、憲法の禁ずるところではないと解すべきである。……ところで、社会経済の分野において、法的規制措置を講ずる必要があるかどうか、その必要があるとしても、どのような対象について、どのような手段・態様の規制措置が適切妥当であるかは、主として立法政策の問題として、立法府の裁量的判断にまつほかない。……したがって、右に述べたような個人の経済活動に対する法的規制措置については、立法府の政策的技術的な裁量に委ねるほかはなく、裁判所は、立法府の右裁量的判断を尊重するのを建前とし、ただ、立法府がその裁量権を逸脱し、当該法的規制措置が著しく不合理であることの明白である場合に限って、これを違憲として、その効力を否定することができるものと解するのが相当である。」と判示した上、小売商業調整特別措置法の立法目的が「一応の合理性」を有し、その規制手段が「著しく不合理であることが明白である」とは認められないとして、同法が合憲であると判示した。

同判決の結論は、相当であろう。というのは、憲法によれば、国会は、社会経済的弱者を保護すべき責務を負っている（二五条以下）のであるから、その逆に、社会経済的強者の自由な経済活動を制限する権限があると解されるからである。

しかし、同判決の理由付けには、問題がある。

右の昭和四七年判決（小売商業調整特別措置法合憲判決）は、先の昭和五〇年判決（薬事法違憲判決）と同様の総論を展開しており、精神的自由が、経済的自由より優越的地位にあることを前提としているようであり、経済的自由に対する規制のうち、積極目的による規制が、消極目的による規制より緩やかな合憲性判定基準に服すべきであるとしているようである。積極規制の目的が「一応の合理性」を有し、その規制手段が「著しく不合理であることが明白である」とは認められなければ、合憲であるという。

だが、積極目的による規制が、消極目的による規制よりも「緩やかな基準（合理性の原則）」に服すということの論拠は、理由があるとは思えない。というのは、一般的に、消極目的による規制の方が、規制の必要性・緊急性が高いと想定できるからである。国民の生命、身体、自由、名誉、財産等に対して危害が及ぶ危険性がある場合、かかる危害を及ぼしかねない行為を規制するのは、必要性・緊急性が高いのである。これに対し、積極目的による規制は、規制の必要性・緊急性が比較的小さいと考えられる。本来、国民は、自由かつ平等の存在であり、自由な経済活動により、資産・収入を獲得できるはずである。国民相互の間に、強者と弱者という格差が生じたとしても、それは、自由競争の結果であり、強者の自由は、原則的に保障されなければならない。弱者を保護するためには、生活保護などの手段もあるのであって、強者の自由な経済活動に規制を加えることは、例外的な措置と位置付けなければならない。それ故、警察規制よりも、社会経済政策上の目的による規制の方が、「緩やかな合憲性判定基準」に服すべきであるという理論は、理由があるとは思えない。

確かに、積極目的による規制を違憲・無効とするのは、事実上、困難なことが多い可能性があるが、それは、規制目的の性質に起因するものではなかろう。積極目的による規制の場合、取り扱う事項が、高度に政治的な判断が求められるものであったり、専門技術的なものであることが多く、司法審査に困難が伴うため、立法機関の政治的判断を尊重すべき場合が多いということである。これに対し、消極目的による規制の場合、通常、規制の必要性及び規制手段の合理性が事実認定の対象として馴染みやすいため、立法機関の判断について、司法審査が比較的容易なのであろう。しかし、それは、規制目的が、消極目的によるのか、積極目的によるのか、とは異なる次元の話である。消極目的による規制であっても、取り扱う事項が、高度に政治的なものであったり、専門技術的なものであれば、やはり、司法審査が困難となりがちであり、立法機関の判断を尊重するという結論に落ち着くことが考えられる。逆に、積極目的による規制であっても、取り扱う事項が、高度に政治的なものではなく、専門技術的なものでもないのなら、司法審査が容易となろう。

思うに、昭和四七年判決の事例では、弱者である地元の商店街を保護するため、強者である大規模小売店の営業活動を規制する必要性があるのか、その目的・必要性に照らし、規制手段が合理性を欠いていなかったか、を判断すれば足りたはずである。まず、憲法によれば、国会は、社会経済的弱者を保護する責務を負っているから、その反対に、強者の自由を規制する必要が生じる。問題となるのは、その規制手段の合理性であるが、小売商業調整特別措置法は、規制する地域を政令の指定する都市地域に限定し、規制する小売業を一定規模以上の小売市場に限定し、しかも、規制する小売商品を野菜・生鮮魚介類に限定しているのであって、規制の目的・必要性に照らし、規制手段が過度に広汎であるとか、限度を超えているとまでは認め難く、合理性を有していると認められよう。かかる合憲判断を導くに当たり、二重の基準論や、規制目的の種類・内容などに応じた合憲性判定基準などを持ち出す必然性があるとは思えない。

その後の判例を見てみよう。

最高裁平成元年一月二〇日第二小法廷判決（刑集四三巻一号一頁）は、公衆浴場法違反被告事件という刑事裁判である。この刑事裁判では、公衆浴場の距離制限をすることが、憲法二二条に違反しないかが争われた。この事案につき、同判決は、先の昭和四七年判決を引用し、「公衆浴場業者が経営の困難から廃業や転業をすることを防止し、健全で安定した経営を行えるように種々の立法上の手段をとり、国民の保健福祉を維持することは、まさに公共の福祉に適合するところであり、右の適正配置規制及び距離制限も、その手段として十分の必要性と合理性を有していると認められる。もともと、このような積極的、社会経済政策的な規制目的に出た立法については、立法府のとった手段がその裁量権を逸脱し、著しく不合理であることの明白な場合に限り、これを違憲とすべきであるところ（中略）、右の適正配置規制及び距離制限がその場合に当たらないことは、多言を要しない。」と判示した。

最高裁平成元年三月七日第三小法廷判決（判時一三〇八号一一一頁、判タ六九四号八四頁）は、公衆浴場営業の不許可処分に対する取消請求という民事裁判である。この民事裁判では、公衆浴場の距離制限をすることが憲法二二条に違反しないかが争われた。この事案につき、同判決は、先の最高裁昭和三〇年一月二六日大法廷判決（刑集九巻一号八九頁）などを引用し、「法二条二項による適正配置規制の目的は、……既存公衆浴場業者の経営の安定を図ることにより、自家風呂を持たない国民にとって必要不可欠な厚生施設である公衆浴場自体を確保しようとすることも、その目的としているものと解されるのであり、前記大法廷判例に従い、法二条二項及び大阪府公衆浴場法施行条例二条の規定は、憲法二二条一項に違反しないと解すべきである。」と判示した。

これら一連の公衆浴場法に関する判例を整理してみよう。

まず、いずれの判決も、同じ法律（公衆浴場法）を対象としているにもかかわらず、その規制目的に関する事実認定が異なっている。先の昭和三〇年判決は、距離制限の目的が、国民保健及び環境衛生という消極目的にあったと判示していたにもかかわらず、平成元年一月判決及び同年三月判決は、距離制限の目的が、既存業者を保護するという積極目的にあったと判示するに至った。

つぎに、いずれの判決も、公衆浴場法が合憲であるという結論に違いはないものの、その理由付けに変化が見られる。昭和三〇年判決は、規制目的が公共の福祉に合致していると判示したにとどまり、その目的・必要性に照らし、規制手段が合理性を欠いていないかについて十分な検討を加えずに終わった。平成元年一月判決は、昭和四七年判決（薬事法違憲判決）を引用し、その合憲性判定基準に触れてはいるが、その点に触れる前段階において、公衆浴場の距離制限が「必要性と合理性を有していると認められる」と結論しているのであり、昭和四七年判決の合憲性判定基準の位置付けが判然としなくなっていた。さらに、平成元年三月判決は、昭和四七年判決を引用すらせず、公衆浴場の距離制限が「必要」であるという理由により、合憲・有効という結論を導くに至ったのである。

結局、規制目的が、消極目的によるものなのか、積極目的によるものなのかを区別し、合憲性判定基準の類型化を図ろうとする理論は、有用な道具として機能していないのである。

このことは、その後の判例で、さらに明らかとなる。

最高裁平成五年六月二五日第二小法廷判決（判時一四七五号五九頁、判タ八三一号七六頁）は、製造たばこ小売販売業の許可等請求という民事裁判である。この民事裁判では、たばこ小売販売業に対する適正配置規制が、憲法二二条に違反しないかが争われた。

この事案につき、同判決は、先の昭和四七年判決を引用し、「たばこ事業法二二条は、……製造たばこの小売人には零細経営者が多いことや身体障害者福祉法等の趣旨に従って身体障害者等についてはその指定に際して特別の配慮が加えられてきたことなどにかんがみ、たばこ専売制度の廃止に伴う激変を回避することによって、……右小売人の保護を図るため、当分の間に限り、製造たばこの小売販売業について許可制を採用することとしたものであり、右許可制の採用は、公共の福祉に適合する目的のために必要かつ合理的な範囲にとどまるということができる。……製造たばこの小売販売業に対する適正配置規制は、右目的のために必要かつ合理的な範囲にとどまるものであって、これが著しく不合理であることが明白であるとは認め難い。」と判示した。

思うに、右の平成五年判決（たばこ事業法合憲判決）においても、規制の必要性があるのか、その目的・必要性に照らし、規制手段の合理性が認められるのかを検討すれば、合憲性を判断する上で何らの問題もなかったはずである。同判決は、先の昭和四七年判決（薬事法違憲判決）を引用し、その合憲性判定基準に触れてはいるが、同基準に言及する前段階において、距離規制が、「必要かつ合理的」であると判示しているのである。たばこ事業法が合憲であるという結論を導くためには、昭和四七年判決を引用する必要などなく、緩やかな基準（明白性の原則）を持ち出す必要もなかったのである。言葉の厳密な意味において、「著しく不合理であることが明白であるとは言えない場合」とは、「不合理ではあるが、その程度が著しいとは言えない場合、又は、著しく不合理であるが、それが明白とは言えない場合」を指すはずである。積極目的による規制の事例において、このような緩やかな合憲性判定基準を採用しなければならない理由があるとは思えない。

4　社会保障に関する行政法の制定

憲法によれば、すべて国民は、健康で文化的な最低限度の生活を営む権利を有し、国は、すべての生活部面について、社会福祉、社会保障及び公衆衛生の向上及び増進に努めなければならない（二五条）。

国会は、生活保護法、国民年金法など様々な法律を制定し、社会経済的弱者に対する金銭給付を決定してきた。それでは、社会経済的弱者に対する給付額の多寡を問題とし、給付額が少ないことを理由として、その根拠法令の憲法違反を主張することは、許されるのか。

最高裁昭和五七年七月七日大法廷判決（民集三六巻七号一二三五頁）は、児童扶養手当の受給資格認定請求の却下処分に対する取消請求という民事裁判である。この事案は、ある視力障害者が、障害福祉年金を受給していたところ、さらに児童扶養手当の受給資格の認定請求をしたところ、これを却下されたというものである。この民事裁判では、当時の児童扶養手当法によれば、障害福祉年金の受給者が、児童扶養手当の併給を認められていなかったことから、同法の併給調整条項が、生存権を保障する憲法二五条に違反しないかが争われた。

この事案につき、同判決は、給付額が低額であるというだけで直ちに憲法二五条違反になるものではないと判示した。すなわち、同判決は、「同条（憲法二五条）一項は、国が個々の国民に対して具体的・現実的に右のような義務を有することを規定したものではなく、同条二項によって国の責務であるとされている社会的立法及び社会的施設の創造拡充により個々の国民の具体的・現実的な生活権が設定充実されてゆくものであると解すべきことは、すでに当裁判所の判例とするところである（最高裁昭和二三年（れ）第二〇五号同年九月二九日大法廷判決・刑集二巻一〇号一二三五頁）。……右規定にいう『健康で文化的な最低限度の生活』なるものは、きわめて抽象的・相対的な概念であって、その具体的内容は、その時々における文化の発達の程度、経済的・社会的条件、一般的な国民生活の状況等との相関関係において判断決定されるべきものであるとともに、右規定を現実の立法として具体化するに当たっては、国の財政事情を無視することができず、また、多方面にわたる複雑多様な、しかも高度の専門技術的な考察とそれに基づいた政策的判断を必要とするものである。したがって、憲法二五条の規定の趣旨にこたえて具体的にどのような立法措置を講ずるかの選択決定は、立法府の広い裁量にゆだねられており、それが著しく合理性を欠き明らかに裁量の逸脱・濫用と見ざるをえないような場合を除き、裁判所が審査判断するのに適しない事柄であるといわなければならない。……それ（給付額）が低額であるからといって当然に憲法二五条違反に結びつくものということはできない。」と判示した。

同判決の論理は、一見、先の最高裁昭和四七年一一月二二日大法廷判決（刑集二六巻九号五八六頁、小売商業調整特別措置法合憲判決）と同様の判断枠組みを採用しているように見える。すなわち、国会は、国民の生存権を保障する法律を制定するべきであるところ（必要性の有無）、給付額等の具体的な立法措置が「著しく合理性を欠き明らかに裁量の逸脱・濫用と見ざるをえないような場合」（合理性の有無）、違憲である、という合憲性判定基準を採用している点である。

しかし、昭和四七年判決と昭和五七年判決は、基本的なところで相違がある。まず、昭和四七年判決では、規制の必要性が、憲法により許容されているか否かが具体的に審査されていたのに対し、昭和五七年判決では、給付の必要性が、そもそも憲法により具体的に義務付けられたものではなく、政治的努力義務のようなものとして位置づけられている点である。つぎに、昭和四七年判決では、判示上、合憲性判定基準が、合理性の原則ないし明白性の原則に従っているように見えながら、実際上は、規制の必要性及び規制手段の合理性を判断していると理解し直すことが可能であるのに対し、昭和五七年判決では、合憲性判定基準が、判示上も、実際上も、合理性の原則ないし明白性の原則を採用しているように認められる点である。

つまり、昭和四七年判決の事例のように規制権限の合憲性が問われる場合、その必要性及び合理性を審査することにより、違憲判決が言い渡される可能性が比較的認められるのに対し、昭和五七年判決のように給付義務の合憲性が問われる場合、原則として、違憲判決が言い渡される可能性が乏しいということになる。

昭和五七年判決は、相当であろう。

憲法学では、昭和五七年判決を批判し、特定の時代に限定すれば、「健康で文化的な最低限度の生活水準」を客観的に確定することが可能であるとして、現実の支給基準がこの生活水準を下回る場合、憲法違反であると解する意見があるが、かかる意見は、相当とは思われない。

まず、特定の時代に限定しても、「最低限度の生活水準」を確定することの困難性がある。確かに、時代の変遷を抽象的に追うことはできる。太平洋戦争後、国土が荒廃していた時期、食料品、衣料品等が乏しく、生活が困窮していた。高度経済成長の時期、マイカー、カラーテレビ、冷蔵庫、洗濯機が普及し、生活が豊かになった。バブル経済崩壊後、生活格差の拡大が指摘されながらも、エアコン、電子レンジ、パソコン、携帯電話の普及が拡大した。しかし、生活水準の高低を抽象的に指摘することが可能であるとしても、これを具体的な給付額として特定するのは容易でない。何をもって生活必需品とし、何をもって贅沢品とするのかの判断も、困難が伴う。最低限度の生活水準について、その判断基準及び判断根拠を法的に定めるに当たり、それが専門技術的な事項であり、かつ、政治判断が求められることから、結局のところ、国会及び行政機関による判断を尊重するほかないと思えるのである。

つぎに、社会保障の給付額を定めるに当たり、財政事情を無視できないという点がある。社会経済的弱者に対して経済的援助をするための原資は、主として税金に求めなければならない。税制は、担税力などを考慮して定めるものであり、歳入を増やすためには、資産・収入の多い社会経済的強者に大きな税負担を求めなければならなくなる。例えば、所得税について、累進課税をすべきなのか、累進課税をするとしてその具体的な税率をどうすべきなのか、などを考えた場合、それは、専門技術的な事項にわたり、かつ、高度に政治的な判断が求められる。極端な累進課税を推進すれば、国民の自由な経済活動を阻害し、国民経済全体が停滞しかねない。最低限度の生活水準を特定できると仮定したとしても、国家予算には限界があるのである。国家は、国民の税金によって運営されるべきなのであって、赤字国債を発行してまで、社会経済政策を実施すべき義務があるとは考え難い。

したがって、社会保障に関する立法裁量は、極めて広範であって、給付額等の具体的な立法措置が「著しく合理性を欠き明らかに裁量の逸脱・濫用と見ざるをえないような場合」を除き、原則として、立法権の行使が、憲法違反になることはないと解すべきである。

5　委任立法

国会は、国家意思を決定する唯一の立法機関であり（四一条）、行政機関及び裁判所について、その組織法、手続法及び実体法を定める権限を有する。国会の立法権は、国政のあらゆる分野に及び、行政権及び司法権の依拠すべき規範は、極めて広範である。例えば、行政分野としては、外交、国防、警察、財務、税務、教育、学術研究、社会保障、労働行政、経済振興、農林水産業保護、国土開発、エネルギー対策、環境保護などがある。司法分野としては、民事事件（土地の所有権争い、契約の不履行、不法行為、行政処分の取消訴訟、国家賠償など）及び刑事事件（殺人、強盗、放火など）がある。

国会は、自ら個別具体的な法規範を定立することも可能であるが、自らは一般抽象的な法規範の定立に止め、他の公的機関に対し、個別具体的な法規範の定立を委任することも可能である。というのは、国会は、国権の最高機関であり、かかる委任立法をするか否かをも決定する権限を有していると考えられるからである。行政機関及び司法機関は、それぞれの特定分野において、高度に専門技術化されるであろうから、その特化された分野に限れば、それぞれ合理的な審査基準、処分基準、紛争解決基準等を提示することが可能であろう。

その具体例は、多数ある。

例えば、内閣法（昭和二二年法律五号、数次の改正あり）の反対解釈によれば、内閣は、法律の委任があれば、政令により、義務を課し、又は権利を制限する規定を設けることができる（一一条）。国家行政組織法（昭和二三年法律一二〇号、数次の改正あり）の反対解釈によれば、各省大臣は、法律の委任があれば、省令により、罰則を設け、又は義務を課し、若しくは国民の権利を制限する規定を設けることができる（一二条）。行政手続法（平成五年法律八八号、数次の改正あり）によれば、行政庁は、許認可等を求める申請に対する審査基準を定め（五条）、又は、特定の者を名宛人として、これに義務を課し、又はその権利を制限する不利益処分の処分基準を定め（一二条）、これらの審査基準及び処分基準を公にしておくように努めなければならない。

また、地方自治法（昭和二二年法律六七号、数次の改正あり）によれば、都道府県及び市町村といった普通地方公共団体（一条の三）は、地域における事務を処理し（二条二項）、法令に反しない限りにおいて、地域における事務に関し、条例を制定することができる（一四条一項）。そして、普通地方公共団体は、法令に特別の定めがある場合を除くほか、義務を課し、又は権利を制限するため、条例を制定することができ（同条二項）、条例に違反した者に対し、二年以下の懲役若しくは禁錮、一〇〇万円以下の罰金、拘留、科料若しくは没収の刑又は五万円以下の過料を科する旨の規定を設けることができる（同条三項）。

さらに、裁判所は、国会から、立法を委任されたわけではないが、広い裁量権を与えられ、法令の解釈という司法権の行使により、判例法という形で法創造をなすことが可能である。例えば、民法（明治二九年法律八九号、数次の改正あり）によれば、私権は、公共の福祉に適合しなければならず、権利の行使及び義務の履行は、信義に従い誠実に行わなければならず、権利の濫用は、これを許さないとされるが（一条）、このような一般条項の解釈適用により、あるいは個々の民法条文の解釈等を通じて、判例法を形成してきた。また、刑法（明治四〇年法律四五号、数次の改正あり）によれば、刑罰の法定刑は極めて広範であり、量刑に関する裁量権は広いし、個々の刑法条文の解釈を通じても、判例法を形成してきた。

ところで、憲法は、罪刑法定主義と租税法律主義を明記している。まず、何人も、法律の定める手続によらなければ、その生命若しくは自由を奪われ、又はその他の刑罰を科せられず（三一条）、何人も、実行の時に適法であった行為については、刑事上の責任を問われない（三九条）。この罪刑法定主義は、犯罪の構成要件が、法律に定められなければならず、その規定は、一般通常人に理解できる程度の明確性を備えていなければならず、事後法が禁止されるなどの内容を持つ。つぎに、国民は、法律の定めるところにより、納税の義務を負い（三〇条）、あらたに租税を課し、又は現行の租税を変更するには、法律又は法律の定める条件によることを必要とする（八四条）。この租税法律主義は、課税要件が、法律に定められなければならず、その規定は、一般通常人に理解できる程度の明確性を備えていなければならず、遡及立法が禁止されるなどの内容を持つ。

憲法は、種々様々な行政権及び司法権の中で、特に刑罰権及び課税権についてのみ、特別に法定主義を明記しているが、それには、理由がある。刑罰権及び課税権は、国家権力の中でも特に国民の自由を制約する程度が大きいから、事前にその要件等を明確にし、どのような行為が犯罪となるのか、どのような刑罰が科されるのか、あるいは、どのような経済活動が課税されるのか、納税義務者、課税物件、課税標準、税率等がどうなっているのかについて、国民の事前予測を可能ならしめ、もって国民の自由を保障する必要があるのである。

イギリスでは、長らく殺人罪にすら制定法による定めがなく、判例法（普通法、コモンロー）に基づいて殺人罪が処罰されていたが、日本国憲法は、罪刑法定主義と租税法律主義とを定めているのである。

それでは、国会は、国の行政機関に対し、犯罪構成要件及び課税要件の詳細につき、命令又は条例で定めるべく委任することが一切許されないのだろうか。

最高裁昭和三三年七月九日大法廷判決（刑集一二巻一一号二四〇七頁）は、酒税法違反被告事件という刑事裁判である。酒税法は、酒類等の製造者等に対して製造等に関する事実を帳簿に記載すべきこと、これに違反した者は三万円以下の罰金又は科料に処すことを定めていたが、同法は、帳簿への記載事項を命令に委ね、酒税法施行規則は、帳簿への記載事項を列挙した上、その他の記載事項を税務署長の指定に委ねていた。この刑事裁判では、かかる委任立法が、憲法に違反しないかが争われた。

この事案につき、同判決は、酒税法による命令への委任が憲法に違反しないと判示した。すなわち、同判決は、「同（酒税法）五四条は、その帳簿の記載等の義務の主体およびその義務の内容たる製造、貯蔵又は販売に関する事実を帳簿に記載すべきこと等を規定し、ただ、その義務の内容の一部たる記載事項の詳細を命令の定めるところに一任しているに過ぎないのであって、立法権がかような権限を行政機関に賦与するがごときは憲法上差し支えないことは、憲法七三条六号本文および但書の規定に徴し明白である。そして、前記酒税法施行規則六一条は、その一号ないし八号において、帳簿に記載すべき事項を具体的且つ詳細に規定しており、同条九号は、これらの規定に洩れた事項で、各地方の実状に即し記載事項とするを必要とするものを税務署長の指定に委せたものであって、前記酒税法施行規則においてこのような規定を置いたとしても、前記酒税法五四条の委任の趣旨に反しないものであり、違憲であるということはできない。」と判示した。

最高裁昭和三七年五月三〇日大法廷判決（刑集一六巻五号五七七頁）は、大阪市条例違反被告事件という刑事裁判である。当時の地方自治法によれば、地方公共団体は、風俗を汚す行為の制限、風俗の純化に関する事項などの行政事務を処理する権限を有するものと規定され（二条）、条例違反者に対して二年以下の懲役若しくは禁錮、一〇万円以下の罰金、拘留、科料又は没収の刑を科す旨の条例を制定することができるものと規定されており（一四条）、大阪市は、同法に基づき、売春の目的で道路等において他人を誘う行為に対し、五〇〇〇円以下の罰金又は拘留に処すという条例を制定した。この刑事裁判では、かかる委任立法が罪刑法定主義を定めた憲法三一条に違反しないかが争われた。

この事案につき、同判決は、地方自治法による条例への委任が憲法三一条に違反しないと判示した。すなわち、同判決は、「憲法三一条はかならずしも刑罰がすべて法律そのもので定められなければならないとするものでなく、法律の授権によってそれ以下の法令によって定めることもできると解すべきで、このことは憲法七三条六号但書によっても明らかである。ただ、法律の授権が不特定な一般的の白紙委任的なものであってはならないことは、いうまでもない。ところで、地方自治法二条に規定された事項のうちで、本件に関係のあるのは、三項七号及び一号に挙げられた事項であるが、これらの事項は相当に具体的な内容のものであるし、同法一四条五項による罰則の範囲も限定されている。しかも、条例は、法律以下の法令といっても、上述のように、公選の議員をもって組織する地方公共団体の議決を経て制定される自治立法であって、行政府の制定する命令等とは性質を異にし、むしろ国民の公選した議員をもって組織する国会の議決を経て制定される法律に類するものであるから、条例によって刑罰を定める場合には、法律の授権が相当な程度に具体的であり、限定されておればたりると解するのが正当である。」と判示した。

右の昭和三三年判決及び昭和三七年判決は、いずれも相当であろう。

憲法の反対解釈によれば、法律の委任がある場合、政令は、罰則を設けることができることになる（七三条六号但し書き）。同様に、国会は、内閣だけでなく、国の行政機関及び地方公共団体に対しても、罰則の制定を委任できると解するのが相当である。他方、憲法は、罪刑法定主義を明記しており（三一条）、その趣旨に照らし、白紙委任は、許されないと解される。すると、委任立法は、どのような場合に許されることになるのか。思うに、国会は、法律によって犯罪構成要件の基本的枠組みを定めるか、あるいは、刑罰権行使の目的及び手段について、委任の趣旨を定めることが必要であろう。そして、命令及び条例は、法律の基本的枠組みの中において、法律の委任の趣旨に反しない限りで、罪刑を定めることができるのである。命令及び条例が、法律の基本的枠組みを超え、あるいは、法律による委任の趣旨に反した場合、罪刑法定主義を定める憲法三一条に違反して無効となると解される。

以上については、罪刑法定主義に関する議論であるが、租税法律主義についても、同様のことが当てはまろう。

四　立法行為の国家賠償責任

国会は、国民の代表として、立法権を行使するが、憲法によれば、裁判所は、違憲審査権を有するので（八一条）、国会の制定した法律が、違憲・無効とされることもある。

ところで、法律が違憲・無効と判断された場合、当該法律の制定（立法行為）につき、国家賠償責任が直ちに発生することになるのだろうか。国家賠償法（昭和二二年法律一二五号）によれば、国の公権力の行使に当たる公務員が、その職務を行うについて、故意又は過失によって違法に他人に損害を加えたときは、国が、これを賠償する責に任ずる（一条）。国会議員は、国の公権力を行使する公務員であり、立法行為（作為・不作為）は、その職務行為であるから、当該立法行為が違法であれば、国家賠償責任が発生することになる。問題は、当該立法行為が違憲とされた場合、当該立法行為が直ちに国家賠償法上、違法なものと評価され、損害賠償を基礎付けると言えるのかという点である。

この点に関する判例を見てみよう。

最高裁昭和六〇年一一月二一日大法廷判決（民集三九巻七号一五一二頁）は、国会が在宅投票制度を廃止したこと（立法作為）及び同制度を復活させなかったこと（立法不作為）に対する国家賠償請求という民事裁判である。この事案は、旧来の公職選挙法によれば、歩行の著しく困難な選挙人について、投票所に行かずにその現在する場所において投票することができるという在宅投票制度が定められていたが、同制度が悪用され、選挙無効及び当選無効の争訟が続出したことから、国会は、公職選挙法を改正して同制度を廃止し、その後、同制度を復活させないでいたため、身体障害者が、選挙権を行使できなかったというものである。この民事裁判では、国会が在宅投票制度を廃止した行為（立法作為）及び同制度を復活させなかった行為（立法不作為）が、国家賠償法上、違法と言えるかが争点となった。

この事案につき、同判決は、立法行為が憲法に違反したというだけでは、国家賠償法上、違法とは言えず、憲法の一義的な文言に違反しているにもかかわらず、あえて当該立法行為をしたような場合に限り、国家賠償法上、違法となると判示した。すなわち、同判決は、「国家賠償法一条一項は、国又は公共団体の公権力の行使に当たる公務員が個別に国民に対して負担する職務上の法的義務に違背して当該国民に損害を加えたときに、国又は公共団体がこれを賠償する責に任ずることを規定するものである。したがって、国会議員の立法行為（立法不作為を含む。以下同じ。）が同項の適用上違法となるかどうかは、国会議員の立法過程における行動が個別の国民に対して負う職務上の法的義務に違背したかどうかの問題であって、当該立法の内容の違憲性の問題とは区別されるべきであり、仮に当該立法の内容が憲法の規定に違反する虞があるとしても、その故に国会議員の立法行為が直ちに違法の評価を受けるものではない。……国会議員は、立法に関しては、原則として、国民全体に対する関係で政治的責任を負うにとどまり、個別の国民の権利に対応した関係での法的義務を負うものではないというべきであって、国会議員の立法行為は、立法の内容が憲法の一義的な文言に違反しているにもかかわらず国会があえて当該立法を行うというごとき、容易に想定し難いような例外的な場合でない限り、国家賠償法一条一項の規定の適用上、違法の評価を受けないものといわなければならない。」と判示した上、選挙制度の改正が原則として国会の裁量的権限に任されていることを判示した。

最高裁平成一七年九月一四日大法廷判決（判タ一一九一号一四三頁）は、国会が在外選挙制度を創設しなかったこと（立法不作為）に対する国家賠償請求という民事裁判である。この事案は、内閣が、昭和五九年、在外国民の選挙権行使を可能にするための公職選挙法の改正案を国会に提出したが、国会が、実質的な審議を行わないまま解散となり、国会は、平成一〇年、比例代表選出議員の選挙についてのみ、在外選挙制度を創設するための法改正をしたものの、その後、選挙区選出議員の選挙については、在外選挙制度を創設するための法改正をせずに放置した（立法不作為）というものである。この民事裁判では、国会が在外選挙制度を創設しなかった行為（立法不作為）が、国家賠償法上、違法と言えるかが争点となった。

この事案につき、同判決は、立法作為が人権侵害であることが明白な場合（立法作為）、又は、人権保障のため立法作為が必要不可欠であることが明白であるのに、立法不作為を正当な理由なく長期に継続する場合（立法不作為）、国家賠償法上、違法となると判示した。すなわち、同判決は、「国会議員の立法行為又は立法不作為が同項の適用上違法となるかどうかは、国会議員の立法過程における行動が個別の国民に対して負う職務上の法的義務に違背したかどうかの問題であって、当該立法の内容又は立法不作為が憲法の規定に違反するものであるとしても、そのゆえに国会議員の立法行為又は立法不作為が直ちに違法の評価を受けるものではない。しかしながら、立法の内容又は立法不作為が国民に憲法上保障されている権利を違法に侵害するものであることが明白な場合や、国民に憲法上保障されている権利行使の機会を確保するために所要の立法措置を執ることが必要不可欠であり、それが明白であるにもかかわらず、国会が正当な理由なく長期にわたってこれを怠る場合などには、例外的に、国会議員の立法行為又は立法不作為は、国家賠償法一条一項の規定の適用上、違法の評価を受けるものというべきである。最高裁昭和五三年（オ）第一二四〇号同六〇年一一月二一日第一小法廷判決・民集三九巻七号一五一二頁は、以上と異なる趣旨をいうものではない。」と判示した。

右の昭和六〇年判決（在宅投票制度事件）及び平成一七年判決（在外選挙制度事件）は、いずれも相当であろう。以下、これら判決の意義を見てみたい。

まず、立法行為（作為・不作為）が憲法の保障する人権を侵害しない限り、国家賠償法上、違法と評価されることはない。国会は、国民の代表であり、その立法権の行使は、憲法の条項に抵触しない限り、違法（違憲）・無効とされることがなく、合法（合憲）・有効な立法行為が、国家賠償法上、違法と評価されることは考えられない。

つぎに、立法行為（作為・不作為）が違憲・無効であるとしても、それだけでは、国家賠償法上、直ちに違法と評価されるべきではない。というのは、国会議員は、選挙により選ばれた国民の代表であり、選挙権・被選挙権については、教育の有無等が資格要件とされることがなく、国民の多数意見を国政に反映させることだけが求められ、選良思想が排除されているのであり、また、国会は、思想の自由競争を経て、最終的に多数決の論理により国家意思を決定するのであり、かかる政治過程は、国民主権、議会制民主主義の根幹をなし、立法権の行使を違法視することは、例外的な場合と考えるべきだからである。立法行為が違憲である場合、国民は、裁判所による違憲審査権の行使を求め、当該立法行為を無効と宣言してもらうことにより、一応の司法救済が図られるのであり、また、国会が国権の最高機関であることに配慮すれば、原則として、それ以上に国家賠償請求まで認めなければならない必然性は乏しいと言えよう。

ただし、憲法違反であることが明白であるにもかかわらず、故意に憲法違反の法律を制定するような例外的な事態が生じた場合、その違法性は、極めて強度であり、国民は、単に当該法律の違憲・無効を宣言してもらうだけでは足りず、さらに人権侵害に対する損害賠償を請求できるとすべきである。昭和六〇年判決は、立法の内容が憲法の「一義的な」文言に違反しているにもかかわらず、国会が「あえて」当該立法を行う場合、国会賠償法上、違法と評価できると判示しているが、それは、憲法違反の「明白性」及び国会の「故意」を要件とする趣旨に理解できる。

また、憲法が立法作為を義務付けていることが明白であるにもかかわらず、正当な理由なく長期にわたって作為義務違反（立法不作為）を継続した場合、その違法性は、明白な違憲立法（立法作為）を故意になす場合と同様に強度であり、国民は、やはり人権侵害に対する損害賠償を請求できるとすべきである。国民主権、議会制民主主義の原則を尊重するなら、単なる作為義務違反は、仮に違憲と評価されたとしても、それだけでは損害賠償責任を基礎付けないと考えるべきであるが、憲法違反の「明白性」及び作為義務違反の「不当な長期性」が認められる場合、当該作為義務違反は、損害賠償責任を帰結すると解すべきである。平成一七年判決は、人権確保のための立法作為の必要不可欠性が「明白」であるにもかかわらず、国会が「正当な理由なく長期にわたって」立法作為を怠る場合、国家賠償法上、違法の評価を受けると判示しているが、これは、右の趣旨に理解できる。

ところで、昭和六〇年判決は、身体障害者が選挙権を行使できないという事案であったが、在宅投票制度を設置するか否かが立法裁量に任されていると判示しており、同制度を廃止した立法行為が違憲ではないという判断を下したように窺える一方、平成一七年判決は、在外国民が選挙権を行使できないという事案であったが、在外選挙制度の創設が、選挙権の保障に必要不可欠であると判示しており、同制度を創設しない立法不作為が、違憲であるという判断を下しているので、両判決は、一見すると整合的でないようにも見えるが、平成一七年判決は、昭和六〇年判決を維持している。

両判決の関係は、どのように理解すべきなのか。

まず、両判決では、選挙権の行使ができない理由が相違している。昭和六〇年判決の事例では、身体障害者の選挙権行使が、事実上は、困難となったが、法律上は、否定されていなかった。これに対し、平成一七年判決の事例では、在外国民の選挙権行使が、事実上も、法律上も、不可能だったのである。

つぎに、両判決では、立法行為の必要性に関する事情が相違していたと思われる。昭和六〇年判決の事例では、在宅投票制度が悪用され、選挙無効及び当選無効の争訟が続出していたというのであり、同制度を廃止する必要性が存したと認定されるべき事情があり、同制度の廃止は、少なくとも、法律上の選挙権行使を禁止したわけではなかったから、これを憲法違反であると一義的明白に断定できなかった可能性がある。これに対し、平成一七年判決の事例では、在外選挙制度を創設する必要性が長らく指摘されており、内閣が以前から法律案を提出していたのに、国会がこれを一〇年以上放置していたというのであり、同制度を長期間にわたって創設しないことに、正当な理由がなく、これを憲法違反であると明白に認定できたのであろう。

したがって、昭和六〇年判決と平成一七年判決は、相互に矛盾しないものと理解できるのであろう。当時の事情に照らして、在宅投票制度の廃止は、明白な憲法違反と言い難い反面、在外選挙制度の不創設は、明白な憲法違反と認められたのである。平成一七年判決が、昭和六〇年判決を覆さずに維持したのは、かかる考慮に基づくものと考えられる。

第七章　内　閣

一　内閣の組織

国会（四一条）は、法律の制定（五九条）、予算の承認（六〇条）、条約の承認（六一条）など国家意思を決定する権限を有するが、決定された国家意思の遂行は、内閣（六五条）及び裁判所（七六条）が担当する。

国家意思の遂行には、行政と司法があり、行政は、司法以外の国家意思の遂行ということになる。例えば、内閣の所管となる行政権には、法律案を含むさまざまな議案を国会に提出すること（七二条）、法律を誠実に執行し、国務を総理すること、外交関係を処理すること、条約を締結すること、官吏に関する事務を掌理すること、予算を作成して国会に提出すること、憲法及び法律の規定を実施するために政令を制定すること、大赦、特赦、減刑、刑の執行免除及び復権を決定すること（七三条）などが含まれる。

この行政権を行使する内閣の組織は、国会による統制を受ける。

すなわち、内閣は、その首長たる内閣総理大臣及びその他の国務大臣でこれを組織するが、その組織は、国会の法律で定めることとされている（六六条一項）。国民は、国家の主権者であり、その国民が選挙した国会議員は、全国民の代表であり、国会は、国権の最高機関として、国家意思を確定するものであるから、内閣の組織は、法定事項とされ、国会の統制を受けるのである。

国会は、国会議員の中から内閣総理大臣を指名し（六七条）、天皇は、国会の指名に基づいて、内閣総理大臣を任命する（六条一項）。内閣総理大臣は、国会議員の中から国務大臣の過半数を任命し（六八条）、天皇は、国務大臣の任命を認証する（七条五号）。内閣の組織は、国会に基盤を置くことにより、民主主義の原理に適うことになる。

そして、内閣は、衆議院で不信任の決議案を可決し、又は信任の決議案を否決したときは、一〇日以内に衆議院が解散されない限り、総辞職をしなければならない（六九条）。内閣は、衆議院議員総選挙の後に初めて国会の召集があったとき、総辞職をしなければならない（七〇条）。内閣の存続は、国会とりわけ衆議院の議決ないし総選挙にかかっている。

このように、内閣の組織は、国会による統制を受けるのである。

ただし、内閣は、自律性を備えた国家機関である。

すなわち、内閣総理大臣は、合議体である内閣の一体性を保持する地位と権限を有する。内閣総理大臣は、内閣の首班であり（六六条一項）、任意に国務大臣を任命及び罷免することができるし（六八条）、内閣を代表して、議案を国会に提出し、一般国務及び外交関係について国会に報告し、並びに行政各部を指揮監督する地位を有し（七二条）、主任の国務大臣が署名する法令に連署するのである（七四条）。

また、国務大臣は、その在任中、内閣総理大臣の同意がなければ、訴追されない（七五条）。

二　内閣の閣議手続

憲法は、内閣の権限行使について、その手続規定を設けなかった。

この点につき、内閣法（昭和二二年法律五号、数字の改正あり）は、閣議手続を明記している。すなわち、内閣がその職務を行うのは、閣議によるものとされ、閣議は、内閣総理大臣がこれを主催し、内閣総理大臣は、内閣の重要政策に関する基本的な方針その他の案件を発議することができ、各大臣は、内閣総理大臣に案件を提出して、閣議を求めることができる（四条）。

ただし、閣議については、その定足数及び議決方法など手続に関する明文規定がない。この点につき、慣例によれば、内閣総理大臣及び全国務大臣の全員一致によって閣議決定がなされているようである。また、閣議は、非公開とされている。

ところで、最高裁昭和三五年六月八日大法廷判決（民集一四巻七号一二〇六頁）は、昭和二七年八月二八日に施行された衆議院の解散に関し、憲法六九条の場合でない衆議院の解散があり得るのか、本件において、内閣の天皇に対する助言と承認（七条）が適法になされたと言えるのかが争われ、閣議決定の手続のあり方が問題とされた。

この事件は、衆議院議員であった者が、衆議院の解散が無効であるとして、衆議院議員としての資格の確認を求めるとともに、衆議院議員としての歳費を請求した民事裁判である。この事件の事実経緯を見るに、吉田総理は、衆議院による内閣不信任決議又は内閣信任決議案の否決がないにもかかわらず、すなわち憲法六九条による場合でないにもかかわらず、昭和二七年八月二二日、衆議院解散の結論に到達し、同月二六日、憲法七条による衆議院解散の詔書案を議題として、持ち回り閣議の方法により閣僚四、五名の署名を得た上、天皇の裁可署名を受け、同月二八日、残りの閣僚の署名を得て、衆議院解散の詔書を衆議院議長に伝達させたことにより、衆議院の解散が施行され、その後、衆議院議員総選挙が実施されたというものである。

まず、憲法六九条は、内閣が総辞職をすべき一場合を規定したに過ぎず、衆議院による内閣不信任決議又は内閣信任決議案の否決の場合でなければ衆議院の解散を許さないと規定したものではない。憲法七条は、天皇が、内閣の助言と承認により、衆議院を解散するものと規定しており、衆議院の解散は、内閣が実質的に決定し得る事項ということになる。憲法七条は、解散要件を限定していないのであり、内閣は、重要な政治判断をするに当たり、衆議院の解散を決断できるものと解される。衆議院の解散は、総選挙を通じて国民の意思を問うものであり、国民主権の理念に適うものであるから、解散権の行使を限定的に解釈すべきではない。

つぎに、内閣の閣議手続は、天皇に対する助言と承認に関し、詔書裁可の前に、全閣僚の署名がなければ違法なのか。閣議決定は、持ち回り決議では違法なのか。

右事実経緯によれば、天皇による解散詔書については、その前後の過程において、吉田内閣の全閣僚による実質的な助言と承認がなされたものと評価できる。内閣の天皇に対する助言と承認は、内閣が国事行為に関する実質的な決定権を有するという点に意義があるのであって、詔書裁可の前に助言の閣議決定が整っていなくとも、詔書裁可の前後にかけて閣議決定が整ったのであれば、内閣が天皇の国事行為を決定するという意義は失われていない。裁可前の助言と裁可後の承認の双方を要すると解すべき実質的意義はなく、裁可の前後をとおして、一体のものとして内閣の助言と承認がなされていれば、憲法の趣旨は実現している。

右の事実経過において、衆議院自身は、解散が有効であることを前提として総選挙に臨んでおり、内閣と衆議院が、衆議院の解散を有効なものと認識しているのに、裁判所が、これを無効なものと認定することは、内閣と衆議院の自律権を侵犯することになりかねない。

したがって、内閣は、衆議院の解散に関し、適法な閣議決定をしたものであり、原告の請求は、棄却されるべきものと解される。

ところで、この事案につき、右最高裁判決は、いわゆる統治行為の理論を採用し、違憲審査権の行使を差し控えた。すなわち、同判決は、「わが憲法の三権分立の制度の下においても、司法権の行使についておのずからある限度の制約は免れないのであって、あらゆる国家行為が無制限に司法審査の対象となるものと即断すべきでない。直接国家統治の基本に関する高度に政治性のある国家行為のごときはたとえそれが法律上の争訟となり、これに対する有効無効の判断が法律上可能である場合であっても、かかる国家行為は裁判所の審査権の外にあり、その判断は主権者たる国民に対して政治的責任を負うところの政府、国会等の政治部門の判断に委され、最終的には国民の政治判断に委ねられているものと解すべきである。この司法権に対する制約は、結局、三権分立の原理に由来し、当該国家行為の高度の政治性、裁判所の司法機関としての性格、裁判に必然的に随伴する手続上の制約等にかんがみ、特定の明文による規定はないけれども、司法権の憲法上の本質に内在する制約と理解すべきである。……衆議院の解散は、極めて政治性の高い国家統治の基本に関する行為であって、かくのごとき行為について、その法律上の有効無効を審査することは司法裁判所の権限の外にありと解すべきことは既に前段説示するところによってあきらかである。……政府の見解は、……本件解散は右憲法七条に依拠し、かつ、内閣の助言と承認により適法に行われたものであるとするにあることはあきらかであって、裁判所としては、この政府の見解を否定して、本件解散を憲法上無効なものとすることはできないのである。」と判示した。

右判決は、いわゆる統治行為、すなわち国家統治の基本に関する高度に政治性のある国家行為が、違憲審査権の範囲外にあると判示したのであるが、かかる判示は、妥当とは思われない。

というのは、原告は、衆議院議員の資格の確認を求めるとともに、歳費の支払請求を求めているのであり、これは、法律上の争訟事件であって、これに法律を解釈適用して紛争を解決することは、まさに司法権の行使そのものだからである。その判断の前提として、衆議院解散の合憲性が争点となるのであれば、裁判所は、違憲審査権を行使するのがその責務であると考えられる。裁判所が衆議院の解散を無効と判断することは、内閣及び衆議院の自律権を侵犯することになりかねないが、逆に、これを有効と判断することは、自律権の侵犯には当たらないと解される。

右判決の補足意見が述べるとおり、最高裁判所としては、法令審査を回避するのではなく、右の衆議院解散が合憲であることを明示的に判示すべきであったと思われる。

三　内閣の行政裁量

明治憲法は、天皇が、元首として憲法の条規により統治権を行う（四条）と規定していた。天皇は、法律を執行するため、公共の安寧秩序を保持するため、及び国民の幸福を増進するために、命令を発し、又は命令を発せしめ（九条）、天皇は、行政各部の官制を定め、及び文武官を任免する（一〇条）。天皇が命令を発せしめるということは、国務大臣ないし行政機関が行政命令を発することを想定した規定であろう。現実には、内閣及びその統轄下の行政各部が、行政権の行使主体であったが、明治憲法は、内閣ないし内閣総理大臣について明文規定を設けず、国務大臣が天皇を輔弼しその責に任ずる（五五条）とだけ規定するに止まった。

これに対し、日本国憲法は、内閣という国家機関を明文で規定している。

行政権は、内閣に属する（六五条）。内閣は、例えば、行政権として、法律案を含むさまざまな議案を国会に提出すること（七二条）、法律を誠実に執行し、国務を総理すること、外交関係を処理すること、条約を締結すること、官吏に関する事務を掌理すること、予算を作成して国会に提出すること、憲法及び法律の規定を実施するために政令を制定すること、大赦、特赦、減刑、刑の執行免除及び復権を決定すること（七三条、七条、八六条ないし九一条）などの権限を行使する。行政権は、多種多様な分野に及び、それぞれの分野において専門技術的な事項を取り扱い、時に高度に政治的な判断をすることになる。

これら憲法及び法律に授権された権限を行使するに当たり、内閣は、行政各部の総合的な調整機能を果たすことになる。そのために、内閣ないし内閣総理大臣は、行政各部を指揮監督し（七二条）、官吏に関する事務を掌握し（七三条）、また、予算執行の権限を有する。内閣法（昭和二二年法律五号、数次の改正あり）によれば、内閣は、閣議によって職務を行い（三条）、内閣総理大臣は、閣議にかけて決定した方針に基づいて、行政各部を指揮監督し（六条）、内閣に置かれる内閣官房は、行政各部の施策の統一を図るために必要となる企画立案及び総合調整に関する事務をつかさどる（一二条）。内閣府設置法（平成一一年法律八九号、数次の改正あり）によれば、内閣に置かれる内閣府は、内閣官房が行う事務を除くものの、行政各部の施策の統一を図るために必要となる事項の企画立案及び総合調整に関する事務をつかさどる（四条）。具体的には、内閣府は、経済運営、財政運営、科学技術振興、災害対策、男女共同参画社会の形成、沖縄に関する問題への対処、北方地域に関する問題への対処、青少年の健全育成、金融の円滑化、食品の安全性確保などさまざまな事項について、行政各部の施策の統一を図ることを所掌事務としている（同条）。

そのほか、内閣は、国会及び裁判所に対し、重要な権限を行使する。すなわち、内閣は、国会の召集、衆議院の解散、国会議員の総選挙施行の公示など、天皇の国事行為に助言と承認をし、それら国事行為に関して実質的な決定権を行使する。国会には、自律的な召集権がなく、内閣こそが、国会の常会（五二条）、特別会（五四条一項）及び臨時会（五三条）並びに参議院の緊急集会（五四条二項）を召集することができる。また、内閣は、天皇が任命する最高裁判所の長たる裁判官を指名し（六条二項）、それ以外の最高裁裁判官を任命し（七九条一項）、また、最高裁の指名した者の名簿により、下級裁判所の裁判官を任命する（八〇条）。

もちろん、内閣は、国会及び裁判所に優越した地位に立つものではない。内閣は、行政権の行使について、国会に対して連帯して責任を負い（六六条三項）、政令、行政処分等について、裁判所による法令審査を受けるのである（八一条）。

それでは、内閣の行使する行政裁量は、いかなる場合に違憲とされるのか。

最高裁昭和三四年一二月一六日大法廷判決（刑集一三巻一三号三二二五頁）は、日米安全保障条約に基づく行政協定に伴う刑事特別法違反が問われた刑事事件であり、同法違反により起訴された刑事被告人は、日米安全保障条約が憲法九条に違反するとして、同条約を前提とする刑事特別法が無効であるから無罪であると主張した。この刑事裁判では、内閣の締結した条約が憲法に違反するか否か、条約の締結行為が内閣の行政裁量権の範囲内であったか否かが争点となった。

この事案について、同判決は、いわゆる統治行為の理論を採用し、違憲審査権の行使を差し控えたものであると理解されるのが一般的であろう。すなわち、同判決は、「安全保障条約は、その内容において、主権国としてのわが国の平和と安全、ひいてはわが国存立の基礎に極めて重大な関係を有するものというべきであるが、また、その成立に当たっては、時の内閣は憲法の条章に基づき、米国と数次に亘る交渉の末、わが国の重大政策として適式に締結し、その後、それが憲法に適合するか否かの討議をも含めて衆参両院において慎重に審議せられた上、適法妥当なものとして国会の承認を経たものであることも公知の事実である。ところで、本件安全保障条約は、前述のごとく、主権国としてのわが国の存立の基礎に極めて重大な関係をもつ高度の政治性を有するものというべきであって、その内容が違憲なりや否やの法的判断は、その条約を締結した内閣およびこれを承認した国会の高度の政治的ないし自由裁量的判断と表裏をなす点がすくなくない。それ故、右違憲なりや否やの法的判断は、純司法的機能をその使命とする司法裁判所の審査には、原則としてなじまない性質のものであり、従って、一見極めて明白に違憲無効であると認められない限りは、裁判所の司法審査権の範囲外のものであって、それは第一次的には、右条約の締結権を有する内閣およびこれに対して承認権を有する国会の判断に従うべく、終局的には、主権を有する国民の政治的批判に委ねられるべきものであると解するを相当とする。……かようなアメリカ合衆国軍隊の駐留は、憲法九条、九八条二項および前文の趣旨に適合こそすれ、これらの条章に反して違憲無効であることが一見極めて明白であるとは、到底認められない。」と判示した。

同判決は、日米安全保障条約の合憲性判断が、司法審査権の範囲外であると判示しているものの、その一方で、同条約の締結及び承認が、内閣及び国会の裁量権の範囲を逸脱しておらず、憲法の条項の趣旨に適合していると判示している。加えて、同判決は、ある条約が違憲無効であることが一見極めて明白であれば、違憲判断を下すことになる可能性を排除していないのである。すなわち、判示理由をその文脈に沿って理解するならば、日米安全保障条約は、法令審査権の枠外に置かれたというよりも、逆に、法令審査権に服したものと評価することも可能であろう。

司法権とは、法律を解釈適用して法律上の紛争を解決することであり、その前提として条約の合憲性が争点となるのであれば、当該条約が、高度に政治的な判断に基づくとしても、違憲審査権を行使すべきであるし、憲法適合性の判断は不可能ではないのである。右判決は、一見極めて明白に憲法の条項に違反しない限り、当該条約は、法令審査権の範囲外にあると判示しているが、むしろ、日米安全保障条約は、憲法の趣旨に適合するものであり、合憲である旨を判示すべきであったと思われる。

法令審査権の対象が法律である場合、原則として、当該法律を制定する必要性があるのか、その必要性に照らして相当性があるのか、といった諸点から、当該法律の合憲性が判断されるべきであるが、かかる合憲性判断基準は、法令審査権の対象が条約の場合にも原則として当てはまるというべきであろう。

思うに、法令審査権の対象が高度の政治性を有する場合や、高度の専門技術性を有する場合、司法権は、立法権及び行政権の裁量を尊重すべきである。かかる場合、当該立法行為及び行政行為が、一見極めて明白に憲法違反でない限り、合憲と判断すべきであり、違憲無効と判断すべきではない。しかも、条約締結の場合、内閣及び国会という二段階にわたる慎重な手続を踏むことが要求されているのであって、三権のうち二権（行政権及び立法権）が是とした条約について、残りの一権（司法権）がこれを非とするのには、より慎重な判断が求められてしかるべきである。

日米安全保障条約は、国民、国土及び統治制度という日本国の存立の基礎を防衛する必要性から締結されたものであり、高度の政治性を有する条約であるから、一見極めて明白に憲法違反であると認められない限り、合憲と判断すべきものであろう。

第八章　国の行政機関

一　行政組織法

国の行政機関の設置及び廃止に関しては、憲法に明文規定はないものの、国民主権の理念からすれば、国民の代表である国会がこれを法律で決定すべきものである。

国家行政組織法（昭和二三年法律一二〇号、数次の改正あり）によれば、国の行政機関は、内閣の統括の下に置かれる省、その省の外局として置かれる委員会及び庁があり、国の行政機関は、具体的には、

総務省
法務省
外務省
財務省
文部科学省

厚生労働省
農林水産省
経済産業省
国土交通省
環境省
防衛省

などである（三条、別表一）。

国の行政機関は、分担管理制、いわゆる縦割り行政が制度化されている。すなわち、内閣は、国の行政機関を統轄し、行政機関相互の総合的調整を図るが、内閣の統轄の下に組織される各省、各委員会及び各庁は、その任務及び所掌事務の範囲が法律で定められ（四条）、各省の長である各省大臣は、それぞれ各省の行政事務を分担管理する（五条）。

この分担管理制には、一定の合理性がある。すなわち、行政は、その取り扱う対象が多種多様であり、専門的・技術的な対応を迫られるため、所掌事務ごとに専門化された組織に対応させることにより、適正・迅速な行政を実現することができると想定されるのである。単一の行政機関が、多数の事務権限を一手に所掌すると、権限の濫用を惹起する可能性が高いと考えられるから、この点においても、分担管理制には、一定の合理性があると言えよう。

各省大臣は、分担管理制による専門的・技術的な行政を実現するため、指揮監督権を有する。すなわち、各省大臣は、各省の事務を統括し、職員の服務を統督し（一〇条）、主任の行政事務について、法律又は政令を施行するため、それぞれの省の命令として省令を発することができ（一二条）、その省の所掌事務について、公示を必要とする場合、告示を発することができ、命令又は示達する場合、所管の諸機関及び職員に対し、訓令又は通達を発することができる（一四条）。

この分担管理制、いわゆる縦割り行政には、総合調整機能が働きにくいという欠点が指摘されているが、いわゆる横の連絡については、内閣（内閣官房、内閣府を含む。）が、総合調整機能を発揮することが期待されているほか、各省大臣は、関係行政機関の長に対し、必要な資料の提出及び説明を求め、並びに関係行政機関の政策に関し意見を述べることができるとされている（一五条）。

二　行政手続法

1　刑事手続における基本的人権

犯人及び証拠の捜査手続は、刑事手続として把握され、一般の行政手続と区別されるのが通常であるが、その執行機関は、警察官などの行政機関なのであるから、広義には、捜査手続も行政手続に含まれると言えよう。なお、刑事手続としては、警察官など行政機関による捜査手続のほか、裁判所による公判手続があるが、後者は、当然のことながら司法手続である。

憲法は、捜査手続について、いかなる規定を設けているか。

憲法は、刑事手続の法定主義を採用している。すなわち、何人も、法律の定める手続によらなければ、その生命若しくは自由を奪われ、又はその他の刑罰を科せられない（三一条）。また、何人も、裁判所において裁判を受ける権利を奪われない（三二条）。

刑事手続に関する個別規定は、以下のとおりである。

何人も、現行犯として逮捕される場合を除き、裁判官が発し、かつ理由となっている犯罪事実を明示する令状によらなければ、逮捕されず（三三条）、理由を直ちに告げられ、かつ直ちに弁護人に依頼する権利を与えられなければ、逮捕・勾留されず（三四条）、逮捕される場合を除き、裁判官が正当な理由に基づいて発し、かつ捜索する場所及び押収する物を明示する令状がなければ、その住居、書類及び所持品について、侵入、捜索及び押収を受けず（三五条）、公務員による拷問及び残虐な刑罰は、絶対にこれを禁ずる（三六条）。

刑事被告人は、公平な裁判所の迅速な公開裁判を受ける権利を有し、すべての証人に対して尋問する機会を与えられ、公費で自己のために強制的手続により証人を求める権利を有し、いかなる場合にも、資格を有する弁護人を依頼することができ、被告人が自らこれを依頼することができないときは、国が弁護人を附し（三七条）、何人も、自己に不利益な供述を強要されず、強制、拷問若しくは脅迫による自白又は不当に長く逮捕・勾留された後の自白は、これを証拠とすることができず、さらに、自己に不利益な唯一の証拠が本人の自白である場合、有罪とされず（三八条）、何人も、実行時に適法であった行為、既に無罪とされた行為、既に刑罰を科せられた行為について、改めて刑事上の責任を問われることはなく（三九条）、何人も、逮捕・勾留された後、無罪の裁判を受けたときは、国にその補償を求めることができる（四〇条）。

刑事訴訟法（昭和二三年法律一三一号、数次の改正あり）によれば、犯人及び証拠の捜査は、警察官（一八九条）、検察官及び検察事務官（一九一条）がこれを行い、公訴は、検察官がこれを行う（二四七条）が、証拠の証明力の判断（三一八条）、刑の言い渡し（三三三条）、あるいは無罪の言い渡し（三三六条）などは、裁判所がこれを行う。刑事事件に関する捜査・訴追の権限は、警察官、検察官及び検察事務官といった行政機関がこれを行使するが、犯罪事実（犯罪構成要件）の認定権、及び刑罰の決定権は、これら行政機関にはなく、司法機関がこれを行使するのである。

憲法は、明文規定を設けていないが、捜査・訴追の権限と刑事裁判の権限を分離し、行政機関が犯罪事実の認定権及び刑罰の決定権を持たないという制度を念頭に置いているものと理解できる。刑事裁判の手続では、行政機関において、最終的な犯罪事実の認定権限も刑罰の決定権限もなく、第三者機関である司法機関において、最終的な犯罪事実の認定及び刑罰の決定をするのであるから、ここでは、最高度に適正手続が保障されていると言えよう。

捜査手続では、逮捕、捜索などのいわゆる強制捜査が、国民の生命、身体、自由、財産などの基本的人権を侵害する危険性をはらんでいるが、行政機関は、原則として、事前に裁判官が発した令状がなければ、被疑者の逮捕・勾留、関係場所の捜索、証拠の押収など強制捜査をなし得ないのであるから、ここでも最高度に適正手続が保障されていると言えよう。

さて、捜査手続が違法だった場合、かかる違法な捜査手続によって収集した証拠を刑事裁判に利用できるのか。いわゆる違法収集証拠の証拠能力の有無が問題とされる。

この点については、最高裁昭和五三年九月七日第一小法廷判決（刑集三二巻六号一六七二頁）がある。同判決は、覚せい剤所持罪が問われた刑事裁判である。この事案は、警察官が、覚せい剤所持の疑いのある被告人の上衣内ポケットを外から触ったところ、刃物ではない何か堅い物が入っていたので、その上衣内ポケットに手を入れ、ちり紙に包まれた覚せい剤を発見したことから、被告人を覚せい剤所持により現行犯逮捕し、この覚せい剤を差し押さえたというものである。この刑事裁判では、被告人が無罪を主張し、警察官による所持品検査がプライバシーを侵害する違法な捜査手続である、違法収集証拠は証拠能力を有しないと主張した。

この事案につき、同判決は、違法な捜査手続により証拠を収集した場合、証拠能力が否定されることがあるものと判示した。すなわち、同判決は、「右所持品を検査する必要性ないし緊急性はこれを肯認しうるところであるが、被告人の承諾がないのに、その上衣左側内ポケットに手を差し入れて所持品を取り出したうえ検査した同巡査の行為は、一般にプライバシイ侵害の程度の高い行為であり、かつ、その態様において捜索に類するものであるから、上記のような本件の具体的な状況のもとにおいては、相当な行為とは認めがたいところであって、職務質問に附随する所持品検査の許容限度を逸脱したものと解するのが相当である。してみると、右違法な所持品検査及びこれに続いて行われた試薬検査によってはじめて覚せい剤所持の事実が明らかになった結果、被告人を覚せい剤取締法違反被疑事実で現行犯逮捕する要件が整った本件事案においては、右逮捕に伴い行われた本件証拠物の差押手続は違法といわざるをえないものである。……証拠物は押収手続が違法であっても、物それ自体の性質・形状に変異をきたすことなく、その存在・形状等に関する価値に変わりのないことなど証拠物の証拠としての性格にかんがみると、その押収手続に違法があるとして直ちにその証拠能力を否定することは、事案の真相の究明に資するゆえんではなく、相当でないというべきである。しかし、他面において、事案の真相の究明も、個人の基本的人権の保障を全うしつつ、適正な手続のもとでされなければならないものであり、ことに憲法三五条が、憲法三三条の場合及び令状による場合を除き、住所の不可侵、捜索及び押収を受けることのない権利を保障し、これを受けて刑訴法が捜索及び押収等につき厳格な規定を設けていること、また、憲法三一条が法の適正な手続を保障していること等にかんがみると、証拠物の押収等の手続に憲法三五条及びこれを受けた刑訴法二一八条一項等の所期する令状主義の精神を没却するような重大な違法があり、これを証拠として許容することが、将来における違法な捜査の抑制の見地からして相当でないと認められる場合においては、その証拠能力は否定されるものと解すべきである。」と判示した。ただし、同判決は、本件事案においては、押収手続の違法が重大であるとは言えないとして、証拠能力を肯定した。

同判決は、真相解明の要請と適正手続の要請のバランスを考慮したものであり、相当であろう。捜査手続においては、一方で、価値のある物証に証拠能力を認めるべきであるという要請があるが、他方で、違法捜査を抑制すべきであるという要請がある。同判決は、両者を考量した上、令状主義の精神を没却するような重大な違法があるなどの場合に、違法収集証拠の証拠能力を否定すべきとしたのである。同判決の趣旨は、最高裁昭和六一年四月二五日第二小法廷判決（刑集四〇巻三号二一五頁）にも引き継がれている。

それでは、さらに進んで、警察官による捜査手続が違法な場合、検察官による公訴提起（起訴）が違法となることはあるのか。

この点について、以下の最高裁判決がある。

まず、最高裁昭和二八年三月五日第一小法廷判決（刑集七巻三号四八二頁）は、麻薬取締法違反による刑事裁判である。この事案において、被告人は、警察の囮（おとり）に犯意を誘発させられて麻薬を入手したにすぎず、違法な囮捜査が先行しているから、公訴権が消滅しているものと主張した。

この事案につき、同判決は、違法な捜査手続があったとしても、公訴提起が違法となることはない旨判示した。すなわち、同判決は、「他人の誘惑により犯意を生じ又はこれを強化された者が犯罪を実行した場合に、わが刑事法上その誘惑者が場合によっては麻薬取締法五三条のごとき規定の有無にかかわらず教唆犯又は従犯として責を負うことのあるのは格別、その他人である誘惑者が一私人でなく、捜査機関であるとの一事を以てその犯罪実行者の犯罪構成要件該当性又は責任性若しくは違法性を阻却し又は公訴提起の手続規定に違反し若しくは公訴権を消滅せしめるものとすることのできないこと多言を要しない。」と判示した。

つぎに、最高裁昭和四四年一二月五日第二小法廷判決（刑集二三巻一二号一五八三頁）は、業務上過失傷害による刑事裁判である。この事案において、被告人は、犯行当時、少年であったから、本来、家庭裁判所において少年審判を受ける機会を保障されるべきであったのに、警察による捜査手続が遅延したため、成人してから略式起訴されてしまったのであり、違法な捜査手続に基づく公訴提起は無効であると主張した。

この事案につき、同判決は、「捜査官において、家庭裁判所の審判の機会を失わせる意図をもってことさら捜査を遅らせ、あるいは、特段の事情もなくいたずらに事件の処理を放置しそのため手続を設けた制度の趣旨が失われる程度に著しく捜査の遅延をみる等、極めて重大な職務違反が認められる場合においては、捜査官の措置は、制度を設けた趣旨に反するものとして、違法となることがあると解すべきである。しかし、本件において、……その捜査手続は、これを違法とすることはできない。……仮に捜査手続に違法があるとしても、それが必ずしも公訴提起の効力を当然に失わせるものでないことは、検察官の極めて広範な裁量にかかる公訴提起の性質にかんがみ明らかであって、この点に関する原判示は、いまだ首肯するに足りるものではないといわなければならない。」と判示した。

右の昭和二八年判決（囮捜査事件）及び昭和四四年判決（成人後起訴事件）は、いずれも相当である。まず、警察官又はその協力者（囮）が他人に犯罪を教唆した場合、警察官又はその協力者（囮）が犯罪者として罰せられることがあるとしても、犯意を誘発された他人が犯罪者であることに変わりはないので、捜査手続の違法は、公訴提起を違法・無効とすべき理由にはならないはずである。つぎに、警察官が少年審判の機会を失わせる意図をもって被疑者が成人になるのを待っていた場合、警察官の措置が違法になるとしても、成人した者が犯罪者であることに変わりはないので、捜査手続の違法は、公訴提起を違法・無効とすべき理由にはならないはずである。

結局、先の昭和五三年判決（所持品検査事件）のように、捜査手続が違法であった場合、公訴提起それ自体を違法・無効とするのではなく、違法収集証拠の証拠能力を否定すべきか否かを判断することで対処すべきであろう。

2　一般的な行政手続における基本的人権

前記のとおり、憲法は、刑事手続に関し、国民の人身の自由を保障するため、具体的な規定を設けている。

これに対し、憲法は、一般的な行政手続に関し、具体的な規定を設けていないが、刑事手続に関する規定は、行政手続に準用することはできないのか。

この点に関しては、以下の最高裁判決がある。

まず、最高裁昭和四七年一一月二二日大法廷判決（刑集二六巻九号五五四頁）は、所得税法違反による刑事裁判である。この事案は、川崎税務署長が、被告人の所得税確定申告書を検討した結果、過少申告の疑いを認めたため、税務署職員が、調査に赴き、被告人に対し、売上帳、仕入帳などの呈示を求めたが、被告人が、これを拒否したため、この検査拒否行為が所得税法違反に該当するとして起訴されたというものである。

この刑事裁判では、所得税法は、かかる検査拒否を犯罪と規定し、納税者に検査の受忍を強制しているが、かかる強制手続は、事前に裁判官の発する令状によるべきではないか、すなわち令状なき強制的検査は憲法三五条に違反しないのか、また、自己に不利益な証拠の提出を義務付けることは黙秘権（三八条）の侵害にならないのか、が争点となった。

この事案につき、同判決は、一定の行政手続には、憲法三五条及び三八条の法意が及ぶと判示した。すなわち、同判決は、「国家財政の基本となる徴税権の適正な運用を確保し、所得税の公平確実な賦課徴収を図るという公益上の目的を実現するために収税官吏による実効性のある検査制度が欠くべからざるものであることは、何人も否定しがたいものであるところ、その目的、必要性にかんがみれば、右の程度の強制は、実効性確保の手段として、あながち不均衡、不合理なものとはいえないのである。憲法三五条一項の規定は、本来、主として刑事責任追及の手続における強制について、それが司法権による事前の抑制の下におかれるべきことを保障した趣旨であるが、当該手続が刑事責任追及を目的とするものでないとの理由のみで、その手続における一切の強制が当然に右規定による保障の枠外にあると判断することは相当ではない。しかしながら、前に述べた諸点を総合して判断すれば、旧所得税法七〇条一〇号、六三条に規定する検査は、あらかじめ裁判官の発する令状によることをその一般的要件としないからといって、これを憲法三五条の法意に反するものとすることはできず、前記規定を違憲とする所論は、理由がない。……憲法三八条一項の法意が、何人も自己の刑事上の責任を問われるおそれのある事項について供述を強要されないことを保障したものであると解すべきことは、当裁判所大法廷の判例（昭和二七年（あ）第八三八号同三二年二月二〇日判決・刑集一一巻二号八〇二頁）とするところであるが、右規定による保障は、純然たる刑事手続においてばかりではなく、それ以外の手続においても、実質上、刑事責任追及のための資料の取得収集に直接結びつく作用を一般的に有する手続には、ひとしく及ぶものと解するのを相当とする。しかし、旧所得税法七〇条一〇号、一二号、六三条の検査、質問の性質が上述のようなものである以上、右各規定そのものが憲法三八条一項にいう『自己に不利益な供述』を強要するものとすることはできず、この点の所論も理由がない。」と判示した。

同判決は、所得税法による検査に必要性・合理性があること、同検査に刑事責任追及の目的・作用が存しないことなどを理由として、強制的な検査であっても、事前の裁判官の令状は不要であり、かつ、黙秘権を侵害するものでもないと判示したのである。

同判決の結論は、相当である。課税行政は、真実の税額を事実認定し、真実と異なる申告税額を更正し、これに法定の税金を賦課するものであるところ、この事実認定をするためには、必要十分な証拠が必要である。証拠を収集するための右検査は、有形力を伴った物理的な直接強制ではなく、行政罰を科すだけの間接強制であるから、刑事手続における捜索などと比較すれば強制力の程度が比較的軽度である。よって、かかる検査にまで裁判官の令状が必要であるとまでは言えないであろう。また、この検査は、納税者の供述の自由を侵害しているとも言えないから、黙秘権の侵害にも該当しないと言うべきであろう。

つぎに、最高裁平成四年七月一日大法廷判決（民集四六巻五号四三七頁）は、工作物の所有者が、運輸大臣による使用禁止命令の取消を求めた民事裁判である。この事案は、いわゆる過激派集団が、新東京国際空港（成田空港）の建設に反対して実力闘争を展開し、建設予定を大幅に遅延させ、昭和五三年三月二六日、同空港内に火炎車を突入させ、火炎瓶を投げるとともに、管制塔に侵入してレーダーなどの航空管制機器類を破壊したため、同空港の供用開始が延期されざるを得なくなり、かかる過激派集団による暴力的破壊活動に対し、政府は、同空港の防護対策を推進する旨の声明を発表し、国会は、同空港の安全確保と国内外の信用回復に向けた施策を推進する旨決議して、「新東京国際空港の安全確保に関する緊急措置法」が成立し、運輸大臣は、同法に基づき、原告の所有する工作物について使用禁止命令を発したというものである。

この民事裁判では、運輸大臣が使用禁止命令を発するに当たり、事前に告知、弁解、防御の機会を与えるべきか、すなわち憲法三一条の法定手続を保障すべきなのか、あるいは裁判官の発する令状によるべきなのか、が争点となった。

この事案につき、同判決は、一定の行政手続には、憲法三一条及び三五条の法意が及ぶと判示した。すなわち、同判決は、「憲法三一条の定める法定手続の保障は、直接には刑事手続に関するものであるが、行政手続については、それが刑事手続ではないとの理由のみで、そのすべてが当然に同条による保障の枠外にあると判断することは相当ではない。しかしながら、同条による保障が及ぶと解すべき場合であっても、一般に、行政手続は、刑事手続とその性質においておのずから差異があり、また、行政目的に応じて多種多様であるから、行政処分の相手方に事前の告知、弁解、防御の機会を与えるかどうかは、行政処分により制限を受ける権利利益の内容、性質、制限の程度、行政処分により達成しようとする公益の内容、程度、緊急性等を総合較量して決定されるべきものであって、常に必ずそのような機会を与えることを必要とするものではないと解するのが相当である。……本法三条一項が憲法三一条の法意に反するものということはできない。……憲法三五条の規定は、本来、主として刑事手続における強制につき、それが司法権による事前の抑制の下に置かれるべきことを保障した趣旨のものであるが、当該手続が刑事責任追及を目的とするものではないとの理由のみで、その手続における一切の強制が当然に右規定による保障の枠外にあると判断することは相当ではない（最高裁昭和四四年（あ）第七三四号同四七年一一月二二日大法廷判決・刑集二六巻九号五五四頁）。しかしながら、行政手続は、刑事手続とその性質においておのずから差異があり、また、行政目的に応じて多種多様であるから、行政手続における強制の一種である立入りにすべて裁判官の令状を要すると解するのは相当ではなく、当該立入りが、公共の福祉の維持という行政目的を達成するため欠くべからざるものであるかどうか、刑事責任追及のための資料収集に直接結び付くものであるかどうか、また、強制の程度、態様が直接的なものであるかどうかなどを総合判断して、裁判官の令状の要否を決めるべきである。……本法三条一、三項は、憲法三五条の法意に反するものとはいえない。」と判示した。

同判決は、右緊急措置法による使用禁止命令に高度で緊急の必要性・合理性があること、同命令に刑事責任追及の目的・作用が存しないことなどを理由として、事前に告知、弁解、防御の機会を与えることは不要であり、かつ、事前の裁判官の令状も不要であると判示したのである。

同判決の結論は、相当である。確かに、罰金刑を科す程度の刑事事件においても、捜査活動には、令状主義の規制がかかり、公判手続では、被告人に告知、弁解、防御の機会が与えられるのであるから、不動産利用権を制限するような行政事件においても、適正手続の要請が働くことは否定できない。しかしながら、本件緊急措置法は、国会が、新東京国際空港の供用開始のために高度で緊急の必要性・合理性があるものとして、いわゆる過激派集団による暴力的破壊活動の利用に供される工作物に対象を限定した上で、個別案件として審議・成立させたものであり、裁判官による令状審査の手続を経ていなくても、個別具体的な財産権の制約について、その態様、程度等を十分慎重に検討したものと評価できるのである。

右の昭和四七年判決及び平成四年七月一日判決によれば、一般の行政手続については、刑事手続に関する憲法三一条（告知・弁解・防御の機会の保障）、三五条（住居の不可侵と令状主義）及び三八条（黙秘権の保障）の法意が及ぶが、その一方で、憲法の適正手続規定は、常に必ず形式的に適用されるものでもないということになる。

両判決の趣旨は、その後の最高裁判例にも継承されている。

例えば、最高裁平成四年一〇月二九日第一小法廷判決（民集四六巻七号一一七四頁）は、運輸大臣が伊方原子力発電所の原子炉につき設置許可処分をしたところ、周辺住民がその取消請求をしたという民事裁判である。この民事裁判では、事前に周辺住民に告知、弁解、防御の機会を与えていないことが憲法三一条に違反しないかが争点となった。同判決は、右平成四年七月一日判決を引用し、「原子炉設置許可の申請が規正法二四条一項各号所定の基準に適合するかどうかの審査は、原子力の開発及び利用の計画との適合性や原子炉施設の安全性に関する極めて高度な専門技術的判断を伴うものであり、同条二項は、右許可をする場合に、各専門分野の学識経験者等を擁する原子力委員会の意見を聴き、これを尊重してしなければならないと定めている。このことにかんがみると、所論のように基本法及び規正法が、原子炉設置予定地の周辺住民を原子炉設置許可手続に参加させる手続及び設置の申請書等の公開に関する定めを置いていないからといって、その一事をもって、右各法が憲法三一条の法意に反するものとはいえず、周辺住民である上告人らが、本件原子炉設置許可処分に際し、告知、聴聞の機会を与えられなかったことが、同条の法意に反するものともいえない。」と判示した。

同日に言い渡されたもう一つの最高裁判決（判時一四四一号五〇頁、判タ八〇四号六五頁）は、運輸大臣が福島第二原子力発電所の原子炉につき設置許可処分をしたところ、周辺住民がその取消請求をしたという民事裁判である。この民事裁判でも、事前に周辺住民に告知、弁解、防御の機会を与えていないことが憲法三一条に違反しないかが争点となった。この福島第二原子力発電所に関する判決も、先の伊方原子力発電所に関する判決と同趣旨を判示した。

最高裁平成五年三月一六日第三小法廷判決（民集四七巻五号三四八三頁）は、家永三郎が自著を教科書として申請したところ、文部大臣が検定不合格としたため、国家賠償を請求したという民事裁判である。この民事裁判では、検定の審議手続が公開されていないことや、事前に申請者に告知、弁解、防御の機会が与えられていないことが、憲法三一条に違反しないかが争点となった。同判決も、先の平成四年七月一日判決を引用し、「本件検定による制約は、思想の自由市場への登場という表現の自由の本質的な部分に及ぶものではなく、また、教育の中立・公正、一定水準の確保等の高度の公益目的のために行われるものである。これらに加え、検定の公正を保つために、文部大臣の諮問機関として、教育的、学術的な専門家である教育職員、学識経験者等を委員とする前記審議会が設置され、文部大臣の合否の決定は同審議会の答申に基づいて行われること（旧検定規則二条）、申請者に交付される不合格決定通知書には、不合格の理由として、主に旧検定基準のどの条件に違反するかが記載されているほか、文部大臣の補助機関である教科書調査官が申請者側に口頭で申請原稿の具体的な欠陥箇所を例示的に摘示しながら補足説明を加え、申請者側の質問に答える運用がされ、その際には速記、録音機等の使用も許されていること、申請者は右の説明応答を考慮した上で、不合格図書を同一年度内ないし翌年度に再申請することが可能であることなどの原審の適法に確定した事実関係を総合勘案すると、前記㈠、㈡の事情があったとしても、そのことの故をもって直ちに、本件検定が憲法三一条の法意に反するということはできない。」と判示した。

右の平成四年一〇月二九日判決（伊方原子力発電所訴訟、福島第二原子力発電所訴訟）と平成五年判決（教科書検定訴訟）の結論は、いずれも相当であろう。

というのは、原子炉設置許可処分と教科書検定不合格処分は、いずれも高度に専門的・技術的な判断を要するものであり、告知、弁解、防御の機会を与えていなくても、当該処分に至る判断過程の合理性を担保するための代替的手続が講じられていれば適正手続の保障としては十分なはずであり、この点、前者については、学識経験者を委員とする原子力委員会からの意見聴取が尊重されるものとなっており、後者については、学識経験者を委員とする教科書検定調査審議会の答申に基づくものとなっており、いずれの処分も、適正手続の保障に欠けるところはないと認められるからである。

これら一連の判決が判示するとおり、刑事手続に関する基本的人権規定の法意は、一般的な行政手続にも及ぶものの、憲法三一条、三五条及び三八条が常に必ず形式的に適用されるものでもないと解するのが相当であろう。刑事手続は、国民に対し、刑罰を科すための手続であり、国民の生命、身体、自由、名誉、財産などに対する制約の態様、程度等が大きいことから、適正手続を保障する要請は、極めて大きく、無実の者を処罰することがあってはならない。

一般の行政手続は、刑事手続ほど国民の自由を制約するものでないとしても、国民の自由などを制約しかねないのであるから、やはり適正手続を保障する必要がある。行政手続における適正手続のあり方を検討するに当たり、刑事手続における基本的人権規定の趣旨を考慮するのは、極めて妥当なあり方と言うべきである。

ただし、一連の判決が判示するとおり、すべての行政手続において、刑事手続と同程度の適正手続を要すると解すべきではない。一般の行政手続は、多種多様である上、その事務量が膨大であるから、すべての行政手続において、裁判官による令状発付を要件とし、告知・弁解・防御の機会、公開手続、証人尋問権、弁護人選任権、黙秘権、事後法の禁止などを要求することは相当ではない。すべての行政手続において、刑事手続と同程度の適正手続を要求すれば、行政権の行使、すなわち法令の執行は極めて困難となろう。

3　迅速な行政手続の保障

一連の最高裁判決は、行政行為にも、刑事手続に関する基本的人権の法意が及ぶことを判示した。

このほか、行政行為には、迅速な行政手続が要請されるべきではなかろうか。国民は、行政機関から、許認可等の利益処分を受けたとしても、処分が迅速性を欠き、自由な活動を十分に展開できないことがある。また、国民が、犯罪行為に及ぶなど、他人の自由・平等を侵害し、あるいは侵害しかねないとき、行政機関は、この侵害行為を規制して不利益処分を課すが、処分が迅速性を欠いたために、被害が拡大してしまうことがある。行政手続の迅速性を保障することは重要である。

最高裁昭和五七年四月二三日第二小法廷判決（民集三六巻四号七二七頁）は、中野区の車両制限令に基づく認定が遅いとして、損害賠償を請求した民事裁判である。この事案は、ある会社が、中野区に対し、事業に使用する車両が車両制限令の基準に適合するか否かの認定を求めたところ、付近住民が、同会社による建物建築に反対したため、付近住民と同会社とが、実力行使して衝突する危険があるとして、中野区は、同認定を留保し、約五か月後、同危険が回避されたと判断して、同認定をしたというものである。この民事裁判では、認定処分の遅延について、国家賠償法上の違法性を認められるか否かが争点となった。

この事案につき、同判決は、迅速な行政手続の保障を正面から取り扱うことをしなかった。すなわち、同判決は、「道路法四七条四項の規定に基づく車両制限令一二条所定の道路管理者の認定は、同令五条から七条までに規定する車両についての制限に関する基準に適合しないことが、車両の構造又は車両に積載する貨物が特殊であるためやむを得ないものであるかどうかの認定にすぎず、……基本的には裁量の余地のない確認的行為の性格を有するものであることは、右法条の改正の経緯、規定の体裁及び罰則の有無等に照らし明らかであるが、他方右規定については条件を附することができること（同令一二条但し書）、右認定の制度の具体的効用が許可の制度のそれと比較してほとんど変わるところがないことなどを勘案すると、右認定に当たって、具体的事案に応じ道路行政上比較衡量的判断を含む合理的な行政裁量を行使することが全く許容されないものと解するのは相当でない。……中野区長の本件認定留保は、その理由及び留保期間から見て前記行政裁量の行使として許容される範囲内にとどまるものというべく、国家賠償法一条一項の定める違法性はないものといわなければならない。」と判示した。

最高裁平成元年一一月二四日第二小法廷判決（民集四三巻一〇号一一六九頁）は、京都府による免許取消処分が遅いなどとして、損害賠償を請求した民事裁判である。この事案は、京都府が、ある宅建業者に免許を付与したところ、業者が、債務の返済に追われて物件の購入代金の支払いに窮するようになり、物件の所有権を顧客に移転できないことが多くなり、顧客から苦情の申し出が生じ、京都府の担当職員が、苦情を申し出た顧客や業者から事情聴取をしたり、立入検査をした上、業者に対し、新規契約の締結を禁止する旨指示し、聴聞手続を開いて業者から事実を確認し、免許を取り消したというものであるが、同聴聞手続が開かれるまでの間に、原告は、業者に対し、物件購入のため、手付金及び中間金として合計七四〇万円を支払っていたことから、同金額の損賠を被ったとして京都府を訴えたものである。この民事裁判では、原告が合計七四〇万円を支払う前に、京都府が免許を取り消さなかったことについて、国家賠償法上の違法性が認められるかが争点となった。

この事案につき、同判決は、迅速な行政手続の保障を正面から取り扱うことをしなかった。すなわち、同判決は、「業務の停止ないし免許の取消は、当該宅建業者に対する不利益処分であり、その営業継続を不能にする事態を招き、既存の取引関係者の利害にも影響するところが大きく、そのゆえに前記のような聴聞、公告の手続が定められているところ、業務の停止に関する知事等の権限がその裁量により行使されるべきことは法六五条二項の規定上明らかであり、免許の取消については法六六条各号の一に該当する場合に知事等がこれをしなければならないと規定しているが、業務の停止事由に該当し情状が特に重いときを免許の取消事由と定めている同条九号にあっては、その要件の認定に裁量の余地があるのであって、これらの処分の選択、その権限行使の時期等は、知事等の専門的判断に基づく合理的裁量に委ねられているというべきである。したがって、当該業者の不正な行為により個々の取引関係者が損害を被った場合であっても、具体的事情の下において、知事等に監督処分権限が付与された趣旨・目的に照らし、その不行使が著しく不合理と認められるときでない限り、右権限の不行使は、当該取引関係者に対する関係で国家賠償法一条一項の適用上違法の評価を受けるものではないといわなければならない。」と判示した。

右の昭和五七年判決（車両制限認定事件）と平成元年判決（宅建業免許取消事件）は、いつ行政行為をするのか、いわゆる時の裁量権という枠組みで違法性を判断しており、迅速な行政手続の保障という観点は、明示していない。

従来、不作為の違法確認の訴えでは、相当期間内に行政行為をしたか否かが、問題とされてきたが、これを迅速な行政手続の保障という視点から意識することは少なかったようである。行政事件訴訟法（昭和三七年法律一三九号、数次の改正あり）によれば、不作為の違法確認の訴えとは、行政庁が法令に基づく申請に対し、相当の期間内に何らかの処分又は裁決をすべきであるにもかかわらず、これをしないことについての違法の確認を求める訴訟をいう（三条五項）。この訴訟類型では、法令が、申請に対して応答を義務付けている場合に限り、不作為が違法となるのである。

さて、最高裁平成三年四月二六日第二小法廷判決（民集四五巻四号六五三頁）は、熊本県知事が水俣病の認定を放置していたとする不作為に対して損害賠償を請求した民事裁判である。この事案は、水俣市の住民が、熊本県知事に対し、法律に基づく補償金の支給を求めて、水俣病と認定すべき旨の申請をしたが、熊本県公害被害者認定審査会への付議、面接調査、検診、再検査などの過程に長期間を要し、しかも、この間、申請者らが抗議行動等をしたため、同審査会が審議できない期間があった上、申請者の一部が、同審査会の求める検診・受診を拒否するなどしたことから、各申請については、それぞれ認定処分又は棄却処分を受けたほか、中には処分保留の状態が継続していた者もおり、申請から最高九年余りの期間を経過した者もあるという事案である。この損害賠償請求に先立ち、申請者は、熊本県知事が水俣病を認定しないまま放置しているのは作為義務に違反しているとして、不作為の違法確認訴訟を提起したところ、熊本地方裁判所は、熊本県知事の不作為が違法である旨判示し、同判決が確定していた。本件の民事裁判では、熊本県知事の不作為が国家賠償法上の違法と認められるかが争点であったが、その中で、迅速な行政手続をする義務についても争点となったのである。

この事案につき、同判決は、迅速な行政手続の保障という観点を判示した。すなわち、同判決は、「申請者から認定申請を受けた知事は、それに対する処分を迅速、適正にすべき行政手続上の作為義務があることはいうまでもなく、これに対応して、認定申請者には、申請に対して迅速、適正に処分を受ける手続上の権利を有することになる。……知事が応答処分をすべき手続上の義務に違反している状態を確認した確定判決があるのであるから、このことから、右の認定申請に対しては、処分可能時期が経過した後も知事が処分をしていなかったものと推認できないわけではない。しかし、仮に右の処分可能時期の認定が相当であって、それ以後も知事が処分をしないままに時が経過することがあったとしても、前記諸事情の認定がされていない限り、その間、知事が認定業務を処理すべき者として通常期待される努力によって遅延を回避することができたかどうかは明らかではないので、不当に長期間にわたり知事が処分しない状態にあり、これが被上告人らの内心の静穏な感情を害されない利益を侵害するものとして、全体として法の許容しない違法な行為と評価すべきかどうか、ひいては知事が故意にこうした結果を回避しなかったか又は回避すべき義務を怠った点に過失があったことになるのかどうかについても、判断することができない。」と判示し、原判決を破棄して、事件を福岡高等裁判所に差し戻した。

以上のように、最高裁は、迅速な行政手続の保障という視点を判示するに至った。

かかる最高裁の動きを踏まえ、迅速な行政手続の保障の要請を含め、広く適正な行政手続を保障するための法整備の必要性が意識されていくことになる。

4　行政手続法

多種多様な行政手続のうち、個別の法律により、適正手続の保障が整備されている分野については、問題が少ない。例えば、刑事事件に関する処分については、刑事訴訟法（昭和二三年法律一三一号、数次の改正あり）があり、検察官、検察事務官及び警察官は、通常逮捕（一九九条）、勾留（二〇七条）、捜索、差押、検証（二一八条）をするに当たり、裁判官の発する令状によらなければならないなどの規定が整備されている。国税又は地方税の犯則事件に関する処分については、国税犯則取締法（明治三三年法律六七号、数次の改正あり）があり、収税官吏（国税局長、税務署長など）は、臨検、捜索、差押（二条）をするに当たり、裁判官の許可を得なければならないなどの規定が整備されている。外国人の出入国、難民の認定又は帰化に関する処分については、出入国管理及び難民認定法（昭和二六年政令三一九号、数次の改正あり、後に法律としての効力を有する）があり、入国警備官は、臨検、捜索、押収（三一条）をするに当たり、裁判官の許可を得なければならないなどの規定がある。

これに対し、個別の法律が整備されていない分野においては、適正手続を保障するための一般的な法律を制定する必要がある。

確かに、刑事手続以外の行政手続にも、憲法三一条以下の規定の法意が及ぶものと解されるが、多種多様な行政手続に対し、憲法の刑事規定の趣旨を適用するだけで十分な対応をすることは困難である。国民に対する不利益処分について、いかなる場合にも刑事手続と同様の適正手続を保障する必要性があるとは考え難いし、国民に対する利益処分についても、不利益処分とは異なる視点から適正手続の保障に配慮する必要性が生じることもあろう。多種多様な個別の行政法につき、個別の法改正によって整備していくのは極めて煩雑な作業であり、効率的でない。そこで、多種多様な行政手続の個性に着目した修正の余地を認めるとしても、統一的な行政手続の一般法が望まれてきたのである。

そして、行政手続に関する一般法として、行政手続法（平成五年法律八八号、数次の改正あり）が制定されたのである。

この行政手続法は、行政処分、行政指導及び届出に関する手続並びに命令等を定める手続に関し、共通する事項を定めることによって、行政運営における公正の確保と透明性の向上を図り、もって国民の権利利益の保護に資することを目的とする（一条）。但し、行政手続法には、多数の適用除外があることに留意すべきである。例えば、刑事事件に関する処分、国税又は地方税の犯則事件に関する処分、刑務所、留置場、少年院等において収容の目的を達成するためにされる処分、公務員の職務又は身分に関してされる処分、外国人の出入国、難民認定又は帰化に関する処分、審査請求、異議申立てその他の不服申立てに対する行政庁の裁決、決定その他の処分等については、行政手続法が適用されない。

さて、行政処分には、利益処分と不利益処分とがある。利益処分とは、行政庁が、法令に基づき、特定の者を名宛人として、これに許可、認可、免許その他の何らかの利益を付与する処分をいう（二条三号）。不利益処分とは、行政庁が、法令に基づき、特定の者を名宛人として、直接に、これに義務を課し、又はその権利を制限する処分をいい（同条四号）、例えば、許認可等を取り消す処分、名宛人の資格又は地位を直接に剥奪する処分、名宛人である法人の役員の解任、業務従事者の解任、又は会員の除名を命ずる処分などがある（一三条一項）。

まず、申請に対する利益処分について、見てみよう。

第一に、行政庁は、利益処分の要件を明確にしなければならない。すなわち、行政庁は、審査基準を定めるものとし、審査基準を定めるに当たっては、許認可等の性質に照らしてできる限り具体的なものとしなければならず、行政上特別の支障があるときを除き、審査基準を公にしておかなければならない（五条）。もっとも、審査基準の明確化は、行政手続の問題と言うよりも、行政裁量の問題と言えよう。刑事手続においては、罪刑法定主義（憲法三一条）の要請により、犯罪構成要件が明確化され、課税手続においては、租税法律主義（憲法八四条）の要請により、課税要件が明確化されるが、一般の行政手続においては、国会が、常に必ず具体的な処分要件を法定するとは限らない。国会が、抽象的な法律要件を定めるに止め、行政庁が、具体的な審査基準を定めなければならない場合もある。行政は、多種多様であり、高度に専門的・技術的事項を対象とする場合があるため、国会が、行政機関に対し、処分要件の定立を委任（委任立法）する場合もある。処分要件が明確でない場合、申請者は、許認可等を得られるのか否か予測が困難となるため、萎縮してしまい、活動の自由が阻害されてしまうし、また、行政庁が、恣意的で不公平な行政運用をしているのではないかとの疑いを払拭できなくなってしまう。申請者の活動の自由を保障し、かつ、適正な行政処分を確保するためには、審査基準の具体化が要請されるのである。

第二に、行政庁は、迅速に処分しなければならない。すなわち、行政庁は、申請がその事務所に到達してから当該申請に対する利益処分をするまでに通常要すべき標準的な期間（標準処理期間）を定めるよう努めるとともに、これを定めたときは、公にしておかなければならない（六条）。行政庁は、申請がその事務所に到達したときは遅滞なく当該申請の審査を開始しなければならず、かつ、申請の形式上の要件に適合しない申請については、速やかに、申請者に対し、相当の期間を定めて当該申請の補正を求め、又は許認可等を拒否しなければならない（七条）。行政庁は、申請者の求めに応じ、当該申請に対する処分の時期の見通しを示すよう努めなければならない（九条一項）。刑事手続においては、刑罰法令を迅速に適用実現することが要請される（刑訴法一条）。すなわち、警察官は、被疑者を逮捕した場合、被疑者を釈放するか、四八時間以内に検察官に送致する手続をしなければならず（刑訴法二〇三条、二一一条、二一六条）、検察官は、送致された被疑者を受け取ったときは、被疑者を釈放するか、二四時間以内に裁判官に被疑者の勾留を請求しなければならず（刑訴法二〇五条）、裁判官は、勾留の請求を受けたときは、速やかに勾留状を発するか、被疑者の釈放を命じなければならず（刑訴法二〇七条）、検察官は、一〇日以内に公訴を提起するか、被疑者を釈放しなければならず、やむを得ない事情があると認められるときは、勾留期間をさらに一〇日間延長することができる（刑訴法二〇八条）などと定められている。これに対し、一般の行政手続においては、国会が、常に必ず標準処理期間を法定するとは限らない。むしろ、国会が標準処理期間を法定する例は少ないであろう。適正な標準処理期間が定められていないと、行政庁が、恣意的に申請を放置する事態が生じかねないので、迅速な行政の実現を保障する必要がある。この点に関連し、行政事件訴訟法によれば、申請者は、行政庁に対し、法令に基づく申請をしたにもかかわらず、相当の期間内に何らの処分がなされない場合、不作為の違法確認の訴えと併合して、申請に対する処分をするよう義務付けの訴えを提起することができるとされている（行訴法三条六項二号、三七条の三）。

第三に、申請者は、申請書の不適合を補正する機会を与えられるべきである。すなわち、行政庁は、申請の形式上の要件に適合しない申請については、速やかに、申請者に対し、相当の期間を定めて当該申請の補正を求めるべきであり（七条）、申請者の求めがあれば、当該申請に係る審査の進行状況を示すよう努め、また、申請書の記載及び添付書類に関する事項その他の申請に必要な情報の提供に努めなければならない（九条）。不利益処分においては、自己の知らない間に、自由、名誉、財産などを侵害する決定がなされてはならず、一般的に、名宛人に対し、事前の告知、聴聞、防御の機会を与える必要がある。これに対し、申請に対する利益処分においては、申請者自身が、行政庁に対し、利益処分を求めて一定の申請をするのであるから、自己の知らない案件について処分が決定されるなどという事態は生じ得ない。審査基準が具体的に定められている場合、申請者は、当該基準に適合するよう要件を整えてから申請することが可能であり、一般的に、申請者に対し、事前の告知、聴聞、防御の機会を与える必要性が高いとは言い難い。しかし、審査基準が抽象的にしか定められていない場合、申請者は、いかなる要件を整えれば当該基準に適合するのか判断が容易でなく、予想外に申請が却下される事態が生じかねない。よって、利益処分についても、申請者は、申請書の不適合を補正する機会を与えられ、また、審査の進行状況及び必要な情報の提供を受ける機会が保障されるべきなのである。

第四に、行政庁は、申請者以外の者の利害を考慮すべきことが許認可等の要件とされている場合、必要に応じ、公聴会の開催その他の適当な方法により、当該申請者以外の者の意見を聴く機会を設けるよう努めなければならない（一〇条）。確かに、申請者以外の者は、処分の名宛人ではなく、一般に、事前の告知、聴聞、防御の機会を与えられる資格が当然にあるとは言えないであろう。しかし、利益処分により、申請者が利益を享受するとしても、これにより、申請者以外の者が損害を被ることがある。例えば、航空運送事業の免許処分の場合、免許を受けた航空会社にとっては利益であっても、空港周辺の住民にとっては騒音公害が懸念されよう。よって、申請者以外の者も、行政庁に対し、意見を述べる機会が保障される場合が生じるのである。この点に関連し、行政事件訴訟法によれば、処分の取消しを求めるにつき法律上の利益を有する者は、当該処分の名宛人でなくても、当該処分の取消しの訴えを提起することができるとしている（行訴法九条）。

第五に、行政庁は、申請により求められた許認可等を拒否する処分をする場合は、申請者に対し、同時に、当該処分の理由を示さなければならない（八条）。処分理由の提示は、行政庁に慎重な対応を求め、恣意的な行政運用を抑制する効果をもたらすものであり、適正な行政を手続的に保障するものである。また、申請者は、自由な活動により許認可等の利益処分を求めたものの、これを拒否されたのであるから、自己実現の観点から拒否理由を知りたいし、理由を提示されなければ納得できないであろう。そして、申請者は、あくまでも自由な活動を貫き、自己実現を目指して、拒否処分に対して審査請求又は異議申立てといった不服申立て（行政不服審査法三条）や、拒否処分の取消しの訴え（行訴法三条二項）を提起することも自由であり、処分理由の提示は、申請者の権利救済の便宜にも資するものである。

つぎに、不利益処分について、見てみよう。

第一に、行政庁は、不利益処分の要件を明確にしなければならない。すなわち、行政庁は、処分基準を定め、かつ、これを公にしておくよう努めなければならず、処分基準を定めるに当たっては、不利益処分の性質に照らしてできる限り具体的なものとしなければならない（一二条）。もっとも、処分基準の明確化は、行政手続の問題と言うよりも、行政裁量の問題と言えよう。先に利益処分について述べたのと同様である。処分要件が明確でない場合、国民は、自己の行為について不利益処分をされるのか否か予測が困難となり、行政庁が恣意的な行政運用をする疑いが生じると、萎縮効果が生じて活動の自由が阻害されてしまう。申請者の活動の自由を保障し、かつ、適正な行政処分を確保するためには、処分基準の具体化が要請されるのである。

第二に、当事者は、事前の告知、聴聞、防御の機会を与えられるべきである。すなわち、行政庁は、不利益処分をしようとする場合には、当該不利益処分の名宛人となるべき者について、聴聞又は弁明の機会を付与して、意見陳述のための手段を執らなければならない（一三条一項）。不利益処分のうち、許認可等を取り消す処分、名宛人の資格又は地位を直接に剥奪する処分、名宛人である法人の役員の解任、業務従事者の解任、又は会員の除名を命ずる処分については、聴聞手続を執らなければならず、それ以外の処分については、弁明の機会を付与すれば足りる（同項）。聴聞を行うに当たっては、行政庁は、聴聞期日までに相当な期間をおいて、名宛人に対し、

不利益処分の内容
根拠法令の条項
不利益処分の原因事実
聴聞の期日及び場所
聴聞に関する事務を所掌する組織の名称及び所在地

にかかる事項を書面で通知しなければならない（一五条）。通知を受けた当事者は、代理人を選任することができる（一六条）。聴聞は、行政庁が指名する職員等が主催し（一九条）、聴聞の主宰者は、最初の聴聞の期日の冒頭において、行政庁の職員に、期日出頭者に対し、予定される不利益処分の内容、根拠法令の条項、不利益処分の原因事実を説明させなければならない（二〇条一項）。当事者は、聴聞の期日に出頭して、意見を述べ、証拠書類等を提出し、及び行政庁の職員に対し質問を発することができ（同条二項）、また、当事者は、聴聞の期日への出頭に代えて、主宰者に対し、聴聞の期日までに陳述書及び証拠書類等を提出することができる（二一条）。当事者は、聴聞の終了時までの間、行政庁に対し、当該不利益処分の原因事実を証する資料の閲覧を求めることができ（一八条）、また、当事者は、主宰者が作成した聴聞調書及び意見報告書の閲覧を求めることができる（二四条）。国民は、自由・平等の存在であり、自己の自由な活動を保障されるべきであるから、自己の自由、名誉、財産などを侵害されるに先立ち、事前に主張・立証の機会を与えられるべきなのである。

第三に、行政庁は、必要があると認めるときは、当該不利益処分につき利害関係を有する当事者以外の関係人に対し、聴聞手続に参加することを許可することができ、聴聞手続への参加人は、代理人を選任することができる（一七条）。参加人は、当事者と同様に、聴聞期日への出頭等（二〇条）、陳述書の提出等（二一条）、資料の閲覧（一八条）、聴聞調書の閲覧等（二四条）ができる。当事者以外の者は、処分の名宛人ではなく、一般に、事前の告知、聴聞、防御の機会を与えられる資格が当然にあるとは言えないであろう。

第四に、行政庁は、不利益処分をする場合は、名宛人に対し、同時に、当該不利益処分の理由を示さなければならない（二四条）。処分理由の提示は、行政庁に慎重な対応を求め、恣意的な行政運用を抑制する効果をもたらすものであり、適正な行政を手続的に保障するものである。また、国民は、自己の自由な活動を保障されるべきであり、自己の自由、名誉、財産などを侵害する処分がなされた場合、自己実現の観点から処分理由を知りたいし、理由を提示されなければ納得できないであろう。そして、名宛人は、あくまでも自由の回復を求め、自己実現を目指して、不利益処分に対して審査請求又は異議申立てといった不服申立て（行政不服審査法三条）や、不利益処分の取消しの訴え（行訴法三条二項）を提起する権利があるから、処分理由の提示は、当事者の権利救済の便宜に資するものである。

5　行政手続違反と行政行為の効力

前記のとおり、刑事手続ほどの厳格性はないにしても、一般的な行政手続においても、適正手続の保障が要求される。

ところで、行政手続に適正さが欠けていた場合、当該行政処分の効力は、どうなるのか。行政手続違反があった場合、当該行政行為を取り消し得るのか、当該行政行為が無効とされることはあるのか、が問題となる。

まず、行政手続において、告知、聴聞、防御の機会が与えられなかった事件を見てみよう。

最高裁昭和三一年一一月二七日第三小法廷判決（民集一〇巻一一号一四六八頁）は、土地所有権の確認等を求めた民事裁判である。この事案は、行政庁が、特別都市計画法に基づき、換地処分をしたところ、従前の借地権者が、新しい土地所有者に対して土地所有権の帰属確認等を求めたというものである。この民事裁判では、特別都市計画法上、行政庁が、換地処分をするに当たり、事前に土地区画整理委員会の意見を聞かなければならないと規定されていたため、同委員会の諮問手続を欠いた場合の換地処分の効力が争点になったのである。

この事案につき、同判決は、諮問委員会の意見提出を欠いても換地処分は有効である旨判示した。すなわち、同判決は、「増歩地換地処分についても土地区画整理委員会の意見を聞かなければならないことは当然であるが、（特別都市計画法一〇条）、右処分につき土地区画整理委員会の意見を聞くことは必ずしもその処分の有効要件であると解することはできない。けだし同法施行規則一一条が、整理施行者の諮問に対し土地区画整理委員会がその招集に応ぜずまたは意見を提出しない等のことがあるときは、整理施行者はその意見を待たないで直ちに処分または決定をなすことができる旨規定していることよりするも、右の諮問は単に換地処分等をなすについての一応の手続としてこれを要求したに止まり、これをもって右処分の有効要件たらしめたものと解するをえないからである。されば原審が上告人の主張に対し所論委員会の意見を聞いたか否かを確定しないで本件増換地処分を適法であるとした判断は違法であるが、この違法は原判決に影響を及ぼさないから、所論は採ることができない。」と判示した。

最高裁昭和四六年一月二二日第二小法廷判決（民集二五巻一号四五頁）は、温泉動力装置許可処分の取消を求めた民事裁判である。この事案は、島根県知事が、温泉法に基づき、ある温泉業者に対して温泉動力装置の許可処分をしたところ、既存の温泉業者らが、同許可処分の取消を求めたというものである。この民事裁判では、温泉法上、行政庁が、同許可処分をするに当たり、事前に温泉審議会の意見を聞かなければならないと規定されていたにもかかわらず、同審議会は開かれず、同審議会の意見聴取が持ち回り決議の方法によってなされていたため、同審議会の諮問手続を欠いた同許可処分が無効ではないかが争われたのである。

この事案につき、同判決は、諮問審議会の意見提出を欠いても許可処分は有効である旨判示した。すなわち、同判決は、「本件許可処分にあたり、温泉審議会は開かれず、知事による温泉審議会の意見聴取は持廻り決議の方法によりされたものであるというのであり、また、温泉法一九条、島根県温泉審議会条例（昭和二五年同県条例第三一号）六条等の規定に徴すれば、右審議会の意見は適法有効なものということはできず、右処分後に開かれた審議会の意見によっても、右の瑕疵が補正されないことは、原判決の判示判断のとおりである。ところで、……前記二〇条が知事に対し温泉審議会の意見を聞かなければならないこととしたのは、知事の処分の内容を適正ならしめるためであり、利害関係人の利益の保護を直接の目的としたものではなく、また、知事は右の意見に拘束されるものではないと解せられる。そして、これらの諸点を併せ考えれば、本件許可処分にあたり、知事のした温泉審議会の意見聴取は前記のようなものではあるが、その瑕疵は、取消の原因としてはともかく、本件許可処分を無効ならしめるものということはできない。」と判示した。

右の昭和三一年判決（土地区画整理委員会事件）と昭和四六年一月判決（温泉審議会事件）とは、いずれも諮問機関の執るべき行政手続に違反があったとしても、それ故に直ちにその後の行政処分が違法・無効になるものではないと判示している。

両判決の結論は、相当であろう。行政手続において、諮問機関から意見の提出を求める手続が、行政行為の適正さを確保するための制度的保障であるとしたら、それは付随的要請に過ぎない。付随的要請と言っても、これを軽視することはできないが、行政行為の効力を判断する上で一層重要なのは、あくまでも行政処分の内容の適正さそれ自体である。しかも、行政行為が無効とされるには、そこに明白かつ重大な違法が存しなければならない。行政手続の適正は、付随的要請に過ぎないから、手続違反があっても、それをもって直ちに重大かつ明白な瑕疵であると断定するのは早計である。

ただし、両判決は、諮問手続の違反があった場合に、これが無効原因にはならないと判示したに止まり、これが取消原因にならないとまでは判示していない。

最高裁昭和四六年一〇月二八日第一小法廷判決（民集二五巻七号一〇三七頁）は、東京陸運局長が個人タクシー事業の免許申請を却下したため、その却下処分の取消を求めた民事裁判である。この事案は、東京陸運局の担当官が、審査基準の一部を認識していなかったため、申請者を聴聞した際、当該判断に必要十分な事実について聴聞しないまま、個人タクシー事業の免許申請を却下したというものである。この民事裁判では、十分な聴聞の機会を与えずになした行政処分につき、取消訴訟における違法性の有無が争点となった。

この事案につき、同判決は、聴聞手続を欠いた行政処分の取消を認めた。すなわち、同判決は、「本件におけるように、多数の者のうちから少数特定の者を、具体的個別的事実関係に基づき選択して免許の拒否を決しようとする行政庁としては、事実の認定につき行政庁の独断を疑うことが客観的にもっともと認められるような不公平な手続をとってはならないものと解せられる。すなわち、右六条は抽象的な免許基準を定めているにすぎないのであるから、内部的にせよ、さらに、その趣旨を具体化した審査基準を設定し、これを公正かつ合理的に適用すべく、とくに、右基準の内容が微妙、高度の認定を要するようなものである等の場合には、右基準を適用する上で必要とされる事項について、申請人に対し、その主張と証拠の提出の機会を与えなければならないというべきである。免許の申請人はこのような公正な手続によって免許の拒否につき判定を受くべき法的利益を有するものと解すべく、これに反する審査手続によって免許の申請の却下処分がされたときは、右利益を侵害するものとして、右処分の違法事由となるものというべきである。……事実を聴聞し、被上告人にこれに対する主張と証拠の提出の機会を与えその結果を斟酌したとすれば、上告人が先にした判断と異なる判断に到達する可能性がなかったとは言えないであろうから、右のような審査手続は、前記説示に照らせば、瑕疵あるものというべく、したがって、この手続によってされた本件却下処分は違法たるを免れない。」と判示し、却下処分の取消判決を維持した。

最高裁昭和五〇年五月二九日第一小法廷判決（民集二九巻五号六六二頁）は、運輸大臣が一般乗合旅客自動車運送事業の免許申請を却下したため、申請者である群馬中央バス株式会社がその却下処分の取消を求めた民事裁判である。

この事案は、運輸審議会が、公聴会の際、申請者の事業計画の問題点について注意を喚起せず、申請者に対し追加資料や補足意見の提出の機会を十分に与えないまま、事業免許申請が道路運送法六条一項一号及び五号に適合しない旨の意見をまとめ、運輸大臣が、同審議会の答申を踏まえて、同申請を却下したというものである。この民事裁判では、十分な防御の機会を与えないでなした諮問機関の答申を踏まえた行政処分につき、違法性の有無が争点となった。

この事案につき、同判決は、反駁の機会を与えないでした行政処分の取消を認めなかった。すなわち、同判決は、「特に免許申請者に対する関係においては、免許の許否が直ちにその者の職業選択の自由に影響するものである関係上、免許の許否の決定過程におけるその関与の方法につき特段の配慮を必要とするのであって、前記のような免許基準の抽象性と基準該当の有無の不明確性のために、行政庁側からみてその申請計画に問題点があると思われる場合であっても、必ずしもその点が申請者に認識されず、そのために、これについて提出しうべき追加資料や意見の提出の機会を失わせるおそれが多分にあることにかんがみるときは、これらの点について申請者の注意が喚起され、あるいはまた、他の利害関係人の反対意見や資料の提出に対しても反駁の機会が与えられるようにする等、申請者に意見と証拠を十分に提出させることを可能ならしめるような形で手続を実施することが、公聴会審理を要求する法の趣旨とするところであると解さなければならない。……しかしながら、……仮に運輸審議会が、公聴会審理においてより具体的に上告人の申請計画の問題点を指摘し、この点に関する意見及び資料の提出を促したとしても、上告人において、運輸審議会の認定判断を左右するに足る意見及び資料を追加提出しうる可能性があったとは認めがたいのである。してみると、右のような事情のもとにおいて、本件免許申請についての運輸審議会の審理手続における上記のごとき不備は、結局において、前記公聴会審理を要求する法の趣旨に違背する重大な違法とするには足りず、右審理の結果に基づく運輸審議会の決定（答申）自体に瑕疵があるということはできないから、右諮問を経てなされた運輸大臣の本件処分を違法として取り消す理由とはならないものといわなければならない。」と判示した。

右の昭和四六年一〇月判決（個人タクシー事件）と昭和五〇年判決（群馬中央バス事件）とは、いずれも諮問機関に手続違反があった事件であったが、両判決は、行政処分の取消を認めるか否かについて、結論を異にした。すなわち、前者では、申請者に「主張と証拠の提出の機会」を与えれば諮問機関が「異なる判断に到達する可能性」があったとして、行政処分の取消を認め、後者では、申請者に「意見及び資料の提出」を促したとしても「運輸審議会の認定判断を左右するに足る意見及び資料を追加提出しうる可能性」がなかったとして、行政処分の取消を認めなかったのである。

行政手続における告知、聴聞、防御の機会の保障は、行政行為の内容の適正さを確保するための制度的保障であるとしたら、告知、聴聞、防御の機会を与えなくとも行政行為の内容の適正・不適正に影響を及ぼさない場合、かかる手続違反は、行政行為の取消原因にならないという結論が導かれよう。行政行為の内容の適正さに影響がなく、最終的な結論が変わらないにも係わらず、改めて告知、聴聞、防御の機会を与えて、行政手続を最初からやり直さなければならないとすれば、行政運用の効率性が阻害されるだけで、何の益もないという考え方である。

ただし、両判決は、いずれも行政手続法（平成五年法律八八号、数次の改正あり）の施行前の判例であり、今後、最高裁が従前と異なる結論を判示する可能性がないではない。というのは、申請者にとって、行政手続の過程で自己の意見を述べ、証拠を提出することが法律上の利益であるとすれば、最終的な結論いかんに係わらず、聴聞、防御の機会が与えられるべきであり、この手続違反が行政行為の取消事由になるという考え方が成り立つからである。行政手続の適正は、付随的要請に過ぎないと言えるが、いくら法律で規定しても、現実の行政運用において事前の告知、聴聞、防御の機会が保障されないというのでは、制度趣旨が没却してしまう。したがって、行政手続の適正さを現実に確保するためには、行政処分の結論が変わるか否かに係わらず、手続違反を行政行為の取消事由と認め、手続を最初からやり直させるという考え方にも、一定の合理性があるのである。

なお、適正手続違反を理由とした行政処分の取消を認める場合でも、先の昭和三一年判決（土地区画整理委員会事件）と昭和四六年一月判決（温泉審議会事件）で判示されたとおり、行政手続における聴聞、防御の機会保障の欠如が、直ちに行政行為の無効を帰結するものとはならないだろう。

つぎに、行政手続において、会議の公開の要請が満たされなかった事件を見てみよう。

最高裁昭和四九年一二月一〇日第三小法廷判決（民衆二八巻一〇号一八六八頁）は、京都市教育委員会による懲戒免職処分の取消を求めた民事裁判である。この事案は、京都市教育委員会の委員長が、非公開のまま開会宣言をし、開会後わずか一、二分のうちに、出席委員の全員一致で会議を秘密とする旨の議決をし、その秘密会において、ある教職員の行為が地方公務員法二九条一項一号及び二号に該当するとして、懲戒免職処分についての審理及び議決が行われたというものである。この民事裁判では、旧教育委員会法で定められた公開規定に違反して、非公開のまま審理及び議決がされた行政処分の適法性が争われた。

この事案につき、同判決は、行政手続に公開原則の違反があっても、その瑕疵が軽微であれば、行政処分の取消事由とはならない旨判示した。すなわち、同判決は、旧教育委員会法につき、「同法のもとにおける教育委員会の会議の公開は、会議の公正な運営を確保するとともに、各委員の活動を住民の直接の監視と批判にさらし、あわせて次期選挙の際における判断資料を得させるためのものであるという点において、重要な意義を有するものであり、これに違反して行われた議事が瑕疵を帯びるものであることは、いうまでもない。しかしながら、このことから直ちに、教育委員会の会議の過程において形式上いささかでも右公開原則に違反するところがあれば、常にその議決の効力に影響を及ぼすものとすることは相当でなく、具体的事案における違反の程度及び態様が当該議案の議事手続全体との関係からみて実質的に前記公開原則の趣旨目的に反するというに値しないほど軽微であって、その瑕疵が議決の効力に影響を及ぼすとするには足りない場合もありうるものと解すべきである。……本件免職処分の議決には、その審議を秘密会でする旨の議決が完全な公開のもとにない会議で行われたという点において形式上公開違反の瑕疵があるとはいえ、右処分案件の議事手続全体との関係からみれば、その違反の程度及び態様は実質的に前記公開原則の趣旨目的に反するというに値いしないほど軽微であり、これをもって右免職処分の議決そのものを取り消すべき事由とするにはあたらないものと解するのが、相当である。」と判示した。

同判決の結論は、相当であろう。公開原則の趣旨目的は、行政運用を住民の監視下に置き、行政運用の公正さを確保することにある。だとすれば、住民の監視と批判という趣旨目的が実質的に阻害されていない限り、公開原則違反をもって、行政処分の取消事由とすべき理由はない。本件では、教育委員会の会議が、開始後わずか一、二分のうちに秘密会とされており、仮に、この秘密会の議決自体が公開されていても、結局、住民は、その後に同秘密会でなされた懲戒免職処分の審理及び議決を傍聴することが不可能だったのである。会議冒頭わずか一、二分の非公開が、行政運用に対する住民の監視と批判という趣旨目的を大きく阻害するとまでは言えないであろう。もしも、この公開原則違反をもって、改めて最初から行政手続をやり直さなければならないとすれば、行政の効率性が阻害されるだけで、実質的に何の益もない。

ただし、同判決は、公開原則違反が軽微と認められない場合にまで、行政処分を取り消し得ないとは判示していない。公開原則が法定された行政手続において、行政庁のなした秘密会の議決が著しく合理性を欠く場合など、その瑕疵が重大であれば、当該行政処分は、公開原則違反により取り消されることになろう。なお、右判決は、行政手続法

（平成五年法律八八号、数次の改正あり）の施行前の判例であることに留意すべきであろう。

最後に、行政手続において、行政処分に理由を附記すべきことが法定されているにもかかわらず、理由附記に不備があった事件を見てみよう。

最高裁昭和三七年一二月二六日第二小法廷判決（民集一六巻一二号二五五七頁）は、東京国税局長による審査決定の取消を求めた民事裁判である。この事案は、芝税務署長が、ある納税者の青色申告届出承認を取り消したが、納税者からの審査請求があり、東京国税局長が、この審査請求を理由なしとして棄却したため、納税者が、棄却の審査決定に対し、その取消を求めたというものである。この民事裁判では、東京国税局長による審査決定が、理由附記の要件を満たしていないものとして、違法と言えるのかが争われた。

この事案につき、同判決は、法律で行政処分に理由を附記すべきことが定められている場合、理由附記の要件を欠けば、行政処分の内容が適正か否かを問わず、当該行政処分を取り消すべきであると判示した。すなわち、同判決は、「法人税法三五条五項が、審査決定の書面に理由を附記すべきものとしているのは、訴願法や行政不服審査法による裁決の理由附記と同様に、決定機関の判断を慎重ならしめるとともに、審査決定が審査機関の恣意に流れることのないように、その公正を保障するためと解されるから、その理由としては、請求人の不服の事由に対応してその結論に到達した過程を明らかにしなければならない。……法律が審査決定に理由を附記すべき旨を規定しているのは、行政機関として、その結論に到達した理由を相手方国民に知らしめることを義務づけているのであって、これを反面からいえば、国民自己の主張に対する行政機関の判断とその理由とを要求する権利を持つともいえるのである。……理由にならないような理由を附記するに止まる決定は、審査決定手続に違法がある場合と同様に、判決による取消を免れないと解すべきである。」と判示した。なお、同判決は、東京国税局長による審査決定が、理由不備ゆえに違法であると認めたものの、既に、その前提となる芝税務署長による取消処分が、適法なものとして民事裁判上確定している以上、審査決定に対する取消訴訟は、訴えの利益がないとして、上告を棄却している。

同判決の結論は、相当である。国民は、自由・平等の存在であり、自由な活動をなし得るから、自己実現の一環として青色申告の承認を求めて申請をしたり、青色申告の取消を争う自由がある。国民が、利益処分を求めたり、不利益処分を争っているにもかかわらず、行政庁が、申請の却下理由や不利益処分の理由を明示しなければ、国民としては、納得し難く、自己実現を図れないし、不服申立てに困難が生じてしまう。行政処分は、多種多様であり、必ずしもすべての行政処分に書面を要求することは適当でなく、処分通知書に理由附記を要求するのが効率的な行政運用の観点から適当でない場合もあろう。しかし、理由附記制度は、行政庁に慎重で適正な行政運営を求める制度的保障となっており、国会が、特定の行政処分に理由附記を命じた場合、行政機関は、行政手続において、理由附記の要件を満たさなければならないのである。国民の代表者である国会は、行政処分に対する不服申立ての便宜を図ることとしたのであり、国民主権の観点からも、法律で定められた以上、理由附記の要件を欠いた行政処分は、取り消されるべきであろう。

最高裁は、その後も、この昭和三七年判決と同趣旨を繰り返している。

すなわち、最高裁昭和三八年五月三一日第二小法廷判決（民集一七巻四号六一七頁）は、所得税の更正処分（増額）に対する審査決定（棄却）の取消訴訟につき、昭和三七年判決を引用して、「一般に、法が行政処分に理由を附記すべきものとしているのは、処分庁の判断の慎重・合理性を担保してその恣意を抑制するとともに、処分の理由を相手方に知らせて不服の申立に便宜を与える趣旨に出たものであるから、その記載を欠くにおいては処分自体の取消を免れないものといわなければならない。……所得税法四九条六項が審査決定に理由を附記すべきものとしているのは、特に請求人の不服の事由に対する判断を明確ならしめる趣旨に出たものであるから、不服の事由に対応してその結論に到達した過程を明らかにしなければならない（中略）。もっとも、審査の請求を棄却する場合には、その決定通知書の記載が当初の更正処分通知書または再調査棄却決定通知書の理由と相俟って原処分を正当として維持する理由を明らかにしておれば足りるというべきである。」と判示した。

最高裁昭和四七年一二月五日第三小法廷判決（民集二六巻一〇号一七九五頁）は、法人税の更正処分（増額）の取消訴訟につき、昭和三七年判決及び昭和三八年判決の趣旨を繰り返した上、「所論は、仮に本件更正処分の附記理由に不備があるとしても、その瑕疵は、本件審査裁決に理由が附記されたことによって治癒されたものと解すべきであり、これを認めなかった原判決は違法であるというのである。しかし、更正に理由附記を命じた規定の趣旨が前示のとおりであることに徴して考えるならば、処分庁と異なる機関の行為により附記理由不備の瑕疵が治癒されるとすることは、処分そのものの慎重合理性を確保する目的にそわないばかりでなく、処分の相手方としても、審査裁決によってはじめて具体的な処分根拠を知らされたのでは、それ以前の審査手続において十分な不服理由を主張することができないという不利益を免れない。……更正における附記理由不備の瑕疵は、後日これに対する審査裁決において処分の具体的根拠が明らかにされたとしても、それにより治癒されるものではないと解すべきである。」と判示した。

最高裁昭和四九年四月二五日第一小法廷判決（民集二八巻三号四〇五頁）は、青色申告の承認取消処分に対する取消訴訟につき、昭和三七年判決等と同趣旨を繰り返した上、「所論は、更に、一般的には取消しの基因となった事実を附記すべきであるとしても、少なくとも処分の相手方において現実に右事実を了知し、かつ、これを自認していたような場合には、その附記を要しないものと解すべきである旨主張するが、右附記を命じた規定の趣旨が、処分の相手方の不服申立てに便宜を与えることだけでなく、処分自体の慎重と公正妥当を担保することにもあることからすれば、取消しの基因たる事実は通知書の記載自体において明らかにされていることを要し、相手方の知、不知にはかかわりがないものというべきである。」と判示した。

最高裁昭和六〇年一月二二日第三小法廷判決（民集三九巻一号一頁）は、一般旅券の発給申請に対する拒否処分の取消訴訟につき、最高裁平成四年一二月一〇日第一小法廷判決（判時一四五三号一一六頁）は、東京都公文書の開示請求に対する不開示決定の取消訴訟につき、いずれも同趣旨を繰り返した。

右一連の最高裁判決によれば、行政処分に理由を附記すべきことが法定された場合、その理由附記は、記載自体において処分理由が明らかとなる程度に具体的でなければならず、理由附記は、相手方の知・不知に関係なくなされるべきであり、行政処分に理由附記の不備があれば、後の異議申立や審査請求の段階で処分理由が明確になったとしても、当初の不備が治癒することはない、ということである。

右一連の最高裁判決の結論は、相当である。処分理由の附記を要求する根拠には、行政処分の適正さを確保するための制度的保障という側面があるほか、不服申立のための便宜という国民の権利としての側面がある。前者の要請だけであれば、行政処分が適正である限り、理由附記に不備があっても、これを取り消す意義は存しないように思われる。しかし、後者の要請によれば、国民は、自由・平等の存在として、自己実現を図る自由があるから、利益処分が得られなかったり不利益処分を被った場合、これに不服を申し立てる権利があり、権利救済手続を利用する便宜のためには、当初の行政処分に理由を附記してもらわなければ困るのである。

右一連の最高裁判決は、行政手続法（平成五年法律八八号、数次の改正あり）の施行前の判例であるが、これらの判例が変更される可能性は低いと思われる。同法の施行により、行政手続に適正を求め、その違反に対する救済を拡大する要請が増大しているからである。

三　行政実体法

1　審査基準・処分基準の定立

行政権は、立法権に服す。行政機関は、国会の制定した法律に違反することができない。これは、法治主義の要請するところである。

行政行為については、組織規定・手続規定が定められるべきであるほか、行政行為の要件・効果に関する実体規定が定められなければならない。法治主義の原則によれば、行政行為の実体規定は、具体的か抽象的かはともかくとして、国会の定める法律が基本となる。行政機関は、国会の委任により、具体的な実体規定として政令、省令などを定立することもある。なお、行政法学では、手続法令のことを規制規範と呼び、実体法令のことを根拠規範と呼ぶようである。

ところで、憲法の要請として、行政行為の要件・効果を法律で抽象的に定めるのでは足らず、法律で具体的に定めるべきこととされる行政分野がある。

まず、行政と司法にまたがるが、刑事法の分野における罪刑法定主義がある。憲法は、何人も、法律の定める手続によらなければ、その生命若しくは自由を奪われ、又はその他の刑罰を科せられず（三一条）、何人も、実行時に適法であった行為について、刑事上の責任を問われず（三九条）、政令には、特に法律の委任がある場合を除いては、罰則を設けることができない（七三条六号）としている。刑事手続規定のみならず、犯罪と刑罰に関する実体規定も、国会の定める法律によらなければならない。そして、国民は、自由・平等の存在であり、自由な活動が保障されるべきであるから、犯罪構成要件は、明白性を有していなければならない。もしも、刑事実体法が曖昧不明確であると、国民は、何が犯罪であり、何が犯罪でないかを事前に予測することができなくなり、その結果、国民の活動が萎縮してしまい、自由な活動が保障されなくなってしまうのである。したがって、刑事実体規定は、内容が具体的・明白なものでなければならず、かつ、過去に遡及して国民の行動を罰することは許されない。また、刑罰は、犯罪の軽重と均衡がとれていなければならないのであって、侵害される法益の性質、既遂・未遂の別、犯罪者の故意の有無、累犯前科の有無などの情状に照らし、著しく均衡を欠いた不合理な刑罰が科されることがあってはならない。

刑罰権の行使は、国民の生命、身体、自由、財産などに対する侵害の程度が強いため、憲法は、罪刑法定主義を採用し、犯罪構成要件を明確にし、刑罰を犯罪と均衡させることを要求していると考えられる。

つぎに、租税法の分野における租税法律主義がある。憲法は、国民は、法律の定めるところにより、納税の義務を負い（三〇条）、あらたに租税を課し、又は現行の租税を変更するには、法律又は法律の定める条件によることを必要とする（八四条）としている。課税要件と課税処分に関する実体規定も、国会の定める法律によらなければならない。

そもそも、刑事法や租税法の分野に限らず、すべての行政分野において、国会が、行政行為の詳細な要件・効果を法律で定めるべきであるという考え方があり得る。法律において、行政行為の要件・効果について抽象的な規定しか定めない場合、政令において、具体的な要件・効果を定めることが望まれるし、また、かかる政令が定められない場合、内部基準としてであってもよいから具体的な要件・効果を定めることが望ましい。

というのは、国家意思は、主権者である国民の代表が決定する役割を負っており、また、国民の自由を保障するためには、行政行為の要件・効果を出来る限り具体化する必要があるからである。例えば、国民が、行政機関に対し、許認可等の利益処分を求めて申請する場合、審査基準が具体的に定められていなければ、国民は、許認可等を受けられるのか否か、事前に予測が困難となる。また、不利益処分の処分基準が具体的に定められていなければ、国民は、自己の行動が不利益処分の対象となるのか否か、事前に判断することができず、行動が萎縮してしまうことになる。いずれにしても、審査基準・処分基準が具体的に定められていなければ、国民の自由を十分に保障することは困難となる。行政手続法（平成五年法律八八号、数次の改正あり）の五条及び一二条の趣旨・目的は、この点にあるものと解される。行政行為の要件・効果が、法律や政令あるいは内部基準により具体的に定められれば、行政機関が、恣意的な行政運用をする可能性が減少するのである。

国会は、行政行為の詳細な要件・効果を法律で定めるのが困難な場合がある。すなわち、行政分野は、国民の需要に応じて多種多様であり、時に高度の政治的判断を要することもあり、時に専門的・技術的判断を要することもある。法律要件と法律効果を具体的に定立することが困難なため、国会としては、一般的・抽象的な要件・効果を法定するに止め、具体的な法運用を行政機関に任せたり、具体的な要件・効果の定立を行政機関に任せざるを得ないことがあり得るのである。憲法が、法律又は法律の条件により課税する（八四条）というのは、法律が、課税要件の基本的条件を定めつつも、行政機関が、法定された基本的条件の下で、課税要件の詳細を定めることを許容している趣旨と解されるし、また、特に法律の委任がある場合、政令にも罰則を設けることができるのである（七三条六号）。

審査基準・処分基準の合理性をめぐる最高裁判決を見てみよう。

最高裁平成三年七月九日第三小法廷判決（民集四五巻六号一〇四九頁）は、面会不許可処分を受けた未決勾留者が国家賠償を請求したという民事裁判である。この事案は、爆発物取締罰則違反等により死刑判決を受けた未決勾留者が、死刑廃止運動に賛同していた岩手県在住の女性の養子となり、同女の子供との面会を許可申請したが、東京拘置所長から面会不許可処分を受けたというものである。この民事裁判では、一四歳未満の者との接見を原則として禁止している監獄法施行規則の適法性が争われた。

この事案につき、同判決は、法律が禁止していない行為を命令によって禁止することは許されないと判示した。すなわち、同判決は、「法（引用者注、監獄法）は、『接見ノ立会……其他接見……ニ関スル制限ハ命令ヲ以テ之ヲ定ム』と規定し、命令（法務省令）をもって、面会の立会、場所、時間、回数等、面会の態様についてのみ必要な制限をすることができる旨を定めているが、もとより命令によって右の許可基準そのものを変更することは許されないのである。（中略）規則（引用者注、監獄法施行規則）一二〇条が原則として被勾留者と幼年者との接見を許さないこととする一方で、規則一二四条がその例外として限られた場合に監獄の長の裁量によりこれを許すこととしていることが明らかである。しかし、これらの規定は、たとえ事物を弁別する能力の未発達な幼年者の心情を害することがないようにという配慮の下に設けられたものであるとしても、それ自体、法律によらないで、被勾留者の接見の自由を著しく制限するものであって、法五〇条の委任の範囲を超えるものといわなければならない。」と判示し、監獄法施行規則に基づく面会不許可処分を違法と認定しつつ、拘置所長の無過失を理由として国家賠償請求を棄却している。

同判決の結論は、相当である。法律が、抽象的な審査基準しか定立していない場合、あるいは命令に具体的な審査基準の定立を委任している場合、行政機関は、具体的な審査基準を定立することができる。しかし、法治主義の原則がある以上、「法律」が許容している国民の自由を「命令」によって制限することが許されないのは当然の帰結と言えよう。

さて、行政処分の多くは、大量かつ定型的に取り扱われるものである。

最高裁平成一〇年七月一六日第一小法廷判決（判時一六五二号五二頁）は、酒類販売業の免許に関する処分の取消を求めた民事裁判であり、この民事裁判では、免許制の運用に関する審査基準の合理性が争われた。

この民事裁判につき、同判決は、酒類販売業免許に関する審査基準が、法令の目的に照らして客観的かつ公正であれば、合理性を有するものであると判示した。すなわち、同判決は、「平成元年取扱要領は、昭和三八年取扱要領における問題点を是正することを目的として改正されたものであり、実態に合わせて算出された基準人口比率によって酒類の需給の均衡を図ることとしたほか、前記ただし書条項を全面的に削除し、逆に、所定の基準人口に適合しない場合であっても、免許を付与し得る道を開いたものと解され、恣意を排するとともに、柔軟な運用の余地も持たせたものとみることができる。そして、酒類の消費量は、何よりも当該販売地域に居住する人口の大小によって左右されるものと考えられるから、これを基準として需給の均衡を図ることは、世帯数等を基準とするよりも合理的な認定方法ということができる。したがって、平成元年取扱要領における酒税法一〇条一一号該当性の認定基準は、当該申請に係る参入によって当該小売販売地域における酒類の供給が過剰となる事態を生じさせるか否かを客観的かつ公正に認定するものであって、合理性を有しているということができるので、これに適合した処分は原則として適法というべきである。」と判示した。

同判決の結論は、相当である。専門的、技術的事項を専ら取り扱う行政行為にあっては、審査基準・処分基準が抽象的なものとならざるを得ないが、酒類販売業の免許は、これと異なり、大量になされる免許申請に対し、具体的な審査基準をもって迅速に処理されなければならず、その審査基準は、客観的かつ公正であってこそ合理性が認められるのである。

行政処分の中には、専門的・技術的な事項を扱うものもある。

先に触れた最高裁平成五年三月一六日第三小法廷判決（民集四七巻五号三四八三頁）（教科書検定訴訟）では、審査基準である検定基準の適法性も争われた。

この民事裁判につき、同判決は、審査基準が法令の目的のために必要かつ合理的な範囲を超えていない限りにおいて適法であると判示し、審査基準がある程度包括的・抽象的であることを許容した。すなわち、同判決は、「普通教育の場においては、児童、生徒の側にはいまだ授業の内容を批判する十分な能力は備わっていないこと、学校、教師を選択する余地も乏しく教育の機会均等を図る必要があることなどから、教育内容が正確かつ中立・公正で、地域、学校のいかんにかかわらず全国的に一定の水準であることが要請されるのであって、このことは、もとより程度の差はあるが、基本的には高等学校の場合においても小学校、中学校の場合と異ならないのである。また、このような児童、生徒に対する教育の内容が、その心身の発達段階に応じたものでなければならないことも明らかである。そして、本件検定が、右の各要請を実現するために行われるものであることは、その内容から明らかであり、その審査基準である旧検定基準も、右目的のための必要かつ合理的な範囲を超えているものとはいえず、子どもが自由かつ独立の人格として成長することを妨げるような内容を含むものでもない。……所論は、審査の基準が不明確であるから憲法二一条一項の規定に違反するとも主張する。確かに、旧検定基準の一部には、包括的で、具体的記述がこれに該当するか否か必ずしも一義的に明確であるといい難いものもある。しかし、右旧検定基準及びその内容として取り込まれている高等学校学習指導要領（昭和三五年文部省告示第九四号）の教科の目標並びに科目の目標及び内容の各規定は、学術的、教育的な観点から系統的に作成されているものであるから、当該教科、科目の専門知識を有する教科書執筆者がこれらを全体として理解すれば、具体的記述への当てはめができないほどに不明確であるとはいえない。」と判示した。

同判決の結論は、相当である。ただし、同判決は、検定基準が理解困難なほど不明確とは言えないと判示するに止まり、法律が検定基準を文部省に包括的に委任することが許される根拠について、積極的な判示をしなかった。教科書の検定は、専門的、技術的な事項を取り扱っており、これを一義的な検定基準として法定することは困難な面があるからこそ、法律は、文部省に検定基準を包括的に委任することを許容しているのであろう。検定基準は、その専門性、技術性ゆえにある程度抽象的であることが許されるのであり、これを不明確ゆえに違法と解すべきではない。

最高裁平成一六年四月二七日第三小法廷判決（民集五八巻四号一〇三二頁）は、筑豊地区の炭鉱で粉塵作業に従事した労働者が、使用者である企業に対し、損害賠償を請求したほか、粉塵発生防止策を講じなかった労働大臣・通商産業大臣に対し、国家賠償を請求した民事裁判である。この事案は、昭和二四年五月に公布された鉱山保安法により、鉱業権者は、粉塵の鉱害を防止するために必要な措置を講じるべき義務が課され、その保安規制は、通商産業省の所管とされたところ、昭和三四年ころ、労働省による大規模な健康診断の結果、一万人を超える炭鉱労働者がじん肺に罹患していることが判明し、同年九月、けい肺審議会医学部会が、あらゆる種類の粉塵に対する被害の予防と健康管理の必要性を指摘する意見を公表し、同年一二月、政府が、じん肺法案を国会に提出し、昭和三五年三月、じん肺法が成立し、同法により、労働省は、事業者に対し、じん肺予防措置を講じるよう義務を課すこととされたというものである。この民事裁判では、鉱業保安法が具体的な保安措置の内容を省令に包括的に委任していることの意義が触れられている。

この事案につき、同判決は、保安措置の内容が包括的に省令に委任されている趣旨について、保安措置の内容が専門的、技術的事項であり、最新の知見に適合したものに改正していく必要性があることを挙げた。すなわち、同判決は、「鉱山保安法は、鉱業権者は、粉じん等の処理に伴う危害又は鉱害の防止のため必要な措置を講じなければならないものとし（四条二号）、同法三〇条は、鉱業権者が同法四条の規定によって講ずべき具体的な保安措置を省令に委任しているところ、同法三〇条が省令に包括的に委任した趣旨は、規定すべき鉱業権者が講ずべき保安措置の内容が、多岐にわたる専門的、技術的事項であること、また、その内容を、できる限り速やかに、技術の進歩や最新の医学的知見等に適合したものに改正していくためには、これを主務大臣にゆだねるのが適当であるとされたことによるものである。」と判示した。

同判決の判示は、相当である。先の平成五年判決（教科書検定訴訟）では、法律が文部省に検定基準の定立を包括的に委任していることの根拠が示されていなかったが、この平成一六年判決（筑豊じん肺訴訟）では、法律が通商産業省に保安措置の内容を包括的に委任していることの根拠が示されるに至った。そもそも、国会は、あらゆる行政分野において、行政行為の要件・効果を具体的に法律で定めるのが理想的であり、行政機関に対し、審査基準・処分基準の定立を包括的に委任する場合であっても、行政機関は、これを出来る限り具体的に定めるべきである。しかしながら、高度に政治的な事項や、専門的・技術的事項に関しては、法律で審査基準・処分基準を具体的に定立することが困難なこともある。高度に専門的事項や、技術的事項に関する審査基準・処分基準については、国会は、多数決の原理によって自らその詳細を決定するのではなく、その判断に適した専門的な行政機関に対し、その判断を包括的に委ねるという決定をもなし得ると解すべきである。

最高裁昭和五三年一〇月四日大法廷判決（民集三二巻七号一二二三頁）は、ロナルド・アラン・マクリーンというアメリカ合衆国国籍を有する外国人に対する在留期間更新不許可処分の取消訴訟という民事裁判である。この事案は、マクリーンが、在留期間を一年として在留許可を受け、その後、一二〇日間の在留期間更新の許可処分を受けたが、本邦在留中に、無届けで転職したり、ベトナム戦争や入国管理法案に反対するため集会や示威行進に参加したりし、更に在留期間更新の申請をしたところ、法務大臣から不許可処分を受けたというものである。この民事裁判では、法務大臣による在留期間の更新処分について、具体的な処分基準が定められていなかったが、かかる処分基準の適法性などが争われた。

この事案につき、同判決は、外国人に在留の権利がない以上、在留期間の更新を認めるか拒否するかの裁量権は、広汎なものであると判示し、具体的な審査基準が特に定められていなくてもよいと判示した。すなわち、同判決は、「憲法二二条一項は、日本国内における居住・移転の自由を保障する旨を規定するにとどまり、外国人がわが国に入国することについてはなんら規定していないものであり、このことは、国際慣習法上、国家は外国人を受け入れる義務を負うものではなく、特別の条約がない限り、外国人を自国内に受け入れるかどうか、また、これを受け入れる場合にいかなる条件を付するかを、当該国家が自由に決定することができるものとされていることと、その考えを同じくするものと解される……出入国管理令が原則として一定の期間を限って外国人のわが国への上陸及び在留を許しその期間の更新は法務大臣がこれを適当と認めるに足りる相当の理由があると判断した場合に限り許可することとしているのは、法務大臣に一定の期間ごとに当該外国人の在留中の状況、在留の必要性・相当性等を審査して在留の許否を決定させようとする趣旨に出たものであり、そして、在留期間の更新事由が概括的に規定されその判断基準が特に定められていないのは、更新事由の有無の判断を法務大臣の裁量に任せ、その裁量権の範囲を広汎なものとする趣旨からであると解される。……裁判所は、法務大臣の右判断についてそれが違法となるかどうかを審理、判断するにあたっては、右判断が法務大臣の裁量権の行使としてされたものであることを前提として、その判断の基礎とされた重要な事実に誤認があること等により右判断が全く事実の基礎を欠くかどうか、又は事実に対する評価が明白に合理性を欠くこと等により右判断が社会通念に照らし著しく妥当性を欠くことが明らかであるかどうかについて審理し、それが認められる場合に限り、右判断が裁量権の範囲をこえ又はその濫用があったものとして違法であるとすることができるものと解するのが、相当である。」と判示した。

同判決の結論は、相当である。本邦内に居住する権利を有する国民は、本邦内において、自由・平等の存在であり、これを制限する行政行為の要件・効果は、出来る限り具体的に定められるべきである。しかし、法務大臣は、本邦内に在留する権利を有しない外国人に対し、これを受け入れる義務はないから、在留期間の更新を認めるか否かについて、広汎な裁量権を有することになる。よって、在留期間の更新に関する処分基準は、これが抽象的・概括的であっても、それだけでは直ちに憲法違反とはならないし、法治主義の原則に反することにもならないのである。

2　要件裁量

行政機関は、法令を遂行するに当たり、証拠に基づいて事実を認定し、法令による要件を満たすか否かを判断し、行政行為をしたり（作為）、行政行為をしなかったり（不作為）する。

行政行為の要件が、法令で具体的に定められておらず、抽象的である場合、行政機関は、その裁量的判断によって、行政行為の要件を満たすか否かを決定することになる。この要件該当性の判断に関する裁量を要件裁量と呼ぶこととする。行政機関は、要件該当性の有無を判断するにつき、無制限な裁量権を有するわけではない。行政事件訴訟法（昭和三七年法律一三九号、数次の改正あり）によれば、行政庁の裁量処分については、裁量権の範囲をこえ又はその濫用があった場合、裁判所は、その処分を取り消すことができる（三〇条）。要件裁量についても、裁量権の逸脱・濫用があれば、その判断に基づく行政行為は、違法となる。

要件裁量の適法性判断のあり方について、最高裁判決を見てみよう。

最高裁昭和二九年七月三〇日第三小法廷判決（民集八巻七号一四六三頁）は、京都府立医科大学の大学生が退学処分の取消を求めた民事裁判である。

この事案につき、同判決は、行政行為の要件事実を全く欠く場合、発動された行政行為は違法であると判示した。すなわち、同判決は、「学生の行為に対し、懲戒処分を発動するかどうか、懲戒処分のうちいずれの処分を選ぶかを決定することは、この点の判断が社会観念上著しく妥当を欠くものと認められる場合を除き、原則として懲戒権者としての学長の裁量に任されているものと解するのが相当である。しかし、このことは、学長がなんらの事実上の根拠に基づかないで懲戒処分を発動する権能を有するものと解することの根拠となるものではなく、懲戒処分が全く事実の基礎を欠くものであるかどうかの点は、裁判所の審判権に服すべきことは当然である。原審が退学処分を行政処分と解し、上告人に対する退学処分が全く事実の基礎を欠くものとして違法と判断したことは正当であって、論旨は採用に値しない。」と判示した。

同判決の判示趣旨は、極めて当然のことである。行政機関は、法令の定める要件事実が存する場合に限って、行政行為をなすことができるのであり、要件事実を欠くのに行政行為をする権限などない。

最高裁昭和二八年一〇月三〇日第二小法廷判決（裁判集民事一〇号三三一頁）は、新潟県農地委員会による自作農創設特別措置法に基づく買収処分の取消を求めた民事裁判である。この民事裁判では、買収処分をするための相当性の有無が争われたが、相当性の有無を判断する基準時がいつなのか、参酌できる事情は、行政処分時までの事情だけなのか、あるいは民事裁判の弁論終結時までの事情まで参酌できるのかが争点となった。

この事案につき、同判決は、行政行為の違法性を判断する場合、裁判所は、弁論終結時に、行政庁の立場に立って改めて判断し直すのではなく、行政行為時の行政庁の判断が適法か否かを判断すべきである旨判示した。すなわち、同判決は、「自作農創設特別措置法一五条一項二号が、同法によって自作農となるべき者について、その賃借権等を有する宅地建物の、いわゆる附帯買収の申請をすることができる旨を規定しているのは、同法一条に定める耕作者の地位の安定等の目的達成のためにほかならない。……所論は要するに、裁判所が買収計画の当否を判断するについては、計画の当時の事実関係によるべきではなく、弁論終結に至るまでの各般の事情の変動も参酌しなければならないというに帰するが、行政処分の取消又は変更を求める訴において、裁判所が行政処分を取り消すのは、行政処分が違法であることを確認してその効力を失わせるのであって、弁論終結時において、裁判所が行政庁の立場に立って、いかなる処分が正当であるかを判断するのではない。所論のように弁論終結時までの事情を参酌して当初の行政処分の当否を判断すべきものではない。」と判示した。

同判決の結論は、相当である。行政庁の要件裁量は、行政行為時に、行政行為をするための要件を満たしているか否かの問題であるから、行政行為時の事情を考慮して要件該当性を肯定できるのであれば、行政行為は適法となるはずである。行政行為後の事情を考慮して要件該当性を否定し、遡って行政行為を違法とすべきではない。同判決は、最高裁昭和三四年七月一五日第二小法廷判決（民集一三巻七号一〇六二頁）にも引用されている。

ただし、右の昭和二八年判決では、裁判所が、行政庁と同一の立場に立って抽象的な要件の有無を判断し、その判断結果と行政庁の判断結果を比較して要件裁量の違法性を論じることが許されるのか、あるいは、裁判所が、行政庁の判断過程に不合理な点があるか否かという観点からのみ判断すべきなのか、については判示していない。

最高裁昭和三一年四月一三日第二小法廷判決（民集一〇巻四号三九七頁）は、農地売渡処分の取消を求めた民事裁判である。この民事裁判では、その前提問題として、農地賃借権の移転承認の許否が問題となった。兵庫県の農地委員会は、当事者から、農地賃借権に関する「耕作変更届」と題する書面の提出を受けたが、これを農地賃借権に関する

「移転承認申請書」ではないと認定し、単なる陳述書として取り扱い、農地賃借権の移転につき審議も承認もしなかった。この民事裁判では、当事者が「耕作変更届」を提出しているにもかかわらず、これを「移転承認申請書」の提出と認定しなかったことの適法性、すなわち要件の有無に関する裁量的判断の適法性が争われた。

この事案につき、同判決は、申請行為の有無を判断するについて、行政庁に自由裁量があるわけではないと判示した。すなわち、同判決は、「法律が承認について客観的な基準を定めていない場合でも、法律の目的に必要な限度においてのみ行政庁も承認を拒むことができるのであって、農地調整法の趣旨に反して承認を与えないのは違法であると言わなければならない。換言すれば、承認するかしないかは農地委員会の自由な裁量に任せられているのではない。論旨は、被上告人が提出したのは耕作変更届であって、法令に規定する承認申請書ではないというのである。しかし、かかる書面の趣旨が届出であるか承認申請書であるかは、書面の文字によってのみ判断すべきものではない。農地調整法第四条によって賃借権の認定、移転について承認、許可が必要である以上、当該行政機関としては耕作変更届と記載されていてもこれを承認許可を求める趣旨と解するか或は書面の訂正を求めるかすべきであって、届と記載してあるからといって、単なる陳情書として取り扱うことはゆるされないものと解すべきである。……論旨は、耕作変更届が提出されたからといって賃借権設定承認の審議をすべきではないというのである。しかし、被上告人が法律に暗いため変更届を提出したとしても、それに藉口して行政庁が、これを陳情書として処理することはゆるされないものと解するを相当とする。」と判示した。

最高裁昭和三三年七月一日第三小法廷判決（民集一二巻一一号一六一二頁）は、福岡県知事が、新規の温泉業者に対し、温泉掘さく許可処分を与えたところ、既存の温泉業者が、温泉法四条にいう「公益を害する虞」があるとして同許可処分の取消を求めたという民事裁判である。

この事案につき、同判決は、要件が抽象的な場合、行政機関に要件裁量があると判示した。すなわち、同判決は、「温泉源を保護しその利用の適正化を図る見地から許可を拒む必要があるかどうかの判断は、主として、専門技術的な判断を基礎とする行政庁の裁量により決定されるべきことがらであって、裁判所が行政庁の判断を違法視し得るのは、その判断が行政庁に任された裁量権の限界を超える場合に限るものと解すべきである。」と判示した。

最高裁昭和三六年四月二七日第一小法廷判決（民集一五巻四号九二八頁）は、京都市教育委員会のなした懲戒免職処分の取消を求めた民事裁判である。この事案は、ある教員が、京都市教育委員会の転補命令を無視して、新しい学校に異動しないため、同委員会が、同教員を懲戒免職処分にしたというものである。教育委員会法によれば、教育委員会は、「急施を要する場合」を除き、開会の三日前までに告示をしなければ招集できないとされていたが、同委員会の委員長は、「急施を要する場合」に該当するとして、開会の約三〇分前に告示をして招集したため、当該要件の有無に関する裁量的判断の適法性が争われた。

この事案につき、同判決は、一定の行政手続を執るための要件が抽象的である場合に、行政機関に要件裁量があると判示した。すなわち、同判決は、「会議の招集権者である委員長は、その当時における客観的情勢その他諸般の事情から、その事件が行政措置上急施を要する等の事情がないかどうかを考慮し、その裁量判断によりこれを決することもできると解するのが相当である。所論によれば、当時京都市においては、被上告人らの右転補命令拒否の問題をめぐって、ごうごうたる世論がわき起こり、……事態の収拾は一日も猶予を許さないまでに緊迫していたのであるが、当時たまたま上告委員会の委員の一人である神先幹子が渡米中であり、残余の委員は二対二の同数をもって意見を対立し、たとい委員会を開いても、結局において採決をなし得ない実情にあったので、ひたすら右神先委員の帰国を待ち設けていたところ、さいわい同年四月二九日その帰国を見るに至ったので、直ちに委員会を開催しようとしたが、同委員から事情調査のため数日の余裕をかされたい旨の要求があったので、これを諒承するとともに、その調査の終わるのを待って、右五月五日急遽協議会及び本件臨時会を開くに至ったものであるというのであり、この間の実情は、原審の確定した事実からも、ある程度うかがい得るところである。されば、右の如き緊迫した客観情勢が、もし真に当時存在していたとすれば、会議の招集権者である委員長が、当該事件を以て『急施を要する場合』にあたるものと判断し、三日前告示の方法による招集手続にかえ、右原審の確定するような招集方法をとったとしても、これを目して直ちに招集権者に任された裁量権の行使を誤ったものとすることはできない筋合である。」と判示した。

右の昭和三一年判決（賃借権移転承認事件）、昭和三三年判決（温泉掘さく許可処分事件）及び昭和三六年判決（懲戒免職処分事件）は、行政機関が、要件裁量を有するものの、それは自由裁量ではないということを判示したに止まり、要件裁量の逸脱・濫用の有無を認定するための手法（判断基準）については沈黙していた。

要件裁量の適法性判断について注目されるのは、最高裁昭和三九年六月四日第一小法廷判決（民集一八巻五号七四五頁）である。これは、タクシー運転手に対する運転免許取消処分の取消を求めた民事裁判である。この事案は、タクシー運転手が、交通取締法規違反により二〇回の刑事処分を受け、速度違反等により九回の運転免許停止処分を受け、その後さらに、転回禁止区域において、警察官の注意を無視して転回し、免許証の提示にもたやすく応じなかったことから、運転免許を取り消されたというものである。この事案につき、二審の広島高等裁判所は、上告人程度の違反歴を有するタクシー運転手が稀ではないという事情を考慮し、運転免許取消処分が違法であるとした。この民事裁判では、運転免許取消事由の有無に関する要件裁量の適法性が争われた。

この事案につき、同判決は、行政機関には要件裁量があると判示した上、法規の趣旨に照らし、考慮すべきでない事情を考慮してはならないと判示した。すなわち、同判決は、「運面免許取消事由に該当するかどうかの判断は、公安委員会の純然たる自由裁量に委されたものではなく、右規定の趣旨にそう一定の客観的標準に照らして決せらるべきいわゆる法規裁量に属するものというべきであるが、元来運転免許取消等の処分は道路における危険を防止し、その他交通の安全と円滑を図ることを目的とする行政行為であるから、これを行うについては、公安委員会は何が右規定の趣旨とするところに適合するかを各事案ごとにその具体的事実関係に照らして判断することを要し、この限度において公安委員会には裁量権が認められているものと解するのが相当である。……この場合、仮に、当時、タクシー運転手として被上告人程度の違反歴を有する者が稀ではなかったとしても、原判決（その引用する第一審判決）のごとく該事情をもって右の判断を左右する資料となすことは、許されないと言わなければならない。」と判示した。

最高裁昭和四八年九月一四日第二小法廷判決（民集二七巻八号九二五頁）は、小学校長に対する分限処分の取消を求めた民事裁判である。この事案は、町議会が、ある小学校の廃校を議決したところ、その校長が、これに対する反対運動に加担し、町の教育長に対し、粗暴、不遜、非礼にわたる言動に及び、学校予算が不十分であるにもかかわらず、あえて予算支出の事前執行に及んだとし、広島県教育委員会は、同校長が適格性を欠くとして、普通の教員に降任したというものである。この事案につき、二審の広島高等裁判所は、同教育委員会が校長としての適格性を欠くと主張していた右一連の事実があったとしても、これらの事実は、校長としての適格性を欠くことの徴表とは認められないとした上、その背景問題につき、その客観情勢の推移、同校長の置かれた立場等の概略を事実認定し、結局、校長としての適格性を欠くものではなく、降任処分が違法であると認定した。この民事裁判では、校長としての適格性の有無という抽象的な要件の有無に関する裁量的判断の適法性が争われた。

この事案につき、右最高裁判決は、処分権者が、法規の趣旨・目的に照らし、考慮すべき事項を考慮せず、考慮すべきでない事項を考慮してはならず、また、裁判所は、処分権者の判断過程が合理性を有するか否かという観点から適法性を判断すべきことを判示した。すなわち、同判決は、「分限制度の右のような趣旨・目的に照らし、かつ、同条に掲げる処分事由が被処分者の行動、態度、性格、状態等に関する一定の評価を内容として定められていることを考慮するときは、同条に基づく分限処分については、任命権者にある程度の裁量権は認められるけれども、もとよりその純然たる自由裁量に委ねられているものではなく、分限制度の上記目的と関係のない目的や動機に基づいて分限処分をすることが許されないのはもちろん、処分事由の有無の判断についても恣意にわたることを許されず、考慮すべき事項を考慮せず、考慮すべきでない事項を考慮して判断するとか、また、その判断が合理性をもつ判断として許容される限度を超えた不当なものであるときは、裁量権の行使を誤った違法のものであることを免れないというべきである。……被上告人の小学校長としての日常行動に関連して上告人の主張するところを、原判決説示のような理由によって校長たるの適格性を欠くことの徴表と認めることはできないものと解することはできない。」と判示した。

先に触れた最高裁平成四年一〇月二九日第一小法廷判決（民集四六巻七号一一七四頁）（伊方原子力発電所訴訟）では、原子炉施設の安全性の有無という抽象的な要件の有無に関する裁量的判断の適法性も争われた。

同判決は、要件裁量の適法性を判断するに当たり、行政庁の判断過程に不合理な点があるか否かという観点から行うべきであり、かつ、原子炉の設置許可の段階では、基本設計の安全性に関する事項のみを考慮すべきであり、後続する設計工事認可、使用前検査、保安規定認可、定期検査などの段階で考慮すべき事項を原子炉設置許可の段階で考慮すべきではないと判示した。すなわち、同判決は、「原子炉施設の安全性に関する判断の適否が争われる原子炉設置許可処分の取消訴訟における裁判所の審理、判断は、原子力委員会若しくは原子炉安全専門審査会の専門技術的な調査審議及び判断を基にしてされた被告行政庁の判断に不合理な点があるか否かという観点から行われるべきであって、現在の科学技術水準に照らし、右調査審議において用いられた具体的審査基準に不合理な点があり、あるいは当該原子炉施設が右の具体的審査基準に適合するとした原子炉委員会若しくは原子炉安全専門審査会の調査審議及び判断の過程に看過し難い過誤、欠落があり、被告行政庁の判断がこれに依拠してされたと認められる場合には、被告行政庁の右判断に不合理な点があるものとして、右判断に基づく原子炉設置許可処分は違法と解すべきである。」「規制法の規制の構造に照らすと、原子炉設置の段階の安全審査においては、当該原子炉施設の安全性にかかわる事項のすべてをその対象とするものではなく、その基本設計の安全性にかかわる事項のみをその対象とするものと解するのが相当である。もとより、原子炉設置の許可は、原子炉の設置、運転に関する一連の規制の最初に行われる重要な行政処分であり、原子炉設置許可の段階で当該原子炉の基本設計における安全性が確認されることは、後続の各規制の当然の前提となるものであるから、原子炉設置許可の段階における安全審査の対象の範囲を右のように解したからといって、右安全審査の意義、重要性を何ら減ずるものではない。右と同旨の見解に立って、固体廃棄物の最終処分の方法、使用済燃料の再処理及び輸送の方法並びに温排水の熱による影響等にかかわる事項を、原子炉設置許可の段階の安全審査の対象にはならないものとした原審の判断は正当として是認することができ、原判決に所論の違法はない。」と判示した上、具体的事件において、要件裁量に違法はないとした。

右の昭和三九年判決（運転免許取消処分訴訟）、昭和四八年判決（分限処分訴訟）及び平成四年判決（伊方原子力発電所訴訟）によれば、裁判所は、要件裁量の適法性判断に当たり、法規の趣旨・目的に照らして、考慮すべき事項と考慮すべきでない事項とを区別すべきであるということになる。

また、昭和四八年判決及び平成四年判決によれば、裁判所は、行政庁と同一の立場に立って抽象的な要件の有無を判断し、その判断結果と行政庁の判断結果を比較して論じるというのではなく、行政庁の判断過程に不合理な点があったか否かという観点から、要件裁量の違法性を判断すべきであるということになる。これは、違法性判断の基準時につき処分時説を明らかにした先の昭和二八年判決（農地買収処分取消訴訟）及び昭和三四年判決（農地買収処分取消訴訟）の趣旨と整合的な法理である。

なお、行政法学においては、昭和三九年判決（運転免許取消処分訴訟）をもって、「比例原則」に言及した判例と位置付けたり、その下級審判決を重視するような学説もあるが、かかる学説は、判例理解として相当とは思われない。昭和三九年判決における被上告人は、他にも似たような違反者がいるから、自分だけ運転免許を取り消されるのは許されないと主張したのである。言葉の厳密な意味において、かかる事案は「平等原則」が問題となる事例ではあれ、「比例原則」が問題となる事例ではない。比例原則とは、不利益処分が違反の程度に比例しているか否か、不利益処分が重過ぎないかを問題にする法理である。昭和三九年判決では、被上告人と他者とのアンバランスを問題にしているのである。そもそも、本件の争点は、取消事由の有無であり、要件裁量の適法性である。効果裁量の適法性を問題にしたものではない。しかも、最高裁は、比例原則を当てはめることなく、比例原則に言及した第一審と第二審を破棄しているのである。よって、同判決をもって比例原則に言及した判例と位置付けるのは問題である。

また、平成四年判決（伊方原子力発電所訴訟）は、要件裁量の違法性を判断するに当たり、判示中、「現在の科学技術水準に照らし」という文言を使用しているが、これは、違法性判断の基準時について、処分行為時説を否定して弁論終結時説を採用したものと解すべきではない。同判決は、弁論終結時の証拠と経験則に照らして事実認定をすべしという当然のことを述べたものであろう。というのは、同判決も、要件裁量の適法性を判断するに当たり、「調査審議及び判断の過程」に過誤があるか否かを論じるという手法を採用しており、違法性判断の基準時としては、処分行為時説を前提としていることが窺われるからである。

最高裁平成七年六月二三日第二小法廷判決（民集四九巻六号一六〇〇頁）は、厚生大臣が製造承認したクロロキン製剤の副作用によりクロロキン網膜症に罹患したとして損害賠償を請求した民事裁判である。この事案は、昭和三四年以降、諸外国でクロロキン製剤の有用性とともに副作用の症例が報告されるようになったが、同製剤の有用性は、国際的に承認されており、厚生大臣は、昭和三五年一二月、クロロキン製剤の製造を許可・承認したものであり、厚生省は、昭和四二年三月、同製剤の副作用に関する情報を収集し始め、同製剤を劇薬・要指示医薬品に指定し、同年九月、「医薬品の製造承認等に関する基本方針」を定め、昭和四四年一二月、全国の医薬品製造業者等に対し、使用上の注意事項などにつき行政指導を行い、昭和四六年七月、同製剤の有効性及び安全性の再評価作業を始め、昭和四七年、「視力検査実施事項」を定めるなどしたところ、昭和五一年七月、同製剤は、関節リウマチ等には有用性が認められるものの、腎疾患には副作用が有用性を上回る場合があり、てんかんには有効性が認められないと評価されたというものである。この民事裁判では、クロロキン製剤の有用性・安全性に関する事実認定の適法性が争点となった。

この事案につき、同判決は、要件裁量の適法性を判断する場合、行政処分時を基準として、行政庁の判断過程の合理性を検討すべき旨を判示した。すなわち、同判決は、「薬事法の目的に照らせば、厚生大臣は、特定の医薬品を日本薬局方に収載し、又はその製造の承認（略）をするに当たって、当該医薬品の副作用を含めた安全性についても審査する権限を有するものであり、その時点における医学的、薬学的知見を前提として、当該医薬品の治療上の効能、効果と副作用とを比較考量し、それが医薬品としての有用性を有するか否かを評価して、日本薬局方への収載又は製造承認の可否を判断すべきものと解される。したがって、厚生大臣が特定の医薬品を日本薬局方に収載し、又はその製造の承認をした場合において、その時点における医学的、薬学的知見の下で、当該医薬品がその副作用を考慮してもなお有用性を肯定し得るときは、厚生大臣の薬局方収載等の行為は、国家賠償法一条一項の適用上違法の評価を受けることはないというべきである。」と判示した。

同判決の結論は、相当である。同判決は、国家賠償請求訴訟であり、行政事件訴訟（抗告訴訟）ではないが、要件裁量の適法性を問題としており、先の昭和四八年判決（分限処分訴訟）や平成四年判決（伊方原子力発電所訴訟）と同趣旨の判例法理を読み取れる。この平成七年判決（クロロキン薬害訴訟）は、単に過失がないと判示したのではない。客観的には、クロロキン製剤に有用性が存しなかったにもかかわらず、行政行為時の医学的薬学的知見の下においては、同製剤に有用性が存するとした判断過程が合理性を有しており、違法ではなかったと判示したのである。

以上の判例法理を整理すると、以下のとおりとなる。

① 要件裁量の違法性判断の基準時は、行政行為時である。行政行為時の事情に照らして適法であったものが、その後の事情により違法となるものではない。

② 要件裁量の違法性を判断するには、法令の趣旨・目的に照らして、考慮すべき事項のみを対象としなければならない。このとき、考慮すべき事項を軽視ないし考慮しなかったり、あるいは、考慮すべきでない事項を考慮してはならない。

③ 要件裁量の違法性を判断するに当たり、裁判所は、行政庁の判断過程に不合理な点があるか否かという観点から判断すべきである。裁判所は、行政庁と同一の立場に立って抽象的な要件の有無を判断し、その判断結果と行政庁の判断結果を比較して論じるという立場を採るべきではない。

ところで、検察官による公訴提起は、行政行為たる一面を有するが、一般的な行政行為とは異なる点がある。この点について、見てみよう。

まず、刑事事件において、犯罪事実を認定するのは、司法機関たる裁判所であり、行政機関たる検察官ではない。すなわち、刑事訴訟法（昭和二三年法律一三一号、数次の改正あり）によれば、検察官は、公訴を提起し（二四七条）、公判期日において、起訴状を朗読し（二九一条）、証拠調べの初めに、証拠により証明すべき事実を明らかにし（二九六条、冒頭陳述）、証拠調べを請求することができ（二九八条）、証拠調べが終わった後、事実及び法律の適用について意見を陳述しなければならない（二九三条、論告）が、検察官は、有罪を認定したり、刑を科したりする権限を有しない。検察官による公訴の提起は、裁判所に対し、犯罪事実の認定及び刑罰の量定について、審判を求める行為に過ぎない。

他方、被告人は、裁判において、検察官による有罪認定及び量刑判断の違法性を争うのではなく、裁判所に対し、無罪又は寛大な量刑を求めて主張立証活動することが想定されている。すなわち、被告人は、起訴状の朗読が終わった後、被告事件について陳述の機会を与えられ（二九一条）、証拠調べを請求することができ（二九八条）、終始沈黙し、個々の質問に対して供述を拒むことができ、また、任意に供述することができ（三一一条）、証拠調べが終わった後、意見を陳述することができる（二九三条）が、刑事訴訟法の目的が、事案の真相を明らかにし、刑罰法令を適用実現することにある（一条）以上、被告人は、検察官の判断過程の合理性を争うのではなく、裁判所に対して、犯罪事実の有無及び量刑の程度を争うことが想定されていると言える。

そして、刑事裁判所は、起訴状記載の公訴事実の有無及び刑罰の量定などを第一次的に審理判断するのであり、検察官による有罪認定及び量刑判断の適法性を第二次的に審理判断するのではない。すなわち、裁判所は、証拠の証明力を自由に判断し（三一八条）、証拠により事実を認定し（三一七条）、被告事件について犯罪の証明があったときは、判決で刑の言渡をし（三三三条）、被告事件が罪とならないとき、又は犯罪の証明がないときは、判決で無罪の言渡をする（三三六条）のであって、検察官が公訴提起時に合理的な判断過程によって公訴事実を認定したか否かを事後的に審理判断するものではない。

右に見たように、刑事訴訟は、行政事件訴訟と異なり、行政庁たる検察官の判断過程の合理性を審判対象とするのではなく、裁判所による端的な真相の解明が求められるのである。もちろん、裁判所は、職権探知主義を採るのではなく、検察官及び被告人という双方当事者の主張立証活動に基づいて、第三者的な立場から審判を下すに過ぎないが、それでも、求められているのが刑事事件の真相であることに変わりはない。

刑事裁判所は、犯罪事実が存しないと認定したとき、検察官による公訴の提起が違法であったと宣言するのではなく、第一次的な判断権を行使して無罪を言い渡すのである。

それでは、このような行政事件訴訟と刑事訴訟との違いは、どこから生まれてくるのか。刑事事件には、一般の行政行為と異なるいかなる要請があるのか。あるいは逆に、一般の行政行為も、刑事事件と同様に真相の解明を重視して、裁判所による第一次的判断権を措定することが可能であろうか。

この問題には、行政権と司法権の分立という憲法問題が絡んでいるように思われる。

まず、憲法は、三権分立という原則を定めている。行政権は、内閣に属し（六五条）、その内閣の統括の下に、国の行政機関が置かれる。司法権は、最高裁判所及び下級裁判所に属する（七六条）。このことは、内閣及び国の行政機関が、司法権を行使せず、かつ、最高裁判所及び下級裁判所が、行政権を行使しないことを意味する。裁判所が、行政行為を無制限に統制することになれば、それは、裁判所が行政権を行使するのと等しいことになろう。

さらに、行政行為は、専門技術的事項や政治的判断事項などを取り扱う分野があり、かかる行政行為の要件を充足しているか否かという判断については、行政裁量を認めざるを得ない。また、こうした分野でなくても、行政行為は、大量な事務を迅速、公正に取り扱う必要があるから、全国的に統一した審査基準・処分基準ないし内部基準などを整備し、これに基づいた統一的な執行をする必要がある。

こうした理由から、裁判所は、行政機関の第一次的判断権を尊重すべきであるという論理が生まれる。この論理を敷衍すれば、裁判所は、一般的な行政行為の違法性判断をするに当たり、行政庁の第一次的判断過程に不合理な点があるか否かを第二次的に判断すべきであるということになる。裁判所は、行政庁と同一の立場に立って抽象的な要件の有無を判断し、その判断結果と行政庁の判断結果を比較して論じるという立場を採るべきではない。これが原則となる。

これに対し、憲法は、刑事事件に関する立法権及び司法権について、特別の規定を定めている。

まず、罪刑法定主義（三一条）である。国会は、国権の最高機関（四一条）であり、行政行為の要件については、これを抽象的に法定するに止め、その具体的な要件の定立を行政機関に包括的に委任する旨の法律を定めることも許されるが、犯罪構成要件については、これを具体的に法律で定めなければならず、仮に政令や条例に委任する場合であっても、包括的な委任は許されない。

つぎに、刑事裁判制度である。刑事事件において、被告人は、公平な裁判所の迅速な公開裁判を受ける権利を有し、証人に対する尋問権を有し（三七条）、黙秘権を有する（三八条）。これらの規定によれば、憲法は、検察官と被告人とが、等しく当事者の地位に置かれ、双方が対等な立場で主張立証活動を行い、裁判所が、第三者的な立場から犯罪事実の有無及び刑の量定を判断するといういわゆる当事者主義構造を想定していることが窺われる。憲法は、行政機関たる検察官が、第一次的に犯罪事実を認定し、裁判所が、検察官による判断過程の合理性を第二次的に審理するなどという制度を想定してはいない。

憲法が、刑事事件に関し、行政機関の権限行使を統制するため、立法機関と司法機関に特別の要請をしているのは、刑罰権の行使が、被告人たる国民の生命、身体、自由、財産などを制約する最たるものだからであろう。加えるに、刑罰権の行使は、被害者たる国民の応報感情を鎮め、社会の安寧秩序を保持するなどの国家存立にとって極めて重大な役割を有することから、その適正な行使が一層強く要求されると言える。

以上のとおり、三権分立の原則の趣旨を尊重すれば、一般的な行政行為の取消訴訟において、裁判所は、行政機関の第一次的判断過程の合理性を第二次的に審理するという視点を採るべきであるという結論が導かれ、これが原則となるが、他方、刑事事件においては、その重大性ゆえに、訴追機関と審判機関とを分離し、行政機関たる検察官には、犯罪事実の有無及び刑罰の量定に関する決定権がなく、裁判所にのみ、その決定権が与えられているのであろう。

3 効果裁量

法治主義の原則によれば、法律上、一定の行政行為を行うことが義務付けられている場合、法律の定めに従ってなされた行政行為は、違法ではないことになる。

この点に関する最高裁判決を見てみよう。なお、国の行政機関の行為と地方公共団体の行為とでは、論点が類似するので、以下では、地方公共団体に関する判例も含めて検討する。

最高裁平成一一年一月二一日第一小法廷判決（判時一六七五号四八頁）は、住民票の記載方法が違法であるとして国家賠償請求をした民事裁判である。この事案は、平成六年一二月まで、市町村が、住民票において、世帯主の嫡出子の続柄を「長男」、「二男」などと記載し、非嫡出子の続柄を「子」と記載し、嫡出子と非嫡出子とで続柄の記載方法を区別していたというものである。この民事裁判では、住民票において嫡出子と非嫡出子とを区別して続柄の記載をしていた市長の事務処理が、国家賠償法上、違法と認定できるのかが争われた。

この事案につき、同判決は、法律により国の行政機関が市町村を指導するものとされ、その指導に基づき市町村が行政行為をした場合、市町村の行政行為に違法性は認められないと判示した。すなわち、同判決は、「市町村長が住民票に法定の事項を記載する行為は、たとえ記載の内容に当該記載に係る住民等の権利ないし利益を害するところがあったとしても、そのことから直ちに国家賠償法一条一項にいう違法があったとの評価を受けるものではなく、市町村長が職務上通常尽くすべき注意義務を尽くすことなく漫然と右行為をしたと認め得るような事情がある場合に限り、右の評価を受けるものと解するのが相当である（最高裁平成元年（オ）第九三〇号、第一〇九三号同五年三月一一日第一小法廷判決・民集四七巻四号二八六三頁参照）。住民票は、……できる限り統一的に記録が行われるべきものである（住民基本台帳法一条参照）。そのため、国が市町村に対し住民基本台帳に関する事務について必要な指導を行うものとされている（同法三一条一項）ところ、……国により住民基本台帳の記載方法等に関して住民基本台帳事務処理要領が定められていたのであるから、各市町村長は、その定めが明らかに法令の解釈を誤っているなど特段の事情がない限り、これにより事務処理を行うことを法律上求められていたということができる。……被上告人武蔵野市長は、職務上通常尽くすべき注意義務を尽くさず漫然と本件の続柄の記載をしたということはできないものというべきである。」と判示した。

この判決は、その結論が相当であるものの、その理由付けには問題があるように思われる。というのは、違法性の判断基準として、「職務上通常尽くすべき注意義務」という概念を掲げているからである。本件事案では、法律により、国の行政機関が市を指導するものとされていたのであるから、市は、国の定めた事務処理要領に従わざるを得なかったのであり、この点に関して裁量の余地はなかった。市の行った行政行為は、正に言葉の厳密な意味において、法令に基づく正当業務行為なのであって、違法性を認める余地などないのである。法治主義の原則に照らして言えば、法律に従った行政行為は、法律違反（違法）ではないという単純な結論を言ったまでのことである。よって、同判決においては、市の行為が「法令に基づく正当業務行為」であったと判示すれば足りたと思われるのである。同判決は、

「職務上通常尽くすべき注意義務」という違法性の判断基準を示してはいるが、具体的な事案の解決において、何が「職務上通常尽くすべき注意義務」であったのかを明示していないし、そもそも、その具体的な注意義務の内容を明示するのは容易ではなさそうである。また、「職務上通常尽くすべき注意義務」という基準は、その文言上、「過失」の認定基準との区別が判然としないきらいがあるという問題もあり、本件における違法性判断基準としては適切なものとは言えないと思われる（第八章、四　行政行為の国家賠償責任を参照）。

さて、行政機関は、行政行為をするための要件を満たすと認めた場合に、行政行為をするか否か（行為裁量）、また、行政行為をするとして、いかなる行政行為を選択するか（選択裁量）について裁量権を行使できる場合がある。というのは、国会は、行政行為に関する要件を法定する場合に、「行政処分をしなければならない（してはならない）。」と定めるとは限らず、行政機関に裁量的判断の余地を与えて、「行政処分をすることができる（しないことができる）。」と定めることもできるからである。また、行政行為の要件を満たす場合に、選択し得る行政行為を一つに限定するとは限らず、複数の行政行為の中からどれを選択するか、行政機関に裁量的判断の余地を与えることがある。しかも、行政行為の選択肢が、法律に限定的に列挙される場合もあれば、例示的に列挙される場合もある。

このような行為裁量及び選択裁量のことを効果裁量と呼ぶこととする。行政機関は、効果裁量につき、無制限な裁量権を有するわけではない。行政事件訴訟法（昭和三七年法律一三九号、数次の改正あり）によれば、行政庁の裁量処分については、裁量権の範囲をこえ又はその濫用があった場合、裁判所は、その処分を取り消すことができる（三〇条）。効果裁量についても、裁量権の逸脱・濫用があれば、その判断に基づく行政行為は、違法となる。

効果裁量の適法性判断について、最高裁判決を見てみよう。

最高裁昭和五二年一二月二〇日第三小法廷判決（民集三一巻七号一一〇一頁）は、懲戒処分の無効確認請求という民事裁判である。この事案は、神戸税関の職員が、米国製たばこ等の密輸入を知り得べき立場にありながら陸務課の検査に協力しなかったとして、税関長から懲戒処分を受けそうになったため、全国税関労働組合神戸支部の組合員らが、官房主事らに詰め寄って怒声、罵声を発し、室内にビラを貼り、携帯マイクで抗議を続けたり、別の日には、同組合員らが、勤務時間内に職場集会を開催し、税関長から執務命令を受けたにも係わらず、これを無視して職場集会を続け、その後、労働歌を合唱し、シュプレヒコールを繰り返すなどし、さらに別の日には、同組合員らが、通常の繁忙期のような迅速な事務処理を拒否するという方針を決定し、そのために超過勤務命令が出されるや、一般職員を帰宅させたり、一般職員をして超過勤務命令の撤回願いを書かせたりしたため、税関を利用していた業者から苦情が申し立てられたというものである。この民事裁判では、神戸税関長による懲戒免職処分に裁量権の逸脱・濫用があるか否かが争点となった。

この事案につき、同判決は、裁判所が、行政機関と同一の立場に立って効果裁量（行為裁量及び選択裁量）の適法性を判断すべきでなく、行政機関の裁量権の行使に基づく処分が、社会観念上著しく妥当を欠き、裁量権を付与した目的を逸脱・濫用したと認められるか否かという観点から適法性を判断すべき旨判示した。すなわち、同判決は、「公務員につき、国公法に定められた懲戒事由がある場合に、懲戒処分を行うかどうか、懲戒処分を行うときにいかなる処分を選ぶかは、懲戒権者の裁量に任されているものと解すべきである。もとより、右の裁量は、恣意にわたることを得ないものであることは当然であるが、懲戒権者が右の裁量権の行使としてした懲戒処分は、それが社会観念上著しく妥当を欠いて裁量権を付与した目的を逸脱し、これを濫用したと認められる場合でない限り、その裁量権の範囲内にあるものとして、違法とならないものというべきである。したがって、裁判所が右の処分の適否を審査するにあたっては、懲戒権者と同一の立場に立って懲戒処分をすべきであったかどうか又はいかなる処分を選択すべきであったかについて判断し、その結果と懲戒処分とを比較してその軽重を論ずべきものではなく、懲戒権者の裁量権の行使に基づく処分が社会観念上著しく妥当を欠き、裁量権を濫用したと認められる場合に限り違法であると判断すべきものである。」と判示した。

最高裁昭和五三年五月二六日第二小法廷判決（民集三二巻三号六八九頁）は、営業停止処分により損害を被ったと主張して国家賠償を請求した民事裁判である。この事案は、ある有限会社が、個室において女性従業員が男性客にサービスを提供するという個室付き浴場の営業を計画し、山形県知事に対し、公衆浴場の許可申請をしたが、同申請の二日前に、山形県東田川郡余目町が、山形県知事に対し、同公衆浴場から約一三五メートルの場所に児童遊園設置の認可申請をし、山形県知事は、同社の個室付き浴場の開業を阻止する目的で、同児童遊園の設置を認可した後に、同公衆浴場の設置を許可し、その後、山形県公安委員会は、同社に対し、同社が同児童遊園から至近距離にある同公衆浴場において個室付き浴場を開業したとして、六〇日間の営業停止処分をしたため、同社が、山形県に対し、損害賠償を求めたという事案である。この民事裁判では、児童遊園の設置に対する認可処分が違法と認められるかが争点となった。

この事案につき、同判決は、行政処分に著しい濫用が認められれば違法であると判示した。すなわち、同判決は、「原審の認定した右事実関係のもとにおいては、本件児童遊園設置認可処分は行政権の著しい濫用によるものとして違法であり、かつ、右認可処分とこれを前提としてされた本件営業停止処分によって被上告人が被った損害との間には相当因果関係があると解するのが相当であるから、被上告人の本訴損害賠償請求はこれを認容すべきである。」と判示した。

右の昭和五二年判決（懲戒処分事件判決）と昭和五三年判決（児童遊園認可処分事件判決）においては、行政庁の裁量処分について、裁量権の範囲を超え、又はその濫用があれば、その処分は違法であるということを判示したものである。この判示内容は、行政事件訴訟法（昭和三七年法律一三九号）三〇条の「行政庁の裁量処分については、裁量権の範囲をこえ又はその濫用があった場合に限り、裁判所は、その処分を取り消すことができる。」という規定と軌を一にするものであろう。ただ、この判示内容だけでは、いかなる場合に裁量権の逸脱・濫用があったと認定できるのか、違法性判断の基準が具体化されていない。

行政庁が国民の権利を制限し又は義務を課す場合、その行政行為の違法性の判断基準は、憲法の保障する人権との関係で具体化されてきたように思われる。

まず、右の昭和五二年判決や昭和五三年判決より以前に遡り、「法律的行為」たる行政行為の違法性判断基準から見てみよう。

最高裁昭和四五年九月一六日大法廷判決（民集二四巻一〇号一四一〇頁）は、未決勾留の在監者が喫煙の自由を制限されたとして国家賠償を請求した民事裁判である。この民事裁判では、在監者の喫煙を全面的に禁止した監獄法施行規則が、幸福追求権等を保障した憲法一三条に違反するか否かが争われた。

この事案につき、同判決は、人権制限が法律の目的に照らして必要かつ合理的なものであれば違法ではないと判示した。すなわち、同判決は、「未決勾留は、刑事訴訟法に基づき、逃走または罪障隠滅の防止を目的として、被疑者または被告人の居住を監獄内に限定するものであるところ、監獄内においては、多数の被拘禁者を収容し、これを集団として管理するにあたり、その秩序を維持し、正常な状態を保持するよう配慮する必要がある。このためには、被拘禁者の身体の自由を拘束するだけでなく、右の目的に照らし、必要な限度において、被拘禁者のその他の自由に対し、合理的制限を加えることもやむをえないところである。そして、右の制限が必要かつ合理的なものであるかどうかは、制限の必要性の程度と制限される基本的人権の内容、これに加えられる具体的制限の態様との較量の上に立って決せられるべきものというべきである。」と判示し、具体的事件において憲法に違反するものではないとした。

最高裁昭和五八年六月二二日大法廷判決（民集三七巻五号七九三頁）は、未決勾留の在監者が新聞閲読の自由を制限されたとして国家賠償を請求した民事裁判である。この民事裁判では、在監者の新聞閲読を制限した監獄法、同法施行規則等が、思想良心の自由を保障した憲法一九条、表現の自由を保障した憲法二一条に違反するか否かが争われた。

この事案につき、同判決は、人権を制限すべき事態が生ずる相当の蓋然性が認められる場合で、かつ、その制限の程度が必要かつ合理的な範囲にとどまっていれば、違法ではないと判示した。すなわち、同判決は、右の昭和四五年判決を引用した上、「未決勾留は、前記刑事司法上の目的のために必要やむをえない措置として一定の範囲で個人の自由を拘束するものであり、他方、これにより拘禁される者は、当該拘禁関係に伴う制約の範囲外においては、原則として一般市民としての自由を保障されるべきものであるから、監獄内の規律及び秩序の維持のためにこれら被拘禁者の新聞紙、図書等の閲読の自由を制限する場合においても、それは、右の目的を達するために真に必要と認められる限度にとどめられるべきものである。したがって、右の制限が許されるためには、当該閲読を許すことにより右の規律及び秩序が害される一般的、抽象的なおそれがあるというだけでは足りず、被拘禁者の性向、行状、監獄内の管理、保安の状況、当該新聞紙、図書等の内容その他の具体的事情のもとにおいて、その閲読を許すことにより監獄内の規律及び秩序の維持上放置することのできない程度の障害が生ずる相当の蓋然性があると認められることが必要であり、かつ、その場合においても、右の制限の程度は、右の障害発生の防止のために必要かつ合理的な範囲にとどまるべきものと解するのが相当である。」と判示し、具体的事件において憲法に違反するものではないとした。

右の昭和四五年判決（喫煙禁止事件判決）と昭和五八年判決（新聞閲読制限事件判決）によれば、法律の目的に照らし、具体的な人権制限の必要性が存在し、かつ、その制限の程度が合理的な範囲内に止まっていれば、人権を制限しても違法ではないということになる。

つぎに、「事実的行為」たる行政行為の違法性判断基準を見てみよう。

最高裁昭和六〇年五月一七日第二小法廷判決（民集三九巻四号九一九頁）は、検察官の論告によって名誉を毀損されたと主張し、国家賠償を請求した民事裁判である。この事案は、刑事裁判において、検察官が、論告の中で、被告人の兄が弟である被告人の犯行を隠蔽するため捜査官に虚偽供述をしたなどと陳述したというものである。この民事裁判では、検察官のした論告が正当な職務行為として適法であるか否かが争われた。

この事案につき、同判決は、論告がその目的を著しく逸脱するか、又はその方法が甚だしく不当であるなどの場合でなければ、違法ではないと判示した。すなわち、同判決は、「検察官は、事件について証拠調が終わった後、論告すなわち事実及び法律の適用についての意見の陳述をしなければならないのであるが、論告をすることは、裁判所の適正な認定判断及び刑の量定に資することを目的として検察官に与えられた訴訟上の権利であり、公共の福祉の維持と個人の基本的人権の保障とを全うしつつ、事案の真相を明らかにし、刑罰法令を適正かつ迅速に適用実現すべき刑事訴訟手続において、論告が右の目的を達成するためには、検察官に対し、必要な範囲において、自由に陳述する機会が保障されなければならないものというべきである。もとより、この訴訟上の権利は、誠実に行使されなければならないが、論告において第三者の名誉又は信用を害するような陳述に及ぶことがあったとしても、その陳述が、もっぱら誹謗を目的としたり、事件と全く関係がなかったり、あるいは明らかに自己の主観や単なる見込みに基づくものにすぎないなどの論告の目的、範囲を著しく逸脱するとき、又は陳述の方法が甚だしく不当であるときなど、当該陳述が訴訟上の権利の濫用にあたる特段の事情のない限り、右陳述は、正当な職務行為として違法性を阻却され、公権力の違法な行使ということはできないものと解するのが相当である。」と判示し、具体的事件において国家賠償法上の違法性は認められないとした。

最高裁昭和六一年二月二七日第一小法廷判決（民集四〇巻一号一二四頁）は、警察官による速度違反車両の追跡が違法であると主張し、国家賠償を請求したという民事裁判である。この事案は、パトカーを運転していた警察官が、速度違反車両を発見し、赤色灯を点灯しサイレンを吹鳴して同車を追跡したところ、同車が、時速約一〇〇キロメートルに加速して逃走し、赤信号を無視して交差点に進入したため、青信号に従って同交差点に進入してきた第三者運転の車両に衝突し、同車の運転手及び同乗者に傷害を負わせたというものである。この民事裁判では、警察官の追跡が違法であったか否かが争われた。

この事案につき、同判決は、パトカーによる追跡が被疑者検挙の目的のために必要であり、その方法が相当であれば、違法ではないと判示した。すなわち、同判決は、「およそ警察官は、異常な挙動その他周囲の事情から合理的に判断してなんらかの犯罪を犯したと疑うに足りる相当な理由のある者を停止させて質問し、また、現行犯人を現認した場合には速やかにその検挙又は逮捕に当たる職責を負うものであって（警察法二条、六五条、警察官職務執行法二条一項）、右職責を遂行する目的のために被疑者を追跡することはもとよりなしうるところであるから、警察官がかかる目的のために交通法規等に違反して車両で逃走する者をパトカーで追跡する職務の執行中に、逃走車両の走行により第三者が損害を被った場合において、右追跡行為が違法であるというためには、右追跡が当該職務目的を遂行する上で不必要であるか、又は逃走車両の逃走の態様及び道路交通状況等から予測される被害発生の具体的危険性の有無及び内容に照らし、追跡の開始・継続若しくは追跡の方法が不相当であることを要するものと解すべきである。」と判示し、具体的事件において国家賠償法上の違法性は認められないとした。

右の昭和六〇年判決（論告事件判決）及び昭和六一年判決（パトカー追跡事件判決）は、法令に基づく職務を遂行する目的のために必要であり、その方法が相当であれば、公権力の行使に違法性はないと判示しており、その判断枠組みは、先の昭和四五年判決（喫煙禁止事件判決）及び昭和五八年判決（新聞閲読制限事件判決）と概ね同じ傾向を有したものであると理解できる。

昭和四五年判決及び昭和五八年判決は、「法律的行為」の違法性が争われていたのに対し、昭和六〇年判決及び昭和六一年判決は、「事実的行為」の違法性が争われていた。法律的行為か事実的行為かの点において異なってはいたが、「作為」による行政行為の違法性を判断する枠組みとしては、同じ指向性を持っているものと理解できる。

それでは、「不作為」による行政行為の違法性の判断基準は、どうなるのか。

先に触れた最高裁平成元年一一月二四日第二小法廷判決（宅建業免許取消事件）では、京都府の免許取消が遅いなどとして、規制権限不行使の適法性が争われた。

同判決は、規制権限の不行使が、根拠規定の趣旨・目的に照らし、著しく不合理でなければ、違法ではないと判示した。すなわち、同判決は、「業務の停止ないし免許の取消……これらの処分の選択、その権限行使の時期等は、知事等の専門的判断に基づく合理的裁量に委ねられているというべきである。したがって、当該業者の不正な行為により個々の取引関係者が損害を被った場合であっても、具体的事情の下において、知事等に監督処分権限が付与された趣旨・目的に照らし、その不行使が著しく不合理と認められるときでない限り、右権限の不行使は、当該取引関係者に対する関係で国家賠償法一条一項の適用上違法の評価を受けるものではないといわなければならない。」と判示した。

先に触れた最高裁平成七年六月二三日第二小法廷判決（クロロキン薬害訴訟）では、厚生大臣がクロロキン製剤の製造等に対していかなる行政処分をすべきであったか、規制権限不行使の適法性が争われた。先に触れたとおり、この民事裁判では、処分行為時を基準にすると、当時の医学的・薬学的知見の下においては、同製剤の有用性が否定されていなかったという事情が前提となる。

この事案につき、同判決は、規制権限の不行使が、現在の医学的・薬学的知見の下では十分でないとしても、当時の医学的・薬学的知見の下では一応の合理性を有するのであれば、違法ではないと判示した。すなわち、同判決は、「厚生大臣は、当該医薬品の有用性を否定することができない場合においても、その副作用による被害の発生を防止するため、前記のような権限を行使し、あるいは行政指導を行うことができるが、これらの権限を行使するについては、問題となった副作用の種類や程度、その発現率及び予防方法などを考慮した上、随時、相当と認められる措置を講ずべきものであり、その態様、時期等については、性質上、厚生大臣のその時点の医学的、薬学的知見の下における専門的かつ裁量的な判断によらざるを得ない。……厚生大臣ないし厚生省当局は、副作用の面からの医薬品の安全性を確保するための組織、体制の整備を図り、その一応の体制が整えられた昭和四二年以降において、クロロキン製剤を劇薬及び要指示医薬品に指定し、使用上の注意事項や視力検査実施事項を定め、医薬品製造業者等に対する行政指導によりこれを添付文書等に記載させるなどの措置を講じていることは、前記一7記載のとおりである。……結果的には、これらの措置によってクロロキン網膜症の発生を完全に防止することはできなかったのであり、現在明らかになっているクロロキン製剤及びクロロキン網膜症に関する知見、特に昭和五一年に公表された再評価の結果から見ると、これらの措置は、その内容及び時期において必ずしも十分なものとは言い難い。しかし、医薬品の安全性の確保及び副作用による被害の防止については、当該医薬品を製造、販売する者が第一次的な義務を負うものであり、また、当該医薬品を使用する医師の適切な配慮により副作用による被害の防止が図られることを考慮すると、当時の医学的、薬学的知見の下では、厚生大臣が採った前記各措置は、その目的及び手段において、一応の合理性を有するものと評価することができる。以上の点を考慮すると、厚生大臣が前記一7記載の各措置以外に薬事法上の権限を行使してクロロキン網膜症の発生を防止するための措置を採らなかったことが、薬事法の目的及び厚生大臣に付与された権限の性質等に照らし、その許容される限度を逸脱して著しく合理性を欠くとまでは認められず、国家賠償法一条一項の適用上違法ということはできない。」と判示した。

先に触れた最高裁平成一六年四月二七日第三小法廷判決（筑豊じん肺訴訟）では、規制権限不行使の適法性も争点となった。

この民事裁判につき、同判決は、規制権限の不行使が、根拠規定の趣旨・目的に照らし、著しく不合理であれば、違法であると判示した。すなわち、同判決は、「国又は公共団体の公務員による規制権限の不行使は、その権限を定めた法令の趣旨、目的や、その権限の性質等に照らし、具体的事情の下において、その不行使が許容される限度を逸脱して著しく合理性を欠くと認められるときは、その不行使により被害を受けた者との関係において、国家賠償法一条一項の適用上違法となるものと解するのが相当である（最高裁昭和六一年（オ）第一一五二号平成元年一一月二四日第二小法廷判決・民集四三巻一〇号一一六九頁、最高裁平成元年（オ）第一二六〇号同七年六月二三日第二小法廷判決・民集四九巻六号一六〇〇頁参照）。……通商産業大臣は、遅くとも、昭和三五年三月三一日のじん肺法成立の時までに、前記のじん肺に関する医学的知見及びこれに基づくじん肺法制定の趣旨に沿った石炭鉱山保安規則の内容の見直しをして、石炭鉱山においても、衝撃式さく岩機の湿式型化やせん孔前の散水の実施等の有効な粉じん発生防止策を一般的に義務付ける等の新たな保安規制措置を執った上で、鉱山保安法に基づく監督権限を適切に行使して、上記粉じん発生防止策の速やかな普及、実施を図るべき状況にあったというべきである。……本件における以上の事情を総合すると、昭和三五年四月以降、鉱山保安法に基づく上記の保安規制の権限を直ちに行使しなかったことは、その趣旨、目的に照らし、著しく合理性を欠くものであって、国家賠償法一条一項の適用上違法というべきである。」と判示した。

右の平成元年判決（宅建業免許取消事件）、平成七年判決（クロロキン薬害訴訟）及び平成一六年判決（筑豊じん肺訴訟）によれば、国又は公共団体の公務員による規制権限の不行使は、その権限を定めた法令の趣旨、目的や、その権限の性質等に照らし、具体的事情の下において、その不行使が許容される限度を逸脱して著しく合理性を欠くと認められるときは、その不行使により被害を受けた者との関係において、国家賠償法一条一項の適用上違法となるものと解するのが相当であると定式化された。

また、平成七年判決及び平成一六年判決によれば、効果裁量の違法性判断の基準時は、行政行為の時ということになる。例えば、後の医学的、薬学的知見の下では、クロロキン製剤の有用性が否定されるに至ったとしても、行為当時の医学的、薬学的知見の下では、クロロキン製剤の有用性が否定されていなかった以上、遡って規制権限の不行使が違法とされることはないのである。また、じん肺法成立前の医学的知見の下では、規制権限の不行使が違法でなかったとしても、同法成立後の医学的知見の下では、じん肺に関する新たな保安措置を講じる作為義務が生じていたとすれば、その後の規制権限の不行使は違法とされるのである。

以上の判例法理を整理すると、以下のとおりとなる。

① 効果裁量の違法性判断の基準時は、行政行為時である。行政行為時の事情に照らして適法であったものが、その後の事情により違法となるものではない。

② 効果裁量の認められる「作為」の行政行為は、その権限を定めた法令の趣旨、目的等に照らし、具体的事情の下において、その必要性があり、かつ、その方法が相当性（合理性）を有していれば、適法である。

③　効果裁量の認められる「不作為」の行政行為は、その権限を定めた法令の趣旨、目的等に照らし、具体的事情の下において、その不行使が許容される限度を逸脱して著しく合理性を欠くと認められない限り、適法である。

ところで、検察官は、刑事事件の被疑者を起訴するか不起訴にするか（行為裁量）、起訴するとして略式請求にするか公判請求にするか（選択裁量）という裁量権を有する（効果裁量）。検察官によるかかる処分は、行政行為たる一面を有するが、一般的な行政行為とは異なる点がある。この点について、見てみよう。

刑事訴訟法は、起訴便宜主義を定める。すなわち、検察官は、犯人の性格、年齢及び境遇、犯罪の軽重及び情状並びに犯罪後の情況により訴追を必要としないときは、公訴を提起しないことができる（二四八条、起訴猶予）。

もちろん、起訴便宜主義には、例外がある。

まず、付審判請求手続という例外がある。公務員職権濫用罪など一定の犯罪については、告訴人又は告発人は、検察官の不起訴処分に不服があるとき、裁判所の審判に付することを請求することができ（二六二条、付審判請求）、裁判所は、付審判請求に理由があるとき、事件を管轄地方裁判所の審判に付する決定をし（二六六条）、同決定があったときは、その事件について公訴の提起があったものとみなされる（二六七条）。しかし、付審判請求事件は、公務員職権濫用罪など一定の犯罪に限定されており、その他の事件については、被害者であっても、検察官の不起訴処分を覆し、公訴の提起を義務付けることはできない。

つぎに、検察審査会制度という例外がある。検察審査会法（昭和二三年法律一四七号、数次の改正あり）によれば、検察審査会は、衆議院議員の選挙権を有する者の中からくじで選定した一一人の検察審査員をもってこれを組織し（四条）、被害者らは、検察官の不起訴処分に不服があるときは、検察審査会にその不起訴処分の当否の審査の申立をすることができ（三〇条）、検察審査会が起訴を相当とする議決をした場合、検察官は、速やかに公訴を提起し、又は再度の不起訴処分をしなければならず（平成一六年法律六二号による改正後の四一条）、検察審査会が、再度の不起訴処分の当否につき再審査を行い（同四一条の二、四一条の五）、再審査の結果、起訴議決をしたとき、犯罪事実を記載した議決書の謄本を管轄地方裁判所に送付し（同四一条の七）、裁判所の指定した弁護士は、起訴議決に係る事件について、公訴を提起し、及びその公訴の維持をするため、検察官の職務を行う（同四一条の九、四一条の一〇）。

右の例外はあるが、概して、検察官には、広範な行為裁量が認められている。

また、検察官は、公訴を提起するに当たり、公判請求と略式命令請求とを選択する裁量を有している。検察官が公判請求をしたとき（二四七条）、裁判所は、公判の裁判をしなければならない（三三三条、三三六条など）。検察官が略式命令の請求をしたとき、簡易裁判所は、略式命令で罰金又は科料を科するか（四六一条）、又は通常の審判をするか（四六三条）、司法裁量権を行使できるものの、検察官が、公判請求をするか、あるいは略式命令を請求するか、について選択裁量を有することに変わりはない。

刑事訴訟法は、起訴猶予にすべきであるのに起訴をしたとか、起訴すべきであるのに不起訴にしたとか、検察官による起訴裁量権に対する原則的な不服申立手続を用意していない。

この点に関し、刑事訴訟法学では、起訴猶予にすべきであるのに起訴をした場合、訴訟要件を欠くとして、公訴棄却ないし免訴にすべきであるという見解があるが、相当ではない。

この点に関する最高裁判決を見てみよう。

最高裁昭和五五年一二月一七日第一小法廷決定（刑集三四巻七号六七二頁）は、傷害による刑事裁判である。この事案は、チッソ株式会社が、水俣病公害を惹起したとされ、患者側との間で、責任の有無及び被害の補償を巡って紛糾し、患者側が、同社側に対し、傷害行為に及んだというものである。この刑事裁判では、警察官及び検察官が、患者側のみを捜査及び起訴の対象とし、会社側を不問に付している点において、公平さを欠き、公訴権の濫用があったのではないかと争われた。

この事案につき、同決定は、公訴の提起それ自体が職務犯罪を構成するような場合でなければ、公訴の提起が無効となることはないと判示した。すなわち、同決定は、「検察官は、現行法制の下では、公訴の提起をするかしないかについて広範な裁量権を認められているのであって、公訴の提起が検察官の裁量権の逸脱によるものであったからといって直ちに無効となるものでないことは明らかである。たしかに、右裁量権の行使については種々の考慮事項が刑訴法に列挙されていること（刑訴法二四八条）、検察官は公益の代表者として公訴権を行使すべきものとされていること（検察庁法四条）、さらに、刑訴法上の権限は公共の福祉の維持と個人の基本的人権の保障とを全うしつつ誠実にこれを行使すべく濫用にわたってはならないものとされていること（刑訴法一条、刑訴規則一条二項）などを総合して考えると、検察官の裁量権の逸脱が公訴の提起を無効ならしめる場合のありうることを否定することはできないが、それは例えば公訴の提起自体が職務犯罪を構成するような極限的な場合に限られるものというべきである。……審判の対象とされていない他の被疑事件（引用者注、チッソ株式会社側の犯罪行為）についての公訴権の発動の当否を軽々に論定することは許されないのであり、他の被疑事件についての公訴権の発動の状況との対比などを理由にして本件公訴提起が著しく不当であったとする原審の認定判断は、ただちに肯認することができない。」と判示した。

最高裁昭和五六年六月二六日第二小法廷判決（刑集三五巻四号四二六頁）は、公職選挙法違反による刑事裁判である。この事案は、鳥取県東伯郡赤碕町長選挙に関し、立候補者の長男らが、選挙権者らに対し、投票依頼をして現金を供与したというものである。この刑事裁判では、警察官及び検察官が、立候補者本人を捜査及び起訴の対象から外して不問に付している点において、憲法一四条の保障する平等原則に反しているのではないかと争われた。

この事案につき、同判決は、先の昭和五五年決定（水俣病患者事件）を引用して同趣旨を維持した。すなわち、昭和五六年判決は、「このように、被告人自身に対する警察の捜査が刑訴法にのっとり適正に行われており、被告人が、その思想、信条、社会的身分又は門地などを理由に、一般の場合に比べ捜査上不当に不利益に取り扱われたものでないときは、仮に、原判決の認定するように、当該被疑事実につき被告人と対向的な共犯関係に立つ疑いのある者の一部が、警察段階の捜査において不当に有利な取り扱いを受け、事実上刑事訴追を免れるという事実があったとしても（もっとも、本件において、八橋警察署が、原判決認定のように、森進（引用者注、立候補者）を不当に有利に取り扱う意図のもとに偏頗な捜査をしたとまで断定できるかどうかについては、証拠上疑問なしとしない。）、そのために、被告人自身に対する捜査手続が憲法一四条に違反することになるものでないことは、当裁判所の判例（中略）の趣旨に徴して明らかである。なお、原判決によると、本件公訴提起を含む検察段階の措置には、被告人に対する不当な差別や裁量権の逸脱等はなかったというのであるから、これと対向的な共犯関係に立つ疑いのある者の一部が、警察段階の捜査において前記のような不当に有利な取り扱いを受けたことがあったとしても、被告人に対する公訴提起の効力が否定されるべきいわれはない（最高裁昭和五二年（あ）第一三五三号同五五年一二月一七日第一小法廷決定、同昭和四一年（あ）第四九一号同年七月二一日第一小法廷判決・刑集二〇巻六号六九六頁参照）。」と判示した。

右の昭和五五年決定（水俣病患者事件）及び昭和五六年判決（赤碕町長選挙事件）によれば、公訴の提起は、それ自体が職務犯罪を構成するような極限的な場合を除き、原則として無効とならないということになる。

両判決は、相当である。刑事訴訟法は、起訴便宜主義（二四八条）を定め、検察官に広範な訴追裁量を付与している。本来的に、刑罰を量定する権限は、裁判所にあり、検察官による公訴の提起は、裁判所に対し、量刑判断を求める行為に過ぎない。訴追裁量の違法性を認定するということは、検察官が裁判所の審判を求めているのに、裁判所自らが司法権の行使を放棄することを意味し、相当ではない。裁判所は、懲役、禁錮又は罰金の執行を猶予すべき情状がある場合、刑の執行を猶予することが可能であり、またそれが限界なのであって、原則として、検察官による公訴を棄却してまで、司法による解決の門戸を閉ざす権限はないというべきであろう。

四　行政行為の国家賠償責任

行政事件訴訟法（昭和三七年法律一三九号、数次の改正あり）によれば、裁量権の範囲をこえ又はその濫用があった場合、行政庁の裁量処分は違法とされ、行政訴訟（抗告訴訟）により取り消される（三〇条）。

違法な行政処分がなされた場合、これを取り消すのみならず、これによって国民に与えた損害を賠償する要請がでてくる。それが、国家賠償法（昭和二二年法律一二五号）の立法趣旨である。同法によれば、国又は公共団体の公権力の行使に当たる公務員が、その職務を行うについて、故意又は過失によって違法に他人に損害を加えたときは、国が、これを賠償する責に任ずる（一条）。これは、日本国憲法により、何人も、公務員の不法行為により、損害を受けたときは、法律の定めるところにより、国又は公共団体に、その賠償を求めることができる（一七条）と規定されたことを受けたものである。

明治憲法下にあっては、国家無答責の原則があった。すなわち、明治憲法によれば、行政庁の違法処分により権利を侵害せられたとする訴訟は、行政裁判所の裁判に属すべきものとされ（六一条）、明治二三年法律一〇六号によれば、行政裁判所は、課税事件、租税滞納処分事件、営業免許取消事件、水利・土木事件、土地区分査定事件等について、行政訴訟を受理するものとされたが、行政裁判法（明治二三年法律四八号）によれば、行政裁判所は、損害要償の訴訟を受理しない（一六条）とされていた。このため、公権力の行使に当たる公務員が、その職務を行うについて、故意又は過失によって違法に他人に損害を加えた場合、行政処分の取消訴訟を提起することは可能であったが、国家賠償請求訴訟を提起することは不可能だったのである。

諸外国においても、第二次世界大戦前は、国家無答責の原則が少なからず行われていた。すなわち、イギリスでは、長らく「国王は悪をなさない。」という考え方が支配し、日本の国家賠償法に相当する法律が制定されたのは一九四七年になってからである。アメリカ合衆国でも、日本の国家賠償法に相当する法律が制定されたのは一九四六年のことであった。

行政事件訴訟と同様に、国家賠償請求訴訟においても、行政行為の違法性が問題とされるが、行政事件訴訟法上の違法性と国家賠償法上の違法性とは、統一的・同義的に理解すべきものなのであろうか。ここでは、国家賠償法上の違法性の特質について、検討してみたい。

なお、国家賠償法上の違法性の有無という論点については、行政行為と司法行為とで争点が類似するので、司法行為の判例も含めて、最高裁判例を見ることにする。

最高裁昭和四二年一〇月二〇日第二小法廷判決（訟務月報一三巻一二号一五一四頁）は、名誉毀損により精神的損害を被ったとして国家賠償を請求した民事裁判である。この事案は、東京地方裁判所の執行吏合同役場事務員が、付審判請求事件の送達事務を補助した際、刑事事件送達報告用紙を使用し、被疑者の文字を訂正しなかったため、請求人の肩書きを被疑者としてしまい、この報告書を受け取った同裁判所書記官も、請求人の肩書きが被疑者と誤記されているのを看過してしまったというものである。この民事裁判では、請求人の肩書きに関する誤表示が、違法と認められるかが争われた。

この事案につき、同判決は、報告書の作成に誤記があっても、国民の権利又は利益を侵害していなければ、国家賠償法上の違法性は認められない旨判示した。すなわち、同判決は、「東京地方裁判所執行吏合同役場事務員……が一般刑事事件送達報告用紙を使用したため該当しない文字の削除と請求人等の記載を遺忘して誤記したものであり、これを受け取り執行吏代理……および同人から送達報告書を受け取って記録に編綴した同裁判所係書記官がいずれも不注意によって右誤記を看過したにすぎないものであって、右の者らにその行為にあたって上告人を侮辱する等上告人の権利、利益を害する意思が存したことは認められないし、しかも右表示が誤記であることは一件記録に徴し一見してきわめて明白であり、かつ本件報告書はその性質上多数人の目にふれるものではないというのであり、右認定判断は、原判決挙示の証拠関係に照らして肯認するに足りる。右認定判断したところに照らせば、右表示の誤りは客観的に見て上告人の権利、利益を侵害するものと認めるに値しない旨の原審の判断もまた、相当である。しからば、上告人が所論のように右表示の誤りによって自己の権利、利益を侵害されたとして精神的苦痛を蒙ったとしても、右報告書の作成および記録の編綴が違法性を有し、右執行吏代理らの行為が不法行為にあたるとして精神的損害に対する賠償を求めることは許されないものというべく、これと同趣旨に出た原判決は相当であり、原判決に所論の違法はない。」と判示した。

最高裁昭和四三年七月九日第三小法廷判決（判時五二九号五一頁）は、競売により不動産を失った債務者が、競売手続の違法を主張して、国家賠償を請求した民事裁判である。この事案では、債務者の不動産を売却しても差押債権者に配当すべき余剰が生じなかったため、民事訴訟法によれば、本来、競売をなし得ないはずであり、かかる民事訴訟法違反の競売手続が、国家賠償法上、違法と認められるか否かが争点となった。

この事案につき、同判決は、民事訴訟法に違反した競売であっても、債務者の権利又は法律上の利益を侵害していなければ、債務者との関係において国家賠償法上の違法性は認められない旨判示した。すなわち、同判決は、「民訴法六四九条一項、六五六条、六五七条の規定は、差押債権者に配当されるべき余剰がなく、したがって、差押債権者が執行によって弁済を受けることができないのにもかかわらず、無益な競売がされるとか、また、優先債権者がその意に反した時期に、その投資の不十分な回収を強要されるというような不当な結果を避け、ひいては執行機関をして無意味な執行手続から解放させる趣旨のものであるから、差押債権者、優先権者および公益を保護することを趣旨とする規定というべきである。そして、右のような前記法条の趣旨に従い、剰余の見込がないため競売手続が取り消され、その結果債務者（競売目的物権の所有者）が当該不動産の所有権を保持することになり、または差押債権者の債権に先立つ不動産上の総ての負担および手続の費用を弁済してなお剰余を生ずべき価額以上に該不動産が売却されて右負担等を弁済してこれを免れるというような債務者に利益な事態が起こっても、その利益は、同法条を適用した結果生じた事実上の利益にすぎず、債務者が執行裁判所に同法条の違反があることを主張して請求できる法律上の利益ないし権利とはいえないと解するのが相当である。（中略）本件強制執行は上告人に対する関係では違法ではなく、したがって、上告人は右強制執行が違法なことを理由として被上告人に対し国家賠償法一条一項による損害賠償の請求はできないものと解すべきことは、前説示により明らかである。」と判示した。

最高裁平成二年二月二〇日第三小法廷判決（判時一三八〇号九四頁、判タ七五五号九八頁）は、告訴人が、犯罪被害を蒙ったと主張したものの、検察官が、これを不起訴処分にしたため、告訴人が、不起訴処分の違法を主張して、国家賠償を請求した民事裁判である。この民事裁判では、不起訴処分が国家賠償法上違法と認められるか否かが争点となった。

この事案につき、同判決は、告訴人の意に反した不起訴処分であっても、告訴人の権利又は法律上保護された利益を侵害するものではないから、国家賠償法上の違法性は認められない旨判示した。すなわち、同判決は、「犯罪の捜査及び検察官による公訴権の行使は、国家及び社会の秩序維持という公益を図るために行われるものであって、犯罪の被害者の被侵害利益ないし損害の回復を目的とするものではなく、また、告訴は、捜査機関に犯罪捜査の端緒を与え、検察官の職権発動を促すものにすぎないから、被害者又は告訴人が捜査又は公訴提起によって受ける利益は、公益上の見地に立って行われる捜査又は公訴の提起によって反射的にもたらされる事実上の利益にすぎず、法律上保護された利益ではないというべきである。したがって、被害者ないし告訴人は、捜査機関による捜査が適正を欠くこと又は検察官の不起訴処分の違法を理由として、国家賠償法の規定に基づく損害賠償請求をすることはできないというべきである。」と判示した。

先に触れた最高裁平成三年四月二六日第二小法廷判決（水俣病認定遅延事件判決）では、熊本県知事による水俣病認定の遅延につき、国家賠償法上の違法性が認められるか否かも争点となった。

この事案につき、同判決は、水俣病であるか否という不安定な地位から早期に解放されたいという利益は法律上保護の対象になり得るものであるが、処分庁が社会的な許容限度を超えて作為義務に違反し、かかる不作為が水俣病認定申請者の法的利益を侵害した違法なものと評価されない限り、国家賠償法上の違法性は認められないと判示した。すなわち、同判決は、「一般的には、各人の価値観が多様化し、精神的な摩擦が様々な形で現れている現代社会においては、各人が自己の行動について他者の社会的活動との調和を充分に図る必要があるから、人が社会生活において他者から内心の静穏な感情を害され精神的苦痛を受けることがあっても、一定の限度では甘受すべきものというべきではあるが、社会通念上その限度を超えるものについては人格的な利益として法的に保護すべき場合があり、それに対する侵害があれば、その侵害の態様、程度いかんによっては、不法行為が成立する余地があると解すべきである。これを本件についてみるに、既に検討したように、認定申請者としての、早期の処分により水俣病にかかっている疑いのままの不安定な地位から早期に解放されたいという期待、その期待の背後にある申請者の焦躁、不安の気持ちを抱かされないという利益は、内心の静穏な感情を害されない利益として、これが不法行為法上の保護の対象になり得るものと解するのが相当である。（中略）認定申請者の内心の静穏な感情を害されないという利益が法的保護の対象になり得るとしても、処分庁の侵害行為とされるものは不処分ないし処分遅延という状態の不作為であるから、これが申請者に対する不法行為として成立するためには、その前提として処分庁に作為義務が存在することが必要である。（中略）また、作為義務のある場合の不作為であっても、その作為義務の類型、内容との関連において、その不作為が内心の静穏な感情に対する介入として、社会的に許容し得る態様、程度を超え、全体としてそれが法的利益を侵害した違法なものと評価されない限り、不法行為の成立を認めることができないと解すべきである。」と判示した。

以上の昭和四二年判決（報告書誤記事件判決）、昭和四三年判決（競売事件判決）、平成二年判決（不起訴処分事件判決）及び平成三年判決（水俣病認定遅延事件判決）によれば、公権力の行使において、実体要件を欠いていたり、手続要件に瑕疵があったとしても、国民の権利又は法律上保護される利益を侵害していなければ、国家賠償法上の違法性は認められないという結論になる。つまり、国家賠償法上の違法性が認められるためには、まず、権利又は法律上保護される利益の存在が前提となるのである。というのも、行政訴訟においては、実体法上又は手続法上の要件が欠けていれば、違法性の認められるのが通常であるが、国家賠償請求訴訟においては、国民が行政行為により損害を被ったときに、その被害を回復することが目的であるから、権利又は法律上保護される利益の侵害がなければ、違法性を認めることができないからである。

この点、国家賠償法上の違法性とは、民法における不法行為法上の違法性と基本的に同質であると言える。民法（明治二九年法律八九号）七〇九条は、①故意又ハ過失ニ因リテ、②他人ノ「権利ヲ侵害」シタル者ハ、③之ニ因リテ生シタル損害ヲ賠償スル責ニ任スと規定していたが、その後、いわゆる大学湯事件判決（大審院大正一四年一一月二八日判決、民集四巻六七〇頁）が、「権利侵害」と言えないまでも「法律上保護される利益の侵害」があれば不法行為が成立する旨判示したことを契機として、民法学では、「権利侵害」に替えて「違法性」を不法行為の要件とすべしとの意見が通説的見解となり、かかる判例及び学説の動向を踏まえて、改正民法（平成一六年法律一四七号）七〇九条は、「他人ノ権利ヲ侵害シタル者」という要件を、「権利又は法律上保護される利益を侵害した者」という要件に改正するに至った。国家賠償法一条一項は、立法当時の民法七〇九条に関する通説的見解を踏まえ、「権利侵害又は法律上保護される利益の侵害」という趣旨で、「違法性」を要件としたものなのである。

なお、行政行為の実体要件又は手続要件が欠けている場合、行政事件訴訟において、違法性が認定されるのが通例であるところ、行政法学では、国家賠償請求訴訟においても、同様に違法性を認定すべきであるという見解が有力であるが、かかる見解は相当ではない。この見解は、行政訴訟と国家賠償請求訴訟の違法性を基本的に同一のものであることを前提としているが、行政訴訟と国家賠償請求訴訟とは、その制度趣旨・目的が異なっている。行政事件訴訟は、実体要件又は手続要件を欠いた行政行為を取り消して、行政行為の適正さを回復するのが目的であるのに対し、国家賠償請求訴訟は、侵害された国民の権利又は法律上保護される利益を回復して、損害を賠償するのが目的なのである。両者は、制度趣旨・目的が異なっており、違法性概念を統一的・同義的に理解することはできない。

行政法学では、行政事件訴訟と国家賠償請求訴訟の違法性を同一と見る立場から、先の最高裁平成三年判決（水俣病認定遅延事件判決）を批判する意見があるが、この見解は相当ではない。

確かに、国家賠償請求訴訟である平成三年判決に先行して、熊本地裁は、熊本県知事による水俣病認定の不作為（遅延）が違法である旨の確認判決を言い渡し、この行政事件訴訟に関する判決は確定しているのであるから、不作為の違法確認については既判力が生じており、その後に提起された国家賠償請求訴訟（平成三年判決）において、この熊本地裁判決に抵触することはできない。

しかしながら、国家賠償請求訴訟は、行政事件訴訟と異なり、権利又は法律上保護される利益の侵害の有無を問い、侵害された権利ないし利益を回復することが目的なのであるから、行政事件訴訟において、不作為の違法性が認定されたとしても、国家賠償請求訴訟において、直ちに不作為の違法性が認定されるわけではない。行政庁は、国民から申請があれば、標準処理期間内に一定の行政処分をすべきであるが、申請者は、待たされることによる精神的苦痛を一定の限度で甘受すべきものであり、標準処理期間内に行政処分がなされなくても、待たされたくないという希望は、事実上の利益にすぎず、権利又は法律上保護される利益に該当しないのが通常である。申請人は、水俣病に罹患しているのか否か、不安定な地位から早期に解放されたいという事実上の利益を有するが、国家賠償法上の違法性を認定するためには、申請人の権利又は法律上保護される利益を侵害したと認められるような作為義務違反がなければならないのである。国家賠償請求訴訟における最高裁平成三年判決は、標準処理期間内に行政行為がなされなかっただけでは、未だ申請人の権利又は法律上保護される利益を侵害したことにならないと判示しているのであって、これに先行する熊本地裁判決と矛盾抵触してはいないのである。

行政事件訴訟と国家賠償請求訴訟での違法性の違いにつき、更に見てみよう。

最高裁平成五年三月一一日第一小法廷判決（民集四七巻四号二八六三頁）は、奈良税務署長の更正処分が違法であるとして損害賠償を請求した事案である。この事案は、奈良税務署長が、商品包装用紙箱の製造加工業者の所得税を調査するため、職員を赴かせて帳簿書類の提示を求めたが、同業者が、奈良民主商工会の立会を要求して帳簿書類の提示を拒否したので、同税務署長は、同業者の取引銀行を反面調査して、その収入金額を把握し、この金額に基づいて所得税を増額する更正処分をしたが、その際、増額した収入金額に対応する売上原価等の必要経費を把握できなかったため、これを計上しなかったというものである。本件国家賠償請求訴訟に先行する行政訴訟では、収入金額の増額に対応する必要経費等を計上しなかったことが違法であるとして、更正処分の一部が取り消され、同行政訴訟の判決が確定していた。後続する本件の国家賠償請求訴訟では、収入金額に対応する売上原価等を計上しなかったことが国家賠償法上の違法と言えるのかが争われた。

この事案につき、同判決は、職務上通常尽くすべき注意義務に違反していなければ、国家賠償法一条一項にいう違法は認められないと判示した。すなわち、同判決は、「税務署長のする所得税の更正は、所得金額を過大に認定していたとしても、そのことから直ちに国家賠償法一条一項にいう違法があったとの評価を受けるものではなく、税務署長が資料を収集し、これに基づき課税要件事実を認定、判断する上において、職務上通常尽くすべき注意義務を尽くすことなく漫然と更正をしたと認め得るような事情がある場合に限り、右の評価を受けるものと解するのが相当である。……被上告人は、本件係争各年分の所得税の申告をするに当たり、必要経費につき真実より過少の金額を記載して申告書を提出し、さらに、本件各更正に先立ち、税務職員から申告書記載の金額を超える収入の存在が発覚していることを告知されて調査に協力するよう説得され、必要経費の金額について積極的に主張する機会が与えられたにもかかわらず、これをしなかったので、奈良税務署長は、申告書記載どおりの必要経費の金額によって、本件各更正に係る所得金額を算定したのである。してみれば、本件各更正における所得金額の過大認定は、専ら被上告人において本件係争各年分の申告書に必要経費を過少に記載し、本件各更正に至るまでこれを訂正しようとしなかったことに起因するものということができ、奈良税務署長がその職務上通常尽くすべき注意義務を尽くすことなく漫然と更正をした事情は認められないから、四八年分更正も含めて本件各更正に国家賠償法一条一項にいう違法があったということは到底できない。」と判示した。

同判決の結論は、相当であるが、その理由付けには、問題がある。

まず、「職務上通常尽くすべき注意義務」というと、その文言からして、真実の税額を確定し、誤った税額を確定すべきでないという「結果回避義務」と同義に聞こえてしまい、「過失」との異同が判然としない。誤った税額による更正処分を回避するためであれば、奈良税務署長は、収入金額を増額する際、これに対応する必要経費等を把握できず、かつ納税義務者の協力が得られなかったとしても、推計により必要経費等を合理的な判断過程により認定することは可能だったはずである。収入金額を増額しているのに、これに対応する必要経費等を増額しないというのは、合理的な判断過程に基づく課税要件の認定とは言えないであろう。それ故、行政事件訴訟において、更正処分が違法であるとして一部取り消されているのである。

むしろ、国家賠償法上の違法性を判断する上で重要なのは、「権利又は法律上保護される利益」の侵害の有無であろう。本件において、税務署長は、必要経費等を過少認定し、結果として所得金額を過大認定したのであるから、一見すると、納税義務者の財産権を侵害したかのように見える。しかし、必要経費等を過少認定することになったのは、納税義務者が、虚偽の確定申告をし、さらに税務調査に協力しなかったことが原因であり、その責めは納税義務者が負うべきことなのであって、税務署長が負うべきものではない。税務署長には、納税義務者の財産権に対する「侵害行為」を認め難いと言えよう。

したがって、右の平成五年判決（更正処分事件判決）の事例では、「職務上通常尽くすべき注意義務違反」の有無を違法性判断基準とすべきだったのではなく、権利又は法律上保護される利益に対する「侵害行為」の有無を違法性判断基準とすべきだったのである。

行政法学では、行政事件訴訟及び国家賠償請求訴訟の違法性を一元的に把握しようとする立場から、平成五年判決を批判する意見、あるいは同判決の射程を「課税処分」に限定しようとする意見があるが、右に検討したとおり、これらの見解は相当ではない。

ところで、右の「職務上通常尽くすべき注意義務」という違法性判断基準は、その後の判例にも引用されているので、これを見てみよう。

先に見た最高裁平成一一年一月二一日第一小法廷判決（住民票記載方法事件）は、右の平成五年判決（更正処分事件判決）を引用した上、「被上告人武蔵野市長は、職務上通常尽くすべき注意義務を尽くさず漫然と本件の続柄の記載をしたということはできないものというべきである。」と判示した。

この事案については、先に述べたとおり、武蔵野市長は「法令に基づく正当業務行為」をなしたに過ぎず違法性が存しなかったと判示すれば足りたのであって、「職務上通常尽くすべき注意義務」を尽くしていたが故に違法性が存しなかったという理由付けは、適切ではなかったと思われる。

なお、国家賠償法上の違法性という観点から、平成一一年判決（住民票記載方法事件）について付言するに、戸籍法の記載方法と同様に、住民基本台帳法の記載方法は、国民を差別するものではなく、憲法一四条に違反するものではないから、国民の「権利又は法律上保護される利益」を侵害するものでないことも明白であると思われる。平成一一年判決は、住民基本台帳法の記載方法が憲法一四条に違反するものではないとまで判示しているのであるから、あえて「職務上通常尽くすべき注意義務」違反の有無を論ずるまでもなく、武蔵野市長の行為は、国家賠償法上の違法性が存しなかったのである。

右のとおり、平成五年判決（更正処分事件判決）及び平成一一年判決（住民票記載方法事件判決）は、国家賠償法一条一項にいう違法性の判断基準として、「職務上通常尽くすべき注意義務」違反の有無を提示しているのであるが、これに代えて「権利又は法律上保護される利益」の侵害の有無を論ずべきであったと考える。

なお、「権利又は法律上保護される利益」が侵害されたからといって、直ちに国家賠償法一条一項にいう違法性が認定されるわけではない。行政行為が、法令の定める手続要件及び実体要件を充足しており、その法令が、憲法に違反していなければ、その行政行為は、「法令に基づく正当な業務行為」となり、違法ではない。行政行為は、「法令に基づく正当な業務行為」であることが通常であろうから、適法であることが推定され、原則として、違法ではないと言える。そのため、行政行為が違法であることを主張する者は、当該行政行為が「権利又は法律上保護される利益」を侵害していることのほかに、当該行政行為が「法令に基づく正当な業務行為」でないこと、すなわち行政行為が法令の定める手続要件又は実体要件を充足していないか、あるいは根拠となる当該法令が憲法に違反することを主張立証しなければならないということになる。

つぎに、検察官による公訴の提起について、見てみよう。

被告人の無罪判決が確定した場合、検察官による公訴の提起は、直ちに国家賠償法上違法であったと認定されるのだろうか。被告人は、公訴を提起されれば、無罪を勝ち取るために多くの労力を費やさざるを得なくなり、応訴の負担が生じ、また、精神的な苦痛も被る。憲法は、何人も、逮捕・勾留された後、無罪の裁判を受けたとき、国に刑事補償を求めることができる（四〇条）と定めるが、このほかに、国家賠償請求権も生じるのだろうか。

最高裁昭和五三年一〇月二〇日第二小法廷判決（民集三二巻七号一三六七頁）（芦別事件判決）は、公訴の提起が違法であるとして国家賠償を請求した民事裁判である。この事案は、国鉄根室本線の鉄道線路がダイナマイトにより爆破されるという犯罪が発生し、その後、Aが、ダイナマイトの窃盗事実で逮捕され、その取調において、「ダイナマイトをB、Cらのいる飯場へ持ち帰った。そのダイナマイトが爆破事件に使用された。」旨供述するなどしたことから、警察官は、B及びCを同爆破事件の被疑者として逮捕し、検察官は、犯行を否認する同人らを起訴したというものである。この刑事事件では、Aが公判で上記供述を翻したため、第一審裁判所は、B及びCに対して一部有罪・一部無罪判決を言い渡し、第二審裁判所は、Bに対して死亡による公訴棄却を言い渡し、Cに対して全面無罪を言い渡し、同判決が確定した。本件民事裁判では、Bの妻及びCらが、警察官及び検察官による逮捕、勾留、公訴提起及び公訴追行が違法であると主張し、国家賠償法一条一項にいう違法性の有無が争点となった。

この事案につき、同判決は、公訴の提起時の証拠資料を総合勘案して、合理的な判断過程により有罪と認められる嫌疑があれば、最終的に無罪判決が言い渡されても、公訴の提起は適法であると判示した。すなわち、同判決は、「所論は、無罪判決が確定した場合には、判決時と捜査、公訴の提起・追行時で特に事情を異にする特別の場合を除き、捜査、訴追は違法であったと判定されるべきである、というのである。しかし、刑事事件において無罪の判決が確定したというだけで直ちに起訴前の逮捕・勾留、公訴の提起・追行、起訴後の勾留が違法となるということはない。けだし、逮捕・勾留はその時点において犯罪の嫌疑について相当な理由があり、かつ、必要性が認められるかぎりは適法であり、公訴の提起は、検察官が裁判所に対して犯罪の成否、刑罰権の存否につき審判を求める意思表示にほかならないのであるから、起訴時あるいは公訴追行時における検察官の心証は、その性質上、判決時における裁判官の心証と異なり、起訴時あるいは公訴追行時における各種の証拠資料を総合勘案して合理的な判断過程により有罪と認められる嫌疑があれば足りるものと解するのが相当であるからである。」と判示した。

最高裁平成元年六月二九日第一小法廷判決（民集四三巻六号六六四頁）は、公訴の提起が違法であるとして国家賠償を請求した民事裁判である。この事案は、沖縄県祖国復帰協議会の主催した県民総決起大会のデモ行進中、数名の者が、警備中の警察官一名を殴打、足蹴りし、その顔面を踏みつけた上、火炎瓶を投げつけて殺害するという犯罪が発生し、同デモ行進に参加していたAは、被疑者として逮捕され、同警察官を火の中から引きずり出した事実などを否認したが、目撃者Bが、Aが仰向けに倒れていた同警察官を踏みつけた旨供述したほか、Aが同警察官の側で右足を上げているところを写真撮影するなどしていたことから、検察官は、Aを起訴したというものである。別の目撃者Cは、現場を映画フィルムに撮影しており、同フィルムには、Aが同警察官の側に立って足を上下させているものの、その足が同警察官に当たった場面が写されていなかったため、検察官は、全沖縄軍労働組合事務局等を通じてカメラマンCの呼出をしようとしたが、Cは、呼出に応じなかった。検察官は、同フィルム撮影時の状況を聴取できなかったものの、同フィルムが犯行当時の全過程を撮影したものではないと判断した上、Aを起訴したものである。この刑事裁判では、被告人Aは、同警察官を火の中から引きずり出した事実を認めた上で、救助のために引きずり出したに過ぎないという新たな弁解を主張し、カメラマンCが、弁護人申請の証人としてAの弁解に沿う証言をするなどしたことから、第一審裁判所は、Aが同警察官を足蹴りした事実を認定しなかったものの、数名の者との共謀を認定して傷害致死罪を言い渡したが、第二審裁判所は、共謀の事実を認定しないで無罪を言い渡し、同判決が確定した。本件民事裁判では、Aが、検察官による公訴の提起及び追行が違法であると主張し、国家賠償法一条一項にいう違法性の有無が争点となった。

この事案につき、同判決は、先の昭和五三年判決（芦別事件判決）を引用して同趣旨を繰り返したほか、検察官の判断過程の合理性を認定するためには、検察官が現に収集した証拠資料及び通常の捜査で収集し得た証拠資料を総合考慮すれば足りると判示した。すなわち、右の平成元年判決は、「刑事事件において無罪の判決が確定したというだけで直ちに公訴の提起が違法となるということはなく、公訴提起時の検察官の心証は、その性質上、判決時における裁判官の心証と異なり、右提起時における各種の証拠資料を総合勘案して合理的な判断過程により有罪と認められる嫌疑があれば足りるものと解するのが当裁判所の判例（最高裁昭和四九年（オ）第四一九号同五三年一〇月二〇日第二小法廷判決・民集三二巻七号一三六七頁）であるところ、公訴の提起時において、検察官が現に収集した証拠資料及び通常要求される捜査を遂行すれば収集し得た証拠資料を総合勘案して合理的な判断過程により有罪と認められる嫌疑があれば、右公訴の提起は違法性を欠くものと解するのが相当である。したがって、公訴の提起後その追行時に公判廷に初めて現れた証拠資料であって、通常の捜査を遂行しても公訴の提起前に収集することができなかったと認められる証拠資料をもって公訴提起の違法性の有無を判断する資料とすることは許されないものというべきである。……次に、公訴追行時の検察官の心証は、その性質上、判決時における裁判官の心証と異なり、公訴追行時における各種の証拠資料を総合勘案して合理的な判断過程により有罪と認められる嫌疑があれば足りるものと解するのが当裁判所の判例（前記第二小法廷判決）であり、公訴の提起が違法でないならば、原則としてその追行も違法でないと解すべきところ、記録によれば、本件では、本件刑事被告事件の審理の過程で、甲及び乙が捜査段階の供述又は聴取の結果と同趣旨の証言をした等の事実により、検察官が公訴の提起時において重要な資料とした甲供述や乙写真等の証拠価値が公判廷で一層強められたと確信し、客観的に有罪と認められる嫌疑があると考えたことに合理的な理由があり、右公訴の追行に違法性を欠くことが窺われるのである。」と判示した。

右の昭和五三年判決（芦別事件判決）及び平成元年判決（沖縄事件判決）によれば、公訴の提起時に検察官が現に収集した証拠資料及び通常の捜査で収集し得た証拠資料を総合勘案して、合理的な判断過程により有罪と認められる嫌疑があれば、最終的に無罪判決が言い渡されても、検察官による公訴の提起は、国家賠償法上適法であるということになる。

これら判決は、相当である。検察官は、合理的な判断過程により有罪と認められる嫌疑があれば、公訴を提起して犯罪事実の有無につき裁判所の審判を仰ぐべきであり、それは、刑事訴訟法に基づく正当な業務行為なのである。被疑者が罪を犯したことを疑うに足りる相当な理由があれば、警察官及び検察官に逮捕等の捜査活動を許容すべきであるし、合理的な判断過程により有罪と認められる嫌疑があれば、犯罪事実の有無につき裁判所の審判を求める途を認めるべきである。仮に、被疑者が罪を犯したことにつき合理的な疑いを容れない程度にまで証拠を収集した後でなければ強制捜査及び公訴提起が許されないとすれば、被疑者が犯行を否認した場合、犯罪捜査は困難となり、裁判所に有罪・無罪の審判を求める途が閉ざされてしまうことになる。検察官は、合理的な判断過程により有罪と認められる嫌疑があるのに、これを不起訴にして裁判所の審判を仰がないで済ますことは許されないというべきである。結果として、検察官が、裁判所に有罪の心証を抱かせるのに失敗し、被告人が、応訴の負担を抱え、精神的苦痛を被ったとしても、翻って、公訴提起及び公訴追行が違法であったとされるべきではないのである。

第九章　普通地方公共団体

一　普通地方公共団体の意義

憲法によれば、地方公共団体の組織及び運営に関する事項は、地方自治の本旨に基づいて、法律でこれを定める（九二条）こととされ、地方自治法（昭和二二年法律六七号、数次の改正あり）によれば、地方公共団体は、普通地方公共団体及び特別地方公共団体とし、① 普通地方公共団体は、都道府県及び市町村とし、② 特別地方公共団体は、特別区、地方公共団体の組合、財産区及び地方開発事業団とする（一条の三）。

普通地方公共団体とは、

東京都

北海道

京都府・大阪府

青森県から沖縄県まで合計四三の県

市町村

ということになる。

ところで、憲法は、国会が「地方公共団体」の組織を法定する際、「地方自治の本旨」に基づかなければならないと規定しており（九二条）、「地方自治の本旨」に基づかない法律は、憲法違反となり、無効となるように読めそうである。

それでは、「憲法上の地方公共団体」とは何なのか。また、「地方自治の本旨」とは何なのか。

最高裁昭和三八年三月二七日大法廷判決（刑集一七巻二号一二一頁）は、贈収賄被告事件という刑事裁判である。この刑事裁判では、東京都の特別区（いわゆる二三区）が憲法九二条にいう地方公共団体に該当するのか、該当するとした場合、特別区の長の公選制を廃止した昭和二七年の地方自治法の改正は、地方公共団体の住民がその長を直接選挙する旨規定した憲法九三条に違反するのではないかが争点となった。

この事案につき、同判決は、東京都の特別区が憲法九三条にいう地方公共団体に該当しないと判示した。すなわち、同判決は、「何がここにいう地方公共団体であるかについては、何ら明示するところはないが、憲法が特に一章を設けて地方自治を保障するにいたった所以のものは、新憲法の基調とする政治民主化の一環として、住民の日常生活に密接な関連をもつ公共的事務は、その地方の住民の手でその住民の団体が主体となって処理する政治形態を保障せんとする趣旨に出たものである。この趣旨に徴するときは、右の地方公共団体といい得るためには、単に法律で地方公共団体として取り扱われているということだけでは足らず、事実上住民が経済的文化的に密接な共同生活を営み、共同体意識をもっているという社会的基盤が存在し、沿革的にみても、また現実の行政の上においても、相当程度の自主立法権、自主行政権、自主財政権等地方自治の基本的権能を附与された地域団体であることを必要とするものというべきである。そして、かかる実体を備えた団体である以上、その実体を無視して、憲法で保障した地方自治の権能を法律を以て奪うことは、許されないと解するを相当とする。」と判示した上、特別区は、地方自治法及び特別法の規定において、自主行政権、自主財政権等を認められていないことなどを理由として、憲法九三条にいう地方公共団体に該当しないとした。

同判決の結論は、相当であるが、その理由付けには、検討すべき点がある。同判決は、ある地方公共団体が憲法上の地方公共団体であるためには、①住民が密接な共同生活を営み、共同体意識をもっていること、②地方自治の基本的権能を附与されていることという二つの要件を満たす必要があるという。同判決が指摘するとおり、憲法は、地方公共団体の定義規定を設けておらず、何が憲法にいう地方公共団体に該当するのかは、基本に立ち返って検討せざるを得ないことは間違いない。

まず、①の要件であるが、住民の共同生活及び共同体意識というのは、極めて抽象的な要件であり、法律の合憲性判定基準としては、漠然とし過ぎているように思える。同判決は、区民の生活が広く区外に及んでいる一方、昼間、区外から多くの人口が区内に流入しており、特別区は、それぞれが個別の地方の事情によって行政を営む要請よりも、東京都の一部として統一と均衡によって行政を営む要請の方が強い地域であると認定している。これは、特別区が憲法九三条にいう地方公共団体に該当しないという理由として理解しやすい感じがしないではないが、あくまでも、東京都が憲法九三条にいう地方公共団体に該当することが暗黙の前提となっているからこそ成り立つ論理である。やはり、①の要件が漠然としていることに変わりはなく、例えば、関東圏と関西圏のように、それぞれの住民が共同生活及び共同体意識を有しているといえば、何となくそのようにも理解できそうな気がしてきて、それぞれを憲法上の地方公共団体となし得ると結論するようなものである。

つぎに、②の要件であるが、自主行政権、自主財政権等の権限は、国会が法律で付与したものである。何が憲法上の地方公共団体なのかを考えるために、法律が付与した権限の内容等を検討するというのは、循環論法のように思える。同判決は、地方自治法及び特別法の規定を精査した上、特別区に自主行政権、自主財政権等が付与されていないと認定しているが、この論理によれば、国会が、ある地方公共団体から、その自主立法権、自主行政権、自主財政権等を剥奪すれば、その地方公共団体は、憲法九二条ないし九五条にいう地方公共団体に該当しないことになり得る。あるいは、かつて憲法上の地方公共団体ではなかった団体が、法律により諸権限を付与されたため、憲法上の地方公共団体に昇格してしまい、以後、国会が当該地方公共団体における首長公選制を改廃できなくなってしまうということにもなり得る。

この問題は、同判決の理由付けにあるというより、憲法自身に内在する問題なのであろう。

そもそも、「地方自治」とは、その文言上、「地方」の「自律的」な「統治」の制度であると想定し得る概念であり、「地方自治の本旨」とは、普通地方公共団体が、自律的に立法権、行政権及び司法権を行使することを意味すると考えたくなる。これは、普通地方公共団体の組織規範、手続規範、実体規範に関し、国の介入を排除する要請を最大限に強調した場合の想定である。

ところが、憲法は、国が普通地方公共団体に介入すべきことを明記しているのである。すなわち、地方公共団体の組織及び運営に関する事項は、法律で定め（九二条）、議会の設置は、法律の定めるところにより（九三条）、条例の制定は、法律の範囲内でできる（九四条）に過ぎないと明記しているのである。これは、普通地方公共団体の組織規範、実体規範に関し、国の介入を認めるものである。憲法は、国会が、国の唯一の立法機関であるとし（四一条）、司法権が、最高裁及び法律の定めるところにより設置する下級裁判所に属するとしており（七六条）、地方公共団体が、立法権及び司法権を行使することを否定している。地方公共団体は、法律の範囲を超えて条例を制定することを禁止され、法律上の紛争を処理するための裁判所を設置することを禁止されているのである。

つまり、地方公共団体の組織及び運営に関する事項は、「地方自治の本旨」に基づいて、「法律」でこれを定めるという憲法九二条の規定は、それ自体が、一般通常人にとって理解困難な条文となっているのである。地方に自律的な統治制度を設けるのであれば、地方公共団体の組織及び運営に関する事項を法律事項とすべきではないし、逆に、地方の統治制度を法律事項とするのであれば、地方公共団体は、本来的には自律的な統治制度ではなくなるであろう。

それでは、憲法九二条は、どのように理解すべきなのか。

この問題について検討するに当たり、いわゆる普通地方公共団体の二層構造について検討しておこう。普通地方公共団体は、都道府県及び市町村の二層構造となっているが、いずれか一方を憲法上の基礎的な地方公共団体として位置付けることはできるのであろうか、という問題である。

憲法学及び行政法学では、市町村が基礎的な地方公共団体なのであり、市町村制の廃止が「地方自治の本旨」に反するという見解や、都道府県制の廃止が「地方自治の本旨」に反するという見解があるが、これらの見解には、検討すべき問題がある。

まず、市町村が「憲法上の地方公共団体」として基礎的なものであるとの見解であるが、その根拠は、おそらく地方自治法の規定にあるように推測される。地方自治法によれば、市町村は、基礎的な地方公共団体として、地域における事務などを処理し、都道府県は、市町村を包括する広域の地方公共団体として、その規模又は性質において一般の市町村が処理することが適当でないと認められる事務などを処理する（二条）と明記されている。同法を参考にして、市町村が基礎的な地方公共団体であるというのは、法律を前提にして、憲法の意義を確定するようなものである。

地方公共団体の廃置分合や名称変更などについて、見てみよう。

地方自治法によれば、都道府県及び市町村の廃置分合は、いずれも自律的な意思決定権が否定されており、国会、内閣又は総務大臣などの他律的な意思決定に委ねられている。すなわち、都道府県を廃置分合しようとするときは、法律で定め（六条）、二以上の都道府県の廃止並びにそれらの区域による一の都道府県の設置又はそれらの区域の他の一の都道府県への編入は、内閣が国会の承認を経てこれを定める（六条の二）。市町村の廃置分合は、関係市町村の申請に基づき、都道府県知事が、あらかじめ総務大臣の同意を得、当該都道府県の議会の議決を経てこれを定め、その旨を総務大臣に届け出なければならない（七条）。都道府県の廃置分合は、国会の法律又は承認が要件とされており、市町村の廃置分合は、総務大臣の同意が要件とされているのである。

地方自治法によれば、都道府県が名称を変更し、町村が市となり、又は村が町となるためには、いずれも自律的な意思決定権が否定されており、他律的な要件を充足しなければならない。すなわち、都道府県の名称を変更しようとするときは、法律でこれを定める（三条）。市となるべき普通地方公共団体は、法律の定める人口要件のほかに、当該都道府県の条例で定める都市としての要件を備えていなければならず、また、町となるべき普通地方公共団体は、当該都道府県の条例で定める町としての要件を備えていなければならない（八条）。都道府県の名称変更は、国会の法律が要件とされており、市町の要件は、当該都道府県の条例で要件が定められるのである。

右のとおり、地方公共団体の廃置分合や名称変更などについて、都道府県の方が、市町村よりも強い自律性を有していることが窺われるのであり、市町村が「基礎的な地方公共団体」であるという法的意味が改めて問われてくる。

しかも、日本の国土は、その全域を市町村で占めているわけではない。地方自治法は、東京都の二三区を特別区とし、この区域には「市町村」が存在しないのである。この特別区の区域について、東京が「都」と「市」の性質を併有しているのだという説明が存するが、これは、法律のあり方を後付けで説明しているに過ぎず、市町村が本当に憲法上の基礎的な地方公共団体と言えるのかについて、何ら本質的な説明をなし得ていない。都道府県が市町村の性質を兼備できるのであれば、市町村制を廃止して、都道府県制のみにすることも可能であるということになる。

つぎに、地方公共団体の権能について見てみよう。

地方税に関し、道府県は、市町村よりも強い権能を有していることが窺われる。すなわち、地方税法（昭和二五年法律二二六号、数次の改正あり）によれば、道府県は、普通税として、

道府県民税
事業税
地方消費税
不動産取得税
道府県たばこ税
ゴルフ場利用税
自動車税
鉱区税

を課し、目的税として、

自動車取得税
軽油引取税
狩猟税

を課す（四条）権限を有するが、市町村は、普通税として、

市町村民税

固定資産税

軽自動車税

市町村たばこ税

鉱産税

特別土地保有税

を課し、目的税として、

入湯税

を課す（五条）権限を有するに過ぎない。

また、地方税の課税権の帰属について、道府県の長の意見が異なり、その協議が整わない場合、総務大臣がこれを決定し、市町村の場合、道府県知事がこれを決定する（八条）ことと規定されている。

右のとおり、地方税の税目の種類・内容、課税権の帰属の決定手続などに関し、道府県の方が、市町村より強い権能を有しているのである。

現行の地方税制に落ち着くまでには、その立法政策に変遷がある。すなわち、明治八年、国税のほかに、府県税が制度として明確にされ、地方税規則（明治一一年太政官布告一九号）により、府県税の賦課徴収が府県会の議決によることと規定された。当時、まだ市町村制は確立していなかったが、その後、市制・町村制（明治二一年法律一号）により、初めて市町村税が整備され、おって府県制（明治二三年法律三五号）が整備された。府県税の主たるものは、国税

の附加税であり、市町村税の主たるものは、国税及び府県税の附加税であった。戦時期に制定された地方税法（昭和一五年法律六〇号）により、還付税と配付税が創設された。還付税は、国税である地租、家屋税及び営業税を道府県に分与するものであり、配付税は、国税である所得税及び法人税の徴収額の約一七パーセントと、入場税及び遊興飲食税の徴収額の五〇パーセントの総額を、道府県に六二パーセント、市町村に三八パーセント分与するものであった。これは、地租や収益税を地方の独立財源とし、地方団体の財政力を強化するという要請に応えたものであり、その要請は、その後一層強くなり、戦後の地方自治法（昭和二二年法律六七号）の制定となる。さらに、昭和二四年、アメリカ占領軍総司令部の招きで来日したコロンビア大学のシャウプ博士を団長とする使節団が、シャウプ使節団日本税制報告書（いわゆるシャウプ勧告）を発表し、地方財政の強化については、①国税に対する附加税を廃止し、一つの財源を一つの団体に与えること、②都道府県につき、住民税・地租・家屋税を廃止し、市町村につき、住民税・固定資産税を創設し、市町村の自主財源を充実すること、③交付税を廃止し、国の一般財源から、地方財政の必要に応じて、地方平衡交付金を交付する制度を創設することなどを勧告した。このシャウプ勧告をほぼ全面的に採用したのが、現行の地方税法（昭和二五年法律二二六号、数次の改正あり）である。

右のとおり、市町村は、財政力を次第に強化されてきたものの、裏をかえせば、依然として都道府県に対抗できるほどの財政力を有していないということである。明治時代から現行の地方税法に至るまで、市町村は、都道府県に代わって住民の自由な活動を確保する行政サービスを提供できるだけの財政的基盤を有したことはないのである。

警察権に関しては、都道府県にのみ警察が置かれ、そもそも市町村には警察が置かれていない。すなわち、警察法（昭和二九年法律一六二号、数次の改正あり）によれば、内閣総理大臣の所轄の下に、国家公安委員会を置き（四条）、国家公安委員会に、警察庁を置き（一五条）、都道府県に、都道府県警察を置く（三六条）ものとされている。実際の現場で警察権を行使するのは、都道府県警察であり、市町村ではない。

現行の都道府県警察体制に落ち着くまでには、その立法政策に変遷がある。すなわち、戦後、アメリカ占領軍総司令部の指揮の下で警察調査団が日本の警察制度の調査研究を進め、昭和二一年六月、ニューヨーク都市警察の専門家であるヴァレンタインは、都市警察は、公選の市長が任免する警察部長が管理すべきであるなどと報告し、同年七月、ミシガン州警察部長であるオランダーは、内閣総理大臣が、上院の同意を得て国家地方警察長官を任命し、全国六区に国家地方警察本部の支部を置くべきであるなどと報告した。昭和二二年九月のマッカーサー書簡は、民政局の主張に従ったものであり、① 行政庁長官の下に高度に中央集権化された警察組織を維持することは許されないこと、② 警察権は市及び町に委ねられ、市及び町は独立の自治体警察を維持し、市長又は町長が議会の同意を得て任命する三人の民間人からなる委員会が警察の長を任免すること、③ 中央集権的に規制された国家警察の発生を防ぐため、国家地方警察と自治体警察との間に指揮命令関係を認めないことなどの警察法の基本方針を確定した。このマッカーサー書簡の指示に従って、旧警察法（昭和二二年法律一九六号）が成立したのであるが、誕生した市町警察は、人事の停滞、広域犯罪の鎮圧困難、警察維持に関する財政困難等の大きな問題を抱え、埼玉、福島、大阪など地方の治安悪化が取り上げられ、昭和二七年、大都市における大規模な騒擾事件が発生し、殊にメーデー騒擾事件では、首都の治安に関して内閣総理大臣の責任が追及された。このため、警察の民主化と地方分権の趣旨を維持しながら、同時に、市町村の自治体警察を都道府県警察に統合し、都道府県警察の幹部を国家公務員とし、広域的事件につき政府が都道府県警察を指揮監督できることを目指して、警察法の全面的改正が実現した。これが現行の警察法（昭和二九年法律一六二号、数次の改正あり）である。

右のとおり、市町村は、犯罪者を摘発したり、犯罪を防止するなど、住民の自由な活動を守るという基本的な行政サービスを提供できない存在であり、警察権の行使は、都道府県に委ねられたのである。

このように、地方団体の自主財政権・自主行政権に関し、都道府県の方が、市町村よりも強い権能を有していることが認められるのであり、市町村が憲法上「基礎的な地方公共団体」であるということの意義が改めて問われてくる。

憲法学及び行政法学では、地方自治の本旨の内容として、①団体自治と、②住民自治を挙げる見解がほとんどであるが、その内容には検討すべき点がある。

地方自治の意義として、それが権力の抑制機能を果たし、国会の議会制民主主義を補完し、また民主主義の学校の役割を果たす、などと説かれることがある。

しかし、国民は、自ら選挙した国会議員を通じて国政に参与するのであり、国民主権は、議会制民主主義を導き出し、国会は、国権の最高機関と位置付けられるのであって、憲法が明確な規定を置いてもいない地方公共団体が、国会、内閣及び裁判所といった国家権力に対し、抑制機能を果たすとか、国会の権能を補完することが期待されているとは考え難い。国政選挙でなく、地方選挙においてこそ、民主主義の教育的機能がよく発揮されると言い切ることもできないであろう。地方選挙と言えば、国政選挙よりも一票の重さを感じやすいとは言えようが、国政選挙よりも思想の自由市場が形成され政策論争が活発であるとは言い切れないだろう。むしろ、地方選挙であれば、政策よりも人脈・派閥における抗争が激化しやすいであろうし、選挙買収も後を絶たない現状にあって、国政選挙よりも民主主義の教育的機能がよく発揮されているとは断言できないはずである。

団体自治とは、地方公共団体が国から独立して自律権を有し、地方自治の権能と責任が地方公共団体に帰属することをいうなどと説かれることがある。

しかし、前述のとおり、都道府県及び市町村は、組織規範及び実体規範のいずれにおいても、法律の縛りをかけられており、地方自治の権能と責任が地方公共団体に帰属するといっても、それは、国会の法律により他律的に付与されたものであって、地方公共団体が自律権を有しているとは言い難い。まして、市町村は、都道府県と比較して、その自主行政権・自主財政権等の権限が弱小であり、各都道府県の境界内に空間的に包摂されているという意味合いにおいては、「基礎的な地方公共団体」と言い得るかもしれないが、憲法上の意味合いにおいて、「基礎的な地方公共団体」とは言い難い。現行法の体系は、市町村に充分な自律権を認めていないが、だからといって、現行法の体系が憲法九二条に違反するとも言い難い。しかも、その沿革を尋ねたとき、市町村はもちろんのこと、都道府県ですら、かつて十全なる自律権を有していた歴史を持ったことはないのである。

それでは、「普通地方公共団体」の権力は、どこにその正当性の根拠があるのだろうか。

国民主権の原理から地方公共団体の正当性を導き出すことは困難である。日本国民は、自由・平等の存在であり、その自由な活動を保障するため、選挙により自らの代表者として国会議員を選挙し、国会は、国民の代表として国家意思を決定し、内閣及びその統轄下の国家行政機関並びに最高裁判所及び下級裁判所が、その国家意思を遂行する。日本国は、日本国民・日本国土に対し、画一的・統一的に立法権、行政権及び司法権を行使するものであり、国家という概念は、単一・不可分のものである。この国民主権の原理は、国家機関の正当性の根拠とはなるが、それは、地方公共団体の正当性の根拠とはならない。

地方公共団体は、江戸時代の幕藩体制が崩壊した後、廃藩置県を初めとし、府県制・市町村制によって制度化されたものであり、国家機関によって創設されたものである。地方公共団体は、法令以外にその正当性の根拠を探ることは困難なのである。国民という概念の発生よりも過去に遡り、室町時代における「村」の発生をもって、地方公共団体の歴史的沿革であるというのは、社会学の研究としてはそれなりの意義があるとしても、それは法学の理論とは認め難い。

思うに、「地方公共団体」の組織規範、実体規範は、国会が、その裁量によって法律で定めることができるものであり、「地方自治の本旨」とは、国会が、地方公共団体の自律的な組織・運営に配慮するよう政治的に努力すべきであるという程度の政治規範であると考える。

というのは、日本国の主権は、国民にあり、その代表者である国会が、国権の最高機関（四一条）なのであり、内閣の組織（六六条）も下級裁判所の設置（七六条）も、国会の立法事項なのであって、地方公共団体（九二条）の組織・運営も、同様に国会の立法事項だからである。国会が内閣及び裁判所の組織法・手続法を制定したとき、いかなる組織が、いかなる手続によって、当該法律の合憲性を判断できるというのであろうか。憲法が国会を国権の最高機関と位置付け、内閣及び裁判所の組織・運営に関するあり方を具体的に明示していない以上、国会による内閣・裁判所に対する制度改変が問題となっても、それを法的に解決する手段は見出し難いのであって、それは政治的に解決するしかなさそうである。同様に、国会が地方公共団体の自律権を侵害したか否かが問題となったとき、裁判所が訴訟手続によって自律権侵害の有無を判断するのは相当ではないだろう。憲法は、地方公共団体の組織・運営に関するあり方を具体的に明示しておらず、何が「地方自治の本旨」なのかを明記していないのである。仮に、裁判所が、憲法九二条違反を宣言して当該法律の効力を否定するとすれば、それは、司法権の行使というより、政治的判断を下すこと、つまり立法権の行使と等しい結果となろう。

仮に、法律が「地方自治の本旨」に反するという例外的な場合があるとすれば、それは、国会が、普通地方公共団体という制度を全面的に廃止する法律を制定した場合とか、立法目的に合理性がないか、立法内容が立法目的を実現するために必要性・合理性を欠き、社会通念上、著しくその裁量権を逸脱・濫用したことが一見して明白な場合など、にわかに想定し難いような極限的な場合に限られると思われる。地方公共団体の組織・運営に関する国会の裁量権は極めて広範なのであり、かかる極限的な場合でなければ、原則として当該法律が憲法九二条以下の規定に違反することはないと解するのが相当であろう。

したがって、国会の法律により、東京都の特別区が、その自主立法権、自主行政権、自主財政権等を剥奪された場合でも、あるいは特別区の長、議会の議員等に対する住民の直接選挙権を剥奪された場合であっても、「地方自治の本旨」に反することにはならないと解される。

そして、国会の法律により、市町村制を廃止した場合でも、同地域に、一層構造ではあっても、都道府県という普通地方公共団体が存在するのであれば、「地方公共団体」という制度を廃止したわけではないので、「地方自治の本旨」に反するものではないと解するのが相当である。

逆に、国会の法律により、都道府県を廃止し、道州制を設置した場合でも、かつて都道府県が存在した区域に、道州又は市町村という普通地方公共団体が存在するのであれば、「地方公共団体」という制度を全面的に廃止したわけではないので、「地方自治の本旨」に反するものではないと解するのが相当である。

二　普通地方公共団体の組織法

1　長と議会

憲法は、地方公共団体の組織について、その長を置くほか、議事機関として議会を設置し、長及び議会の議員は、その地方公共団体の住民が、直接これを選挙する（九三条）と規定する。そして、その組織に関する事項については、法律で定める（九二条）こととした。前述のとおり、国会の裁量権は広範である。

地方自治法によれば、普通地方公共団体には、議会を置き（八九条）、都道府県に知事、市町村に市町村長を置く（一三九条）。

普通地方公共団体の長は、普通地方公共団体を統轄し、これを代表する（一四七条）とされ、

① 議会に議案を提出すること

② 予算を調整し、及びこれを執行すること

③ 地方税等を賦課徴収すること

④ 決算を議会の認定に付すること

⑤ 会計を監督すること
⑥ 財産を取得し、管理し、及び処分すること
⑦ 公の施設を設置し、管理し、及び廃止すること

などの事務を執行する機関とされている（一四九条）。

地方自治法によれば、普通地方公共団体の議会は、

① 条例を制定・改廃すること
② 予算を定めること
③ 決算を認定すること
④ 地方税の賦課徴収等に関すること
⑤ 財産の取得又は処分をすること
⑥ 訴えの提起等に関すること

などの事件を議決しなければならない（九六条）とされ、重要案件について、普通地方公共団体の意思を決定する機関とされている。

住民には、選挙権がある（一一条）。長及び議会の議員の選挙権は、日本国民たる年齢満二〇年以上の者で引き続き三か月以上市町村の区域内に住所を有するものが行使する（一八条）。

普通地方公共団体の議会は、国会と同様に、自律的に招集する手続が制度化されておらず、また、他律的に解散される手続が制度化されているため、その自律的な活動が制約されている。まず、議会の招集は、長がこれをする（一〇一条）。つぎに、議会の解散についてであるが、議会において、議員数の三分の二以上の者が出席し、その四分の

三以上の者の同意をもって、長の不信任の議決をし、議長からその旨を長に通知した場合、長は、その通知を受けた日から一〇日以内に議会を解散することができる（一七八条）。この場合において、長が議会を解散しないとき、又はその解散後初めて招集された議会において、議員の三分の二以上の者が出席し、その過半数の者の同意をもって、再び長の不信任の議決をし、議長からその旨を長に通知したとき、長は、その通知があった日においてその職を失う（同条）。

住民には、議会の解散請求権、並びに議員及び長の解職請求権（リコール制度）がある（一三条）。まず、選挙権を有する者は、その総数の三分の一以上の者の連署をもって、その代表者から、選挙管理委員会に対し、議会の解散の請求をすることができ、このとき、選挙管理委員会は、これを選挙人の投票に付さなければならず（七六条）、この解散の投票において過半数の同意があったとき、議会は、解散する（七八条）。つぎに、いわゆるリコール制度がある。選挙権を有する者は、所属の選挙区におけるその総数の三分の一以上の者の連署をもって、その代表者から、普通地方公共団体の選挙管理委員会に対し、当該選挙区に属する普通地方公共団体の議会の議員の解職の請求をすることができ、選挙管理委員会は、これを当該選挙区の選挙人の投票に付さなければならず（八〇条）、議員は、解職の投票において、過半数の同意があったときは、その職を失う（八三条）。また、選挙権を有する者は、その総数の三分の一以上の者の連署をもって、その代表者から、普通地方公共団体の選挙管理委員会に対し、当該普通地方公共団体の長の解職の請求をすることができ、選挙管理委員会は、これを選挙人の投票に付さなければならず（八一条、七六条）、長は、解職の投票において、過半数の同意があったときは、その職を失う（八三条）。

さて、憲法は、普通地方公共団体の長と議会の議員が、いずれも住民に直接選挙されるべきものとし、長と議会が、いずれも民主主義的な正当性の根拠を有していることになるため、長と議会とが対立したとき、その二元的対立を法律的に解決するのが困難となる可能性が生じかねない。

例えば、補助機関等の設置・選任に関し、長と議会とが対立し、議会が長の不信任の議決をし、解散・再選挙後の議会が改めて長の不信任の議決をした場合、長は、その職を失うが、同一人物が、再選挙において長に再当選するという事態が起こり得る。この点、国会と内閣とが対立し、衆議院が解散・総選挙となった場合、内閣は、総辞職し、新しい内閣総理大臣は、新しい国会の議決で指名されることになるので、国家意思の決定は、国民の代表である国会が最終的に決定するということで落ち着くことになる。しかし、地方議会の解散・選挙と、長の解職・選挙を何度繰り返しても、両者の対立が法律的に解決されないという事態が生じ得るのである。これは、地方統治制度の根幹に関わる大問題のように思われる。

思うに、地方自治法において、長による議会の解散権行使の制度や、議会による長の不信任議決といった制度を維持することは、憲法九三条の趣旨に照らして相当とは思われない。というのは、憲法は、長と議会の議員に関し、住民による直接選挙を明記し、長と議会は、その存立に関し、いずれも独自の正当性の根拠を有しており、議院内閣制のような制度とは整合的でないからである。

逆に、長による議会の解散権行使や、議会による長の不信任議決といった制度を有効に機能させるべきであるならば、憲法九三条を改正し、首長公選制又は地方議会制度を修正することも考え得る。例えば、地方議会の議決で、首長を指名するという議院内閣制のような制度を採り入れるか、あるいはまた、首長が、地方議会の議員を任命するというような制度を採り入れるか、いずれかの制度に修正すれば、長と議会との解決困難な二元的対立を回避することが可能となろう。国民主権の原理は、唯一の立法機関たる国会の設置を帰結することになるが、地方議会の設置まで必然的に帰結するものではないし、また、民主主義の原理は、首長公選制を必然的に帰結するものでもない。

2　長の補助機関、行政機関及び行政委員会

地方議会は、国会が国の行政組織を法律で定めるほど強力な権限ではないが、普通地方公共団体の長の補助機関の設置に関する権限を有する。

すなわち、地方自治法によれば、補助機関として、都道府県には、副知事、出納帳を置き、市町村には、助役、収入役を置くが、議会は、条例で、副知事、助役、収入役を置かないことができる（一六一条、一六八条）。そして、副知事、助役、出納帳及び収入役は、長が選任するが、議会は、これに同意するか不同意にするかの決定権を有する（一六二条、一六八条）。

議会は、普通地方公共団体の行政機関を設置する権限も有する。すなわち、長は、法律又は条例の定めるところにより、

保健所

警察署

その他の行政機関

を設ける（一五六条）。

普通地方公共団体には、執行機関として法律の定めるところにより、

教育委員会

選挙管理委員会

人事委員会又は公平委員会

監査委員

を置かなければならず、そのほか、都道府県には、執行機関として法律の定めるところにより、

公安委員会

労働委員会

収用委員会

海区漁業調整委員会

内水面漁場管理委員会

を置かなければならず、市町村には、執行機関として法律の定めるところにより、

農業委員会

固定資産評価審査委員会

を置かなければならない（一八〇条の五）。

このように、地方自治法は、普通地方公共団体が、補助機関（一六一条、一六八条）、行政機関（一五六条）及び行政委員会（一三八条の四、一八〇条の五）を設置するものと明記している。

これら補助機関、行政機関及び行政委員会などの組織をどのように設置、構成するかについて、法定主義を採用することは、地方公共団体の自律性を制約するものであるが、前記のとおり、国会の裁量権は広範である上、憲法自身が、地方公共団体の組織に関する事項を法律で定めるとしている（九二条）のであるから、かかる法定主義の採用それ自体が、地方自治の本旨（九二条）に反することはない。

憲法によれば、住民は、議員及び長のほかに、法律の定める「その他の吏員」を直接選挙する（九三条）とされて

いるが、地方自治法は、住民の直接選挙にかかる「その他の吏員」を定めていない。

地方自治法によれば、住民は、議員及び長以外の役員に対する解職請求権を有する（一三条）。選挙権を有する者は、その総数の三分の一以上の者の連署をもって、その代表者から、普通地方公共団体の長に対し、副知事、助役、出納帳、収入役、選挙管理委員、監査委員又は公安委員会の委員の解職の請求をすることができ、長は、これを議会に付議しなければならず（八六条）、議会の議員の三分の二以上の者が出席し、その四分の三以上の者の同意があったときは、これら役員は、その職を失う（八七条）。

三　普通地方公共団体の手続法

1　地方議会の議決手続

(1)　審議と議決

憲法は、地方公共団体の運営に関する事項は、法律で定める（九二条）と規定するだけで、地方公共団体の手続規定については、何ら具体的な定めを持たない。

地方自治法によれば、普通地方公共団体の議会は、国会と同様に自律的な活動に制約がある。すなわち、議会は、長がこれを招集し（一〇一条）、長は、議会に議案を提出することができる（一四九条）。議会は、議員の定足数の半数以上の議員が出席しなければ、会議を開くことができない（一一三条）。議員は、議会の議決すべき事件につき、議会に議案を提出することができるが、議案を提出するに当たっては、議員の定数の一二分の一以上の者の賛成がなければならないし、議員は、予算議案を提出することができない（一一二条）。

議会は、議案の審議・議決のために、調査権を有する。すなわち、議会は、当該普通地方公共団体の事務に関する書類及び計算書を検閲し、長及び委員会に報告を求め、当該事務の管理、議決の執行及び出納を検査することができ、監査委員に対し、当該普通地方公共団体の事務に関する監査を求め、監査の結果に関する報告を請求することができる（九八条）。また、議会は、当該普通地方公共団体の事務に関する調査を行い、関係人の出頭及び証言並びに記録の提出を請求することができる（一〇〇条）。長並びに委員会の代表者又は委員は、説明のため議会の議長から出席を求められたときは、議場に出席しなければならない（一二一条）。

議会の会議は、これを公開する（一一五条）。議会の議事は、出席議員の過半数でこれを決し、可否同数のときは、議長の決するところによる（一一六条）。

(2) 長による拒否権と専決処分権

長は、議会の議決について、以下のとおり、拒否権がある。

第一に、議会における条例の制定・改廃又は予算に関する議決について異議があるときは、長は、その送付を受けた日から一〇日以内に理由を示してこれを再議に付することができ、再議が、出席議員の三分の二以上の者の同意によって、先の議決と同じ議決とならなければ、先の議決は成立しない（一七六条一項ないし三項）。

第二に、議会の議決が、その権限を超え又は法令に違反すると認めるときは、長は、理由を示してこれを再議に付さなければならず、再議決が、なおその権限を超え又は法令に違反すると認めるときは、都道府県知事にあっては総務大臣、市町村長にあっては都道府県知事に対し、再議決があった日から二一日以内に、審査を申し立てることができ、総務大臣又は都道府県知事は、審査の結果、議会の議決がその権限を超え又は法令に違反すると認めるときは、当該議決を取り消す旨の裁定をすることができる（同条四項ないし六項）。

第三に、議会の議決が、収入又は支出に関し執行することができないものがあると認めるときは、長は、理由を示してこれを再議に付さなければならない（一七七条一項）。議会の議決が、先の議決と同じ議決をしたときは、その議決は、確定し、長は、これを争えない。

第四に、議会において、法令により普通地方公共団体の義務に属する経費を削除又は減額する議決をしたときは、その経費について、長は、理由を示してこれを再議に付さなければならず（同条二項一号）、議会の議決が、なおその経費を削除又は減額したときは、長は、その経費を予算に計上してその経費を支出することができる（同条三項）。

第五に、議会において、非常災害による応急・復旧の施設のために必要な経費又は感染予防のために必要な経費を削除又は減額する議決をしたときは、その経費について、長は、理由を示してこれを再議に付さなければならず（同条二項二号）、議会の議決が、なおその経費を削除又は減額したときは、長は、その議決を不信任の議決とみなすことができ（同条四項）、議会を解散することができる（一七八条）。

その上、長は、専決処分の権限を有する。すなわち、議会が成立しないとき、長において議会を招集する暇がないと認めるとき、又は議会において議決すべき事件を議決しないとき、長は、その議決すべき事件を専決処分することができるのである（一七九条）。なお、この処置について、長は、次の会議においてこれを議会に報告し、その承認を求めなければならない（同条）。

右のとおり、長の権限は、強大である。普通地方公共団体の意思は、議決機関である議会が条例、予算等の議決によって決定するのであるが、その議案は、執行機関である長がこれを提出することとされており、議員がこれを提出するには制限がある上、長は、議会の議決について、拒否権を行使できるのである。長は、条例、予算等の議決手続に関し、極めて強い権限を有していることになる。その上、長は、緊急時には議会の議決を待たずに、専決処分をする権限まで有しているのである。

なぜ、長には、条例拒否権があるのか。国の行政機関が、国会の制定した法律に従わなければならない（法治主義）とすれば、普通地方公共団体の長も、地方議会の制定した条例に従わなければならないという法制度も採り得たはずである。長による条例拒否権は、いかなる根拠に基づくのであろうか。

法治主義の原則により、国の行政機関は、国会の法律に従わなければならない。国の行政機関は、原則として、国会の法律が憲法に違反しないという前提に立つべきであって、個々の法律について、憲法違反の嫌疑をかけてその執行を拒否することはできないというべきである。確かに、憲法によれば、公務員は、憲法を尊重し擁護する義務を負う（九九条）。アメリカ合衆国憲法に明文規定がなかったにもかかわらず、アメリカ連邦最高裁が違憲審査権を行使したのと同様な思想に立脚すれば、日本国の行政機関も、ある法律が憲法に違反する疑いがあるとして、その執行を拒否することが理論的に考えられる。しかしながら、ある法律が憲法に違反するか否かは、しばしば政治的論争の対象となり、多種多様な価値観を有する個々人が様々な憲法解釈を展開する可能性を有する以上、個々の公務員や行政機関が安易に有権的な法令審査権を行使できるとしてしまえば、法律の安定性は失われてしまう。憲法は、国民主権主義（前文、一条）、議会制民主主義（前文、一五条、四三条など）、議院内閣制（六六条、六七条、六九条など）を採用し、国会は、国民を代表し（前文、四三条）、国権の最高機関であって（四一条）、国家意思を決定する権限を有するのである。内閣は、法律を誠実に執行する（七三条一号）のが原則であって、国の行政機関は、有権的な違憲審査権を行使できないと解した方が妥当である。

しかし、普通地方公共団体の長は、国の行政機関と異なる立場に立っている。すなわち、憲法によれば、長は、住民が直接選挙することとされ（九三条）、首長公選制が採用されており、長は、その正当性の根拠を議会に置いていないのである。国会が国民の代表であるのと同様に、地方自治法によれば、長は、普通地方公共団体の住民に選挙された代表なのである（一四七条）。

つまり、長と議会とは、ともに住民から選挙されたものであり、それぞれ独立して正当性の根拠を有することから、そこには二元的対立構造があるのであって、長は、必ずしも常に議会の議決に従わなければならないとされる必然性はなく、それが、長による条例に対する拒否権行使の根拠なのであろう。

ただし、長が、無制限に条例拒否権を行使できるのであれば、議会は、議決機関としての意義を失いかねない。

地方自治法は、長が条例拒否権を行使するに当たり、期間制限などの要件を定めており、かかる要件を定めた趣旨からすると、要件を満たさない拒否権の発動は無効ということになろう。すなわち、当初、長が、条例に対する拒否権を発動しないでいて、議会に対する付議期間を経過させ、拒否権を発動できなくなった後に、当該条例が憲法又は法令に違反しているなどとして、当該条例の執行を拒否することはできないというべきである。地方自治法の現行規定は、条例の制定・執行をめぐる長と議会との二元的対立を政治的に解決するための一方策であり、国会が広範な裁量権をもって決定した制度なのである。長による拒否権行使に要件を定めたということは、それ以外のルートで条例の執行を拒否することを許さないという趣旨であろう。

すなわち、長は、地方自治法の規定に従って拒否権を行使した場合を除き、有効に成立した条例には拘束されるということである。

(3) 住民による条例の制定改廃請求権

住民には、条例の制定改廃請求権がある（一二条一項）。すなわち、選挙権を有する者は、その総数の五〇分の一以上の者の連署をもって、その代表者から、普通地方公共団体の長に対し、条例の制定又は改廃の請求をすることができ、長は、同請求を受理した日から二〇日以内に議会を招集し、意見を付けてこれを議会に付議し、議会は、同請求の代表者に意見を述べる機会を与えなければならず、長は、議決の結果を同請求の代表者に通知しなければならない（七四条）。

ただし、住民は、条例の制定・改廃につき、議決に付すことを請求できるに過ぎず、投票権を有するわけではないので、議会は、条例の制定・改廃につき、住民の請求に拘束されずに再議決できる。

2 執行機関の行政手続

普通地方公共団体の処分等について、行政手続法（平成五年法律八八号、数次の改正あり）の適用いかんを検討してみよう。

まず、法律の規定を根拠とする地方公共団体の機関がする処分、及び同機関に対する届出については、行政手続法の規定が適用される（三条三項）。

つぎに、法律の規定を根拠とせず、条例の規定を根拠とする地方公共団体の機関がする処分、及び同機関に対する届出については、行政手続法の規定が適用されない（同項）。地方公共団体は、条例の規定を根拠とする処分、届出及び命令等に関する手続ついて、行政手続法の規定の趣旨にのっとり、行政運営における公正の確保と透明性の向上を図るため必要な措置を講ずるよう努めなければならない（四六条）とし、行政手続条例の制定等を政治的な努力目標とするに止めた。

何故、国の行政処分等と異なり、地方公共団体の行政処分等については、行政手続法の適用が制限されているのか。行政手続法は、行政運営における公正の確保と透明性の向上を図り、もって国民の権利利益の保護に資することを目的としている（一条）が、その趣旨は、法律の規定を根拠とする処分等に限らず、条例の規定を根拠とする処分等にも当てはまるはずである。

行政手続法の制定に先立つ前史として、最高裁判例の積み重ねがあるが、一連の最高裁判例は、地方公共団体の機関の処分等にも該当する。すなわち、先に見たとおり、最高裁昭和四七年一一月二二日大法廷判決（川崎税務署事件）、最高裁平成四年七月一日大法廷判決（成田新法事件）によれば、一般の行政手続に関しても、刑事手続に関する憲法三一条（告知・弁解・防御の機会の保障）、三五条（住居の不可侵と令状主義）及び三八条（黙秘権の保障）の法意が及ぶものとされ、これらの判例法理は、その後、最高裁平成四年一〇月二九日第一小法廷判決（伊方原子力発電所訴訟）、最高裁同日判決（福島第二原子力発電所訴訟）、最高裁平成五年三月一六日第三小法廷判決（教科書検定訴訟）などに継承された。また、最高裁平成三年四月二六日第二小法廷判決（水俣病認定放置事件）によれば、申請者が迅速、適正な処分を受ける行政手続上の権利を有するものとされた。これらの判例法理は、行政手続法の制定を待たなくとも、適正手続の保障を実現すべきことを宣言したものである。

これら行政手続法及び一連の最高裁判例の趣旨は、根拠規定が法律であるか、条例であるかを問わず、すべての地方公共団体の機関の処分等に当てはまるはずである。

国会は、既に、地方自治法、地方公務員法、地方財政法、地方税法、警察法など、地方自治に関する組織法、手続法、実体法を制定し、地方公共団体の自律権を大きく制約しているのであり、行政手続法の分野だけは地方公共団体の自律権を尊重するなどという論拠に合理性があるとは考え難い。

地方公共団体の処分等について、行政手続法の適用が制限されているのは、地方公共団体の自律権を保障する要請に由来するのではなく、より現実的な問題に起因するのであろうと思われる。すなわち、行政運営における適正手続の保障を実現するためには、公務員の事務負担が増加するところ、国には、それを実現するための人的・物的・予算的措置を講じるだけの基盤が存在するが、市町村等には、それだけの基盤が存しないので、市町村等のすべての処分等に行政手続法を直ちに適用した場合、市町村等が事務負担の増加に対応できなくなるという問題が背景にあるように思われる。実際のところ、市町村の処分等であっても、法律の規定に根拠を有するものについては、行政手続法が適用されるのであり、同法が適用されないのは、条例等の規定だけに根拠を有するものに限られるのであるから、行政手続法の適用範囲が制限されていても、大きな支障が生じないであろうとの実際上の判断があると考える。

3　国の関与

地方自治法は、国の普通地方公共団体に対する「関与」について規定している。

すなわち、国の行政機関は、普通地方公共団体の事務処理に関し、

① 助言又は勧告
② 資料の提出の要求
③ 是正の要求
④ 同意
⑤ 許可、認可又は承認

⑥　指示

⑦　代執行

を行い（二四五条一号）、また、

⑧　協議（同条二号）

⑨　その他一定の行政目的を実現するための具体的かつ個別的に関わる行為（同条三号）

を行うことがある。

これら「関与」をする場合、国は、その目的を達成するために必要な最小限度のものとするとともに、普通地方公共団体の自主性及び自立性に配慮しなければならない（二四五条の三第一項）。

国は、できる限り、普通地方公共団体が、その事務の処理に関して国との「協議」（同条の三第三項）、その自治事務の処理に関して国の「同意」（同条の三第四項）、「許可、認可又は承認」（同条の三第五項）を要しないようにしなければならない。

各大臣は、都道府県の自治事務の処理が、法令の規定に違反していると認めるとき、又は著しく適正を欠き、かつ、明らかに公益を害していると認めるときは、当該都道府県に対し、「是正の要求」をすることができる（二四五条の五第一項）。市町村の事務の処理に関しても、同様の趣旨に由来する規定がある。

各大臣は、都道府県の法定受託事務の処理が、法令の規定に違反していると認めるとき、又は著しく適正を欠き、かつ、明らかに公益を害していると認めるときは、当該都道府県に対し、是正・改善のため必要な「指示」をすることができる（二四五条の七第一項）。市町村の事務の処理に関しても、同様の趣旨に由来する規定がある。

国は、できる限り、普通地方公共団体が、その事務の処理に関して「代執行」等を受けることのないようにしなければならない（二四五条の三第二項）。各大臣は、都道府県知事の法定受託事務の管理・執行が、法令の規定等に違反するものがある場合、又は当該法定受託事務の管理・執行を怠るものがある場合において、他の方法によって是正を図ることが困難であり、かつ、それを放置することにより著しく公益を害することが明らかであるときは、当該都道府県知事に対し、期限を定めて、是正・改善すべきことを「勧告」することができ（二四五条の八第一項）、都道府県知事が同期限までに同勧告に係る事項を行わないときは、各大臣は、当該都道府県知事に対し、期限を定めて、当該事項を行うべきことを「指示」することができ（同条の八第二項）、都道府県知事が同期限までに同指示に係る事項を行わないときは、各大臣は、高等裁判所に対し、訴えをもって、当該事項を行うべきことを命ずる旨の裁判を請求することができ（同条の八第三項）、都道府県知事が同裁判に従わず、当該事項を行わないときは、各大臣は、当該都道府県知事に代わって、当該事項を「代執行」することができる（同条の八第八項）。市町村の事務の処理に関しても、同様の趣旨に由来する規定がある。

これら「関与」制度の意義は何か。

普通地方公共団体が、憲法又は法律に違反した「条例の制定」や「行政の執行」をし、これにより、個々の国民が損害を被った場合、当該国民は、国の司法機関に対し、権利救済を求めることができるが、国の行政機関に対し、それ以外の特段の措置を講ずるよう求める請求権を持ってはいない。憲法は、裁判所をもって、地方公共団体の条例、行政行為等が憲法や法律に適合するか否かの判断をする機関としているのであって、国の行政機関が、条例等に対する審査権を行使することを予定してはいない。

しかし、国の行政機関としては、地方公共団体が違法・不当に事務を処理し、それにより公益を害していると認めていながら、地方公共団体の事務処理に関与できず、それを放置しなければならず、被害を被った国民が個別に司法救済を受けるのを傍観していなければならないというのでは、国家意思の遂行を責務とする国家機関として無責任な話であろう。内閣は、国の縦割り行政を統轄し、全国的・統一的な行政運営を図るものとされているが、国の行政は、地方の行政を放置するのではなく、これもまた統一的な行政運営の枠内に取り込む要請が存するのである。

地方公共団体は、その公権力の正当性を国から伝来しており、憲法によれば、地方議会は、「法律の範囲内で」条例を制定することができる（九四条）に過ぎない。長などの執行機関も、法律の範囲内でしか行政権を行使できないはずである。地方公共団体が、法令の定める要件に違反したり、法令の執行を懈怠することは、許されないはずである。

国の行政機関は、立法機関の決定した国家意思を遂行すべき権限と責務を有しているのであって、地方公共団体が法令に違反したり、法令の執行を懈怠し、公益を害しているときに、その是正・改善のための措置を講ずることは、正に国の行政機関の責務なのであり、これこそが、関与制度の意義なのであろう。

もちろん、法律は、「地方自治の本旨」に基づいて定められなければならない（九二条）。関与制度の運用も、地方公共団体の自主性と自律性に配慮しなければならないのは当然である。

四　普通地方公共団体の実体法

1　国の事務と普通地方公共団体の事務

憲法によれば、地方公共団体は、その財産を管理し、事務を処理し、及び行政を執行する権能を有し、法律の範囲内で条例を制定することができる（九四条）とされるが、地方公共団体の運営に関する事項は、法律で定める（九二条）とされるだけであり、地方公共団体の実体規定について、何ら具体的な定めがない。

地方自治法によれば、普通地方公共団体は、①地方公共団体が処理する事務であって、法定受託事務以外のもの（自治事務）、②国が本来果たすべき役割に係る事務であって、法令により都道府県、市町村又は特別区が処理することとされる事務（第一号法定受託事務）、及び③都道府県が本来果たすべき役割に係る事務であって、法令により市町村が処理することとされる事務（第二号法定受託事務）を処理する（二条二項、八項、九項）。自治事務（①）とは、法定受託事務（②及び③）以外のものとされ、積極的な定義規定はない。

それでは、国が本来果たすべき役割に係る事務とは何か、都道府県が本来果たすべき役割に係る事務とは何か、市町村が本来果たすべき役割に係る事務とは何か。

地方自治法によれば、国は、

①　国際社会における国家としての存立にかかわる事務

② 全国的に統一して定めることが望ましい国民の諸活動又は地方自治に関する基本的な準則に関する事項

③ 全国的な規模で又は全国的な視点に立って行わなければならない施策及び事業の実施

④ その他の国が本来果たすべき役割

を重点的に担い、

⑤ 住民に身近な行政

は、できる限り地方公共団体にゆだねることを基本とする（一条の二）とされる。

これは、一応の基準ではあるが、なお判然としないところがある。

①の国家としての存立にかかわる事務とは、外交・防衛などであろう、と抽象的ながら理解することは可能である。しかし、例えば、警察事務は、それなくして国家の存立が考え難いという意味において、国が本来果たすべき役割のようにも思えるが、住民に身近な行政という意味において、地方公共団体が本来果たすべき役割のようにも思える。先に見たとおり、戦後、アメリカ占領軍総司令部は、警察事務を市町村が果たすべき役割に係る事務であると想定し、市町村警察を創設させたのであるが、これは、実効力を欠いていて機能しなかったのである。都道府県警察は、現在も維持されているが、人・物・金・情報の流れが迅速化・広域化・国際化している現代社会においては、都道府県をまたがる広域的な警察活動の必要性が指摘されているのである。つまり、国が果たすべき役割なのか、地方公共団体が果たすべき役割なのか、といっても、具体的な次元になると、問題が発生しかねないのである。

②の全国的に統一して定めることが望ましい国民の諸活動に関する基本的な準則とは、民法、商法、刑法などの分野ではなかろうか、と抽象的には理解することができる。しかし、例えば、憲法によれば、国は、すべての生活部面について、社会福祉、社会保障及び公衆衛生の向上及び増進に努めなければならず（二五条）、賃金、就業時間、休息

その他の勤労条件に関する基準は、法律でこれを定める（二七条）とされるが、かかる事務は、住民に身近な行政という側面が存するようにも思える。生活保護基準、労働基準などを定める場合、地域によって、人口が過密なのか過疎なのか、若年者が多いのか高齢者が多いのか、第一次産業人口、第二次産業人口、第三次産業人口のいずれの比率が大きいのか、失業率はどうか、所得格差はどうか、物価水準はどうか、など地域間格差が存在するのであるから、地域の特性に配慮せざるを得ないであろう。また、例えば、地方自治に関する基本的な準則にしても、長が議会の解散権を有する制度を維持すべきか、長が条例の拒否権を有する制度を維持すべきか、などについて、全国的に統一して定めることが望ましいのかどうか、その根拠は不分明である。むしろ、地方の自律的な統治制度を確立するためには、地方自治に関する準則は、大幅に条例に委ねるという選択肢もあるはずである。

③の全国的な視点に立って行わなければならない施策及び事業とは、道路整備、治水事業などではなかろうか、と抽象的には理解できる。しかし、例えば、道路法（昭和二七年法律一八〇号、数次の改正あり）によれば、一般国道とは、全国的な幹線道路網を構成し、かつ、都道府県庁所在地等の重要都市、人口一〇万以上の市、特定重要港、重要な飛行場などを連絡する道路で、政令でその路線を指定したものという（五条）から、幹線道路であっても、政令で路線指定をしていなければ一般国道ではない。幹線道路網の整備は、住民に身近な行政そのもののはずであるが、結局、ある幹線道路が一般国道となるか、都道府県道・市町村道となるかは、政令による指定の有無に影響されるわけであり、国の意思決定に左右されることになる。

行政法学においては、この問題を「中央集権」から「地方分権」へという流れの中で理解し、「自治事務」の範囲が広く解釈されるべきであり、「法定受託事務」の範囲が限定的に解釈されるべきであるという意見があるが、かかる意見には、検討すべき点が多い。

確かに、地方自治法の規定は、一見すると、市町村などの地方公共団体が行政を担うことを原則とし、国の役割は限定的であるかのように読めなくもない。中央集権型、すなわち国会中心主義による意思決定は、時に迅速を欠き、地域の特性に対する配慮が不十分となることもある故に、地方分権型、すなわち地方公共団体への大幅な権限委譲を憧憬する理由も理解できなくはない。だからこそ、憲法は、地方自治の章を設けたのであろう。

しかし、国が本来果たすべき役割に係る事務だとか、地方公共団体が本来果たすべき役割に係る事務だとか言っても、その判断基準を明確に定義するのは困難なのであって、結局、国と地方公共団体との間の事務分配については、国会の政治的判断によるしかない。しかも、地方自治法によれば、国が本来果たすべき役割に係る事務を国が担うと言っても、国は、当該事務を「重点的に」担うというにすぎない（一条の二）。住民に身近な行政は、地方公共団体にゆだねると言っても、それは、地方公共団体に「できる限り」ゆだねるというにすぎず（一条の二）、国は、住民に身近な行政をも担うことを禁止されていないのである。当該事務が「自治事務」である場合であっても、国は、当該事務について、法律又は政令を定める（二条一三項）ことができるのである。国の権限が及ばない分野を想定することは困難である。憲法によれば、地方公共団体の運営に関する事項は、法律で定めるとされており（九二条）、「地方自治の本旨」に基づいて立法するといっても、これは、先に見たとおり、政治的な理念と考えるべきであろう。

そもそも、地方公共団体の権限は、国から付与されたものであり、公権力の正当性の根拠は、国民である。国民は、自由・平等の存在であり、その自由な活動を保障するため、全国に統一的な規範の定立を目指すのであって、国民から選挙された者は、国会議員として活動し、国会は、国民の代表として国家意思を決定するのである。国民主権の原理は、地方公共団体という概念を必然的に要するものではなく、地方自治は、国家権力から付与されたものに過ぎない。

結局、自治事務・法定受託事務の区別や、国と地方公共団体の事務分配に関して、原則として、個別具体的な法律が憲法九二条違反を問われることはないと考えるべきだろう。先に見たとおり、国会の裁量権は、広範である。「自治事務」の範囲を広く解すべきであるとか、「法定受託事務」の範囲を限定的に解すべきであるとか言っても、それは、厳密な意味において法律解釈・憲法解釈の次元の問題なのではなく、立法論、すなわち国会の政治的判断に対する要望のレベルの問題と言うべきであろう。国が本来果たすべき役割に係る事務とか、地方公共団体が本来果たすべき役割に係る事務とか言っても、規範としての定義を明確にすることは困難であって、両者の区別に関する意見は、国会の立法裁量に対する政治的指針に過ぎないと言えよう。

2 議会の条例制定権

憲法によれば、地方公共団体は、法律の範囲内で条例を制定することができる（九四条）。

地方自治法によれば、法令により地方公共団体が処理することとされる事務が、自治事務である場合においては、国は、地方公共団体が地域の特性に応じて当該事務を処理することができるよう、特に配慮しなければならない（二条一三項）。この条項が前提としているとおり、国は、法定受託事務に限らず、自治事務についても、法律を制定することができる。

また、普通地方公共団体は、自治事務についてのみならず、「法令に違反しない限りにおいて」、法定受託事務についても、条例を制定することができる（二条二項、一四条一項）。

(1) 条例による財産権制限の可否

地方自治法によれば、普通地方公共団体は、条例によって、義務を課し、又は権利を制限することができる（一四条二項）と規定するが、他方、憲法によれば、財産権の内容は、公共の福祉に適合するように、法律でこれを定める（二九条二項）とされている。

財産権の内容を制限するには、法律をもってしなければならないのか。条例をもって、財産権の内容を制限することは許されるのか。許されるとした場合、その根拠は何か。

最高裁昭和三八年六月二六日大法廷判決（刑集一七巻五号五二一頁）は、奈良県条例違反が問われた刑事事件である。この事案は、ため池の周辺農家が、父祖の代から同ため池を共有ないし総有し、その総代が、これを管理してかんがいの用に供するとともに、各農家が、周囲の堤とうに農作物を植えてきたが、奈良県が、災害の防止を目的としてため池の保全に関する条例を制定し、ため池の堤とうに農作物を植える行為等を禁止し、これに違反した者は三万円以下の罰金に処すると規定したことから、各農家が、農作物を植える行為等を任意に中止したにもかかわらず、被告人らだけが、引き続き農作物を植える行為等を中止しなかったというものである。この刑事裁判では、条例をもって、ため池の堤とうの使用行為をほとんど全面的に禁止することが許されるのか、当該条例が憲法二九条二項に違反しないのかが争われた。

この事案について、同判決は、条例をもって、法律上保護されない利益を制限することは違法ではないと判示した。すなわち、同判決は、「ため池の破損、決かいの原因となるため池の堤とうの使用行為は、憲法でも、民法でも適法な財産権の行使として保障されていないものであって、憲法、民法の保障する財産権の行使の埒外にあるものというべく、従って、これらの行為を条例をもって禁止、処罰しても憲法および法律に抵触またはこれを逸脱するものとはいえないし、また右条項に規定するような事項を、既に規定していると認むべき法令は存在していないのであるから、これを条例で定めたからといって、違憲または違法の点は認められない。……事柄によっては、特定または若干の地方公共団体の特殊な事情により、国において法律で一律に定めることが困難または不適当なことがあり、その地方公共団体ごとに、その条例で定めることが、容易且つ適切なことがある。本件のような、ため池の保全の問題は、まさにこの場合に該当するというべきである。それ故、本条例は、憲法二九条二項に違反して条例をもっては規定し得ない事項を規定したものではなく、これと異なる判断をした原判決は、憲法の右条項の解釈を誤った違法があるといわなければならない。」と判示した。

同判決の結論は相当であるが、その理由付けには検討すべき点がある。同判決は、災害を惹起しかねない土地利用は、適法な財産権の行使として保障されていないとし、かかる土地利用を制限する条例は、憲法二九条に違反しないと判示する。しかし、憲法二九条は、公共の福祉を損なうような土地利用を制限する場合であっても、法律の定めを要求していると考えられるから、同判決の理由付けは、充分とは言い難い。

思うに、国会は、法律で国民の権利を制限できるほか、普通地方公共団体に対し、地方の特性に応じた条例を制定させ、権利を制限させることを授権することも可能なはずであり、地方自治法一四条一項及び二項は、普通地方公共団体に対し、条例によって権利を制限する権限を委任しているものと解される。普通地方公共団体は、憲法九四条及び地方自治法一四条一項及び二項により、条例をもって所有権を制限する権限を付与されたものと考えるのである。民法によれば、私権は、公共の福祉に適合しなければならず、権利の行使は、信義に従い誠実に行わなければならず、権利の濫用は、これを許さない（一条）とされているのである。災害を惹起しかねない土地利用について、条例をもって制限することは、法律の許容範囲内の規制であろう。

これに対し、憲法学及び行政法学においては、普通地方公共団体は、法律の授権（地方自治法一四条一項及び二項）がなくても、条例によって権利を制限できるという意見があるが、かかる意見は、相当とは思えない。というのは、国家権力の正当性の根拠は、国民にあり、国会が、国民の代表として国家意思を決定するのであり、地方公共団体は、その公権力の正当性を国家から伝来しているのであって、法律の授権なくして、財産権を制限できるとは考え難いからである。確かに、地方議会は、住民の選挙した議員によって組織され、条例の制定が、民主主義的な契機に立脚していることは認められる。しかし、憲法それ自体、国会を通じて行動する「国民」によって制定されたものである上、憲法九四条は、「法律の範囲内で」条例を制定することができると限定しているのであって、条例は、法律そのものではないのだから、「住民」の代表により制定された「条例」を安易に「法律に準ずるもの」と断定したり、憲法二九条にいう「法律」には「条例」も含まれるなどと断定するには、慎重でなければならない。地方自治法一四条の規定による授権がない場合、条例によって財産権の内容を制限することは許されないとするのが、憲法の理念であろう。

(2)　条例による罰則規定の可否

地方自治法によれば、普通地方公共団体は、その条例中に、条例に違反した者に対し、二年以下の懲役若しくは禁錮、一〇〇万円以下の罰金、拘留、科料若しくは没収の刑又は五万円以下の過料を科する旨の規定を設けることができる（一四条三項）と規定するが、他方、憲法によれば、何人も、法律の定める手続によらなければ、その生命若しくは自由を奪われ、又はその他の刑罰を科せられず（三一条）、政令には、特にその法律の委任がある場合を除いては、罰則を設けることができない（七三条六号）とされる。

それでは、地方公共団体は、条例をもって、罰則規定を設けることができるのか。できるとした場合、その根拠は何か。

最高裁昭和二九年一一月二四日大法廷判決（刑集八巻一一号一八七五頁）は、新潟県条例違反が問われた刑事事件である。この刑事裁判では、条例をもって、公衆の集団示威運動の取締に罰則規定を設けることができるのかが争われた。

この事案について、同判決は、地方公共団体が、憲法九四条及び法律に準拠して、条例をもって、公衆の集団示威運動の取締に罰則規定を設けることは許されると判示した。すなわち、同判決は、「原判決の判示するところは、条例は直接に憲法九四条によって認められた地方公共団体の立法形成であって、同条により法律の範囲内において効力を有するものと定められているほか、条例をもって規定し得る事項について憲法上特段の制限がなく、もっぱら法律の定めるところに委せられているのであるから、法律に準拠して条例が罰則を設けることは憲法上禁止された事項とは解されないという趣旨であって、所論のように、条例は法律の委任があれば刑罰権を無制限に附することができるとか、またはいかなる事項でも無制限に定めることができるというような趣旨を説示したものとは認められない。」と判示した。

同判決は、条例による罰則制定権が、法律の授権に依拠すべきであり、地方自治法が、これを授権しているのだと判示しているように窺えるが、その趣旨がやや不分明であり、さらなる判例の展開を必要とした。

最高裁昭和三三年一〇月一五日大法廷判決（刑集一二巻一四号三三〇五頁）は、東京都条例違反が問われた刑事事件である。この刑事裁判では、条例をもって、売春行為等の取締に罰則規定を設けることが許されるのかが争われた。

この事案について、同判決は、地方公共団体が、憲法九四条及び地方自治法に基づき、条例をもって、売春取締に刑罰規定を設けることは許されると判示した。すなわち、同判決は、「社会生活の法的規律は通常、全国にわたり画一的な効力をもつ法律によってなされているけれども、中には各地方の特殊性に応じその実情に即して規律するためにこれを各地方公共団体の自治に委ねる方が一層合目的なものもあり、またときにはいずれの方法によって規律しても差し支えないものもある。これすなわち憲法九四条が、地方公共団体は『法律の範囲内で条例を制定することができる』と定めている所以である。地方自治法は、憲法のこの規定に基づき、普通地方公共団体は、法令に違反しない限りにおいて、『地方公共の秩序を維持し、住民及び滞在者の安全、健康及び福祉を保持すること』（同法二条三項一号）や『風俗又は清潔を汚す行為の制限その他の保健衛生、風俗のじゅん化に関する事項を処理すること』（同条同項七号）等を例示している。そして条例中には、法令に特別の定があるものを除く外、『条例に違反した者に対し、二年以下の懲役若しくは禁錮、一〇万円以下の罰金、拘留、科料又は没収の刑を科する旨の規定を設けることができる』（同法一四条五項）としているのである。本件東京都売春等取締条例は前記憲法九四条並に地方自治法の諸規定に基づいて制定されたものである。……憲法が各地方公共団体の条例制定権を認める以上、地域によって差別を生ずることは当然に予期されることであるから、かかる差別は憲法みずから容認するところであると解すべきである。それ故、地方公共団体が売春の取締について各別に条例を制定する結果、その取締に差別を生ずることがあっても、所論のように地域差の故をもって違憲ということはできない。」と判示した。

同判決は、地方自治法が、条例による罰則規定の制定を授権しているものと判示するに至ったが、判例法は、さらに展開を見せる。

最高裁昭和三七年五月三〇日大法廷判決（刑集一六巻五号五七七頁）は、大阪市条例違反が問われた刑事事件である。この刑事裁判では、条例をもって、売春行為等の取締に罰則規定を設けることができるのかが争われた。

この事案について、同判決は、地方自治法が、相当具体的な事項を授権し、罰則の範囲を限定していることから、地方公共団体が、条例をもって、売春取締に刑罰規定を設けることは憲法三一条に違反しないと判示した。すなわち、同判決は、先の昭和二九年判決（新潟県公安条例事件）及び昭和三三年判決（東京都売春取締条例事件）を引用した上、「憲法三一条はかならずしも刑罰がすべて法律そのもので定められなければならないとするものではなく、法律の授権によってそれ以下の法令によって定めることもできると解すべきで、このことは憲法七三条六号但書によっても明らかである。ただ、法律の授権が不特定な一般的の白紙委任的なものであってはならないことは、いうまでもない。ところで、地方自治法二条に規定された事項のうちで、本件に関係のあるのは三項七号及び一号に挙げられた事項であるが、これらの事項は相当に具体的な内容のものであるし、同法一四条五項による罰則の範囲も限定されている。しかも、条例は、法律以下の法令といっても、上述のように、公選の議員をもって組織する地方公共団体の議会の議決を経て制定される自治立法であって、行政府の制定する命令等とは性質を異にし、むしろ国民の公選した議員をもって組織する国会の議決を経て制定される法律に類するものであるから、条例によって刑罰を定める場合には、法律の授権が相当な程度に具体的であり、限定されておれば足りると解するのが正当である。」と判示した。

同判決の結論は、相当である。

ところで、右判決当時の地方自治法二条は、普通地方公共団体の事務を相当具体的に例示していたが、その後、地方分権の拡充を求める世論を受けて地方自治法の改正（平成一一年法律八七号）がなされ、自治事務の内容は、包括的な表現に改められ、内容が広範であるかのような外観を呈するに至った。かかる立法技術が採られたため、普通地方公共団体の事務内容は、従前より抽象的・包括的なものとなっている。

それでは、同改正後、右判決（大阪市売春取締条例事件）のような事案において、条例をもって罰則規定を設けることが憲法違反となるのだろうか。

思うに、法改正（平成一一年法律八七号）後においても、普通地方公共団体が、条例をもって、売春行為等を処罰対象とすることは許されるものと考える。というのは、従来、自治事務の内容は、具体的・列挙的に定められていたところ、これを拡充する趣旨で同法改正がなされたのであるから、それまで普通地方公共団体に付与されていた権限を否定する趣旨に理解すべきでないことは明白だからである。地方自治法一四条三項の規定は、普通地方公共団体に対し、条例で罰則規定を設ける権限を付与するものとして十分なものであると解される。

なお、憲法学及び行政法学においては、普通地方公共団体は、法律の授権（地方自治法一四条三項）がなくても、条例によって罰則を設けることができるという意見があるが、かかる意見は、相当とは思えない。というのは、国家権力の正当性の根拠は、国民にあり、国会が、国民の代表として国家意思を決定するのであり、地方公共団体は、その公権力の正当性を国家から伝来しているのであって、法律の授権なくして、犯罪と刑罰を定められるとは考え難いからである。憲法それ自体、国会を通じて行動する「国民」によって制定されたものである上、憲法九四条は、「法律の範囲内で」条例を制定することができると限定しているのであって、条例は、法律そのものではないのだから、「住民」の代表により制定された「条例」を安易に「法律に準ずるもの」と断言したり、憲法三一条にいう「法律」には「条例」も含まれるなどと断定するには、慎重でなければならない。警察法によれば、都道府県という普通地方公共団体に警察組織が設けられ、刑事訴訟法によれば、捜査権限は、地方公務員である警察官にも付与されているが、起訴権限は、国家公務員である検察官に独占させられ、刑事裁判権は、国家公務員である裁判官に独占させられている。刑罰権の発動は、国民の生命、身体、自由、財産等に対する重大な制約であり、罪刑の定めは、国民の代表である国会が、法律によって直接制定するか、あるいは法律によって普通地方公共団体に授権すべきであるというのが、憲法の理念であろう。地方自治法一四条三項の規定による授権がない場合、条例によって罰則規定を設けることは許されないと考えるべきである。

(3) 条例による賦課徴収の可否

地方税法（昭和二五年法律二二六号、数次の改正あり）によれば、道府県又は市町村は、地方税法の定めるところによって、地方税を賦課徴収することができ（二条）、その地方税の税目、課税客体、課税標準、税率その他賦課徴収について定めをするには、条例によらなければならない（三条）と規定されるが、他方、憲法によれば、国民は、法律の定めるところにより、納税の義務を負い（三〇条）、あらたに租税を課し、又は現行の租税を変更するには、法律又は法律の定める条件によることを必要とする（八四条）とされる。

それでは、地方公共団体は、条例をもって、地方税を賦課徴収することができるのか。できるとした場合、その根拠は何か。

最高裁昭和二八年四月三〇日第一小法廷判決（刑集七巻四号九〇九頁）は、地方税法違反が問われた刑事事件である。栃木県税賦課徴収条例は、催物興行に対する寄附金を入場料とみなし、地方税における入場税を賦課徴収することとしていたが、この刑事裁判では、同条例が憲法八四条に違反しないのかが争われた。

この事案につき、同判決は、地方税法が、入場税の賦課徴収を認めているから、地方公共団体が、条例をもって、寄附金を入場料とみなす規定を設けても、憲法八四条に違反しないと判示した。すなわち、同判決は、「旧地方税法三六条において、『地方団体は、左に掲げる税目については、その徴収の便宜を有する者をして、これを徴収させることができる』と定め、その二号に『入場税、入場税附加税』を挙げているので、所論県条例六八条は、この法律の委任に基づき、『地方税法七五条一項に定める催物又は設備の主催者又は経営者を徴収義務者』と定めたのであり、また所論県条例二六条は、前記『本税の物別徴収義務者を徴収義務者』と定めたものである。次に所論県条例二七条二項は、旧地方税法七五条の法律委任に基づき、『大衆に入場無料で公開するもので、寄附金又は花が入場料又は利用料の性質を帯びていないと認められるもの』（同項但書）を除いて、『主催者若しくは経営者が入場又は設備を利用する者から寄附金又は花を領収する場合は、その寄附金品又花は、税込の入場料又は利用料とみなす』と定めたものである。それ故、所論の違憲はすべて前提を欠くものである。」と判示した。

同判決の結論は、相当である。法律が条令に賦課徴収権を委任しているのであれば、憲法八四条に違反することはないと言うべきである。もっとも、栃木県条例は、地方税法にいう入場料の意義を解釈したまでであり、法律の授権により新たな賦課徴収権を規定したものではなかったとも考えられる。解釈規定たる条例は、新たな法規範の定律とは異なるから、憲法八四条に違反しないのは当然であろう。

この点に関連し、憲法学及び行政法学においては、普通地方公共団体は、法律の授権（地方税法）がなくても、条例によって地方税の賦課徴収が可能であるという意見があるが、かかる意見は、相当とは思えない。

というのは、国家権力の正当性の根拠は、国民にあり、国会が、国民の代表として国家意思を決定するのであり、地方公共団体は、その公権力の正当性を国家から伝来しているのであって、法律の授権なくして、課税権が認められるとは考え難いからである。憲法それ自体、国会を通じて行動する「国民」によって制定されたものである上、憲法九四条は、「法律の範囲内で」条例を制定することができると限定しているのであって、条例は、法律そのものではないのだから、「住民」の代表により制定された「条例」を安易に「法律に準ずるもの」と断言したり、憲法八四条にいう「法律」には「条例」も含まれるなどと断定するには、慎重でなければならない。課税権の発動は、国民の財産に対する重大な制約であり、課税要件等の定めは、国民の代表である国会が、法律によって直接制定するか、あるいは法律によって普通地方公共団体に授権すべきであるというのが、憲法の理念であろう。地方税法の規定による授権がない場合、条例によって賦課徴収規定を設けることは許されないと考えるべきである。

最高裁平成一八年三月一日大法廷判決（民集六〇巻二号五八七頁）は、国民健康保険料賦課処分の取消請求という民事事件である。この民事裁判では、旭川市国民健康保険条例において、旭川市長に保険料率の決定を委任するのは租税法律主義を定める憲法八四条の趣旨に違反しないかが争われた。この民事裁判の争点は、地方税の賦課徴収の問題ではなく、国民健康保険料の賦課徴収の問題であり、憲法八四条が直接適用されるわけではないが、その論点は、条例による税金の賦課徴収の問題と類似していることになる。

この事案につき、同判決は、国民健康保険料の賦課徴収権にも憲法八四条の趣旨が及ぶとした上で、国民健康保険法は、地方公共団体に対し、国民健康保険料の賦課徴収権を授権しており、条例は、市長に対し、賦課総額の算定基準等を明確に規定しているのであるから、市長に保険料率の決定を委任しても、憲法八四条の趣旨に反しないと判示した。すなわち、同判決は、「市町村が行う国民健康保険は、保険料を徴収する方式のものであっても、強制加入とされ、保険料が強制徴収され、賦課徴収の強制の度合いにおいては租税に類似する性質を有するものであるから、これについても憲法八四条の趣旨が及ぶと解すべきであるが、他方において、保険料の使途は、国民健康保険事業に要する費用に限定されているのであって、法八一条の委任に基づき条例において賦課要件がどの程度明確に定められるべきかは、賦課徴収の強制の度合いのほか、社会保険としての国民健康保険の目的、特質等をも総合考慮して判断する必要がある。……このように、本件条例は、保険料率算定の基礎となる賦課総額の算定基準を明確に規定した上で、その算定に必要な上記の費用及び収入の各見込額並びに予定収納率の推計に関する専門的及び技術的な細目にかかわる事項を、被上告人市長の合理的な選択にゆだねたものであり、また、上記見込額等の推計については、国民健康保険事業特別会計の予算及び決算の審議を通じて議会による民主的統制が及ぶものということができる。そうすると、本件条例が、八条において保険料率算定の基礎となる賦課総額の算定基準を定めた上で、一二条三項において、被上告人市長に対し、同基準に基づいて保険料率を決定し、決定した保険料率を告示の方式により公示することを委任したことをもって、法八一条に違反するということはできず、また、これが憲法八四条の趣旨に反するということもできない。」と判示した。

同判決は、相当である。

(4) 法律の範囲内での条例制定の意義

憲法によれば、地方公共団体は、「法律の範囲内で」条例を制定することができ（九四条）、地方自治法によれば、普通地方公共団体は、「法令に違反しない限りにおいて」、自治事務に限らず、法定受託事務についても、条例を制定することができる（二条二項、一四条一項）。

この「法律の範囲内で」、又は「法令に違反しない限りにおいて」とは、いかなる意味なのか。

最高裁昭和五〇年九月一〇日大法廷判決（刑集二九巻八号四八九頁）は、徳島市条例違反が問われた刑事事件である。この事案は、徳島市条例が、官公署の事務・生命及び身体・交通秩序・夜間の静穏を保護するため、これらを害する集団示威行進に罰則（一年以下の懲役・禁錮又は五万円以下の罰金）を定めていたところ、日本労働組合総評議会の専従職員が、米軍基地反対などを表明する学生ら約三〇〇名の集団示威行進に参加した際、その先頭集団数十名を扇動し、車道で蛇行進などをさせて交通秩序の維持に反する行為をさせたというものである。この刑事裁判では、道路交通法が、警察署長の付した道路使用許可条件の違反に罰則（三月以下の懲役又は三万円以下の罰金）を定めていたのであるから、同法に加え、条例をもってより重い罰則を科すのは、憲法九四条、地方自治法一四条一項に違反するのではないかが争われた。

この事案について、同判決は、法律と条例とが、特定事項について併存する場合であっても、条例の目的が、法律の目的と同一ではなく、条例の適用が、法律の意図する目的・効果を阻害しないのであれば、当該条例は、法律に違反しないと判示した。すなわち、同判決は、「地方自治法一四条一項は、普通地方公共団体は法令に違反しない限りにおいて同法二条二項の事務に関し条例を制定することができる、と規定しているから、普通地方公共団体の制定する条例が国の法令に違反する場合には効力を有しないことは明らかであるが、条例が国の法令に違反するかどうかは、両者の対象事項と規定文言を対比するのみでなく、それぞれの趣旨、目的、内容及び効果を比較し、両者の間に矛盾抵触があるかどうかによってこれを決しなければならない。例えば、ある事項について国の法令中にこれを規律する明文の規定がない場合でも、当該法令全体からみて、右規定の欠如が特に当該事項についていかなる規制をも施すことなく放置すべきものとする趣旨であると解されるときは、これについて規律を設ける条例の規定は国の法令に違反することとなりうるし、逆に、特定事項についてこれを規律する国の法令と条例とが併存する場合でも、後者が前者とは別の目的に基づく規律を意図するものであり、その適用によって前者の規定の意図する目的と効果をなんら阻害することがないときや、両者が同一の目的に出たものであっても、国の法令が必ずしもその規定によって全国的に一律に同一内容の規制を施す趣旨ではなく、それぞれの普通地方公共団体において、その地方の実情に応じて、別段の規制を施すことを容認する趣旨であると解されるときは、国の法令と条例との間にはなんらの矛盾抵触はなく、条例が国の法令に違反する問題は生じえないのである。」と判示した。

最高裁昭和五三年一二月二一日第一小法廷判決（民集三二巻九号一七二三頁）は、工作物除却命令の無効確認を求め

た民事裁判である。河川法は、河川を分類して、国民経済上特に重要な河川として建設大臣が指定したものを一級河川、それ以外で公共の利害に重要な関係がある河川として都道府県知事が指定したものを二級河川、それ以外で市町村長が指定した河川を準用河川、これらの指定を受けていない河川を普通河川とし、国又は地方公共団体が、第三者の設置した施設を河川管理施設として行政上の管理対象とするためには、施設管理者の同意を得なければならないとされていたところ、高知市条例によれば、普通河川等に第三者が設置した施設を河川管理施設として行政上の管理対象とするためには、施設管理者の同意を得なくてもよいかのように解釈可能な規定が置かれていたため、この民事裁判では、同条例が河川法に違反するのではないかが争われた。

この事案について、同判決は、条例をもって、法律が許容しない権利制限をすることは許されないと判示した。すなわち、同判決は、憲法九四条及び地方自治法一四条を掲げた上、「普通地方公共団体は、法令の明文の規定又はその趣旨に反する条例を制定することは許されず、そのような法令の明文の規定又はその趣旨に反する条例は、たとえ制定されても、条例としての効力を有しないものといわなければならない。……河川法は、普通河川については、適用河川又は準用河川に対する管理以上に強力な河川管理は施さない趣旨であると解されるから、普通地方公共団体が条例をもって普通河川の管理に関する定めをするについても（普通地方公共団体がこのような定めをすることができることは、地方自治法二条二項、同条三項二号、一四条一項により明らかである。）、河川法が適用河川等について定めるところ以上に強力な河川管理の定めをすることは、同法に違反し、許されないものといわなければならない。……しかしながら、条例の規定は可能な限り法律と調和しうるように合理的に解釈されるべきものであって、この見地から前示の河川法の趣旨に即しこれと調和しうるような本件条例の右規定を解釈すれば、右規定にいう『普通河川等』に含まれる堤防、護岸等の施設とは、河川管理者が設置したもの、又は河川管理者以外の者が設置したものであるときは河川管理者において当該施設を河川管理の対象とすることについて右設置者等権原に基づき当該施設を管理する者の同意を得たものをいうものと解するのが相当であり、同条例の規定中にかかる解釈を妨げるようなものは見あたらない。」と判示した。

右の昭和五三年判決（高知市河川管理条例事件）は、先の昭和五〇年判決（徳島市公安条例事件）と同趣旨のものであり、いずれも相当である。

結局、法律が、ある特定事項について、行政規制・科刑・課税をしていなかった場合、又は、行政規制・科刑・課税をしているにしても程度が軽い場合、条例が、いわゆる上乗せ条例、すなわちより程度の重い行政規制・科刑・課税をすることが許されるか否かの問題は、法律がかかる上乗せ条例を許容しているか否かの法律解釈の問題であり、当該法律解釈に当たっては、法律及び条例の目的・効果等を検討するしかない。

3　執行機関の行政権

普通地方公共団体の長、行政機関、行政委員会などの執行機関は、行政権を行使する。

地方行政権についても、国の行政権と同様に、法治主義の原則が当てはまる。当然のことながら、普通地方公共団体の執行機関は、憲法及び法律の規定に従わなければならない。地方自治法によれば、地方公共団体は、法令に違反してその事務を処理してはならず（二条一六項）、法令の規定に違反して行った行為は、これを無効とする（同条一七項）とされる。

普通地方公共団体の執行機関についても、要件裁量・効果裁量などの行政裁量があることは、国の行政権と同様である。当該行政処分が、専門的・技術的事項にわたるとき、法律要件は抽象的にならざるを得ない場合があるし、具体的事案において、いかなる処分をするか、執行機関の裁量判断に委ねざるを得ないことがある。そして、行政裁量に逸脱・濫用が認められなければ、当該行政処分は、適法とされる。

法治主義の原則との関係で、普通地方公共団体に特有な問題としては、準拠すべき規範として、法律・政令のほか、条例があるという点である。

地方自治法によれば、市町村及び特別区は、当該都道府県の条例に違反してその事務を処理してはならず（二条一六項）、当該都道府県の条例に違反して行った行為は、これを無効とする（同条一七項）。

つまり、法律と条例には、優劣関係の序列があり、市町村の条例より都道府県の条例の方が優越し、都道府県の条例より国会の法律の方が優越するというわけである。

ところで、先に見たとおり、普通地方公共団体の長には、議会の議決に対する拒否権がある。すなわち、長は、議会の議決した条例について異議があるとき、拒否権を行使することができる（一七六条一項ないし三項）。しかも、議会の議決について、越権行為・法令違反があるとき（同条四項ないし六項）、収入支出に関して執行不能のものがあるとき（一七七条一項）、法令により義務づけられた事務の経費を削除・減額されたとき（同条二項一号）、及び非常災害・感染予防のための経費を削除・減額されたとき（同項二号）、長による条例拒否権の行使は、義務的である。

また、長は、専決処分の権限を有する。すなわち、議会が成立しないとき、長において議会を招集する暇がないと認めるとき、又は議会において議決すべき事件を議決しないときは、長は、その議決すべき事件を処分することができるのである（一七九条）。

その意味において、長は、必ずしも常に条例に拘束されるわけではないし、条例がなければ絶対的に行政権を行使できないというわけでもない。

しかし、地方議会は、憲法に規定された議事機関（九三条）であり、憲法により条例制定権（九四条）を保障されているのである。長と議会とは、どちらも住民から選挙され、それぞれ独自に正当性の根拠を有しているのであり、長が、原則として議会に優越するというわけではない。長による条例拒否権を無制限に許してしまったら、憲法が、地方議会の設置を明記した趣旨が没却されてしまうことになる。そのため、地方自治法は、長による条例拒否権や専決処分権について、一定の要件を定め、それらの無制限な行使を否定しているのであろう。長も、拒否権を行使しなかった条例の規定には従わなければならない。

五　普通地方公共団体の住民の意義

1　選挙権を有する者

地方自治法によれば、住民とは、市町村の区域内に住所を有する者（一〇条）のことであり、普通地方公共団体の選挙権を有する者とは、日本国民たる年齢満二〇年以上の者で、引き続き三か月以上市町村の区域内に住所を有するものである（一八条）。

普通地方公共団体の選挙権者には、長と議員の選挙権（一八条）のほか、議会の解散請求権（七六条）、議員の解職請求権（八〇条）、長の解職請求権（八一条）、条例の制定改廃請求権（七四条）、事務執行に関する監査請求権（七五条）がある。

普通地方公共団体の選挙権者の地位は、いかなるものか。その地方政治に参与する地位を、国民の国政に参与する地位と比較して、見てみたい。

憲法は、国民に対し、国会議員に対する解職請求権、国会の解散請求権、内閣総理大臣に対する選挙権及び解職請求権、法律の制定改廃請求権などを認めていない。すなわち、国会議員は、全国民を代表し（前文、四三条）、任期が保障され（四五条・四六条）、国会の会期中逮捕されず（五〇条）、議院で行った演説等について院外で責任を問われず（五一条）、議員の資格に関する争訟は、議院が裁判し（五五条）、また、議員の懲罰は、議院が行う（五八条）などと定められており、国民には、国会議員に対する解職請求権がない。また、憲法によれば、内閣総理大臣は、国会の議決で指名し（六七条）、衆議院は、内閣の不信任決議案の可決・信任決議案の否決をして総辞職を要求することができ（六九条）、内閣は、衆議院の解散権（七条）を有するとされており、国民は、国会の解散請求権、内閣総理大臣に対する選挙権及び解職請求権を保障されているわけではない。国民には、法律の制定、廃止又は改正その他の事項に関し、平穏に請願する権利（一六条）があるとされるが、国会法（昭和二二年法律七九号、数次の改正あり）によれば、請願しようとする者は、議員の紹介によらなければならず（七九条）、各議院の委員会において、議院の会議に付するを要しないと決定した請願は、これを会議に付さない（八〇条）こととされてしまうのであって、国民は、法律の制定改廃請求権を保障されているわけではない。

国民が、国会議員に対する解職請求権を保障されていないのは、国会議員が、全国民の代表であって、当該選挙区における選挙権者の意向に拘束されるべきでないという要請があるからだろう。また、国民が、国会に対する解散請求権や、内閣総理大臣に対する選挙権及び解職請求権を保障されていないのは、憲法が、国の統治制度に関し、議院内閣制を採用して、国会と内閣の政治判断に委ね、権力分立による相互の抑制均衡作用を相当としたからであろう。

国民が、法律の制定改廃請求権を保障されていないのは、憲法が、間接民主主義を採用したからである。日本国程度の国民規模の国家においては、直接民主主義を採用するのは困難である。国民は、正当に選挙された国会議員を通じて行動するものとされ、国会こそが、国の唯一の立法機関であって、かつ国権の最高機関なのである。

これと同様の考え方によれば、普通地方公共団体の選挙権者が、地方議会議員の解職請求権、条例の制定改廃請求権などを保障されていなくても、あながち不当ではなく、それなりの合理性を有していることになる。すなわち、地方議会の議員は、当該普通地方公共団体の地域全体のために行動すべきであって、当該選挙区における選挙権者の意向に拘束されるべきでなく、また、地方議会は、普通地方公共団体の唯一の議決機関であり、議会制民主主義の思想を重視すべきだとすれば、選挙権者は、正当に選挙された地方議会議員を通じてのみ行動すべきこととなり、直接民主主義的な制度を保障しなくてもよいことになる。

そもそも、憲法には、国会と異なり、地方議会の解散制度が明記されているわけではないので、地方議会の解散制度を設けるか否かは、国会の判断に委ねられており、ましてや、選挙権者による解散請求権を保障しなければならない必然性はないのである。

しかし、国の統治制度と地方の統治制度では、相違点がある。

地方政治は、国政と異なり、普通地方公共団体の選挙権者と選挙された長及び議員との距離が近いため、必ずしも代表制民主主義・議会制民主主義の思想に拘泥する必然性がない。一定要件の住民に対し、長及び議員の選挙権を認めるのであれば、選挙権者には、選挙された長及び議員の解職請求権を認めたり、選挙された長の事務執行を監査したり、選挙された議員で構成される議会の解散請求権を認めたり、条例の制定改廃請求権を認めるという法制度を設けるのも不当ではない。憲法によれば、長は、内閣総理大臣と異なり、選挙権者による直接選挙が明記されているのであり、地方議会議員に対する解職請求権を法律で付与するのであれば、長に対する解職請求権を法律で付与することも許されよう。

したがって、国会は、広範な裁量権を行使し、法律をもって、普通地方公共団体の選挙権者に対し、様々な権利、すなわち、長と議員の選挙権（一八条）のほか、議会の解散請求権（七六条）、議員の解職請求権（八〇条）、長の解職請求権（八一条）、条例の制定改廃請求権（七四条）、事務執行に関する監査請求権（七五条）などを付与することも許されるのである。

このような制度設計が可能なのは、憲法が、地方公共団体の組織及び運営に関する事項について、これを法律で定める（九二条）と規定するだけで、いかなる制度設計をするかについて、国会の広範な裁量権に委ねているからである。

なお、国政レベルにおいて、国会が、国民に対し、国会の解散請求権、内閣総理大臣の解職請求権、法律の制定改廃請求権などを保障するような法律を制定することは困難である。というのは、憲法が、国政のあり方について、議院内閣制（六六条、六七条、六九条、七条など）などの基本的枠組みを設けており、国会は、憲法の定めた制度に反するような法律を制定することができないからである。

さて、これまで普通地方公共団体の選挙権者の地位について論じたわけであるが、そもそも誰に選挙権を付与するのかという問題がある。例えば、外国人に選挙権を付与することができるのであろうか。憲法九三条が選挙権を認める「住民」とは、外国人を含むのだろうか。

最高裁平成七年二月二八日第一小法廷判決（民集四九巻二号六三九頁）は、永住外国人が大阪市北区選挙管理委員会の処分の取消を求めた民事裁判である。この事案は、同選挙管理委員会が、永住外国人である原告人らを選挙人名簿に登録しない処分をしたため、原告らが、異議を申し出たところ、同異議の申し出が却下されたので、同却下決定の取消を求めたというものである。この民事裁判では、外国人に選挙権を認めない地方自治法及び公職選挙法の規定が、憲法九三条に違反しないのかが争われた。

この事案につき、同判決は、国民主権の原理に照らし、外国人が憲法九三条にいう「住民」には含まれないと判示した。すなわち、同判決は、「憲法一五条一項にいう公務員を選定罷免する権利の保障が我が国に在留する外国人に対しても及ぶものと解すべきか否かについて考えると、……主権が『日本国民』に存するものとする憲法前文及び一条の規定に照らせば、憲法の国民主権の原理における国民とは、日本国民すなわち我が国の国籍を有する者を意味することは明らかである。……前記の国民主権の原理及びこれに基づく憲法一五条一項の規定の趣旨に鑑み、地方公共団体が我が国の統治機構の不可欠の要素を成すものであることをも併せ考えると、憲法九三条二項にいう『住民』とは、地方公共団体の区域内に住所を有する日本国民を意味するものと解するのが相当であり、右規定は、我が国に在留する外国人に対して、地方公共団体の長、その議会の議員等の選挙の権利を保障したものということはできない。……法律をもって、地方公共団体の長、その議会の議員等に対する選挙権を付与する措置を講ずることは、憲法上禁止されているものではないと解するのが相当である。しかしながら、右のような措置を講ずるか否かは、専ら国の立法政策にかかわる事柄であって、このような措置を講じないからといって違憲の問題を生ずるものではない。」と判示した。

同判決は、相当である。地方公共団体の公権力は、その正当性の根拠を国家権力に由来しているのであり、究極的には国民に由来しているのである。選挙とは、主権の存する国民が自らの代表者を決定する行為なのであるから、選挙権者は、本来的には、日本国民であることが前提となる。それは、国政レベルであろうと、地方政治レベルであろとも可能であろう。

うと変わらないはずである。したがって、外国人に普通地方公共団体の選挙権を認めなくても、憲法九三条には違反しないことになる。もっとも、国会は、広範な裁量権を有するから、一定要件を満たす外国人に選挙権を付与することも可能であろう。

2　財務監査請求権を有する者

普通地方公共団体の選挙権者には、事務執行に関する監査請求権があり、その総数の五〇分の一以上の者の連署をもって、その代表者から、普通地方公共団体の監査委員に対し、当該普通地方公共団体の事務の執行に関し、監査の請求をすることができ、監査委員は、同事項につき監査し、監査の結果に関する報告を決定し、これを代表者に送付し、かつ、これを議会、長、委員会等に提出しなければならない（七五条）。

また、これとは別に、住民には、財務に関する監査請求権がある。すなわち、住民は、違法・不当な公金の支出、財産の取得、管理若しくは処分、契約の締結・履行若しくは債務その他の義務の負担があると認めるとき、又は違法・不当に公金の賦課・徴収若しくは財産の管理を怠る事実があると認めるときは、監査委員に対し、

①　監査
②　当該行為を防止すること
③　当該行為を是正すること
④　当該怠る事実を改めること
⑤　当該行為若しくは怠る事実によって当該普通地方公共団体のこうむった損害を補填するために必要な措置を講ずべきこと

を請求することができる（二四二条一項）。同請求があった場合においては、監査委員は、監査を行い、請求に理由があると認めるときは、当該普通地方公共団体の議会、長その他の執行機関又は職員に対し、必要な措置を講ずべきことを勧告し（同条四項）、同勧告があったときは、当該勧告を受けた議会、長その他の執行機関又は職員は、必要な措置を講じなければならない（同条九項）。

さらに、住民には、財務に関する訴訟（いわゆる住民訴訟）を提起する権利がある。すなわち、住民は、財務に関する監査請求をした場合において、監査委員の監査結果・勧告内容、議会、長その他の執行機関若しくは職員の措置に不服があるとき、又は監査委員が監査・勧告を行わないとき、若しくは議会、長その他の執行機関若しくは職員が必要な措置を講じないときは、裁判所に対し、

① 当該違法な行為の差止めの請求
② 当該違法な行為の取消し又は無効確認の請求
③ 当該怠る事実の違法確認の請求
④ 当該職員に損害賠償又は不当利得返還の請求をすることを当該普通地方公共団体の執行機関又は職員に対して求める請求

をすることができる（二四二条の二）。

さて、事務執行に関する監査請求（七五条）は、選挙権者が請求権者であり、普通地方公共団体の事務全般を監査対象としているのに対し、財務に関する監査請求（二四二条）及び住民訴訟（二四二条の二）は、住民が請求権者であり、普通地方公共団体の個別事務の違法・不当を監査対象としている。

この相違は、どこから来るのか。選挙権者と住民とでは、その地位にいかなる相違を認めることができるのだろう

か。

まず、国政レベルの制度を参考として見てみよう。

憲法によれば、国民には、国の財政に関する監査請求権が規定されていない。すなわち、国の財政を処理する権限は、国会の議決に基づいて行使しなければならず（八三条）、国費を支出し、又は国が債務を負担するには、国会の議決に基づくことを必要とし（八五条）、内閣は、毎会計年度の予算を国会に提出して、その議決を経なければならず（八六条）、国の決算は、すべて毎年会計検査院がこれを検査し、内閣は、次の年度に、その検査報告とともに、これを国会に提出しなければならない（九〇条）とされる。内閣は、国民に対し、定期に、少なくとも毎年一回、国の財政状況について報告しなければならない（九一条）とされるが、財政法（昭和二二年法律三四号、数次の改正あり）によれば、内閣は、予算、決算、その他財政に関する一般の事項について、印刷物、講演その他適当な方法で報告（四六条）すればよいのであって、国民は、具体的な監査請求権を有するわけではない。

会計検査院法（昭和二二年法律七三号、数次の改正あり）によれば、会計検査院が検査報告をすべき名宛人は、立法機関及び行政機関である。すなわち、会計検査院は、国の収入支出の決算の検査等を行い（二〇条）、国会に説明する権限があり（三〇条）、会計経理に関し、違法・不当であると認める事項がある場合には、本属長官又は関係者に対し、是正改善の処置をさせることができ（三四条）、改善を必要とする事項があると認めるときは、主務官庁その他の責任者に改善の処置を要求することができ（三六条）、これら違法・不当であると認める事項又は改善を必要とする事項に関し、随時、国会及び内閣に報告することができ（三〇条の二）、また、各議院、各議院の委員会又は参議院の調査会からの要請があったときは、その要請事項について、検査を実施し、検査結果を報告することができる（三〇条の三）。

内閣による財政報告及び会計検査院による検査報告が、直接個々具体的な国民に向けられていないのは、憲法が、代表制民主主義、議会制民主主義を基調としているからであろう。国民が国政に参与する手段が、正当に選挙された代表を通じてのことであるとしたら、個々の国民に、国の財政に関する監査請求権を保障するまでの必然性はなく、その代わり、国権の最高機関である国会が、会計検査を要請したり、検査報告を受ければ足りるということになる。

これと同様の考え方によれば、地方財政の監査についても、普通地方公共団体の選挙権者に監査請求権を保障する必然性はない。すなわち、監査委員は、議会及び長に対して監査報告をすれば足りるということになる。地方自治法によれば、監査委員は、普通地方公共団体の財務に関する事務執行及び経営に関わる事業管理を監査し（一九九条一項、二項）、長から監査要求があったときは、その要求事項について監査しなければならず（同条六項、七項）、監査結果は、地方議会、長、並びに関係のある委員会又は委員に報告しなければならず（同条九項）、必要があると認めるときは、同報告に添えて、意見を提出することができる（同条一〇条）とされているのである。

しかし、地方政治は、国政と異なり、地域住民に身近なものである上、行政対象の規模が人的・地域的・予算的に比較的小さく、必ずしも代表制民主主義・議会制民主主義の思想に拘泥する必然性がない。

したがって、地方自治法において、地域住民に対し、財務監査請求権（二四二条）及び住民訴訟の訴権（二四二条の二）を付与するという法制度には、それなりの合理性があると言える。

その際、財務監査の請求資格・住民訴訟の原告適格を、普通地方公共団体の選挙権者に限定する必然性はない。むしろ、財務監査・住民訴訟においては、地方財政における違法な事項を（財務監査にあっては不当な事項も）対象としており、地方財政の基本となる収入は、主として地方税（二二三条）なのであるから、財務監査の請求資格や住民訴訟の原告適格は、納税の事実や納税額に従って付与するという考え方の方が合理的である。選挙権者は、長及び議員の選挙を初めとした地方政治に参与するものであるが、必ずしも税金を納めているとは限らない。そして、未成年者、外国人、法人など、選挙権を有しないものが、税金を納めているということもある。納税者は、普通地方公共団体に対し、自己の財産から税金を納めているのであるから、納めた税金が違法・不当に支出されていないか、監査したいと思うであろうし、かかる要望を法律上保護することとし、監査請求・住民訴訟という制度を設けることには合理性がある。

ただし、地方自治法による財務監査請求・住民訴訟は、住民の権利とされており、納税者の権利とはされていない。請求資格・原告適格を納税者（さらには一定額以上の納税者）に限定する法律を制定することにも合理性はあるが、国会は、広範な裁量権を有しているので、現行法制も、許されるだろう。

翻って、国会は、日本国内に住所を有する者に対し、国の財政に関する監査の請求資格、住民訴訟の原告適格を付与することも可能であろう。また、財務監査の請求資格や住民訴訟の原告適格について制限を設け、納税の事実や納税額に応じて資格・権利を付与するというあり方にも、一定の合理性が認められそうであり、いかなる制度設計をするかは、国会の広範な裁量権に委ねられよう。

第十章　裁　判　所

一　裁判所の組織

1　三審制度

憲法によれば、すべて司法権は、最高裁判所及び法律の定めるところにより設置する下級裁判所に属する（七六条一項）。国会は、国民の代表として、裁判所の組織を定める権限を有するのである。

裁判所法（昭和二二年法律五九号、数次の改正あり）によれば、下級裁判所は、

①　高等裁判所

②　地方裁判所

③　家庭裁判所

④　簡易裁判所

とする（二条）。

東京一か所に設置される最高裁判所は、主として、上告事件について裁判権を有する（七条）。全国八か所に設置される高等裁判所は、主として、地方裁判所の第一審判決、家庭裁判所の第一審判決及び簡易裁判所の刑事に関する第一審判決に対する控訴、並びに地方裁判所の民事に関する第二審判決に対する上告について裁判権を有する（一六条）。全国五〇か所に設置される地方裁判所は、主として、訴訟の目的の価額が一四〇万円以上の請求に係る民事訴訟の第一審、罰金以下の刑に当たる罪以外の罪に係る刑事訴訟の第一審、及び簡易裁判所の民事に関する判決に対する第二審について、裁判権を有する（二四条）。家庭裁判所は、主として、家事審判事件、人事訴訟事件、少年保護事件について裁判権を有する（三一条の三）。簡易裁判所は、主として、訴訟の目的の価額が一四〇万円を超えない請求に係る民事訴訟、選択刑として罰金が定められている罪に係る刑事訴訟について、第一審の裁判権を有する（三三条）。

司法制度は、第一審、控訴審、上告審と続く三審制度を採用している。

民事訴訟法（平成八年法律一〇九号、数次の改正あり）によれば、控訴裁判所は、第一審判決を不当とするとき（三〇五条）、又は第一審の判決の手続が法律に違反したとき（三〇六条）、第一審判決を取り消さなければならない。上告は、主として、判決に憲法の解釈の誤りがあることその他憲法の違反があることを理由とするときに、することができる（三一二条）。

刑事訴訟法（昭和二三年法律一三一号、数次の改正あり）によれば、控訴の申立は、主として、訴訟手続に法令の違反があるとき（三七七条、三七八条、三七九条）、法令の適用に誤りがあってその誤りが判決に影響を及ぼすことが明らかであるとき（三八〇条）、刑の量定が不当であるとき（三八一条）、及び事実の誤認があってその誤認が判決に影響を及ぼすことが明らかであるとき（三八二条）、することができる（三八四条）。高等裁判所がした第一審又は第二審の判決に対しては、憲法の違反があること、最高裁判所の判例と相反する判断をしたこと等を理由として、上告の申立をすることができる（四〇五条）。

民事事件・刑事事件を通じて、原則として、第一審の訴訟手続の法令違反、事実認定の誤り、又は法令の解釈適用の誤りがあれば、控訴することができるが、上告は、原則として、憲法違反があるときにのみ許される。

憲法は、二審以上の制度を要請したが、具体的な審級制度については国会の判断に委ね、国会は、三審制度を設けたのである。

この三審制度には、どのような意義があるのか。

確かに、三審制度を設けなくても、第一審の裁判所があれば、法律上の争訟を解決することは可能である。

しかし、第一審の裁判所において、訴訟手続の法令違反、事実認定の誤り、法律の解釈適用の誤りが生じることもあろう。また、ある地方裁判所において、ある法律の条項について一つの法律解釈がなされ、別の地方裁判所において、同一の条項について別の法律解釈がなされ、全国の地方裁判所において、法律解釈が不統一となり、司法的救済の有無・程度などにつき、不平等が生じる可能性がある。

そのため、当事者において、第一審裁判に対する再度の審理を求める権利を保障し、同時に、これをもって統一的な法運用を図るべきであるという要請が生じる。

その際、国会は、最高裁への上告理由を、原則として、憲法違反などに限定した。事実誤認や法令違反のすべてを上告理由として許容すると、最高裁の事務処理能力を超えてしまうことになるから、第一審と最高裁の中間に控訴審を置き、控訴審が、主として、事実誤認や法令違反の有無を再審理することとし、最高裁は、主として、憲法違反の有無を審理することにしたのであろう。控訴審を設置するとしても、四審制度や五審制度を採用すれば、裁判手続が過度に重複して迅速性を損ない、裁判所の紛争解決作用が機能しなくなるから、三審制度に止めたのであろう。かかる国会の判断には、一定の合理性がある。

最高裁昭和二三年三月一〇日大法廷判決（刑集二巻三号一七五頁）は、建造物侵入・強盗被告事件という刑事裁判である。この刑事裁判では、刑事訴訟法の応急措置に関する法律が、事実誤認及び量刑不当を理由とする上告を認めていなかったため、同法が憲法違反ではないかが争われた。

この事案につき、同判決は、事実誤認及び量刑不当を理由とした上告ができなくても、憲法違反にはならないと判示した。すなわち、同判決は、「原審の事実認定乃至刑の量定に対する批難を上告の理由として認めるか否かは上告審においても事実審査をすることにするかどうかの問題となり、結局、審級制度の問題に帰着する。日本国憲法の施行に伴う刑事訴訟法の応急的措置に関する法律第一三条第二項が刑事訴訟法第四一二条乃至第四一四条の規定を適用しない旨を定めたのは、畢竟、審級制度の問題として実体上の事実審査は第二審を以て打切り、上告審においてはこれをしないことにする趣旨に出たものである。而して憲法は審級制度を如何にすべきかに付いては第八一条において『最高裁判所は、一切の法律、命令、規則又は処分が憲法に適合するかしないかを決定する権限を有する終審裁判所である』旨を定めて居る以外何等規定する処がないから此の点以外の審級制度は立法を以て適宜に之を定むべきものである。従って日本国憲法の施行に伴う刑事訴訟法の応急的措置に関する法律第一三条が前記の如く事実審査を第二審限りとし刑事訴訟法第四一二条乃至第四一四条の規定を適用しないことにしたからと云ってこれを憲法違反なりとすることは出来ない。」と判示した。

最高裁昭和二三年七月一九日大法廷判決（刑集二巻八号九二二頁）は、物価統制令違反被告事件という刑事事件である。この刑事裁判では、大審院に係属していた上告事件を、東京高等裁判所が受理することとした裁判所法施行令が、憲法違反になるのかが争われた。

この事案につき、同判決は、大審院に係属していた上告事件を東京高裁が受理することにしても憲法違反にはならないと判示した。すなわち、同判決は、「大審院に繋属した事件は、最高裁判所において当然継承して審判しなければならぬという道理もなく、かかる憲法の法意が存在するとも考えられない。最高裁判所の裁判権については、違憲審査を必要とする刑事、民事、行政事件が終審としてその事物管轄に属すべきことは、憲法上要請されているところであるが（第八一条）、その他の刑事、民事、行政事件の裁判権及び審級制度については、憲法は法律の適当に定めるところに一任したものと解すべきである。……必ずしも常に最高裁判所のみが終審たる上告審の全部を担任すべきものとは限らない。他の下級裁判所が同時に上告審の一部を掌ることも差支えない。……その間における法律解釈統一の問題は、他のおのずから解決の方法が幾らも存在し得る。……裁判所法施行法第二条は、いわゆる旧事件の裁判権をいかに配属せしめるかを一切政令に委したものと解すべきであるから、政令たる裁判所法施行令が旧大審院事件を東京高等裁判所の管轄に属せしめた結果、最高裁判所に配属せしめられる旧事件が全然なくなったとしても、それは、論旨のごとく、裁判所法施行法第二条の委任の趣旨に背いた違法があるとか又裁判所法第一七条に適合しないとかの非難を加えることはできない。」と判示した。

右の両判決は、いずれも相当である。昭和二三年三月判決（建造物侵入・強盗被告事件）に関して言えば、最高裁判所の裁判官は、少人数であり、事務処理能力に限界があるため、原則として上告理由を憲法違反に限定することには、一定の合理性がある。また、同年七月判決（物価統制令違反被告事件）に関して言えば、大審院は、事実誤認及び量刑不当を審理するのに対し、最高裁判所は、原則として憲法違反の有無を審理するという相違点があるのだから、事実誤認及び量刑不当を審理対象とする大審院係属事件を東京高等裁判所の管轄とすることには、一定の合理性がある。

憲法は、国民の代表である国会に対し、いかなる審級制度を設けるか、広い裁量権を付与しているのである。

2　裁判官の任命

憲法は、国民主権を原理としており、国会は、国民の代表として、裁判所を設置する権限を有する（七六条一項）。そして、国会に対して連帯して責任を負う内閣（六六条三項）が、裁判官を任命するのである。

最高裁判所は、その長たる裁判官及び法律の定める員数のその他の裁判官でこれを構成する（七九条一項）。最高裁判所の長たる裁判官は、内閣の指名に基づいて、天皇が任命する（六条二項）。それ以外の裁判官は、内閣でこれを任命する（七九条一項）。最高裁判所の裁判官の任命は、その任命後初めて行われる衆議院議員総選挙の際、国民の審査に付し、その後一〇年を経過した後初めて行われる衆議院議員総選挙の際、更に審査に付し、その後も同様とする（同条二項）。

下級裁判所の裁判官は、最高裁判所の指名した者の名簿によって、内閣でこれを任命する（八〇条一項）。司法機関は、立法機関及び行政機関と同様、民主主義の原理によって組織されているのである。

最高裁判所の裁判官に対する国民審査制度は、国民主権の原理に適うものである。

最高裁昭和二七年二月二〇日大法廷判決（民集六巻二号一二二頁）は、最高裁判所裁判官国民審査の効力に関する異議事件である。最高裁判所裁判官国民審査法は、同国民審査の投票方法について、罷免すべき裁判官に×印をつけ、それ以外の裁判官には何も記さないという投票方法を採用していたため、多くの国民は、何も記さずに投票を終えているという実態があった。この裁判では、かかる同法の投票方法が憲法に違反するのかが争われた。

この事案につき、同判決は、最高裁判所の裁判官に対する国民審査が解職制度であり、罷免か信任かを問う必要はなく、罷免か否かを問えば足りるから、積極的に罷免する意思を有する者とそうでない者との多寡を比較するという同法は、憲法の趣旨に反しないと判示した。すなわち、同判決は、「最高裁判所裁判官任命に関する国民審査の制度はその実質において所謂解職の制度と見ることが出来る。このことは憲法第七九条三項の規定にあらわれている。……最高裁判所の長たる裁判官は内閣の指名により天皇が、他の裁判官は内閣が任命するのであって、その任命行為によって任命は完了するのである。このことは憲法第六条及び第七九条の明に規定する処であり、此等の規定は単純明瞭で何等の制限も条件もない。所論の様に、国民の投票ある迄は任命は完了せず、投票によって初めて完了するのだという様な趣旨はこれを窺うべき何等の字句も存在しない。それ故裁判官は内閣が全責任を以て適当の人物を選任して、指名又は任命すべきものであるが、若し内閣が不適当な人物を選任した場合には、国民がその審査権によって罷免するのである。この場合においても、飽く迄罷免であって選任行為自体に関するものではない。それ故何等かの理由で罷免をしようと思う者が罷免の投票をするので、特に右の様な理由を持たない者は総て（罷免した方がいいか悪いかわからない者でも）内閣が全責任を以てする選任に信頼して前記白票を投ずればいいのであり、又そうすべきものなのである。」と判示した。

同判決は、相当である。憲法は、議会制民主主義・議院内閣制の枠内で、裁判官の任命を位置付けているのであり、国民が直接裁判官を任命することを予定してはいないのである。

3　裁判官の身分保障

憲法は、裁判官の身分を保障している。

すなわち、裁判官は、裁判により、心身の故障のために職務を執ることができないと決定された場合を除いては、公の弾劾によらなければ罷免されず、裁判官の懲戒処分は、行政機関がこれを行うことはできない（七八条）。裁判官は、すべて定期に相当額の報酬を受け、この報酬は、在任中、これを減額することができない（七九条六項、八〇条二項）。

裁判官は、なぜ身分を保障されているのか。

確かに、国民主権主義・議会制民主主義・議院内閣制の運用を前提とするとき、内閣又は国会は、裁判官の任命のみならず、裁判官の免官についても、裁量権を行使してもよさそうに見える。

しかしながら、司法機関は、潜在的に立法機関及び行政機関からの介入を受ける虞がある。すべての司法権は、裁判所に属し（七六条）、裁判所は、行政事件などについて裁判する権限を有している。国は、国民の信託を受けて活動するとは言え、現実には、国民の自由な活動を侵害する可能性がある。国民は、国に対し、その立法行為の憲法違反を主張したり、行政行為の取消訴訟を提起したり、立法行為及び行政行為に関し、公務員の不法行為により損害を受けたとして、国家賠償を求めることもある（一七条）。裁判所は、国を敗訴させる権限を有するので、国会及び内閣からの介入の虞を払拭しないと、適正な司法権の行使は期待できなくなる。

それ故、裁判官は、身分を保障されているのである。すべて裁判官は、その良心に従い独立してその職権を行い、この憲法及び法律にのみ拘束されるのである（七六条三項）。

裁判官の免官、懲戒処分及び罷免については、裁判官分限法（昭和二二年法律一二七号、数次の改正あり）及び裁判官弾劾法（昭和二二年法律一三七号、数次の改正あり）がある。

裁判官分限法は、分限免官と懲戒処分について規定する。地方裁判所、家庭裁判所及び簡易裁判所の裁判官に係る分限免官及び懲戒処分については、高等裁判所が裁判権を有し、最高裁判所及び高等裁判所の裁判官に係る分限免官及び懲戒処分については、最高裁判所が裁判権を有する（三条）。分限事件について、当該裁判官が、回復の困難な心身の故障のために職務を執ることができないと裁判された場合、最高裁判所は、その旨を内閣に通知し（一二条）、天皇ないし内閣が、これを免ずる（一条）。裁判官の懲戒は、戒告又は一万円以下の過料とする（二条）。裁判所法によれば、裁判官は、職務上の義務に違反し、若しくは職務を怠り、又は品位を辱める行状があったとき、裁判によって懲戒される（四九条）。

憲法によれば、国会は、罷免の訴追を受けた裁判官を裁判するため、両議院の議員で組織する弾劾裁判所を設ける（六四条）。裁判官弾劾法によれば、職務上の義務に著しく違反し、若しくは職務を甚だしく怠ったとき、又は、その他職務の内外を問わず、裁判官としての威信を著しく失うべき非行があったとき、弾劾により裁判官を罷免する（二条）。

裁判官の身分保障は、適正な司法権の行使を確保するためであるから、裁判官が、職務上の義務に著しく違反したり、職務を執ることができなくなったときには、免官、懲戒処分及び罷免をすることになるのも当然であろう。

二　訴訟手続

1　訴訟法と訴訟規則

裁判には、民事訴訟と刑事訴訟との二種がある。なお、行政訴訟は、民事訴訟に含まれる。

憲法によれば、最高裁判所は、訴訟に関する手続について、規則を定める権限を有しており（七七条一項）、現に、民事訴訟規則（平成八年最高裁規則五号、数次の改正あり）及び刑事訴訟規則（昭和二三年最高裁規則三二号、数次の改正あり）を制定している。

この訴訟手続に関し、国会が法律を制定することの可否が問われた裁判がある。

最高裁昭和三〇年四月二二日第二小法廷判決（刑集九巻五号九一一頁）は、公務執行妨害・傷害被告事件という刑事裁判である。この刑事裁判では、刑事訴訟のルールを法律（刑事訴訟法）で定めることが憲法七七条に違反しないかが争われた。

この事案につき、同判決は、刑事訴訟法が憲法七七条に違反しないと判示した。すなわち、同判決は、「論旨は要するに、訴訟に関する手続は、憲法第七七条によりすべて最高裁判所規則で定めるべきものであって、法律で定めるべきものではないのであるから、法律をもって規定した刑事訴訟法は憲法に適合しないものであり、原判決がこの法律を適用したことを以て違憲であると主張するに帰する。然し、法律が一定の訴訟手続に関する規則の制定を最高裁判所規則に委任しても何等憲法の禁ずるものではないことは当裁判所の判例の示すところである（昭和二四年（れ）第二一二七号、同二五年一〇月二五日大法廷判決、昭和二五年（れ）第七一八号、同二六年二月二三日第二小法廷判決参照）。そして右判例が、法律により刑事訴訟法を定めることができるものであることを前提としていることはいうまでもないところである。従って、刑事訴訟法が適憲であることも亦おのづから明らかであるといわなければならない。」と判示した。

同判決の結論は、相当である。しかし、同判決は、国会が、刑事訴訟に関するルールを法律で定める権限を有することの理由を説明していない。

思うに、国会が、民事訴訟法及び刑事訴訟法を制定できるのは当然であろう。というのは、憲法によれば、国会は、国権の最高機関であり、唯一の立法機関だからである（四一条）。憲法は、刑事手続法定主義を採用しており、何人も、法律の定める手続によらなければ、その生命若しくは自由を奪われ、又はその他の刑罰を科せられない（三一条）と規定している。国会は、唯一の立法機関であるから、刑事訴訟法のみならず、民事訴訟法についても制定できると言わなければならない。憲法は、国民主権・議会制民主主義を統治制度の根本としているのであって、国会は、国民の代表として、裁判所の組織に関する事項のみならず、訴訟手続に関する事項についても、法律を定めることができるのである。

さて、法律（民事訴訟法・刑事訴訟法）と最高裁判所規則（民事訴訟規則・刑事訴訟規則）とが矛盾抵触した場合、効力の優劣関係はどうなるのだろうか。

最高裁昭和二五年二月一五日大法廷判決（刑集四巻二号一六七頁）は、強盗被告事件という刑事裁判である。この事案は、旧刑事訴訟法の下で公判請求がなされ、同法によれば、各公判期日間に一五日以上の経過があった場合、公判手続を更新することとされていたが、この刑事裁判では、第一回公判期日と第二回公判期日との間に一五日以上の経過がありながら、更新をしないまま結審し、その後、判決を言い渡したというものである。現行の刑事訴訟法においては、かかる更新の規定はない。刑訴施行法には、経過規定があり、現行の刑事訴訟法が適用されない刑事事件については、旧刑事訴訟法を適用するが、必要な事項は裁判所の規則で定めるところによるとされていた。最高裁判所は、この刑訴施行法に基づき、最高裁判所規則をもって、公判期日間に一五日以上の経過があっても公判手続を更新しなくてよい旨を定めた。この刑事裁判では、最高裁判所規則が、法律（旧刑事訴訟法及び刑訴施行法）に違反するのではないかが争われた。

この事案につき、同判決は、最高裁判所規則が法律（旧刑事訴訟法及び刑訴施行法）に違反しないと判示した。すなわち、同判決は、「刑訴施行法第一三条においては、『この法律に定めるものを除く外、新法施行の際現に裁判所に係属している事件の処理に関し必要な事項は、裁判所の規則の定めるところによる。』と定められ、最高裁判所刑事訴訟規則施行規則第三条第三号においては、『開廷後引き続き一五日以上開廷しなかった場合においても、必要と認める場合に限り、公判手続を更新すれば足りる。』と規定せられている。それ故裁判所は開廷後引き続き一五日以上開廷しなかった場合においても、必ずしも公判手続を更新するの必要なく、裁判所がその必要ありと認めた場合に限り手続の更新をなせば足るわけである。されば、原審が第二回公判において、第一回公判開廷後一五日以上の経過があったにも拘わらず手続の更新をしなかったことは、何等違法と認むべきものではない。」と判示した。

最高裁昭和二五年一〇月二五日大法廷判決（刑集四巻一〇号二一五一頁）は、窃盗被告事件という刑事裁判である。この刑事裁判でも、先と同様に公判手続を更新しなかったことが問題とされ、更新を要しないとする最高裁判所規則が、法律（旧刑事訴訟法及び刑訴施行法）に違反するのではないか、ひいては憲法三一条に違反するのではないかが争われた。

この事案につき、同判決は、最高裁判所規則が法律によって委任された範囲内のものであると判示した。すなわち、同判決は、先の昭和二五年二月判決を引用した上、「論旨はさらに、規則施行規則三条三号と憲法七七条との関係を問題にするのであるが、憲法七七条は『最高裁判所は、訴訟に関する手続……について規則を定める権限を有する。』とあって、規則施行規則三条三号は右権限の範囲内に属するものと認められるのみならず、右条項は前記のとおり直接には刑訴施行法一三条に基づくものであり、すなわち法律によって委任されたものであるから、所論のごとく『国民の関与なしに裁判所のみによって制定され』たものでなく、従って『法律と規則とが競合する場合』でない。すなわち本件原判決は憲法七七条に反せず、従って同三一条にも違背せず、論旨はすべて理由がない。」と判示した。

右の昭和二五年二月判決及び同年一〇月判決は、いずれも結論としては、これらを是とすべきことになろうが、ここには検討すべき問題がある。

というのは、法律（刑訴施行法）は、裁判所規則（刑訴施行規則）に対し、法律（旧刑訴法）の明文規定の変更権まで委任しているとは考え難いにもかかわらず、現実の裁判所規則（刑訴施行規則）は、法律（旧刑訴法）の明文規定を変更していると見えるからである。国家意思を決定するのは、国民の代表である国会でしかない。裁判所は、憲法に違反する法令を適用する義務がない（九八条、九九条）ことから、法令が憲法に反するか否かの違憲審査権（八一条）を有するが、憲法に違反しない法律には従わざるを得ない。行政機関と司法機関とは、いずれも国家意思を遂行する機関であり、法律に従わなければならないという意味において、いずれも法治主義の原則の下にある。仮に、国会が、内閣及び裁判所に対し、既存の法律を変更する権限を委任し、政令及び裁判所規則をもって既存の法律に矛盾抵触する規定を設けることが可能になるとすれば、それは、国会が唯一の立法機関（四一条）であることを自己否定することになろう。さらに、憲法は、刑事手続法定主義（三一条）をも要請しているのである。刑訴施行法は、法律の範囲内で裁判所規則の制定を許容したに過ぎないはずである。

ところで、裁判所規則の適法性審査については、誰が適切な審判者かという問題がある。一般的に言って、相対立する紛争当事者の意見の当否については、手続上、利害関係のない第三者が審判するのが公平である。立法行為が憲法に違反するか否かについては、立法機関でない第三者機関（司法機関）が審判するのが公平である。行政行為が法律に違反するか否かについては、行政機関でない第三者機関（司法機関）が審判するのが公平である。すべて法律上の争訟については、一方当事者の意見に依拠して一方的に法的判断が下されるべきではない。そして、裁判所規則が法律に違反するか否かについては、司法機関でない第三者機関が審判するのが公平である。最高裁判所が、自ら制定した規則が違法であると認定することは、およそ考えられないからである。ましてや、下級裁判所が、最高裁規則の違法性を認定することも、考え難い。しかし、裁判所規則の適法性について、国会や行政機関が審査するのも適当でない。というのは、国会は、抽象的・一般的な法規範を定立する立法機関であり、また、行政機関は、法律及び裁判に従わなければならない執行機関であるから、国会及び行政機関は、いずれも司法行為に対する審判機関として相応しくないからである。

それ故、個々の裁判所規則（刑訴施行規則など）が、個々の法律（刑事訴訟法など）に違反している可能性があるとしても、それを違法と認定する第三者的な国家機関が存在しないことになる。結局、ある裁判所規則が、法理論的に見て違法と解される可能性があったとしても、裁判所は、自ら制定した裁判所規則を違法と判定するはずがないため、事実上、これが適法・有効なものとして通用することになってしまうのである。

裁判所こそが法律を有権的に解釈適用する国家機関であるため、この問題を裁判手続内で解決することは困難である。この問題を司法手続の外で解決するとしたら、国会と最高裁との協議にまつしかなさそうである。法律と裁判所規則とが明白に矛盾抵触する事態が生じた場合、早急に法律又は裁判所規則のいずれかを改正して、法秩序の整合性を回復する政治的努力がなされるべきである。これを放置することは、法治主義・法の支配の原則を根底から揺るがすことになり、相当でない。

2　公平な裁判所

憲法によれば、すべて刑事事件においては、被告人は、公平な裁判所の裁判を受ける権利を有する（三七条一項）。

何人も、裁判所において裁判を受ける権利を奪われない（三二条）のであり、民事事件においても、公平な裁判所の裁判を受ける権利を有するとするのが、憲法の要請であろう。

それでは、公平な裁判所とは何か。その趣旨は、適正な内容の裁判をすることを主眼とするものなのだろうか、あるいは、適正な手続による裁判をすることを主眼とするものなのだろうか。

司法行為たる裁判が、内容・手続において適正であることは、国民の要請するところであろうが、内容・手続の適正が要請されるという意味では、行政行為も同様であり、司法行為にだけ特別に要請されるものではない。

裁判所の独自性は、対立する紛争当事者による主張・立証活動を受け、第三者機関として、事実の認定及び法律の解釈適用を行うことにある。仮に、行政処分を行った行政機関が、自ら当該行政処分の適法性を最終的に審判するという手続が採用されたとすると、当該行政処分が違法であると判断される可能性は極めて乏しくなり、その適法性を争う国民には、一方的に不利益な手続と見えるだろう。それ故、憲法によれば、特別裁判所は、これを設置することができず、行政機関は、終審として裁判を行うことができないのである（七六条二項）。また、原告が、被告に対し、民事裁判を提起して不法行為による損害賠償を請求しているとき、裁判官が、原告と親戚関係ないし親しい交友関係にあったとすれば、被告は、その民事裁判が、原告に一方的に有利に審判されるものと恐れるだろう。

訴訟手続には、除斥及び忌避の制度がある。

民事訴訟法によれば、

① 裁判官又はその配偶者が、事件の当事者であるとき

② 裁判官が当事者の四親等内の血族、三親等内の姻族若しくは同居の親族であるとき

③ 裁判官が当事者の後見人、後見監督人、保佐人、保佐監督人、補助人又は補助監督人であるとき

④　裁判官が事件について証人又は鑑定人となったとき

⑤　裁判官が事件について当事者の代理人又は保佐人であるとき

などの場合には、裁判官は、その職務の執行から除斥され（二三条）、また、

　　裁判官について裁判の公正を妨げる事情があるとき

は、当事者は、その裁判官を忌避することができる（二四条）。

刑事訴訟法によれば、

①　裁判官が被害者であるとき

②　裁判官が被告人又は被害者の親族であるとき

③　裁判官が被告人又は被害者の法定代理人、後見監督人、保佐人、保佐監督人、補助人又は補助監督人であるとき

④　裁判官が事件について証人又は鑑定人となったとき

⑤　裁判官が事件について被告人の代理人、弁護人又は保佐人となったとき

⑥　裁判官が事件について検察官又は司法警察員の職務を行ったとき

などの場合には、裁判官は、職務の執行から除斥され（二〇条）、

　　裁判官が職務の執行から除斥されるべきとき、又は不公平な裁判をする虞があるとき

は、検察官又は被告人は、これを忌避することができる（二一条）。

公平な裁判所に関する判例を見てみよう。

最高裁昭和二三年五月五日大法廷判決（刑集二巻五号四四七頁）は、公文書偽造・収賄被告事件という刑事裁判であ

る。刑事訴訟法によれば、単なる事実誤認又は法令解釈の誤りは、再上告の理由とならない。この刑事裁判では、仮に、原審裁判所が、事実誤認又は法令解釈の誤りを犯したとした場合、憲法三七条にいう「公平な裁判所」に該当しないとして、再上告できるのかが争われた。

この事案につき、同判決は、公平な裁判所とは、裁判所の構成等において偏頗の惧なき裁判所のことをいうと判示した。すなわち、同判決は、「論旨では本件裁判が憲法第三七条違反の裁判だというけれども同条の『公平なる裁判所の裁判』というのは構成其他において偏頗の惧なき裁判所の裁判という意味である、かかる裁判所の裁判である以上個々の事件において法律の誤解又は事実の誤認等により偶被告人に不利益な裁判がなされてもそれが一々同条に触れる違憲の裁判になるというものではない、されば本件判決裁判所が構成其他において偏頗の惧ある裁判所であったことが主張（論旨においても此主張はない）立証せられない限り仮令原判決に所論の様な法律の誤解、事実の誤認又は記録調査の不充分（論旨第二点所論）等があったと仮定しても同条違反の裁判とはいえない、そして既に説示した様に原審が故意に被告人に対し不公正不利益な裁判をしたものと認むべき資料は全然なく其他記録を精査しても違憲の措置は見当たらない、従って再上告の理由はない。」と判示した。

最高裁昭和二三年五月二六日大法廷判決（刑集二巻五号五五一頁）は、窃盗被告事件という刑事裁判である。この刑事裁判では、仮に、原審裁判所が、量刑不当を犯したとした場合、憲法三七条にいう「公平な裁判所」に該当しないとして、上告できるのかが争われた。

同事案につき、同判決は、公平な裁判所とは、偏頗や不公平のおそれのない組織と構成をもった裁判所のことをいうと判示した。すなわち、同判決は、「憲法第三七条第一項にいわゆる『公平な裁判所の裁判』とは偏頗や不公平のおそれのない組織と構成をもった裁判所による裁判を意味するものであって、個々の事件につきその内容実質が具体的に公正妥当なる裁判を指すのではない。従って所論のように同規定を以て刑の言渡が甚だしく苛酷であるとか事実の認定が間違っている場合にこれを憲法上新たに上告理由となすことができるとした趣旨の規定であると解することはできない。されば、被告人を懲役二年に処した原判決を目して苛酷な刑の言渡であるとし前記憲法規定に違反すると主張する本論旨は当たらない。」と判示した。

右の両判決は、同趣旨であり、いずれも相当である。両判決においては、裁判所の組織及び構成において偏頗や不公平のおそれがないとは具体的にどのようなことを指すのか、詳細な判示はない。しかし、それは、先に見た民事訴訟法及び刑事訴訟法における除斥・忌避の制度趣旨と同様のことを指すものと理解できる。法律上の紛争があるというのは、何が真実なのか、何が正しい法解釈なのか、について、当事者間で争いがあるということであり、司法権は、当事者の主張・立証を踏まえて、事実を認定し、法律を解釈適用し、法律上の紛争を解決する作用なのであるから、公平な裁判所の意義は、相対立する当事者と利害関係を持たず、あたかもスポーツの審判のように、第三者的立場を維持することにあると解される。

3 主張及び立証の機会

憲法によれば、刑事被告人は、すべての証人に対して審問する機会を充分に与えられ、又、公費で自己のために強制的手続により証人を求める権利を有する（三七条二項）。すなわち、検察官が、証人尋問するとき、被告人は、当該証人に反対尋問する機会を与えられなければならず、また、被告人は、自ら証人尋問を請求する権利を有するのである。

憲法は、民事裁判について明記していないが、民事裁判においても、当事者は、自ら証人尋問を請求する権利を有し、また、相手方当事者の請求に係る証人に反対尋問する権利を有するというのが、憲法の趣旨に沿うものであろう。というのは、司法権は、相対立する紛争当事者の主張・立証を踏まえて、事実を認定し、法律を解釈適用して、法律上の争訟を解決する作用であり、裁判所は、第三者機関として、公平に振る舞わなければならないからである。合理的理由もないのに、被告の請求に係る証人尋問を一切拒否したり、被告に反対尋問の機会を与えず、原告による一方的な証人尋問の結果だけで事実認定をすることは許されない。

そして、当事者による立証活動は、証人尋問に限られない。

民事訴訟法によれば、証拠の申し出は、証明すべき事実を特定してする（一八〇条）。裁判所は、何人でも証人として尋問することができ（一九〇条）、証人の尋問は、その尋問の申し出をした当事者、他の当事者、裁判長の順序でする（二〇二条）。そのほか、例えば、書証の申し出は、文書を提出し、又は文書の所持者にその提出を命ずることを申し立ててし（二一九条）、あるいは、文書の所持者にその文書の送付を嘱託することを申し立ててすることができる（二二六条）。

刑事訴訟法によれば、検察官、被告人又は弁護人は、証拠調べを請求することができ（二九八条）、証人、鑑定人、通訳人又は翻訳人を尋問することができ（三〇四条）、証拠書類の取調をするについては、その取調を請求した者が、これを朗読し（三〇五条）、証拠物の取調をするについては、請求をした者が、これを示さなければならない（三〇六条）。裁判所は、検察官及び被告人又は弁護人に対し、証拠の証明力を争うために必要とする適当な機会を与えなければならなず（三〇八条）、検察官、被告人又は弁護人は、証拠調べに関し、異議を申し立てることができる（三〇九条）。

このように、当事者は、立証の機会を与えられるべきである。

当然、立証活動は、主張活動を前提とするものである。

民事訴訟法によれば、訴えの提起は、訴状を裁判所に提出してしなければならず、訴状には、請求の趣旨及び原因を記載しなければならない（一三三条）。当事者は、訴訟について、裁判所において口頭弁論をしなければならず（八七条）、口頭弁論は、書面で準備しなければならず、準備書面には、攻撃又は防御の方法を記載しなければならない（一六一条）。攻撃又は防御の方法は、訴訟の進行に応じ適切な時期に提出しなければならない（一五六条）。

刑事訴訟法によれば、公訴は、検察官がこれを行う（二四七条）。公訴の提起は、起訴状を提出してこれをしなければならず、起訴状に記載する公訴事実は、できる限り日時、場所及び方法を以て罪となるべき事実を特定して訴因を明示しなければならない（二五六条）。公判手続において、検察官は、まず、起訴状を朗読しなければならず、その後、被告人及び弁護人は、被告事件について陳述する機会を与えられなければならない（二九一条）。証拠調べのはじめに、検察官は、証拠により証明すべき事実を明らかにしなければならない（二九六条、冒頭陳述）。被告人は、任意に供述し、あるいは終始沈黙し、又は個々の質問に対し、供述を拒むことができる（三一一条）。証拠調べが終わった後、検察官は、事実及び法律の適用について意見を陳述しなければならず（二九三条一項、論告求刑）、被告人及び弁護人は、意見を陳述することができる（同条二項、弁論及び最終陳述）。

当事者は、立証のみならず、主張の機会をも与えられるべきであるということである。

憲法三七条二項の背景には、被告人及び弁護人が、検察官と対等な当事者として、充分な主張・立証の機会を与えられるべきであるという刑事裁判の当事者主義構造がある。その趣旨は、証人尋問以外の証拠調べにも当てはまる。さらに、被告人及び弁護人は、立証のみならず、主張についても、充分な機会を与えられるべきである。そして、対立する当事者が、いずれも充分な主張・立証の機会を与えられるべきことは、刑事裁判だけでなく、民事裁判にも当てはまることである。このことは、直ちに憲法三七条二項の要請とまでは言えないが、同項の趣旨に適うものであろう。

当事者が、主張・立証の機会を与えられるというとき、他方の当事者が、それに対する反論の機会を与えられることが重要である。すなわち、告知、聴聞、弁解、防御の機会を保障するということである。民事事件の原告は、訴状に請求の趣旨及び原因を記載し、また、刑事事件の検察官は、起訴状に訴因を明示した公訴事実を記載しなければならない。これは、原告又は検察官が、民事事件の訴訟物を特定し、又は刑事事件の訴因を特定し、審判対象を特定するという意味があるが、そのためだけではない。それは、相手方当事者である被告又は被告人に対し、告知、聴聞、弁解、防御の機会を与えるということである。

したがって、主張・立証の機会を与えられなかった第三者に不利益な裁判をしたり、あるいは主張・立証の対象とされなかった事実に基づいて相手方当事者に不利益な裁判をすることは許されない。

民事訴訟法によれば、原告は、請求の基礎に変更がない限り、口頭弁論の終結に至るまで、請求又は請求の原因を変更することができ、請求変更の書面は、相手方に送達しなければならない（一四三条、訴えの変更）。裁判所は、当事者が申し立てていない事項について、判決をすることができない（二四六条）。

刑事訴訟法によれば、公訴は、検察官の指定した被告人以外の者にその効力を及ぼさない（二四九条）。裁判所は、検察官の請求があるときは、公訴事実の同一性を害しない限度において、起訴状に記載された訴因又は罰上の追加、撤回又は変更を許さなければならず、その場合、速やかに追加、撤回又は変更された部分を被告人に通知しなければならず、被告人の防禦に実質的な不利益を生ずる虞があると認めるときは、被告人に充分な防禦の準備をさせるため必要な期間公判手続を停止しなければならない（三一二条、訴因変更）。審判の請求を受けた事件について判決をせず、又は審判の請求を受けない事件について判決をしたことは、絶対的な控訴理由となる（三七八条三号、不告不理の原則）。

これら民事訴訟法・刑事訴訟法の規定は、当事者に告知、聴聞、弁解、防御の機会を与えるべきであるという要請に適うものである。

憲法三七条二項は、これらの趣旨と整合的ではあるが、文言上、証人尋問権・反対尋問権に限定された規定となっており、直接、告知、聴聞、弁解、防御の機会を保障したものとは言い難い。

最高裁昭和三七年一一月二八日大法廷判決（刑集一六巻一一号一五九三頁）は、関税法違反未遂被告事件という刑事裁判である。この刑事裁判では、被告人両名を懲役に処するとともに船舶を没収する旨の判決を言い渡すことの適法性が争われた。同船舶は、第三者の所有物であったため、当該第三者に告知、弁解、防御の機会を与えないで、被告人両名に対する附加刑として同船舶の没収を言い渡すことが、憲法三一条の適正手続条項に違反しないかが争点となったのである。

この事案につき、同判決は、第三者に告知、弁解、防御の機会を与えないままその所有物を没収することは憲法三一条に違反すると判示した。すなわち、同判決は、「第三者の所有物を没収する場合において、その没収に関して当該所有者に対し、何ら告知、弁解、防禦の機会を与えることなく、その所有権を奪うことは、著しく不合理であって、憲法の容認しないところであるといわなければならない。けだし、憲法二九条一項は、財産権は、これを侵してはならないと規定し、また同三一条は、何人も、法律の定める手続によらなければ、その生命若しくは自由を奪われ、又はその他の刑罰を科せられないと規定しているが、前記第三者の所有物の没収は、被告人に対する附加刑として言い渡され、その刑事処分の効果が第三者に及ぶものであるから、所有物を没収せられる第三者についても、告知、弁解、防禦の機会を与えることが必要であって、これなくして第三者の所有物を没収することは、適正な法律手続によらないで、財産権を侵害する制裁を科するに外ならないからである。……被告人としても没収に係る物の占有権を剥奪され、またはこれが使用、収益をなしえない状態におかれ、更には所有権を剥奪された第三者から賠償請求権等を行使される危険に曝される等、利害関係を有することが明らかであるから、上告によりこれが救済を求めることができるものと解すべきである。」と判示した。

同判決は、相当である。同判決は、告知、弁解、防御の機会を保障すべきことの根拠として、憲法三一条を掲げている。憲法三一条は、文言上、刑罰を科す手続が法律で定められるべきことを規定したものであるが、刑事手続が単に法律で定められていれば充分であるというのは不合理であるから、さらに法律で定められる手続が適正であることをも要請しているものと考えられる。そして、憲法三一条は、刑事手続における適正手続条項として、憲法三三条以下の各条項の原則的規定と理解することが可能であるから、告知、弁解、防御の機会保障という基本的要請は、憲法三一条の要請と解することが相当である。

最高裁昭和二五年六月八日第一小法廷判決（刑集四巻六号九七二頁）は、住居侵入・窃盗被告事件という刑事裁判である。この刑事裁判では、起訴状の「公訴事実」欄には、住居侵入・窃盗の事実が記載されていたものの、「罪名・罰条」欄には、窃盗罪の罪名・罰条しか記載されていなかったところ、訴因・罰条の変更手続を経ないで、住居侵入・窃盗による有罪判決を言い渡すことの適法性が争われた。

この事案につき、同判決は、起訴状の訴因が窃盗罪であるのに、訴因の追加的変更をせずに、住居侵入罪をも認定することは違法であると判示した。すなわち、同判決は、「本件起訴状には公訴事実中に『屋内に侵入し』と記載されてはいるが罪名は単に窃盗と記載され罰条として刑法二三五条のみを示しているに過ぎない。しかも第一審公判調書を見るに右住居侵入の訴因について、裁判官の釈明もなく検察官において罰条を示して訴因を追加した形跡もなく第一審判決もその点について何等の法律適用を示していない。されば、住居侵入の点は訴因として起訴されなかったものと見るのが相当である。しかるに原判決は……訴因の追加もないのに住居侵入の犯罪事実を認定しこれに対し刑法一三〇条を適用したのは、結局審判の請求を受けない事件について判決をして違法があるものといわなければならない。」と判示した。

同判決は、刑事訴訟法という法律の解釈適用問題として、事案を処理しており、憲法論を取り扱ってはいない。

憲法論を論ずるならば、訴因の拘束力ないし不告不理の原則は、憲法三一条の問題として理解すべきである。不告不理の原則は、起訴されていない犯罪事実で有罪判決をすることを禁止するものであり、被告人に対する不意打ち判決を禁止するものであり、告知、弁解、防御の機会を保障する要請からくるものである。正に、憲法三一条の要請と言うべきである。

同判決と同趣旨の判示をする判例が続いている。例えば、最高裁昭和二九年八月二〇日第二小法廷判決（刑集八巻八号一二四九頁）、最高裁昭和三六年六月一三日第三小法廷判決（刑集一五巻六号九六一頁）などである。これらの判決も、憲法論には及んでいないが、審判の請求を受けない事件について判決をすることが許されないのは、憲法三一条の要請と理解すべきであろう。

最高裁昭和四一年七月一三日大法廷判決（刑集二〇巻六号六〇九頁）は、窃盗被告事件という刑事裁判である。この刑事裁判では、原判決が、起訴された窃盗の事実を認定したほか、判決理由中において、起訴されていない余罪について、その回数及び窃取金額を判示していたところ、同判示が、審判の請求を受けていない余罪を実質的に処罰する趣旨でなされたのではないか、憲法三一条にいう不告不理の原則に違反するのではないかが争われた。

この事案につき、同判決は、余罪を一情状として考慮することは許されるが、余罪を実質的に処罰する趣旨で量刑を重くすることは許されないと判示した。すなわち、同判決は、「刑事裁判において、起訴された犯罪事実のほかに、起訴されていない犯罪事実をいわゆる余罪として認定し、実質上これを処罰する趣旨で量刑の資料に考慮し、これがため被告人を重く処罰することは許されないものと解すべきである。けだし、右のいわゆる余罪は、公訴事実として起訴されていない犯罪事実であるにかかわらず、右の趣旨でこれを認定考慮することは、刑事訴訟法の基本原理である不告不理の原則に反し、憲法三一条にいう、法律に定める手続によらずして刑罰を科することになる……。しかし、他面刑事裁判における量刑は、被告人の性格、経歴および犯罪の動機、目的、方法等すべての事情を考慮して、裁判所が法定刑の範囲内において、適当に決定すべきものであるから、その量刑のための一情状として、いわゆる余罪をも考慮することは、必ずしも禁ぜられるところではない。」と判示した上、原審が、余罪である窃盗について具体的に判示しておらず、余罪を実質的に処罰する趣旨がないので、適法であるとした。

最高裁昭和四二年七月五日大法廷判決（刑集二一巻六号七四八頁）は、右判決を継承しつつ、具体的事案において、原審が、余罪である窃盗の期間、回数、被害金額などを具体的に判示しており、余罪を実質的に処罰する趣旨で重い量刑をなしたもので、違法であると判示している。

右の昭和四一年判決及び昭和四二年判決は、相当である。ただし、昭和四一年判決が、「刑事訴訟法の基本原理である不告不理の原則に反し、憲法三一条にいう、法律に定める手続によらずして刑罰を科することになる」と判示した部分は、注意が必要であろう。仮に、同判決が、不告不理の原則が、法律（刑事訴訟法）の要請であり、法律に違反しているが故に、憲法三一条に違反する、という論理を展開しているのであれば、その論理は、やや形式的に過ぎると言わざるを得ない。憲法三一条は、裁判の当事者が不意打ち判決を受けないように、告知、聴聞、弁解、防御の機会を保障するものであり、不告不理の原則は、法律の要請である以前に、憲法三一条の要請であると理解すべきである。昭和四一年判決は、このような趣旨に理解すべきであろうし、先の昭和三七年判決（第三者所有物没収事件）の理由付けとも整合的となろう。

4 弁護人選任権

国民は、民事事件及び刑事事件に関し、自ら弁護報酬を支払って弁護人を選任する自由がある。国民は、自由・平等の存在なのであり、自己の利益を代弁してもらうため、法律の専門家の助力を受け、訴訟行為を代行してもらうのは、本質的に自由である。

憲法によれば、刑事被告人は、いかなる場合にも、資格を有する弁護人を依頼することができる（三七条三項）。刑事訴訟法は、これと同趣旨の規定を設けている（三〇条）。民事訴訟法は、訴訟代理人の資格（五四条）などを定めるだけであり、弁護士を委任する権利について規定していないが、国民が、私法上の委任契約により、任意に弁護士を選任することができるのは、当然のことである。

ところで、憲法によれば、刑事被告人が自ら資格を有する弁護人を依頼することができないときは、国でこれを附する（三七条三項、国選弁護人）とされている。

被告人が自ら依頼することができないときとは、いかなるときか。

本来、国民は、任意の委任契約により弁護士を選任することができる。その弁護士契約は、弁護士が、民事事件及び刑事事件で訴訟行為ないし弁護活動をする義務を負う一方、民事事件の当事者及び刑事事件の被告人が、弁護士報酬を支払う義務を負うという双務契約である。

よって、刑事被告人が、弁護士契約を締結できない場合とは、その義務すなわち弁護士報酬を支払うことができない場合が典型例であろう。刑事訴訟法によれば、被告人が貧困その他の事由により弁護人を選任することができないときは、裁判所は、その請求により、被告人のため弁護人を附しなければならず（三六条）、被告人は、同請求をするには、資力申告書を提出しなければならない（三六条の二）。これらの規定は、憲法三七条三項の一解釈として相当なものと思われる。

民事事件には国選弁護人の制度がない。

刑事事件のみに国選弁護人請求権を保障した理由は何か。

思うに、立法権、行政権及び司法権のあらゆる公権力の行使について、その適正手続が保障されるべきであるが、とりわけ刑事手続は、その要請が強く求められるはずである。というのは、刑罰権の行使は、国民の生命、自由、財産などを侵害しかねない強力な国家作用だからである。刑事被告人が、弁護人を選任したくても、貧困のために弁護人を選任できないのは、適正手続の保障の観点から相当ではない。憲法によれば、すべて国民は、健康で文化的な最低限度の生活を営む権利を有し、国は、すべての生活部面について、社会福祉、社会保障等の向上及び増進に努めなければならない（二五条）。憲法二五条の趣旨に照らし、刑罰権の行使という強力な国家権力の発動に際し、貧富の差別により、弁護人の助力を受けられる被告人と、これを受けられない被告人とが生じるのは、相当でない。かかる差別を解消するために、国選弁護人の制度が設けられたのであろう。

5　公開の裁判

憲法によれば、すべて刑事事件においては、被告人は、公開裁判を受ける権利を有し（三七条一項）、裁判の対審及び判決は、公開法廷でこれを行う（八二条一項）。

これを受け、民事訴訟の口頭弁論及び刑事訴訟の公判手続は、公開が原則となる。すなわち、民事訴訟法によれば、口頭弁論の公開の規定に違反したことは、上告の理由となる（三一二条二項五号）。また、刑事訴訟法によれば、審判の公開に関する規定に違反したことは、絶対的な控訴理由となる（三七七条三号）。

何故、民事訴訟の口頭弁論及び刑事訴訟の公判手続は、公開を原則とするのか。公開の原則の意義が問題となる。

確かに、非公開の場で対審及び判決がなされようとも、裁判所の組織及び構成が公平であり、当事者に主張・立証の機会が与えられ、告知、聴聞、弁解、防御の機会が保障されていれば、手続の適正さは確保できているようにも考え得る。

しかし、公開の原則には、重要な意義があると思われる。裁判は、当事者が主張・立証を尽くし、裁判所が中立的な第三者機関として審判を下すことに意義がある。そのような裁判所の立場は、当事者と利害関係のない一般国民が、法廷を傍聴することと整合的である。一般国民とりわけ報道機関が、対審及び判決を傍聴することは、裁判の可視性を高め、適正手続を確保するための客観的制度保障となるであろう。国民は、自由・平等の存在として、自己の権利ないし利益のため、司法制度を利用するのであるが、司法制度が適正に機能しているか否かは、具体的な個々の国民にとっての個人的な利害に止まらず、主権の存する一般国民に共通する公の利害でもある。

ただし、公開の原則は、憲法が採用した一つの選択肢に過ぎず、それは、司法権の本質に由来する絶対的要請とまでは考えられない。

よって、合理的な理由があれば、公開を停止することもできるはずである。憲法によれば、政治犯罪、出版に関する犯罪及び憲法が保障する国民の権利が問題となっている事件を除いて、裁判所が、裁判官の全員一致で、公の秩序又は善良の風俗を害する虞があると決した場合には、対審は、公開しないでこれを行うことができる（八二条二項）。

例えば、人事訴訟法（平成一五年法律一〇九号、数次の改正あり）によれば、人事訴訟において、適正な裁判をするために当事者本人等の陳述を欠くことができないと認められるが、当事者本人等の私生活上の重大な秘密に係るものについて尋問を受け、その陳述をする場合、社会生活を営むのに著しい支障を生ずることが明らかであるときは、当該事項の尋問を公開しないで行うことができる（二二条）。

また、そもそも公開の原則が採用されない裁判所の行為もある。

例えば、非訟事件手続法（明治三一年法律一四号、数次の改正あり）によれば、審問は、これを公開しない（一三条）。家事審判法（昭和二二年法律一五二号、数次の改正あり）は、非訟事件手続法の規定を準用している（七条）。よって、地方裁判所が、民事非訟事件につき、法人の解散及び清算の監督、信託管理人の選任などをするとき、あるいは、家庭裁判所が、家事審判事件につき、相続財産の管理に関する処分、遺言執行者の選任、夫婦間の協力扶助に関する処分、子の監護に関する処分などの事項について審判を行うとき、その審問は、非公開である。また、少年法（昭和二三年法律一六八号、数次の改正あり）によれば、少年の保護事件の審判は、これを公開しない（二二条二項）。

民事非訟事件、家事審判事件、少年審判事件などにおいて、審問を非公開とすることは、憲法八二条に違反しないのであろうか。これら事件の処理は、同条にいう「裁判」に該当しないのか。改めて、公開の原則の意義が問題となる。

これまで見てきたとおり、司法権とは、純然たる訴訟事件において、相対立する紛争当事者が、主張・立証を尽くし、中立的な裁判所が、事実を認定し、それに法律を解釈適用して法律上の争訟を解決するという国家作用である。契約の債務不履行責任が問われるときも、不法行為による損害賠償責任が問われるときも、犯罪による刑事責任が問われるときも、すべて当事者の対立構造が存在する。民事事件では、原告と被告とが対立し、刑事事件では、検察官と被告人とが対立し、双方が、主張・立証を尽くし、第三者機関である裁判所が、審判を下すという構造である。このような当事者主義構造の訴訟においては、裁判所は、スポーツの審判と同様の役割を果たす。その裁判の客観性を保障し、その可視性を高め、訴訟手続の適正さを確保するためには、公開の原則が相応しい。適正手続は、個々の当事者たる国民の利害に止まらず、一般国民という公の関心事でもある。

これに対し、民事非訟事件、家事審判事件、少年審判事件などでは、当事者主義構造が採られていない。例えば、裁判所は、夫婦間の協力扶助に関して適切な処分をすることを求められる。夫と妻との間で、権利義務に関する主張が対立しているときであっても、裁判所は、どちらが法的に正しいかを判断するのではなく、適切な処分をするという立場から権限を行使しているのである。また、例えば、裁判所は、少年保護に関して適切な処分をすることが求められる。少年審判は、相対立する主張・立証の当否を審判する国家作用として制度設計がなされていない。少年が犯罪事実を否認しているときであっても、裁判所は、事件を送致した検察官の主張と少年の主張のどちらが法的に正しいかを判断するのではなく、少年保護事件として適切な処分をするという立場で権限を行使することが求められているのである。それは、長老・厳父・慈母などのイメージと類似した立場でなされる国家作用であり、スポーツの審判とは異なるものである。

しかも、民事非訟事件、家事審判事件、少年審判事件などでは、身分関係、家庭内の秘密、少年の要保護性などを理由とするプライバシー保護の要請が強い。かかる秘密保護の要請を犠牲にしてまで、公開の法廷で、一般国民という公の監視による客観性・可視性を高めなければならない必然性はない。これらの事件処理は、類型的に公開を要しないとすることに一定の合理性がある。

最高裁昭和三五年七月六日大法廷判決（民集一四巻九号一六五七頁）は、調停に代わる裁判に対する抗告申立棄却決定に対する特別抗告事件である。この事案は、原告が、被告に対し、家屋の明渡を請求する民事裁判を提起したところ、裁判所が、戦時民事特別法による調停を開始し、同調停が不調となるや、金銭債務臨時調停法による調停に代わる決定をなしたというものである。この特別抗告事件では、純然たる訴訟事件について、非公開の手続で裁判（調停に代わる決定）をしたことが、公開の原則（八二条）に違反しないかなどが争われた。

この事案につき、同判決は、純然たる訴訟事件について非公開で裁判（調停に代わる決定）をすることが公開の原則に違反すると判示した。すなわち、同判決は、「憲法は三二条において、何人も裁判所において裁判を受ける権利を奪われないと規定し、八二条において、裁判の対審及び判決は、対審についての同条二項の例外の場合を除き、公開の法廷でこれを行う旨を定めている。即ち、憲法は一方において、基本的人権として裁判請求権を認め、何人も裁判所に対し裁判を請求して司法権による権利、利益の救済を求めることができることとすると共に、他方において、純然たる訴訟事件の裁判については、前記のごとき公開の原則の下における対審及び判決によるべき旨を定めたのであって、これにより、近代民主社会における人権の保障が全うされるのである。従って、若し性質上純然たる訴訟事件につき、当事者の意思いかんに拘わらず終局的に、事実を確定し当事者の主張する権利義務の存否を確定するような裁判が、憲法所定の例外の場合を除き、公開の法廷における対審及び判決によってなされないとするならば、それは憲法八二条に違反すると共に、同三二条が基本的人権として裁判請求権を認めた趣旨をも没却するものといわねばならない。」と判示した。

最高裁昭和四〇年六月三〇日大法廷判決（民集一九巻四号一〇八九頁）は、夫婦同居審判に対する抗告棄却決定に対する特別抗告事件である。この特別抗告事件では、夫婦同居の審判について公開の裁判をしないことが公開の原則（八二条）に違反しないかが争われた。

この事案につき、同判決は、夫婦同居の審判について公開の裁判をしなくても公開の原則に違反しないと判示した。すなわち、同判決は、「憲法八二条は『裁判の対審及び判決は、公開法廷でこれを行ふ』旨規定する。そして如何なる事項を公開の法廷における対審及び判決によって裁判すべきかについて、憲法は何ら規定を設けていない。しかし、法律上の実体的権利義務自体につき争があり、これを確定するには、公開の法廷における対審及び判決によるべきものと解する。けだし、法律上の実体的権利義務自体を確定することが固有の司法権の主たる作用であり、かかる争訟を非訟事件手続または審判事件手続により、決定の形式を以て裁判することは、前記憲法の規定を回避することになり、立法を以てしても許されざるところであると解すべきであるからである。家事審判法九条一項乙類は、夫婦の同居その他夫婦間の協力扶助に関する事件を婚姻費用の分担、財産分与、扶養、遺産分割等の事件と共に、審判事項として審判手続により審判の形式を以て裁判すべき旨規定している。その趣旨とするところは、夫婦同居の義務その他前記の親族法、相続法上の権利義務は、多分に倫理的、道義的な要素を含む身分関係のものであるから、一般訴訟事件の如く当事者の対立抗争の形式による弁論主義によることを避け、先ず当事者の協議により解決せしめるため調停を試み、調停不成立の場合に審判手続に移し、非公開にて審理を進め、職権を以て事実の探知及び必要な証拠調を行わしめるなど、訴訟事件に比し簡易迅速に処理せしめることとし、更に決定の一種である審判の形式により裁判せしめることが、かかる身分関係の事件の処理としてふさわしいと考えたものであると解する。……前記の審判は夫婦同居の義務等の実体的権利義務自体を確定する趣旨のものではなく、これら実体的権利義務の存することを前提として、例えば夫婦の同居についていえば、その同居の時期、場所、態様等について具体的内容を定める処分であり、また必要に応じてこれに基づき給付を命ずる処分であると解するのが相当である。けだし、民法は同居の時期、場所、態様について一定の基準を規定していないのであるから、家庭裁判所が後見的立場から、合目的の見地に立って、裁量権を行使してその具体的内容を形成することが必要であり、かかる裁判こそは、本質的に非訟事件の裁判であって、公開の法廷における対審及び判決によって為すことを要しないものであるからである。」と判示した。

その後も、これらと同種の判決が続いている。例えば、最高裁昭和四〇年六月三〇日大法廷判決（民集一九巻四号一一一四頁）は、婚姻費用分担に関する審判について、最高裁昭和四一年三月二日大法廷判決（民集二〇巻三号三六〇頁）は、遺産分割審判について、最高裁昭和四一年一二月二七日大法廷判決（民集二〇巻一〇号二二七九頁）は、過料決定について、いずれも純然たる訴訟事件ではなく、公開の裁判をしなくても、公開の原則（八二条）に違反しないと判示している。

これら判決は、いずれも相当であろう。

6　迅速な裁判

憲法によれば、すべて刑事事件においては、被告人は、迅速な裁判を受ける権利を有する（三七条一項）。刑事訴訟法は、刑罰法令を迅速に適用実現すること（一条）を目的の一つとしている。仮に、迅速な裁判を受ける権利が侵害されるときには、長期間の経過による証拠の散逸などが生じ、また被告人の防御権の行使に支障をきたし、事案の真相を明らかにすることが困難となり、刑罰法令を適正に適用実現することが困難となり、刑事訴訟法の目的が達せられなくなるのである。

最高裁昭和四七年一二月二〇日大法廷判決（刑集二六巻一〇号六三一頁）は、住居侵入等被告事件という刑事裁判である。この事案は、被告人らについて、名古屋地裁刑事第一部にいわゆる大須事件が係属し、同刑事第二部に県税事件等が係属し、同刑事第三部にいわゆる高田事件等（住居侵入等）が係属し、弁護人が、刑事第一部の審理の終了を待って刑事第二部及び刑事第三部の審理をしてほしい旨の要望を出したところ、刑事第二部は、弁護人の要望を容れず、そのまま証拠調べ手続を完了させたが、刑事第三部は、弁護人の要望を受け入れ、検察官による立証の途中で審理を中断したまま一五年余が経過したというものである。この刑事第三部の裁判では、一五年余の長きにわたる審理の中断が、迅速な裁判を受ける権利（三七条一項）に違反するのではないかが争われた。

この事案につき、同判決は、遅延の期間、遅延の原因と理由、迅速な裁判の保障条項が守ろうとしている諸利益が害されている程度など諸般の情況を総合的に判断して、迅速な裁判を受ける権利が侵害されたと認められる場合、刑事訴訟法三三七条四号により免訴を言い渡すべきであると判示した。すなわち、同判決は、「刑事事件について審理が著しく遅延するときは、被告人としては長期間罪責の有無未定のまま放置されることになり、ひとり有形無形の社会的不利益を受けるばかりでなく、当該手続においても、被告人または証人の記憶の減退・喪失、関係人の死亡、証拠物の滅失などをきたし、ために被告人の防禦権の行使に種々の障害を生ずることをまぬがれず、ひいては、刑事司法の理念である、事案の真相を明らかにし、罪なき者を罰せず罪ある者を逸せず、刑罰法令を適正かつ迅速に適用実現するという目的を達することができないこととともなるのである。上記憲法の迅速な裁判の保障条項は、かかる弊害発生の防止をその趣旨とするものにほかならない。……そもそも、具体的刑事事件における審理の遅延が右の保障条項に反する事態に至っているか否かは、遅延の期間のみによって一律に判断されるべきではなく、遅延の原因と理由などを勘案して、その遅延がやむをえないものと認められないかどうか、これにより右の保障条項がまもろうとしている諸利益がどの程度実際に害せられているかなど諸般の情況を総合的に判断して決せられなければならないのであって、たとえば、事件の複雑なために、結果として審理に長年月を要した場合などはこれに該当しないこともちろんであり、さらに被告人の逃亡、出廷拒否または審理引延ばしなど遅延の主たる原因が被告人側にあった場合には、被告人が迅速な裁判をうける権利を自ら放棄したものと認めるべきであって、たとえその審理に長年月を要したとしても、迅速な裁判をうける被告人の権利が侵害されたということはできない。……刑事事件が裁判所に係属している間に迅速な裁判の保障条項に反する事態が生じた場合において、その審理を打ち切る方法については現行法上よるべき具体的な明文の規定はないのであるが、前記のような審理経過をたどった本件においては、これ以上実体的審理を進めることは適当でないから、判決で免訴の言渡をするのが相当である。」と判示した。

同判決は、相当であろう。

迅速な裁判を受ける権利の保障条項（三七条一項）は、刑事事件に関する規定であるが、その趣旨は、裁判を受ける権利（三二条）の趣旨に適合的であり、民事事件にも妥当するものであろう。民事訴訟法によれば、裁判所は、民事訴訟が迅速に行われるように努めなければならない（二条）。

裁判の迅速化に関する法律（平成一五年法律一〇七号）によれば、同法は、裁判の迅速化に関し、その趣旨、国の責務その他の基本となる事項を定めることにより、第一審の訴訟手続をはじめとする裁判所における手続全体の一層の迅速化を図り、もって国民の期待にこたえる司法制度の実現に資することを目的とする（一条）。そして、第一審の訴訟手続については、二年以内のできるだけ短い期間内にこれを終結させることを目標として、充実した手続を実施することにより裁判の迅速化を行うものとする（二条）。

同法によれば、第一審の訴訟手続は、二年以内に終結することが目標とされるが、二年以内に終結しなかった場合、直ちに迅速な裁判を受ける権利（三七条一項）が侵害されたことになるのだろうか。

同法は、裁判所を含む国の責務を定めるものであるが、先の昭和四七年判決（高田事件）を変更する趣旨の法律ではなく、そこに明示される二年以内の期間とは、努力目標に過ぎないと解される。

7　証拠法

(1)　伝聞証拠の証拠能力

憲法によれば、刑事被告人は、証人を尋問する権利、及び証人尋問を請求する権利を有する（三七条二項）。ところで、刑事訴訟法は、原則として、伝聞証拠に証拠能力を認めない（三二〇条）。伝聞証拠とは、被告人ないし弁護人の反対尋問を経ていない供述証拠のことであり、被告人以外の者の供述録取書面（警察官・検察官の面前における被害者・目撃者の供述調書）などのことである。その例外として、例えば、刑事訴訟法三二一条一項二号などがあり、同号によれば、検察官の面前における供述録取書面については、その供述者が死亡、精神若しくは身体の故障、所在不明若しくは国外にいるため、公判期日において供述することができないとき、又は公判期日において前の供述と相反するか若しくは実質的に異なった供述をし、公判期日における供述よりも前の供述を信用すべき特別の情況の存するとき、その供述録取書面を証拠とすることができる。

それでは、憲法三七条二項は、被告人に証人を尋問する権利、及び証人尋問を請求する権利を保障するほか、証拠法の問題として、伝聞証拠の禁止まで要請しているのだろうか。

この点に関し、憲法学及び刑事訴訟法学では、伝聞証拠禁止の原則が憲法三七条二項に基づくものであるという見解があり、また、刑事訴訟法の定める例外規定（三二一条など）が憲法三七条二項に違反するという見解もあるが、これらの見解は、いずれも問題がある。

最高裁昭和二三年七月一九日大法廷判決（刑集二巻八号九五二頁）は、食糧管理法違反被告事件という刑事裁判である。この刑事裁判では、第三者の証人尋問を実施せず、その供述録取書面を証拠として有罪判決が言い渡されたところ、証人尋問を経ない第三者の供述録取書面を証拠とすることが、憲法三七条二項に違反するか否かが争われた。

この事案につき、同判決は、憲法三七条二項が、証人を尋問する権利及び証人尋問を請求する権利を保障するものとしながら、伝聞証拠の原則的禁止を規定するものではないと判示した。すなわち、同判決は、「刑訴応急措置法第一二条は、証人その他の者の供述を録取した書類又はこれに代わるべき書類を証拠とするには、被告人の請求があったときは、その供述者又は作成者を公判期日において訊問する機会を被告人に与えることを必要とし、憲法第三七条に基づき被告人は、公費で自己のために強制手続によりかかる証人の訊問を請求することができるし、又証人に対して充分に審問する機会を与えられることができ不当に訊問権の行使を制限されることがない訳である。しかし裁判所は、被告人側からかかる証人の訊問請求がない場合においても、義務として現実に訊問の機会を被告人に与えなければ、これらの書類を証拠とすることができないものと解すべき理由はどこにも存在しない。憲法の諸規定は、将来の刑事訴訟の手続が一層直接主義に徹せんとする契機を充分に包蔵しているが、それがどの程度に具体的に現実化されてゆくかは、社会の実情に即して適当に規制せらるべき立法政策の問題である。今直ちに憲法第三七条を根拠として、論旨のごとく第三者の供述を証拠とするにはその者を公判において証人として訊問すべきものであり、公判廷外における聴取書又は供述に代わる書面をもって証人に代えることは絶対に許されないと断定し去るは、早計に過ぎるものであって到底賛同することができない。」と判示した。

同判決の趣旨は、その後の判例にも継承されている。例えば、最高裁昭和二四年五月一八日大法廷判決（刑集三巻六号七八九頁）、最高裁昭和二五年九月二七日大法廷判決（刑集四巻九号一七七四頁）、最高裁昭和二五年一〇月四日大法廷判決（刑集四巻一〇号一八六六頁）などである。

これらの判決は、相当である。憲法三七条二項は、文言上、刑事被告人が、証人を尋問する権利、及び証人尋問を請求する権利を有すると規定しているのであって、原則として伝聞証拠を禁止するとは規定していない。刑事訴訟法三二〇条とは、規定の仕方が違うのである。刑事被告人は、自己に不利益な供述をする被害者・目撃者等を証人尋問する権利を有するが、証人尋問しないのも自由である。被告人が、被害者・目撃者等の供述調書の証拠調べに同意し、反対尋問権を放棄しているのに、その供述調書の証拠能力を否定すべき理由はない。

最高裁昭和三〇年一一月二九日第三小法廷判決（刑集九巻一二号二五二四頁）は、恐喝・同未遂被告事件という刑事裁判である。この事案は、被告人ないし弁護人が、第三者の検察官に対する供述調書を証拠とすることに同意したので、第一審裁判所が、同供述調書を証拠として採用したというものである。この刑事裁判では、上告審において、弁護人が、伝聞証拠である同供述調書を証拠として採用することが憲法三七条二項に違反すると争った。

この事案につき、同判決は、被告人ないし弁護人の同意した供述調書を証拠として採用することは、憲法三七条二項に違反しないと判示した。すなわち、同判決は、「憲法三七条二項が、刑事被告人は、すべての証人に対して審問する機会を充分に与えられると規定しているのは、裁判所の職権により又は当事者の請求により喚問した証人につき、反対尋問の機会を充分に与えなければならないという趣旨であって、被告人に反対尋問の機会を与えない証人その他の者の供述を録取した書面を絶対に証拠とすることを許さない意味をふくむものではなく、従って、法律においてこれらの書類はその供述者を公判期日において尋問する機会を被告人に与えれば、これを証拠とすることができる旨を規定したからといって、憲法三七条二項に反するものでないことは、当裁判所大法廷の判例が示すところであるから（昭和二三年（れ）八三三号同二四年五月一八日宣告、刑集三巻六号七八九頁）、刑訴三二一条一項二号後段の規定が違憲でないことはおのずから明らかである。そして、本件において、第一審裁判所は、……被告人及び弁護人に反対尋問の機会を与えた上その各証言と共に右両名の検察官に対する各供述調書を被告人の証拠とすることの同意を得て、証拠に採用しているのであるから、これを是認した原判決には所論のような違憲はなく、論旨は理由がない。」と判示した。

最高裁昭和三二年一月二二日第三小法廷判決（刑集一一巻一号一〇三頁）は、強盗殺人未遂等被告事件という刑事裁判である。この事案は、被告人が九名おり、そのうち被告人Bは、捜査段階から犯罪事実を自白し、「被告人Aは、私に対し、被害者方に火炎瓶を投げつけてきたと話した」旨供述していたというものである。この刑事裁判では、被告人Bの検察官に対する供述調書中、右供述部分が、被告人Aにとって伝聞証拠であり、被告人A側の反対尋問を経ていないという理由により証拠能力を否定することになるのかが争われた。

この事案につき、同判決は、被告人Aが犯罪事実を認めていた旨の相被告人Bの供述調書を証拠として採用することは、憲法三七条二項に違反しないと判示した。すなわち、同判決は、「原審が……刑訴三二一条一項二号及び同三二四条により右供述調書中の所論の部分についての証拠能力を認めたことは正当である。そして、これが反対尋問を経ない被告人Bの供述の録取書であるからという理由で、憲法三七条二項によって証拠とすることが許されないものではないことは当裁判所の判例の趣旨に徴して明らかである（昭和二三年（れ）第八三三号同二四年五月一八日言渡大法廷判決、刑集三巻六号七八九頁、昭和二三年（れ）第一〇六九号同二五年九月二七日言渡大法廷判決、刑集四巻九号一七七五頁参照）。又右伝聞の供述の原供述者に対する反対尋問権について考えるに、この場合反対尋問をなすべき地位にある者は被告人Aであり、反対尋問をされるべき地位にある原供述者もまた被告人Aであるから、結局被告人Aには憲法三七条二項の規定による原供述者に対する反対尋問権はないわけである。従ってその権利の侵害ということもありえないことは明白である（被告人Aは、欲すれば、任意の供述によってその自白とされる供述について否定なり弁明なりすることができるのであるから、それによって自らを反対尋問すると同一の効果をあげることができるのである）。」と判示した。

右の昭和三〇年判決（恐喝・同未遂被告事件）及び昭和三二年判決（強盗殺人未遂等被告事件）の結論は、いずれも相当である。

まず、昭和三〇年判決である。被告人ないし弁護人は、第三者の検察官に対する供述調書を証拠として採用することに同意するのか、同意しないのか、選択する自由があり、下級審でこれに同意しておきながら、上告審でその証拠能力を争うことは許されないと言うべきである。昭和三〇年判決の言うとおり、憲法三七条二項は、反対尋問を経ていない供述証拠の証拠能力を絶対的に否定するものとは解せない。

つぎに、昭和三二年判決であるが、その結論は相当であるが、その理由付けにはやや問題がある。確かに、被告人Bの供述中、被告人Aの発言については、被告人Aが、自己に向かって反対尋問することが不可能なのであるから、そもそも反対尋問権がないのだ、という説明があり得なくはない。しかし、被告人Bの「被告人Aは、私に対し、被害者方に火炎瓶を投げつけてきたと話した」旨の供述につき、その要証事実は、「被告人Aが、被害者方に火炎瓶を投げつけた」という事実ではなく、「私は、被告人Aから、被害者方に火炎瓶を投げつけてきたと聞かされた」という事実である。それは、被告人Bが自ら経験した事実なのであり、要証事実との関係では伝聞証拠ではない。したがって、被告人Bに対する反対尋問権のみが問題とされるべきなのであって、被告人A自身に対する反対尋問権の有無が問題となる情況にはなかったと言うべきであろう。

さて、最高裁昭和二七年四月九日大法廷判決（刑集六巻四号五八四頁）は、団体等規制令違反犯人蔵匿被告事件という刑事裁判である。この事案は、弁護人が、参考人の検察官に対する供述調書を不同意としたため、検察官が、参考人の証人尋問を請求したが、参考人が、犯罪事実に関する重要事項について証言を拒絶したというものである。この刑事裁判では、証言を拒絶した参考人の供述調書を刑事訴訟法三二一条一項二号により証拠として採用することが憲法三七条二項に違反しないかが争われた。

この事案につき、同判決は、公判で証言を拒絶した者の捜査段階の供述調書を証拠として採用しても、憲法三七条二項に違反しないと判示した。すなわち、同判決は、「憲法三七条二項は、裁判所が尋問すべきすべての証人に対して被告人にこれを審問する機会を充分に与えなければならないことを規定したものであって、被告人にかかる審問の機会を与えない証人の供述には絶対的に証拠能力を認めないとの法意を含むものではない（昭和二三年（れ）八三三号同二四年五月一八日大法廷判決、判例集三巻六号七八九頁以下参照）。されば被告人のため反対尋問の機会を与えていない証人の供述又はその供述を録取した書類であっても、現にやむことを得ない事由があって、その供述者を裁判所において尋問することが妨げられ、これがために被告人に反対尋問の機会を与え得ないような場合にあっては、これを裁判上証拠となし得べきものと解したからとて、必ずしも前記憲法の規定に背反するものではない。刑事訴訟法三二一条一項二号が、検察官の面前における被告人以外の者の供述を録取した書面について、その供述者が死亡、精神若しくは身体の故障、所在不明、若しくは国外にあるため、公判準備若しくは公判期日において供述することができないときは、これを証拠とすることができる旨規定し、その供述について既に被告人のため反対尋問の機会を与えたか否かを問わないのも、全く右と同一見地に出た立法ということができる。」と判示した。

同判決の趣旨は、その後の判例に引き継がれている。すなわち、最高裁昭和二九年七月二九日第一小法廷判決（刑集八巻七号一二一七頁）は、証人が記憶喪失を理由として証言を拒絶したことから、証人の麻薬取締官に対する供述調書を刑事訴訟法三二一条一項三号書面として採用したという事案であり、最高裁昭和三六年三月九日第一小法廷判決（刑集一五巻三号五〇〇頁）は、供述人が国外にあったことから、その供述調書を証拠として採用したという事案であり、いずれも憲法三七条二項に違反しないと判示している。

これら判決の結論は相当であるが、その理由付けは、やや説明不足の感がある。まず、憲法三七条二項が、伝聞証拠の絶対的な禁止まで要求してはいないというのは、正にそのとおりである。しかし、刑事訴訟法が、伝聞証拠の禁止を原則としているのに、供述人が証言を拒絶した場合、供述人の供述調書が例外的に証拠能力を付与される根拠について、同判決は、実質的な説明をしていない。憲法三七条二項は、証人に対する反対尋問権を保障しているところ、反対尋問権を行使しようとしても行使できない場合に、証人の供述調書に証拠能力を付与することが、何故、憲法三七条二項の趣旨に反しないのか、検討しておくべきではなかろうか。すなわち、刑事訴訟法三二一条以下の規定の合理性である。

思うに、例えば、供述人の供述調書が作成された後、その供述人が死亡、精神障害、所在不明等になったとき、その証人尋問は事実上不可能であるが、その供述調書が犯罪事実の有無を認定するために利用できるなら、それに証拠能力を付与することには、必要性・合理性がある。刑事手続は、真相を解明して適正に刑罰権を行使することを目的としているのであるから、伝聞証拠であっても、これを証拠として採用する必要性・合理性があるなら、証拠能力を否定する理由はない。伝聞証拠禁止の原則は、被告人ないし弁護人に反論・弾劾の機会を保障するとともに、直接主義・口頭主義を目指したものであろうが、その趣旨は、真相の解明を犠牲にしなければならないほどの要請ではない。

また、例えば、供述人が、捜査段階の供述内容（供述調書）を覆し、公判期日において前の供述と相反するか又は実質的に異なった供述（証言）をしたとき、直接主義・口頭主義を墨守するなら、前の供述（供述調書）に証拠能力を付与すべきではないということになるが、前の供述と後の証言とを徹底的に対比吟味して、前の供述に特別の信用性が認められるのであれば、前の供述に証拠能力を付与することには、必要性・合理性がある。供述人が、捜査段階において、被告人の犯行を目撃した旨の供述をしており、同供述に高い信用性が認められるにもかかわらず、公判期日において、これを覆し、不自然・不合理な証言を繰り返しているのに、捜査段階の供述調書を利用できないのであれば、適正な刑罰権の行使ができなくなってしまう。

憲法三七条二項は、伝聞証拠禁止の原則までは要求していないのであるから、必要性・合理性に配慮した上で証拠能力の有無を決するという刑事訴訟法三二一条以下の規定は、合理的なものであると解される。

ところで、憲法三七条二項は、伝聞証拠禁止の原則を採用していないのであるから、刑事訴訟法において、伝聞証拠禁止の原則を撤廃することは、憲法違反にならないはずである。

現行の刑事訴訟法三二〇条以下の規定によれば、被告人は、真の争点でない事項に関しても、伝聞証拠を不同意とすることにより、多くの証人尋問の実施を余儀なくさせ、訴訟遅延を図ることが可能であり、刑罰法令の迅速な適用実現の障害となっている。例えば、被告人が、「私は、被害者の腹部に包丁を突き刺したが、殺意はなかった。」と主張した場合、争点は、殺意の有無だけである。ところが、現行の刑事訴訟法によれば、被告人は、検察官の請求した全ての証拠を不同意にし、裁判所への提出を拒否することができる。被害者が某日・某所で死亡したことが明白であっても、被害届、告訴状、現場の検証調書、司法解剖の鑑定書などを不同意にできるのである。真の争点が殺意の有無という一点に絞られているにもかかわらず、争いのない事項に関する証拠を不同意にできるという制度は、不合理である。もちろん、被害届、告訴状、検証調書、鑑定書などに、殺意の有無を認定するための間接事実が記載されており、被告人がその信用性を争いたいという場合もあるだろうが、その場合であっても、争点に限って、被害者、目撃者、検証者、鑑定人などを証人尋問すれば足りるのである。これらの証拠が伝聞証拠であるという一事をもって、一律に証拠能力を否定すべき合理的理由はない。

それ故、現行の刑事訴訟法三二〇条以下の規定を改正して、伝聞証拠に証拠能力を付与しても、憲法三七条二項には違反しないと解される。事実認定が裁判官の自由心証によるべきであるなら、刑事裁判の争点次第では、裁判所は、被害者・目撃者等の供述調書だけである事実を認定すべき場合もあるであろうし、あるいは、供述調書だけで事実認定すべきでなく、証人尋問を実施して事実認定すべき場合もあろう。供述調書が存在するのに重ねて証人尋問を実施すべきか否かを決定する際には、被告人が犯罪事実を否認していないか、被告人が証人尋問を請求していないか、当該証人がどの程度重要なのか、供述調書の信用性を吟味する必要はないのか、など諸事情を考慮することになる。そして、被告人が犯罪事実を否認しているのであれば、原則として、供述人の供述調書のみで事実認定すべきではなく、証人尋問を実施すべきことになろう。現在の民事訴訟の実務は、概ね同様の運用をしているものと理解されるのであって、刑事訴訟の伝聞法則を改廃することは違憲とは考え難い。

(2) 自白の証拠能力

憲法によれば、何人も、自己に不利益な供述を強要されず（憲法三八条一項）、強制、拷問若しくは脅迫による自白又は不当に長く抑留若しくは拘禁された後の自白は、これを証拠とすることができず（同条二項）、何人も、自己に不利益な唯一の証拠が本人の自白である場合には、有罪とされ、又は刑罰を科せられない（同条三項）。

長期間にわたる身柄拘束（逮捕・勾留）下の自白は、全て証拠能力が否定されるのか。長期間にわたる身柄拘束と因果関係のない自白まで禁止されなければならないのかが問題となる。

最高裁昭和二三年六月二三日大法廷判決（刑集二巻七号七一五頁）は、住居侵入・強盗被告事件という刑事裁判である。この事案は、被告人が、第一審公判において、犯行を自白していたが、相被告人四名がおり、事案が複雑であり、相被告人が病気等のため、審理期間が長期に及び、被告人は、長い公判審理の末、第二審公判においても、第一審と同様の自白をしたというものである。この刑事裁判では、第二審公判における自白が、不当に長い身柄拘束後の自白として、証拠能力を否定すべきではないか、が争われた。

この事案につき、同判決は、不当に長い抑留・拘禁と因果関係がない自白は、証拠能力があると判示した。すなわち、同判決は、「憲法第三八条第二項において『不当に長く抑留若しくは拘禁された後の自白はこれを証拠とすることができない』と規定している趣旨は、単に自白の時期が不当に長い抑留又は拘禁の後に行われた一切の場合を包含するというように形式的、機械的に解すべきものではなくして、自白と不当に長い抑留又は拘禁との間の因果関係を考慮に加えて妥当な解釈を下すべきものと考える。……既に第一審公判廷においてした自白をそのまま第二審公判廷においても繰り返している場合が往々存するのであるが、第一審公判廷における自白当時には未だ不当に長い抑留又は拘禁が存しなかったときは、その自白は前記条項に包含されないことは勿論、引き続きその自白を繰り返している第二審公判廷における自白当時には仮に不当に長い抑留又は拘禁が実存していたとしても、この自白は、特別の事情がない限りその原因が不当に長い抑留又は拘禁によらないことが明らかと認められるから、前記条項に包含されないものと解すべきである。言いかえれば、自白と不当に長い抑留又は拘禁との間に因果関係の存しないことが明らかに認め得られる前記場合においては、かかる自白を証拠とすることができると解釈するを相当と考える。」と判示した。

同判決は、相当である。自白を強制する取調べは、被疑者・被告人の黙秘権を侵害するものであり、また、信用性の乏しい供述を引き出しかねない。それは、個人の基本的人権の保障を全うしつつ、事案の真相を明らかにするという刑事訴訟の目的と相容れないものである。憲法三八条二項は、強制による自白、すなわち強制的な取調べと因果関係のある自白の証拠能力を否定したのであると解される。不当に長い抑留・拘禁は、同様の弊害を惹起しかねないものであるから、これと因果関係のある自白は、証拠能力を否定すべきである。すなわち、被疑者・被告人が、不当に長い抑留・拘禁に耐えかねて自白した場合、その自白は、強制による自白と同視できるのである。逆に、長い抑留・拘禁と因果関係のないことが明白な自白は、証拠能力を否定すべき理由がないのである。

同判決の趣旨は、その後の判例に引き継がれた。例えば、最高裁昭和二三年七月一九日大法廷判決（刑集二巻八号九四四頁）は、被告人に罪障隠滅・逃亡の虞が認められない以上、被告人の長期勾留は自白を強要するためのものであった疑いがあるとして、不当に長い拘禁と因果関係のある自白の証拠能力を否定した。最高裁昭和二三年九月一八日第二小法廷判決（刑集二巻一〇号一二〇九頁）と、最高裁昭和二三年一一月一七日大法廷判決（刑集二巻一二号一五五八頁）は、長い拘禁と因果関係のない自白の証拠能力を肯定した。最高裁昭和二四年一一月二日大法廷判決（刑集三巻一一号一七三二頁）は、被告人が長く否認し続けた後、病気治療の必要性から保釈を訴えて自白したという経緯がある以上、その自白は、不当に長い拘禁と因果関係があるとして証拠能力を否定した。

要するに、不当に長い抑留・拘禁後の自白として証拠能力を否定すべきなのか否かの問題は、単に身柄拘束期間の長短によって判断すべきなのではなく、その抑留・拘禁が自白を強制する契機になっているか否かを考慮すべきなのである。

さて、捜査官が、物理的な有形力の行使（暴行）や害悪の告知（脅迫）などにより、被疑者・被告人から自白を引き出した場合、その自白は、強制によるものとして、証拠能力を否定されることになるが、それでは、利益誘導や偽計などにより引き出された自白の証拠能力は、否定されることになるのか。

最高裁昭和四一年七月一日第二小法廷判決（刑集二〇巻六号五三七頁）は、収賄被告事件という刑事裁判である。この事案は、検察官が、贈賄者の弁護人に対し、「収賄者が犯意を自白すれば、収賄者の起訴猶予処分も十分考えられる」旨話したことから、同弁護人が、収賄者に対し、同趣旨を伝え、収賄者が、否認から転じて犯意を自白したものの、結局、収賄で起訴されたというものである。この刑事裁判では、かかる利益誘導による自白に証拠能力が認められるのかが争われた。

この事案につき、同判決は、「本件のように、被疑者が、起訴不起訴の決定権をもつ検察官の、自白をすれば起訴猶予にする旨のことばを信じ、起訴猶予になることを期待してした自白は、任意性に疑いがあるものとして、証拠能力を欠くものと解するのが相当である。」と判示した。

最高裁昭和四五年一一月二五日大法廷判決（刑集二四巻一二号一六七〇頁）は、銃砲刀剣類所持等取締法違反・火薬類取締法違反被告事件という刑事裁判である。この事案は、妻が、けん銃等所持の単独犯行を自白し、夫が、妻との共謀を否認していたところ、検察官は、夫に対し、妻が夫との共謀を自白した旨虚偽の事実を告げて、夫を自白させた後、妻に対し、夫が妻との共謀を自白したと告げて、妻を自白させたというものである。この刑事裁判では、かかる切り違い尋問による自白の証拠能力の有無が問題となった。

この事案につき、同判決は、虚偽の自白を誘発するような偽計を用いて得られた自白は、証拠能力がないと判示した。すなわち、同判決は、「捜査手続といえども、憲法の保障下にある刑事手続の一環である以上、刑訴法一条所定の精神に則り、公共の福祉の維持と個人の基本的人権の保障とを全うしつつ適正に行われるべきものであることにかんがみれば、捜査官が被疑者を取り調べるにあたり偽計を用いて被疑者を錯誤に陥れ自白を獲得するような尋問方法を厳に避けるべきであることはいうまでもないところであるが、もしも偽計によって被疑者が心理的強制を受け、その結果虚偽の自白が誘発されるおそれのある場合には、右の自白はその任意性に疑いがあるものとして、証拠能力を否定すべきであり、このような自白を証拠に採用することは、刑訴法三一九条一項の規定に違反し、ひいては憲法三八条二項にも違反するものといわなければならない。これを本件についてみると、原判決が認定した前記事実のほかに、……検察官が、被告人の取調にあたり、『奥さんは自供している。誰がみても奥さんが独断で買わん。参考人の供述もある。こんな事で二人共処罰される事はない。男らしく云うたらどうか。』と説得した事実のあることも記録上うかがわれ、すでに妻が自己の単独犯行であると述べている本件被疑事実につき、同検察官は被告人に対し、前示のような偽計を用いたうえ、もし被告人が共謀の点を認めれば被告人のみが処罰され妻は処罰を免れることがあるかも知れない旨を暗示した疑いがある。要するに、本件においては前記のような偽計によって被疑者が心理的強制を受け、虚偽の自白が誘発されるおそれのある疑いが濃厚であり、もしそうであるとするならば、前記尋問によって得られた被告人の検察官に対する自白およびその影響下に作成された司法警察員に対する自白調書は、いずれも任意性に疑いがあるものといわなければならない。」と判示した。

右の昭和四一年判決（利益誘導事件）と昭和四五年判決（切り違い尋問事件）において、利益誘導及び切り違い尋問による自白に基づいて事実認定することを否定したことは、相当である。捜査手法として、利益誘導や偽計などが用いられたとき、そこから得られた自白は、虚偽である可能性があり、それを無前提に受け入れれば、無実の者を罰する危険性が生じる。

しかし、利益誘導や偽計などによる自白の問題は、憲法三八条二項の問題ではなく、信用性の問題ではなかろうか。強制、拷問若しくは脅迫による自白又は不当に長く抑留若しくは拘禁された後の自白は、これを証拠とするこができない（三八条二項）というのは、自己に不利益な供述を強要されない（同条一項、黙秘権）という要請と関連するものであり、文言上、有形力の行使（暴行）や害悪の告知（脅迫）などを前提としていると考えるべきであろう。昭和四五年判決（切り違い尋問事件）では、偽計という捜査手法が、憲法三八条二項の問題であるとされた上、偽計が「心理的」強制に該当すると判示しているが、文言上、偽計と強制とは異なる概念である。通常の概念規定からすれば、

「肉体的」な強制が暴行であるなら、「心理的」な強制が脅迫であり、偽計が「心理的」な強制に該当するというのは、憲法の文言解釈として、かなり飛躍している感がある。裁判官は、利益誘導や偽計による自白の信用性について十分な吟味をすべきであるが、自白が事実認定の基礎足りうるか否かは自由心証により判断すればよいのであって、自白の証拠能力を否定するという訴訟技術を用いなければならない必然性はないはずである。

したがって、利益誘導や偽計などにより得られた自白は、証拠能力を否定するのではなく、信用性を吟味した上、信用性が乏しければ、事実認定に採用しなければ足りるものと考える。

以上は、刑事訴訟における証拠法であるが、民事訴訟においても、強制による自白、任意性のない自白には、証拠能力がないとすべきであろう。民事訴訟法には、任意性に疑いのある自白の証拠能力を否定することを規定した定めはない。しかし、民事訴訟法においても、刑事上罰すべき他人の行為により、自白をするに至ったことは、再審事由とされている（三三八条一項五号）。強制、拷問又は脅迫による自白は、信用性・証拠価値の有無・程度を問わず、判決の基礎とすべきではないのである。

(3) 自白の証拠価値

憲法によれば、何人も、自己に不利益な唯一の証拠が本人の自白である場合には、有罪とされ、又は刑罰を科せられない（三八条三項、自白の補強法則）とされるのであるが、その根拠は何か。

最高裁昭和二三年七月二九日大法廷判決（刑集二巻九号一〇二九頁）は、食糧管理法違反被告事件という刑事裁判である。この事案は、米穀生産者が、統制額を超過した代金で米を譲渡したというものであるが、第二審裁判所の判決書には、被告人の公判廷における自白のみが証拠として掲げられていた。この刑事裁判では、公判廷における自白のみで有罪を認定することが憲法三八条三項に違反しないのか、が争われた。

この事案につき、同最高裁判決は、公判廷における被告人の自白には補強証拠が要らず、憲法三八条三項の自白とは公判廷外の自白を指すと判示した。すなわち、同判決は、「憲法第三八条第三項には、『何人も、自己に不利益な唯一の証拠が本人の自白である場合には、有罪とされ、又は刑罰を科せられない』と定めている。この規定の趣旨は、一般に自白が往々にして、強制、拷問、脅迫その他不当な干渉による恐怖と不安の下に、本人の真意と自由意思に反してなされる場合のあることを考慮した結果、被告人に不利益な証拠が本人の自白である場合には、他に適当なこれを裏書きする補強証拠を必要とするものとし、若し自白が被告人に不利益な唯一の証拠である場合には、有罪の認定を受けることはないとしたものである。それは、罪ある者が時に処罰を免れることがあっても、罪なき者が時に処罰を受けるよりは、社会福祉のためによいという根本思想に基づくものである。かくて真に罪なき者が処罰せられる危険を排除し、自白偏重と自白強要の弊を防止し、基本的人権の保護を期せんとしたものである。しかしながら、公判廷における被告人の自白は、身体の拘束をうけず、又強制、拷問、脅迫その他不当な干渉を受けることなく、自由の状態において供述されるものである。……公判廷における被告人の自白が、裁判所の自由心証によって真実に合するものと認められる場合には、公判廷外における被告人の自白とは異なり、更に他の補強証拠を要せずして犯罪事実の認定ができると解するのが相当である。……自白は、公判廷におけるものも又公判廷外におけるものも、等しく証拠能力を有するが、証拠価値にはおのずから差等が存する。……公判廷における自白は、前に詳述した理由によってその証拠価値が比較的多いものであるから、その自白が被告人に不利益な唯一の証拠である場合においてもこれを証拠として断罪科刑することができていい訳である。」と判示した。

同判決の当否を論ずる前に、最高裁判例の言わんとするところを跡付けておく必要がある。

最高裁昭和二四年四月六日大法廷判決（刑集三巻四号四四五頁）は、物価統制令違反被告事件という刑事裁判である。この事案は、第二審裁判所の判決書の証拠として、被告人の第一審公判廷における自白のみが掲げられていたというものである。この刑事裁判では、かかる認定が憲法三八条三項に違反しないのか、が争われた。

この事案につき、同最高裁判決は、第二審裁判所が、被告人の第一審公判廷における自白のみで有罪を認定することは許されないと判示した。すなわち、同判決は、「憲法第三八条第三項（刑訴応急措置法第一〇条第三項も同様）の自白の内には、公判廷における被告人の自白は之を含まないと解すべきことは、当裁判所の判例とするところである（昭和二三年（れ）第一六八号同年七月二九日大法廷判決）。而して、前記判例はその一つの理由として『なお、公判廷の自白は裁判所の直接審理に基づくものである。従って、裁判所の面前でなされる自白は、被告人の発言、挙動、顔色、態様並びにこれらの変化等からも、その真実に合するか、否か、又、自発的な任意のものであるか、否かは、多くの場合において裁判所が他の証拠を待つまでもなく、自ら判断し得るものと言わなければならない。又、公判廷外の自白は、それ自身既に完結している自白であって、果たしていかなる状態において、いかなる事情の下に、いかなる動機から、いかにして供述が形成されたかの経路は全く不明であるが、公判廷の自白は、裁判所の面前で親しくつぎつぎに供述が展開されて行くものであるから、現行法の下では、裁判所はその心証が得られるまで種々の面と観点から被告人を根掘り葉掘り十分訊問することもできるのである。そして、若し裁判所が心証を得なければ自白は固より証拠価値がなく、裁判所が心証を得たときに初めて自白は証拠として役立つのである。従って、公判廷における被告人の自白が、裁判所の自由心証によって真実に合するものと認められる場合には、公判廷外における被告人の自白とは異なり、更に他の補強証拠を要せずして犯罪事実の認定ができると解するのが相当である。』と、判示していることから容易に判断し得る如く、右判例に示す『公判廷における被告人の自白』とはその自白を断罪の証拠に採った、その裁判所の公判廷における被告人の自白を指すのであって、従って、右裁判所以外の裁判所の公判廷における被告人の自白は、仮令それが第一審裁判所のものであっても、之を包含せしむる趣旨ではない。」と判示した。

最高裁昭和二四年五月一八日大法廷判決（刑集三巻六号七三四頁）は、殺人・同未遂被告事件という刑事裁判である。この刑事裁判では、被告人A及び共犯者Bの自白によって被告人Aの有罪を認定することが、憲法三八条三項に違反しないのか、他の補強証拠を要しないのか、が争われた。

この事案につき、同判決は、被告人及び共犯者の自白によって有罪を認定することは許されると判示した。すなわち、同判決は、「共同審理を受けていない単なる共犯者の供述は、各具体的事件について自由心証上の証拠価値の評価判断の異なるべきは当然であるが、ただ共犯者たるの一事をもって完全な独立の証拠能力を欠くものと認むべき何等実質上の理由はない。また、かく解すべき何等法令上の根拠も存在しないのである。憲法第三八条第三項及び刑訴応急措置法第一〇条第三項の規定を援引して、かかる解釈を主張することも是認するを得ない。次に、共同審理を受けた共同被告人の供述は、それぞれ被告人の供述たる性質を有するものであってそれだけでは完全な独立の証拠能力を有しない。いわば半証拠能力（ハーフ・プルーフ）を有するに過ぎざるもので、他の補強証拠を待ってここにはじめて完全な独立の証拠能力を具有するに至るのである。しかし、その補強証拠は、必ずしも常に完全な独立の証拠能力を有するものだけに限る必要はない。半証拠能力の証拠を補強するに半証拠能力の証拠をもってし、合わせてここに完全な独立の証拠能力を形成することも許されていいわけである。されば、ある被告人の供述（自白）を共同被告人の供述（自白）をもって補強しても、完全な独立の証拠能力を認め得ると言わねばならぬ。」と判示した。

最高裁昭和三三年五月二八日大法廷判決（刑集一二巻八号一七一八頁）は、傷害致死等被告事件という刑事裁判である。この刑事裁判では、被告人A及び共犯者Bの自白によって被告人Aの有罪を認定することが、憲法三八条三項に違反しないのか、他の補強証拠を要しないのか、が争われた。

この事案につき、同判決は、被告人及び共犯者の自白によって有罪を認定することは許されると判示するとともに、先の昭和二四年五月判決（殺人・同未遂被告事件）の判例を変更し、被告人の自白が完全な証拠能力を有することを明らかにした。すなわち、同判決は、「実体的真実でない架空な犯罪事実が時として被告人本人の自白のみによって認定される危険と弊害とを防止するため、特に、同条三項は、何人も、自己に不利益な唯一の証拠が本人の自白である場合には、有罪とされ、又は刑罰を科せられないと規定して、被告人本人の自白だけを唯一の証拠として犯罪事実全部を肯認することができる場合であっても、それだけで有罪とされ又は刑罰を科せられないものとし、かかる自白の証明力（すなわち証拠価値）に対する自由心証を制限し、もって、被告人本人を処罰するには、さらに、その自白の証明力を補充し又は強化すべき他の証拠（いわゆる補強証拠）を要するものとしているのである。すなわち、憲法三八条三項の規定は、被告人本人の自白の証拠能力を否定又は制限したものではなく、また、その証明力が犯罪事実全部を肯認できない場合の規定でもなく、かえって、証拠能力ある被告人本人の供述であって、しかも、本来犯罪事実全部を肯認することのできる証明力を有するもの、換言すれば、いわゆる完全な自白のあることを前提とする規定と解するを相当とし、従って、わが刑訴三一八条（旧刑訴三三七条）で採用している証拠の証明力に対する自由心証主義に対する例外規定としてこれを厳格に解釈すべきであって、共犯者の自白をいわゆる『本人の自白』と同一視し又はこれに準ずるものとすることはできない。けだし共同審理を受けていない単なる共犯者は勿論、共同審理を受けている共犯者（共同被告人）であっても、被告人本人との関係においては、被告人以外の者であって、被害者その他の純然たる証人とその本質を異にするものではないからである。」と判示した。

一連の判例を検討してみよう。

昭和二三年七月判決（食糧管理法違反被告事件）及び昭和二四年四月判決（物価統制令違反被告事件）によれば、憲法論として、被告人の公判廷における自白には、補強証拠を要せず、被告人の公判廷外の自白には、補強証拠を要するとされた。その理由として、公判廷の自白と公判廷外の自白とは、いずれも証拠能力を有する点では同じであるが、その任意性の有無・信用性の高低の点では異なるという点が挙げられた。被告人には、黙秘権があり、弁護人の助力を受ける権利があり、裁判官は、面前の自白の任意性を直接確認できるし、自由心証により被告人の自白が真実であると認められれば、公判廷の自白に基づいて有罪判決を言い渡しても問題はないと言うことなのであろう。公判廷における被告人の自白は、その任意性・信用性を裁判官が直接吟味できるというわけである。

また、昭和二四年五月判決（殺人・同未遂被告事件）は、被告人及び共同審理を受けている共犯者の自白は、完全な証拠能力を有しないと判示したが、昭和三三年五月判決（傷害致死等被告事件）は、これを変更し、被告人及び共犯者の自白は、完全な証拠能力を有しており、憲法三八条三項は、被告人の自白の証明力（証拠価値）を制限しているものの、共犯者の自白は、かかる自由心証主義に対する制限がなく、独立の補強証拠となり得ると判示した。

しかし、昭和二三年七月判決及び昭和二四年四月判決が、憲法三八条三項の趣旨を同条二項の趣旨と関係付け、被告人の公判廷の自白について、その任意性の存在及び信用性の高さ故に、補強証拠を要しないとしているのは、相当とは思えない。

自白の任意性の問題は、同条二項が扱っているものであり、同条三項は、任意性とは異なる問題を扱っていると考えられる。強制による自白は、同条二項により証拠能力が否定されるが、同条三項は、任意性及び信用性が認められる自白にも、なお補強証拠を求めているのである。裁判官は、被告人が犯罪を犯したという心証が得られても、補強証拠がなければ有罪を言い渡すことができないのであるから、自白に補強証拠を要するという原則は、任意性・信用性だけでは説明がつかない。自白に補強証拠を求める同条三項の趣旨は、証拠能力の問題とは直接関係がない。両判決は、自白に補強証拠を要する趣旨を説明しきれていないと言わざるを得ない。また、憲法三八条三項は、文言上、被告人の自白が公判廷のものか、公判廷外のものかを区別していない。

思うに、刑罰権の行使は、公共の利害に関する行為である。その目的は、一般予防・特別予防を図り、公の秩序を回復し、国民が自由な活動をする社会環境を保障することにあろう。捜査機関たる警察官等、訴追機関たる検察官、審判機関たる裁判所は、それぞれ法治主義の原則のもと、証拠に基づいて刑事手続を遂行しなければならないのである。被疑者・被告人が、自己の犯罪を認めていたとしても、その裏付け捜査をし、収集された裏付け証拠を吟味し、客観的な視点から犯罪の発生を認定するのでなければ、刑罰権の行使が公共の利害に関する行為であることにそぐわない。民事訴訟であれば、被告が自白すれば、補強証拠がなくとも、原告を勝訴させてもよいが、それは、民事訴訟が、私人間の紛争であり、公共の利害に関する行為ではないからである。これに対し、刑事訴訟は、公共の利害に関する行為であり、被告人が犯行を認めたからといって、それだけで刑罰権を行使するわけにはいかないのである。被告人が自白している場合、裁判官は、犯罪が発生したことについて、心理的障害なく事実認定をしがちであるが、かかる場合であっても、罪なきところに刑罰権が行使されるような事態が生じないような制度的保障を設けるべきであり、それが補強証拠を要求する理由なのであろう。

したがって、憲法三八条三項は、公判廷の自白か公判廷外の自白かと問わず、被告人の自白は、憲法三八条三項の自白に該当し、裁判官が有罪の心証を得ていたとしても、無辜を処罰しないための制度的保障として、補強証拠を要すると解すべきなのである。昭和二三年七月判決（食糧管理法違反被告事件）及び昭和二四年四月判決（物価統制令違反被告事件）は、自白に補強証拠を要する理由を自白の任意性・信用性と関連付けて説明している点で相当ではない。

また、昭和二四年五月判決（殺人・同未遂被告事件）は、被告人の自白に不完全な証拠能力しか認めていない点で相当ではない。被告人の自白は、任意になされたものであれば、完全な証拠能力を有するのであり、この点は、昭和三三年五月判決（傷害致死等被告事件）が相当である。

さて、被告人及び共犯者の自白は、いずれも完全な証拠能力が認められるから、被告人が自白して共犯者が否認し、他に補強証拠がない場合、自白した被告人が無罪となり、否認した共犯者が有罪ということになる。これは、昭和三三年五月判決の帰結である。

憲法学及び刑事訴訟法学では、共犯者は、自己の刑事責任を免れるために他の共犯者に責任を転嫁する動機があり、また、自白した共犯者が無罪とされる一方で、否認した被告人が有罪とされるのは、不合理であるとして、共犯者の自白を独立の補強証拠とすることに反対する見解があるが、かかる見解は、相当ではない。

もしも、共犯者の自白が補強証拠にならないのなら、例えば、密室で現金を授受した贈収賄事件などの犯罪において、贈賄者と収賄者の双方が自白していても、刑罰権を行使できないという不都合が生じてしまう。また、被告人が自白して共犯者が否認し、他に補強証拠がない場合、理論上、被告人のみが無罪となる場合があり得るが、これは、何ら不合理な結論ではない。仮に、自白したものが有罪とされ、否認したものが無罪とされるのであれば、正直者が馬鹿をみるという結果となり、不合理と言わざるを得ないが、その逆であれば、刑事政策的に合理性が認められる。確かに、共犯者は、他の共犯者の刑事責任の有無・程度につき事実をねつ造・誇張する危険性を有しているが、それは、裁判官の自由心証による証拠評価の問題として処理すべきである。

さて、刑事訴訟法によれば、被告人は、公判廷における自白であると否とを問わず、その自白が自己に不利益な唯一の証拠である場合には、有罪とされない（三一九条二項）。

この補強証拠は、犯罪構成要件のすべてにわたって要求されるのだろうか。

最高裁昭和二三年一〇月三〇日第二小法廷判決（刑集二巻一一号一四二七頁）は、強盗等被告事件という刑事裁判である。この事案は、第二審裁判所が、被告人の第一審公判廷における自白や被害者の供述調書により、被告人が他の共犯者と共謀したという事実を認定したのであるが、被害者の供述調書だけでは、強盗という被害事実があったことまでは判明するものの、被告人が強盗の犯行に加担していたことが不明であるため、結局、被告人の自白だけで被告人の犯人性を認定したというものである。この刑事裁判では、被告人の犯人性について補強証拠を要するのかが争われた。

この事案につき、同判決は、犯罪があったことにつき自白以外の証拠があるのであれば、被告人が犯人であることを自白により認定してもよいと判示した。すなわち、同判決は、「原判決は、右事実を認定する証拠として、右被告人の外、証人……の予審における被害顛末の供述調書を挙げているのであって、同調書によれば、本件強盗の事実に照応する被害顛末を認定することができるのであるから、原審は、所論のように、被告人の自白を唯一の証拠として、右犯罪を認定したものではないのである。もっとも、右被害者の供述自体では被告人が本件強盗に参加した事実は認定できないけれども、自白を補強すべき証拠は、必ずしも自白にかかる犯罪組成事実の全部に亘って、もれなく、これを裏付けするものでなければならぬことはなく、自白にかかる事実の真実性を保障し得るものであれば足るのであるから、右予審における……の供述によれば、当夜同人方に数人の犯人が押し入って、強盗の被害を受けた顛末が認められ、被告人の自白が架空の事実に関するものでないことは、あきらかであるから、右供述は被告人の自白の補強証拠としては十分であるといわなければならない。」と判示した。

その後の最高裁も、右判決と同様の趣旨を判示している。

例えば、最高裁昭和二四年四月七日第一小法廷判決（刑集三巻四号四八九頁）、最高裁昭和二四年四月三〇日第二小法廷判決（刑集三巻五号六九一頁）、最高裁昭和二五年一一月二九日大法廷判決（刑集四巻一一号二四〇二頁）及び最高裁昭和二六年一月三一日大法廷判決（刑集五巻一号一二九頁）は、架空の犯罪事実をでっちあげたのでなく、犯罪の客観的要件につき他の証拠により認定できる場合、犯意、強盗目的、贓物性の認識のような主観的要件につき被告人の自白のみで認定することは許されると判示した。最高裁昭和二四年七月一九日第三小法廷判決（刑集三巻八号一三四八頁）、最高裁昭和二四年一一月二日大法廷判決（刑集三巻一一号一六九一頁）、最高裁昭和二六年三月九日大法廷判決（刑集五巻四号五〇九頁）、最高裁昭和三〇年六月二二日大法廷判決（刑集九巻八号一一八九頁）は、犯罪事実を他の証拠により認定できる場合、被告人が犯人であることを自白により認定することは許されると判示した。

これらの判決は、いずれも相当である。自白に補強証拠を要する趣旨は、架空の犯罪事実に基づいて刑罰権を行使することがないよう歯止めをかける制度的保障にあると解される。犯罪構成要件の主観的要件や犯人性について、補強証拠がないとしても、他の客観的要件について、補強証拠が存在し、かつ、被告人が自白し、その自白に任意性・信用性が認められるのであれば、裁判官が有罪認定をすることに問題があるとは思えない。

以上は、刑事訴訟における証拠法であるが、民事訴訟では、当事者の自白に補強証拠を要すると規定した定めはない。その逆に、民事訴訟法によれば、裁判所において当事者が自白した事実は、証明することを要しない（一七九条）とされ、裁判所は、当事者の自白した事実を覆すことができないとされている。これは、民事訴訟が、刑罰権の行使というような公の目的からではなく、個々の国民の自己実現のために遂行されるものだからであろう。ただ、民事訴訟の提起及び遂行が、国民の自由な活動の一環であるとしても、司法権は、国家権力なのであるから、当事者の自白に拘束されるべきでないという考え方にも一定の合理性があると思われる。よって、民事訴訟においても、自白に補強証拠を要する、あるいは、自白の信用性に合理的な疑いがある場合、当事者が自白した事実を否定できるという証拠法を設けることも可能であろう。

(4) 違法収集証拠の証拠能力

憲法三一条、三三条、三五条などの規定は、警察などの捜査機関に対し、適正な捜査活動を要請している。違法な捜査活動により収集された証拠に証拠能力を付与してよいか否かの問題については、先に論じたとおりである（第八章、二、1　刑事手続における基本的人権）。

8 判決理由

民事訴訟法によれば、判決書には、主文のほか、事実及び理由を記載しなければならず、事実の記載においては、当事者の請求内容を明らかにし、かつ、主文が正当であることを示すのに必要な当事者の主張内容を摘示しなければならない（二五三条）。判決に理由を付せず、又は理由に食い違いがあるとき、これを理由として上告することができる（三一二条二項六号）。判決に影響を及ぼすべき重要な事項について判断の遺脱があったことは、再審事由となる（三三八条一項九号）。

刑事訴訟法によれば、有罪の言い渡しをするには、罪となるべき事実、証拠の標目及び法令の適用を示さなければならず、法律上犯罪の成立を妨げる理由又は刑の加重減免の理由となる事実が主張されたときは、これに対する判断を示さなければならない（三三五条）。判決に理由を附せず、又は理由にくいちがいがあることは、絶対的な控訴理由となる（三七八条四号）。

民事訴訟（行政事件訴訟を含む）及び刑事訴訟における判決には、理由を示すことが要請されるが、その趣旨は、裁判が適正に行われることを制度的に保障するとともに、当事者ないし被告人が判決に不服を申し立てて上訴するための便宜を実質的に保障することにあるものと解される。かかる判決理由の制度は、憲法が明記するところではないが、国民の裁判を受ける権利（三二条）を側面から支えるものである。

三　司法権

1　司法権の意義

憲法によれば、何人も、裁判所において裁判を受ける権利を奪われず（三二条）、すべて司法権は、最高裁判所及び下級裁判所に属する（七六条一項）とされる。

司法権とは何か。憲法には、その定義規定がない。誰が、司法権の定義をなし得るのか。

まず考えつくところは、国会である。国会は、主権者たる国民の代表から組織され（四三条）、国権の最高機関（四一条）として、国家意思を決定する国家機関なのであるから、司法権とは何かを定義するものとして相応しいはずである。裁判所法（昭和二二年法律五九号、数次の改正あり）によれば、裁判所は、一切の法律上の争訟を裁判し、その他法律において特に定める権限を有する（三条一項）。国会は、裁判所が、法律上の争訟を裁判する権限を有すると法定したが、その権限とは、司法権を指していると見てよいであろう。

ところで、司法権とは憲法上の概念のはずであり、憲法は法律より上位の規範であるから、法律で憲法概念を定義するというのは論理矛盾にならないのか、検討しておく必要があろう。

仮に、裁判所が、司法権の概念を定義できるとしたら、どうなるか。

その場合、憲法が、司法権の定義規定を設けていないから、裁判所は、自らの権限内容を自らの裁量で設定できることになる。憲法によれば、最高裁判所は、一切の法律、命令、規則又は処分が憲法に適合するかしないかを決定する権限を有する終審裁判所であり（八一条）、国会や内閣は、裁判所の憲法判断を覆す権限を有しないから、裁判所は、司法権の定義次第で、国会及び内閣より優位な地位に立つ結果となる。例えば、最高裁判所は、具体的な法律上の争訟を離れて、抽象的な法律判断をすることができるとして、抽象的な違憲審査権を行使する憲法裁判所であることを自ら宣言することも可能となろう。そして、国会が、法律で司法権の概念を定義したにもかかわらず、裁判所が、その法律を憲法七六条一項に違反するとして無効を宣言した場合、裁判所が暴走しても、それを法的に抑止する存在がなくなることを意味する。

国会が、裁判所に対する抑制作用を果たせない場合、法治主義は、破綻しかねない。かかる事態を許しては、国民が主権者であり、国会が国権の最高機関であるという根本原理が有名無実となろう。

思うに、公権力の正当性の根拠が最終的には主権者たる国民にあり、国会議員が国民の代表である以上、司法権の概念を規定するのは、まずもって国会でなければならないはずである。もともと、憲法の存在自体が歴史的な産物なのであり、日本国憲法も帝国議会の議決により成立したという経緯を持つものである。議会制民主主義の観点からすれば、国会こそが、国家意思を決定し、憲法上の概念である司法権の意義を定義することが許されるものと解さざるを得ないと思う。国会は、国家意思を決定する機関として、裁判所の組織（七六条一項、七九条一項）及び訴訟手続

（三一条）を法律で定める権限を有するのであり、さらに、司法権の内容をも法律で定める権限を有すると解するのは自然なことであろう。

もちろん、裁判所は、具体的な法律上の争訟を裁判する過程において、法律の解釈適用という形で、司法権の概念を定義することもあるから、裁判所の判断と国会の判断とが厳密な意味で完全に一致しているのか、微妙な問題が生じることもあり得るであろうが、そのような場合には、国会と最高裁判所とが、妥当な決着をみるべく相互に歩み寄るなど事実上の努力をすることに期待するしかない。

最高裁判所の判断を見てみよう。

先述のとおり、最高裁昭和二三年七月八日大法廷判決（刑集二巻八号八〇一頁、窃盗被告事件）及び最高裁昭和二五年二月一日大法廷判決（刑集四巻二号七三頁、食糧管理法違反被告事件）は、最高裁及び下級裁判所が違憲審査権を有することを判示したものであるが、その判示の中で、裁判とは、「個々の事件について具体的処置をつけるもの」であるとか、「具体的訴訟事件に法令を適用」することであると判示されていた。

ここにおいて、司法権の意義が概ね論じられているのであるが、その後、さらに詳細な判断が示されていくことになる。

最高裁昭和二七年一〇月八日大法廷判決（民集六巻九号七八三頁）は、警察予備隊の設置及び維持に関する一切の立法行為及び行政行為の無効確認を求めた民事裁判である。この民事裁判では、具体的な争訟がないのに最高裁判所が違憲審査権を行使できるのか、が争われた。

この事案につき、同判決は、司法権が具体的な争訟事件を対象にすべきこと、違憲審査権は司法権の範囲内で行使されるべきこと、違憲審査権は最高裁判所のみならず下級裁判所も行使できることを判示した。すなわち、同判決は、

「わが裁判所が現行の制度上与えられているのは司法権を行う権限であり、そして司法権が発動するためには具体的な争訟事件が提起されることを必要とする。我が裁判所は具体的な争訟事件が提起されないのに将来を予想して憲法及びその他の法律命令等の解釈に対し存在する疑義論争に関し抽象的な判断を下すごとき権限を行い得るものではない。けだし最高裁判所は法律命令等に関し違憲審査権を有するが、この権限は司法権の範囲内において行使されるものであり、この点においては最高裁判所と下級裁判所との間に異なるところはないのである（憲法七六条一項参照）。……最高裁判所が原告の主張するがごとき法律命令等の抽象的な無効宣言をなす権限を有するものとするならば、何人も違憲訴訟を最高裁判所に提起することにより法律命令等の効力を争うことが頻発し、かくして最高裁判所はすべての国権の上に位する機関たる観を呈し三権独立し、その間に均衡を保ち、相互に侵さざる民主政治の根本原理に背馳するにいたる恐れなしとしないのである。」と判示した。

同判決の趣旨は、その後の判例にも引き継がれている。すなわち、最高裁昭和二七年一〇月三一日第二小法廷判決（民集六巻九号九二六頁）は、内閣による政令の制定行為の取消請求につき、最高裁昭和二九年二月一一日第一小法廷判決（民集八巻二号四一九頁）は、村議会による予算議決の無効確認請求につき、最高裁昭和四一年二月八日第三小法廷判決（民集二〇巻二号一九六頁）は、科学技術庁長官がした国家試験の合否判定につき、最高裁昭和五六年四月七日第三小法廷判決（民集三五巻三号四四三頁）は、信仰の対象の価値又は宗教上の教義に関する判断につき、法律上の争訟性の有無を判断基準とし、いずれも訴えを却下している。

右の昭和二九年判決（予算議決無効確認請求事件）は、法律上の争訟とは、法令を適用することによって解決し得べき権利義務に関する当事者間の紛争をいうと判示した。すなわち、同判決は、「裁判所法三条によれば『裁判所は、日本国憲法に特別の定のある場合を除いて一切の法律上の争訟を裁判し、その他法律において特に定める権限を有する』ものであり、ここに『法律上の争訟』とは法令を適用することによって解決し得べき権利義務に関する当事者間の紛争をいうのである。本件村議会の予算議決は、単にそれだけでは村住民の具体的な権利義務に直接関係なく、村長において、右議決に基づき、課税その他の行政処分を行うに至ってはじめて、これに直接関係を生ずるに至るのであるから、本件村議会の予算議決があったというだけでは、未だ行政処分はないのであり具体的な権利義務に関する争訟があるとはいえず、従って裁判所法三条の『法律上の争訟』に当たるということはできない。」と判示した。

右の一連の判決は、相当である。最高裁は、司法権の概念を憲法七六条一項や八一条から導き出すのではなく、裁判所法三条から導き出したようである。最高裁は、国会の判断に従ったことになろうが、穏当と言うべきである。

最高裁は、憲法の最高法規性から違憲審査権の意義を導き出す一方、違憲審査権の行使の前提となる司法権の概念を法律解釈により導き出しており、これは、一見、矛盾した態度に見えるが、穏当な姿勢と考える。

まず、憲法の最高法規性を保障するためには、法律の違憲審査権をいかなる国家機関が行うかという問題がある。立法機関が自らの立法を審査するのでは、違憲審査権が機能しない。そして、違憲審査権を行使するための第四の国家機関を創設するのでないとしたら、内閣か裁判所が違憲審査権を行使するしかない。そして、憲法の最高法規性を理論的に貫くなら、内閣及び下級行政機関であっても、憲法に反すると認めた法律の執行を拒否することが可能となるはずである。しかし、内閣が恒常的に違憲審査権を行使する制度を創設すると、国民主権、議会制民主主義、議院内閣制の本旨を破壊しかねない。これに対し、裁判所も、運用次第では、国会の機能を破壊しかねない危険性を内包しているが、司法権は、国民（民事事件）ないし検察官（刑事事件）という外部からの訴え提起をまって初めて行使できるに過ぎないので、違憲審査権の行使を制度的に保障しても、国会の機能を破壊する危険性が小さいと言える。司法権の運用に関しては、理念上、いわゆる司法積極主義と司法消極主義の対立があるが、いずれにしても、内閣に違憲法の最高法規性を制度的に保障するためには、裁判所が、違憲審査権を行使するしかない。憲法審査権を付与した場合のような危険が惹起される可能性は小さい。

しかし、国民がすべての国家権力の究極的な正当性の源泉であることが、統治制度の出発点となるべきである。国民主権は、議会制民主主義、議院内閣制といった理念と整合的であるものの、裁判所による違憲審査権は、これらと必ずしも整合的ではない。もともと、違憲審査権は、憲法の最高法規性を保障するための歴史的産物である。一部の国民が民事裁判を提起し、一部の公務員（裁判官）が法律の無効を宣言するという制度は、国民主権と矛盾する契機をはらんでいる制度なのだと率直に認めるべきであろう。他方、国会は、国民の代表として、国家意思を決定する機関であり、司法機関の組織法、手続法、実体法を法律で定めることができる国家機関なのであるから、司法権の概念をも決定する権限を有していると考えられるのである。

結局、憲法の最高法規性と議会制民主主義との程良い調和を図るという現実的なあり方が求められているのであり、裁判所が、憲法の命ずる内容を最終的に有権解釈する権限を有しつつ、国会が、司法権の概念を規定する権限を有するという、一見、矛盾したような要請をうまく調整する、現実的な対応が必要なのである。これこそが、公権力相互の抑制・均衡というものであろう。

法治主義とは、一般的には、行政が立法に従うという原理として理解されるが、司法も、行政と同様に国家意思の遂行機関であるとすれば、法治主義には、司法が立法に従うという原理も含まれるものと理解できる。法の支配とは、歴史的には、行政が司法に従うという原理として出発したものである。その後、違憲審査権が確立するに及び、立法も司法による憲法判断に従うという制度が確立したのであるが、この違憲審査制度については、単純に法の支配の原理の延長として理解するのは問題があろう。

2 統治行為論

憲法学及び行政法学においては、いわゆる司法権の限界として、統治行為論が論じられることがあるが、これについては、先に論じたとおりである。

まず、最高裁昭和三七年三月七日大法廷判決（会期延長議決事件）は、裁判所が、国会の議事手続について、その有効性を審査すべきでないと判示しているようであるが、同判決は、相当ではない。確かに、国会は、国権の最高機関であり、かつ、自律権を有する国家機関であるが、裁判所は、具体的な争訟事件を提起されたならば、安易に司法権の範囲を自己制限すべきではない。裁判所は、国会の自律権を認めた場合、当該議事手続が適法・有効であった旨判断すればよいのであって、効力に関する司法判断を回避する必然性はない（第六章、二、5　審議・議決手続に対する裁判所の違憲審査権）。

つぎに、最高裁昭和三五年六月八日大法廷判決（衆議院解散事件）は、裁判所が、衆議院の解散という極めて政治性の高い国家統治の基本に関する行為について、その法律上の有効無効を審査する権限がないと判示しているが、同判決は、相当はでない。衆議院の解散が憲法六九条の場合に限定されるのか否かは、純然たる法律要件論であり、司法審査に馴染むものである。そして、具体的な閣議決定を踏まえ、内閣による天皇に対する助言及び承認が適法になされたか否かも、法解釈及び事実認定の問題である。裁判所は、内閣の自律権を認め、その裁量権行使に濫用・逸脱がないと認めた場合、当該解散手続が適法・有効であった旨判断すればよいのであって、司法判断を回避しなければならない理由はない（第七章、二　内閣の閣議手続）。

最高裁昭和三四年一二月一六日大法廷判決（日米安保条約事件）は、裁判所が、日米安全保障条約という極めて重大かつ高度の政治性を有する条約締結について、その合憲性・有効性を審査する権限がないと判示しているが、同判決は、相当ではない。同判決は、一見極めて明白に違憲無効であると認められる条約については、その違憲・無効を判断できる可能性を排斥していないが、先の判示内容との整合性を欠いている観がある。裁判所としては、日米安保条約が一見極めて明白に違憲とは認められない場合、これを合憲・有効である旨判示すればよかったものと思われる（第七章、三　内閣の行政裁量）。

以上のとおり、いわゆる統治行為論が、司法権の限界を論じているのは問題である。司法権は、具体的な争訟事件について、法を解釈適用して、法律上の紛争を解決する国家作用である。司法審査の対象が、高度の政治性を有する事項であったとしても、そのことが司法権の限界を画するという理論に合理的な根拠があるとは思われない。裁判所は、憲法及び法律により正当に司法権を認められているのであり、その権限行使を安易に自己制限すべきではない。裁判所は、司法審査の対象について、国会及び内閣の自律権又は裁量権を尊重しなければならない場合、立法行為及び行政行為について、合憲・有効である旨判断を下せばよいのであり、司法審査自体を回避すべきではない。

3　取消訴訟及び無効確認訴訟における処分性及び当事者適格

(1)　行政事件訴訟特例法

先のとおり、法律上の争訟とは、法令を適用することによって解決し得べき法律関係又は権利義務に関する当事者間の紛争をいい、司法権とは、法律上の争訟の存在を前提とし、これに法令を解釈適用することによって解決する国家作用をいう。

このように、一般的・抽象的には、司法権の概念が定式化されたとしても、個別的・具体的な裁判においては、しばしば司法権の行使の可否が争われる。司法権の行使の要件を訴訟要件と呼ぶとすれば、訴訟要件の有無が争われているということである。

例えば、行政庁が公権力を行使し、これに不服な国民がその取消又は無効確認の訴訟を提起したとき、各種の訴訟要件の有無が問われる。この場合、吟味されるべき訴訟要件としては、管轄、被告適格、出訴期間、審査請求前置、狭義の訴えの利益などもあるが、特に重要なのは、処分性及び当事者適格である。処分性の要件とは、当該行政処分が取消訴訟又は無効確認訴訟の対象となり得るのかという問題であり、当事者適格とは、当該国民が取消訴訟又は無効確認訴訟の当事者となり得るのかという問題である。処分性と当事者適格は、異なる概念ではあるが、それぞれ法律上の争訟という要件を客観面と主観面から捉えた概念とも言える。根本的には、法律上の争訟性が問われているのであり、行政庁と国民の間における法律関係又は権利義務関係に関する紛争の有無が問われているのである。

処分性及び当事者適格について検討する前に、まず、行政事件訴訟のあり方に関する二つのアプローチについて押さえておく必要がある。それは、司法権の概念に関する理念の対立とも言えるものである。

一つのアプローチは、行政事件が、通常の民事事件と本質的に同じものであることを強調する考え方である。日本国憲法は、行政裁判所を廃止し、行政事件の管轄が通常裁判所にあるものとした（七六条）。行政事件と民事事件とは、本質的に同質であり、民事訴訟法の規定を行政事件に適用するのが原則であるとすれば、行政事件にだけ適用される特例は限定的であるべきであるという考え方である。「日本国憲法の施行に伴う民事訴訟法の応急的措置に関する法律」（昭和二二年法律七五号）は、この考え方に基づくものと理解できる。同法は、違法な行政処分の取消し・変更を求める訴訟に関し、民事訴訟の特例として、出訴期間の定めなどを置いたに過ぎず、民事訴訟と行政事件訴訟との本質的な違いを強調していない。

もう一つのアプローチは、行政事件が、通常の民事事件と異なることを強調する考え方である。日本国憲法は、通常裁判所が民事事件とともに行政事件をも管轄することを定めたとしても、民事事件と行政事件とは、取扱に差異を設けざるを得ないという考え方である。特に、東京地裁が、平野力三氏の公職追放処分につき、執行停止の仮処分を認めたため、この平野事件を契機として、行政事件の特殊性に配慮した立法の必要性が議論された。行政事件訴訟特例法（昭和二三年法律八一号、以下「特例法」という。）は、この考え方に基づくものと理解できる。同法は、管轄、被告適格、出訴期間、訴願前置、仮処分等について、行政事件に関する特例事項を定めたものであり、民事訴訟と行政事件訴訟との本質的な違いに配慮するものである。

さて、特例法は、取消訴訟の対象が「処分」であると定め（一条）、当初の行政事件裁判では、この「処分」の概念について争われることになった。

最高裁昭和三〇年二月二四日第一小法廷判決（民集九巻二号二一七頁）は、農業委員会の通知の取消又は無効確認を求めた民事裁判である。この事案は、農業委員会が、上告人の所有地と隣地との境界線を表示し、これを両名に通知したところ、上告人は、同通知が誤った境界査定処分であるとして、その取消又は無効確認を求めたというものである。この民事裁判では、農業委員会による境界線の通知が、行政処分に該当するのか否か、取消訴訟又は無効確認訴訟の対象となるのか否か、が争われた。

この事案につき、同判決は、「行政処分」とは、公権力の行使として、国民の権利義務を形成し、又はその範囲を確定する効力を持つ行政行為であると判示した。すなわち、同判決は、「行政事件訴訟特例法が行政処分の取消変更を求める訴を規定しているのは、公権力の主体たる国又は公共団体がその行為によって、国民の権利義務を形成し、或はその範囲を確定することが法律上認められている場合に、具体的の行為によって権利を侵された者のために、その違法を主張せしめ、その効力を失わしめるためである。従って、特例法にいう行政処分はこのような効力を持つ行政庁の行為でなければならない。しかるに、本件における市町村農業委員会は、いかなる法律によっても個人の農地所有権の範囲を確定する権限が与えられているものではなく、本件通知は法律上何等の効力を有するものではない。それ故、本件通知をもって特例法にいう行政処分と解することはできない。」と判示した。

最高裁昭和三九年一〇月二九日第一小法廷判決（民集一八巻八号一八〇九頁）は、東京都知事が東京都議会に対してごみ焼却場の設置計画案を提出した行為等につき、その無効確認を求めたという民事裁判である。この事案は、東京都が、ごみ焼却場を設置するために売買契約により土地を取得し、都知事が、ごみ焼却場設置計画案を都議会に提出し、都議会の可決を経て、同議決のあった旨を東京都公報に登載して公報し、東京都が、建設会社との間で工事請負契約を締結して、ごみ焼却場の建設工事に着手しようとしたところ、周辺住民が、同ごみ焼却場の設置場所が公衆衛生上及び交通安全上不適法であるとして、東京都に対し、同ごみ焼却場の設置計画等の無効確認を求めたというものである。この民事裁判では、ごみ焼却場の設置計画等の行為が、行政処分に該当するのか否か、無効確認訴訟の対象となるのか否か、が争われた。

この事案につき、同判決は、先の昭和三〇年判決（農地境界線通知事件）と同旨を判示した。すなわち、同判決は、「行政事件訴訟特例法一条にいう行政庁の処分とは、所論のごとく行政庁の法令に基づく行為のすべてを意味するものではなく、公権力の主体たる国または公共団体が行う行為のうち、その行為によって、直接国民の権利義務を形成しまたはその範囲を確定することが法律上認められているものをいうものであることは、当裁判所の判例とするところである（昭和二八年（オ）第一三六二号、同三〇年二月二四日第一小法廷判決、民集九巻二号二一七頁）。……原判決の確定した事実によれば、本件ごみ焼却場は、被上告人都がさきに私人から買収した都所有の土地の上に、私人との間に対等の立場に立って締結した私法上の契約により設置されたものであるというのであり、原判決が被上告人都において本件ごみ焼却場の設置を計画し、その計画案を都議会に提出した行為は被上告人都自身の内部的手続行為に止まると解するのが相当であるとした判断は、是認できる。それ故、仮りに右設置行為によって上告人らが所論のごとき不利益を被ることがあるとしても、右設置行為は、被上告人都が公権力の行使により直接上告人らの権利義務を形成し、またはその範囲を確定することを法律上認められている場合に該当するものということを得ず、原判決がこれをもって行政事件訴訟特例法にいう『行政庁の処分』にあたらないからその無効確認を求める上告人らの本訴請求を不適法であるとしたことは、結局正当である。」と判示した。

右の昭和三〇年判決（農地境界線通知事件）と昭和三九年判決（ごみ焼却場事件）は、いずれも特例法下の事件であり、行政事件訴訟法（昭和三七年法律一三九号）の制定以前の事件であるが、いずれも一定の合理性ある法解釈を示しているると言えよう。

ただ、昭和三〇年判決と昭和三九年判決では、共通する事情と、異なる事情とが認められる。確かに、前者で問題となった農地境界線通知も、後者で問題となったごみ焼却場設置議決等も、国民の権利義務・法律関係に直接的な効力を有しないものであるという事情は、共通のものであろう。しかし、前者は、後続する行為なくして完結したものであるのに対し、後者は、ごみ焼却場が完成した後、その操業により、周辺住民に対する公衆衛生、交通安全、騒音等の不利益が現実化する可能性があり、前者と後者では、異なる事情があると言える。昭和三九年判決は、都議会の議決等が内部的手続に止まっていることをもって、処分性を否定しているが、後続する操業行為については、判示していないのである。仮に、東京都が、民間業者に対し、ごみ焼却場の設置及び操業の許可処分をし、又は自らこれを設置及び操業し、これにより、周辺住民が、公衆衛生、交通安全、騒音等の不利益を被ったと仮定した場合、周辺住民は、かかる不利益の受忍を義務付けられることになる。かかる東京都の行為は、周辺住民に不利益の受忍を義務付けるものとして、その行政処分性を肯定するというあり方も可能だったはずである。もっとも、周辺住民に不利益の受忍を義務付けるとしても、周辺住民に対する事実行為は行政処分に該当しないというのであれば、東京都が現実的なごみ焼却場の操業を開始しても、結論は変わらないことになる。

つぎに、原告適格の問題を見てみよう。

特例法は、原告適格に関する規定を設けなかった。明治二三年法律一〇六号では、「行政庁ノ違法処分ニ由リ権利ヲ毀損セラレタリトスル者」に限り原告適格を認めていたが、特例法は、民事訴訟の原則により原告適格の問題を処理すべきであるという立場に立ったものであろう。

最高裁昭和三七年一月一九日第二小法廷判決（民集一六巻一号五七頁）は、公衆浴場の営業許可処分に対する無効確認を求めた民事裁判である。この事案は、公衆浴場法に基づいて京都府公衆浴場法施行条例が制定され、各公衆浴場との最短距離を二五〇メートル間隔とする旨定められ、京都府知事が、新規参入業者に対して公衆浴場の営業許可処分をしたため、同所から約二〇八メートルの距離で公衆浴場を経営していた既存業者が、同営業許可処分の無効確認を求めたというものである。この民事裁判では、新規参入業者に対する営業許可処分に関し、既存業者にその違法性を争う原告適格があるのか否かが争われた。

この事案につき、同判決は、法律上の利益を有するものには原告適格があると判示した。すなわち、同判決は、「公衆浴場法が許可制を採用し前述のような規定を設けたのは、主として『国民保健及び環境衛生』という公共の福祉の見地から出たものであることはむろんであるが、他面、同時に、無用の競争により経営が不合理化することのないように濫立を防止することが公共の福祉のため必要であるとの見地から、被許可者を濫立による経営の不合理化から守ろうとする意図をも有するものであることは否定し得ないところであって、適正な許可制度の運用によって保護せらるべき業者の営業上の利益は、単なる事実上の反射的利益というにとどまらず公衆浴場法によって保護せられる法的利益と解するを相当とする。」と判示した。

同判決には、検討すべき問題がある。

先の昭和三〇年判決（農地境界線通知事件）と昭和三九年判決（ごみ焼却場事件）は、国民の権利義務を形成し又はその範囲を確定する効力を持つ行政行為のみが「行政処分」であると定式化しており、この定式を押し広げれば、行政行為の名宛人だけに「当事者適格」が認められるという帰結が自然であろう。これに対し、昭和三七年判決（公衆浴場事件）は、法律によって保護される利益を有するものには「原告適格」があると定式化しており、行政行為の名宛人でなくても「原告適格」が認められるのであるから、この定式を発展させれば、取消訴訟及び無効確認訴訟の対象は、「行政処分」に限定される必然性はないのではないかという視点が生まれる。すなわち、本来的な「行政処分」についてだけでなく、国民の法律上保護される利益を侵害するような「事実行為」についても、取消訴訟又は無効確認訴訟の対象とする法制度を認めてもよいことにならないか。

処分性と原告適格は、いずれも「法律上の争訟」という概念に起因する訴訟要件であろうから、両概念を統一的に把握できないのは不都合であろう。処分性に関する昭和三〇年判決及び昭和三九年判決と、原告適格に関する昭和三七年判決とは、いずれも一定の合理性を有する法解釈ではあるが、両者は、相互に統一性を欠くきらいがある。このため、国民は、取消訴訟又は無効確認訴訟を提起できるのか否か、やや予測困難になったようである。行政庁のある「行政行為」により、名宛人以外の国民の「利益」が侵害された場合、当該「行政行為」は、事実行為なのか法律行為（行政処分）なのか、当該「利益」は、法律上の利益なのか否か、裁判所の法解釈を事前に予測することが困難となるのは、相当ではない。

処分性及び当事者適格をめぐる法改正又は判例変更の方向性としては、二つ考えられた。一つは、昭和三〇年判決及び昭和三九年判決における「行政処分」の概念を維持し、昭和三七年判決を判例変更し、又は法改正して、事実行為により侵害され得る利益は、「法律上の利益」ではないと定式化する方向性である。もう一つは、昭和三七年判決における「原告適格」の概念を出発点とし、昭和三〇年判決及び昭和三九年判決を判例変更し、又は法改正して、「処分性」の概念を拡大する方向性である。

憲法論として考えれば、「処分性」及び「当事者適格」の問題は、司法権の概念・範囲の問題である。昭和三七年判決（公衆浴場事件）は、法解釈という方法により、「当事者適格」という訴訟要件を拡張したものと理解することができよう。ある行政行為が、一部の国民には利益であるが、一部の国民には不利益である場合、当該行政行為に対する取消訴訟又は無効確認訴訟を提起する門戸を開くのか、閉じるのかは、大きな問題である。この問題の解決の仕方次第では、少数国民の個人的利益のために多数国民の公共的利益（公共の福祉）が犠牲になることもあり得るし、逆に、多数国民の抽象的な利益のために少数国民の具体的な利益が犠牲になることもある。いずれにしても、判例法の内容が不明確になりかねない事態を打開するためには、法律による明確化を図るしかない。

ただし、国民の代表である国会は、個々の国民が自己の自由・平等を守るために訴訟を提起しようとするとき、訴訟要件の欠如を理由にして司法救済の途を閉ざす方向性を選択するわけにはいかないであろう。国会としては、国民に対し、実質的な司法判断を仰ぐ途を広げるため、訴訟要件を拡大することになろう。それが、行政事件訴訟法（昭和三七年法律一三九号、数次の改正あり）及び行政不服審査法（昭和三七年法律一六〇号、数次の改正あり）の制定となって結実することになる。

(2) 行政事件訴訟法

昭和三七年、行政事件訴訟特例法（昭和二三年法律八一号）及び訴願法（明治二三年法律一〇五号）が廃止され、行政事件訴訟法（昭和三七年法律一三九号、数次の改正あり）及び行政不服審査法（昭和三七年法律一六〇号、数次の改正あり）が制定された。

新しく制定された行政事件訴訟法によれば、「処分の取消しの訴え」とは、「行政庁の処分その他公権力の行使に当たる行為」の取消しを求める訴訟をいう（三条）。

これは、国会による司法権の概念の拡張と評価できる。先の昭和三〇年判決（農地境界線通知事件）と昭和三九年判決（ごみ焼却場事件）によれば、取消訴訟の対象となるのは「行政処分」であり、それは、公権力の行使として、国民の権利義務を形成し、又はその範囲を確定する効力を持つ行政行為に限定され、「事実行為」は、行政処分から排除されていた。行政事件訴訟法は、両判決の概念を前提としつつ、「行政処分」のほか「公権力の行使に当たる事実行為」をも取消訴訟の対象に取り込んだのであり、処分性の概念が拡大したのである。

それでは、「公権力の行使に当たる事実行為」とは、どのようなものか。新たな処分性の概念に問題はないのか。

最高裁昭和六二年五月二八日第一小法廷判決（判時一二四六号八〇頁、判タ六四五号一四六頁）は、自衛隊による射撃訓練及び立入禁止措置の各行為の差止を求めた民事裁判である。この事案は、防衛庁長官が、日本原演習場において、自衛隊員八〇〇名を動員して軽砲の実弾射撃訓練を実施しようとし、呉防衛施設局長が、同訓練期間内における同演習場内への立入を禁止しようとしたところ、周辺住民が、同演習場内における入会権及び耕作権、並びに同演習場を通行する権利（通行地役権・囲繞地通行権）が存在するとし、行政訴訟として、防衛庁長官による射撃訓練の差止と呉防衛施設局長による立入禁止措置の差止を求めたというものである。この民事裁判では、射撃訓練及び立入禁止措置の各行為が、「公権力の行使」に該当するのか否か、が争われた。

この事案につき、第一審の岡山地方裁判所昭和五八年五月二五日判決（行政事件裁判例集三四巻五号七八一頁）及び第二審の広島高等裁判所岡山支部昭和六〇年五月三〇日判決（行政事件裁判例集三六巻五号六九六頁）は、いずれも、自衛隊による射撃訓練及び立入禁止措置の各行為が、入会権等を主張する者に受忍を強要するものでなく、公権力の行使に該当しないと判示した。すなわち、第二審判決は、「行政庁の事実行為についても、それが公権力の行使に当たる行為である場合には抗告訴訟の対象となるものと解されるが、その事実行為が私的行為と区別されて抗告訴訟の対象となる公権力の行使に当たる行為といい得るためには、抽象的には、それが法的根拠のもとに行政権の優越的な意思の発動としてなされるものかどうかによって決まるものといい得るものであるが、具体的には、当該行為を行政主体の権限として認めた法の趣旨、目的に照らしてその行為や、それに伴って生ずる効果ないし法律関係を私人相互間の関係と区別して取り扱うだけの合理的根拠があるかどうか、その行為が私人相互間にはみられない関係のものであるかどうかなどを総合して個別的に判断すべきものである。……陸上自衛隊が実施する射撃訓練は内部職員に対する教育訓練の一つであり、しかも右の訓練は国がその公用財産である本件演習場を、供用目的に従い通常の用法によって自ら使用をなしているものというべきであって、右演習場の使用関係も本質的には私法上の使用関係に異ならず、非権力作用というべきである。そして、本件射撃訓練に関しては、その演習場内に権利を有するものに対し、権利の侵害またはこれを制約すること、換言すれば右権利者にこれを受忍させることのできる根拠規定はなく……、また前記認定の教育訓練の性質からしても、右のような受忍を強要する必要性は存しないというべきであるから、これをもって抗告訴訟の対象となる公権力の行使とみることはできないものである。……本件演習場への立ち入り禁止措置は、公法上の法律関係ではあるが、それ自体としてはあたかも私的所有権に基づく行為と同視して差し支えないものであり、その意味において公権力の行使に当る行為ではないというべきである。」と判示した。

そして、最高裁は、「本件射撃訓練及び本件立入禁止措置はいずれも抗告訴訟の対象となる公権力の行使に当たる行為に該当しないとして、その差止請求に係る本件訴えをいずれも不適法とした原審の判断は、正当として是認することができ、原判決に所論の違法はない。」と判示した。

最高裁平成五年二月二五日第一小法廷判決（民集四七巻二号六四三頁）は、自衛隊航空機の夜間離着陸の差止等を求めた民事裁判である。この事案は、厚木海軍飛行場の周辺住民が、航空機騒音等の被害を訴え、国に対し、「被告は、厚木海軍飛行場において、毎日午後八時から翌日午前八時までの間、一切の航空機を離着陸させてはならず、かつ、一切の航空機のエンジンを作動させてはならない。」などの判決を求めたというものである。この民事裁判では、自衛隊機の離着陸行為が公権力の行使に該当するのか、その差止訴訟は、行政事件訴訟として提起すべきなのか、通常の民事訴訟として提起することは許されないのか、が争われた。

この事案につき、同判決は、自衛隊航空機の離着陸が、周辺住民に騒音等の受忍を義務付けるものであり、公権力の行使に該当すると判示した。すなわち、同判決は、「防衛庁長官は、自衛隊に課せられた我が国の防衛等の任務の遂行のため自衛隊機の運行を統括し、その航空の安全及び航行に起因する障害の防止を図るため必要な規制を行う権限を有するものとされているのであって、自衛隊機の運行は、このような防衛庁長官の権限の下において行われるものである。そして、自衛隊機の運行にはその性質上必然的に騒音等の発生を伴うものであり、防衛庁長官は、右騒音等による周辺住民への影響にも配慮して自衛隊機の運行を規制し、統括すべきものである。しかし、自衛隊機の運行に伴う騒音等の影響は飛行場周辺に広く及ぶことが不可避であるから、自衛隊機の運行に関する防衛庁長官の権限の行使は、その運行に必然的に伴う騒音等について周辺住民の受忍を義務づけるものといわなければならない。そうすると、右権限の行使は、右騒音等により影響を受ける周辺住民との関係において、公権力の行使に当たる行為というべきである。……本件自衛隊機の差止訴訟は、被上告人に対し、本件飛行場における一定の時間帯（毎日午後八時から翌日午前八時まで）における自衛隊機の離着陸等の差止め及びその他の時間帯（毎日午前八時から午後八時まで）における航空機騒音の規制を民事上の請求として求めるものである。しかしながら、右に説示したところに照らせば、このような請求は、必然的に防衛庁長官にゆだねられた前記のような自衛隊機の運行に関する権限の行使の取消変更ないしその発動を求める請求を包含することになるものといわなければならないから、行政訴訟としてどのような要件の下にどのような請求をすることができるかはともかくとして、右差止請求は不適法というべきである。」と判示した。

同判決は、福岡空港に関する最高裁平成六年一月二〇日第一小法廷判決（判時一五〇二号九八頁、判タ八五五号一〇三頁）にも継承されている。

右の昭和六二年判決（日本原演習場事件）及び平成五年判決（厚木基地事件）によれば、行政庁の事実行為が、法的根拠の下に、行政権の優越的な意思の発動としてなされ、法律上の利益の侵害の受忍を国民に義務付けるとき、当該事実行為は、公権力の行使であり、行政訴訟の対象となるものと理解できよう。両判決で示された法解釈は、一定の合理性を有している。昭和六二年判決では、原告の訴えが不適法とされたが、それは、原告において、自衛隊員による射撃訓練等が原告ら住民に騒音等の受忍を義務付けていることを主張・立証しなかったからであろう。原告ら周辺住民としては、法律上の利益が侵害されたこと、その受忍を義務付けられたことを主張・立証できれば、訴えが適法とされた可能性が大きい。

ただし、平成五年判決には、検討すべき問題がある。それは、平成五年判決が、自衛隊機の離着陸行為をもって、「事実行為」としているようでありながら、その一方で、同行為をもって、「行政処分」としているかのごとく読み取れる箇所がある点である。すなわち、自衛隊機の離着陸行為は、周辺住民に騒音等の受忍を義務付けるものとされており、「事実行為」であると解しているようでもあり、他方、防衛庁長官の「規制権限」の下において行われる行為であるともされており、「行政処分」であると解していると読めそうでもある。補足意見を読む限り、平成五年判決では、司法救済を求める訴訟形態として、いかなる方法を採り得るかが検討されたようである。すなわち、防衛庁長官による自衛隊航空機の離着陸に関する包括的な作為命令に対する「取消訴訟」によるべきか、あるいは離着陸の禁止を求める個別的な無名抗告訴訟によるべきか、といった問題の検討である。後者の無名抗告訴訟としては、離着陸の「差止訴訟」も考えられるし、離着陸の禁止命令の発出を求める「義務付け訴訟」も考えられたように思われる。かかる訴訟形態を検討すること自体、自衛隊機の離着陸行為が、周辺住民に対する騒音発生という「事実行為」ではなく、規制権限行使という「行政処分」であると認識しかねない余地を残す。しかし、昭和六二年判決では、自衛隊員に射撃訓練を命じる行為が、国民の権利義務・法律関係に効力を及ぼすものではなく、事実行為であると判示されており、これと同様に考えるのであれば、平成五年判決でも、自衛隊航空機に離着陸を命じる行為は、国民の権利義務・法律関係に効力を及ぼすものではなく、事実行為であると認定すべきである。仮に、自衛隊機に離着陸を命じる行為が本来的な行政処分であるとするならば、それは、昭和六二年判決と不整合になろう。

つぎに、原告適格の問題を見てみよう。

特例法は、原告適格に関する規定を設けていなかったが、行政事件訴訟法は、取消訴訟につき、当該処分又は裁決の取消しを求めるにつき「法律上の利益を有する者」に原告適格を認めることとした（九条）。これは、特例法時代の昭和三七年判決（公衆浴場事件）を踏まえたものであろう。

最高裁昭和五三年三月一四日第三小法廷判決（民集三二巻二号二一一頁）は、公正取引委員会の審決に対する取消請求という民事裁判である。この事案は、社団法人日本果汁協会が、「果実飲料等の表示に関する公正競争規約」を作り、その中で、果汁含有率五パーセント未満の飲料について「合成着色飲料」等の表示をすればよいことなどを決め、同規約を申請したところ、公正取引委員会が、同規約を認定したため、主婦連合会会長らが、同規約の認定について不服申立をしたというものである。この民事裁判では、行政処分の名宛人でない一般消費者に原告適格が認められるのか、が争点となった。

この事案につき、同判決は、特例法時代の昭和三七年判決（公衆浴場事件）と概ね同旨を判示した。すなわち、同判決は、「景表法の右条項にいう『第一項……の規定による公正取引委員会の処分について不服があるもの』とは、一般の行政処分についての不服申立の場合と同様に、当該処分について不服申立をする法律上の利益がある者、すなわち、当該処分により自己の権利若しくは法律上保護された利益を侵害され又は必然的に侵害されるおそれのある者をいう、と解すべきである。……ところで、右にいう法律上保護された利益とは、行政法規が私人等権利主体の個人的利益を保護することを目的として行政権の行使に制約を課していることにより保障されている利益であって、それは、行政法規が他の目的、特に公益の実現を目的として行政権の行使に制約を課している結果たまたま一定の者が受けることとなる反射的利益とは区別されるべきものである。……同法の規定にいう一般消費者も国民を消費者としての側面からとらえたものというべきであり、景表法の規定により一般消費者が受ける利益は、公正取引委員会による同法の適正な運用によって実現されるべき公益の保護を通じ国民一般が共通してもつにいたる抽象的、平均的、一般的な利益、換言すれば、同法の規定の目的である公益の保護の結果として生ずる反射的な利益ないし事実上の利益であって、本来私人等権利主体の個人的な利益を保護することを目的とする法規により保障される法律上保護された利益とはいえないものである。」と判示した。

最高裁平成元年二月一七日第二小法廷判決（民集四三巻二号五六頁）は、定期航空運送事業免許処分に対する取消訴訟という民事裁判である。この事案は、運輸大臣が、日本航空に対し、新潟―小松―ソウル間を路線とする定期航空運送事業の免許処分をし、全日空に対し、新潟―仙台間を路線とする定期航空運送事業の免許処分をしたところ、周辺住民が、同各免許処分の取消を求めたというものである。この民事裁判では、行政処分の名宛人でない周辺住民に原告適格が認められるのか、が争点となった。

この事案につき、同判決は、先の昭和五三年判決（主婦連ジュース訴訟）を前提としつつ、法律上の利益の有無を判断するに当たっては、当該法令のみならず、当該法令と目的を共通する関連法令をも参酌すべきであり、また、利益を害するとされる離着陸の時間帯、回数、騒音の程度等をも勘案すべきであると判示した。すなわち、同判決は、「取消訴訟の原告適格について規定する行政事件訴訟法九条にいう当該処分の取消しを求めるにつき『法律上の利益を有する者』とは、当該処分により自己の権利若しくは法律上保護された利益を侵害され又は必然的に侵害されるおそれのある者をいうのであるが、当該処分を定めた行政法規が、不特定多数者の具体的利益をもっぱら一般的公益の中に吸収させるにとどめず、それが帰属する個々人の個別的利益としてもこれを保護すべきものとする趣旨を含むと解される場合には、かかる利益も右にいう法律上保護された利益に当たり、当該処分によりこれを侵害されるおそれのある者は、当該処分の取消訴訟における原告適格を有するということができる（最高裁昭和四九年（行ツ）第九九号同五三年三月一四日第三小法廷判決・民集三二巻二号二一一頁、最高裁昭和五二年（行ツ）第五六号同五七年九月九日第一小法廷判決・民集三六巻九号一六七九頁参照）。そして、当該行政法規が、不特定多数者の具体的利益をそれが帰属する個々人の個別的利益としても保護すべきものとする趣旨を含むか否かは、当該行政法規及びそれと目的を共通する関連法規の関係規定によって形成される法体系の中において、当該処分の根拠規定が、当該処分を通して右のような個々人の個別的利益をも保護すべきものとして位置付けられているとみることができるかどうかによって決すべきである。……新たに付与された定期航空運送事業免許に係る路線の使用飛行場の周辺に居住していて、当該免許に係る事業が行われる結果、当該飛行場を使用する各種航空機の騒音の程度、当該飛行場の一日の離着陸回数、離着陸の時間帯等からして、当該免許に係る路線を航行する航空機の騒音によって社会通念上著しい障害を受けることとなる者は、当該免許の取消しを求めるにつき法律上の利益を有する者として、その取消訴訟における原告適格を有すると解するのが相当である。」と判示した。

その後、これと同旨の判例が繰り返されてきている。すなわち、最高裁平成四年九月二二日第三小法廷判決（民集四六巻六号五七一頁）は、高速増殖炉「もんじゅ」に係る原子炉設置許可処分の無効確認訴訟につき、最高裁平成九年一月二八日第三小法廷判決（民集五一巻一号二五〇頁）は、都市開発許可処分の取消訴訟につき、いずれも一定範囲内に居住する住民に原告適格を認めている。

なお、平成四年判決（もんじゅ事件）では、「当該行政法規が、不特定多数者の具体的利益をそれが帰属する個々人の個別的利益としても保護すべきものとする趣旨を含むか否かは、当該行政法規の趣旨・目的、当該行政法規が当該処分を通して保護しようとしている利益の内容・性質等を考慮して判断すべきである。」として、原告適格の判断手法について新たな判示内容を加え、その後の判例に継承されていく。

以上、一連の最高裁判決を通覧すると、行政事件訴訟法の制定を踏まえ、処分性（行政処分その他の公権力の行使）及び原告適格について、いずれもその範囲が拡大されてきた観があり、その意味では、法律上の争訟の範囲が拡大し、司法権の範囲が広がったように感じられる。請求が認容（勝訴）されるか、棄却（敗訴）されるかはともかくとして、訴訟要件が広く肯定され、実体判断が言い渡される傾向にあるということである。

(3) 行政事件訴訟法の改正

平成一六年、行政事件訴訟法は、大きく改正され(平成一六年法律八四号)、原告適格の判断手法について、詳細な規定が設けられた。

すなわち、「裁判所は、処分又は裁決の相手方以外の者について前項に規定する法律上の利益の有無を判断するに当たっては、当該処分又は裁決の根拠となる法令の規定の文言のみによることなく、当該法令の趣旨及び目的並びに当該処分において考慮されるべき利益の内容及び性質を考慮するものとする。この場合において、当該法令の趣旨及び目的を考慮するに当たっては、当該法令と目的を共通にする関係法令があるときはその趣旨及び目的をも参酌するものとし、当該利益の内容及び性質を考慮するに当たっては、当該処分又は裁決がその根拠となる法令に違反してなされた場合に害されることとなる利益の内容及び性質並びにこれが害される態様及び程度をも勘案するものとする。」(九条二項)とされた。

同項の追加は、先の平成元年判決(新潟空港事件)及び平成四年判決(もんじゅ事件)で示された原告適格の有無に関する判断手法を踏まえたものであろう。国会は、司法権の概念・範囲を拡大する方向性を示し、最高裁判例の趣旨を明文化したものと評価することができよう。

4 差止訴訟及び義務付け訴訟の可否

(1) 行政事件訴訟特例法

司法権の概念・範囲の問題は、処分性及び当事者適格などの訴訟要件に限られない。これらの訴訟要件が認められたとしても、司法権の概念・範囲の捉え方次第では、国民からの訴えが不適法となることがある。

以下では、特例法下におけるいわゆる無名抗告訴訟（差止訴訟、義務付け訴訟など）の可否の問題を検討しよう。

差止訴訟及び義務付け訴訟の問題の背景には、先に述べた二つの対立する考え方がある（第十章、三、3、（1）行政事件訴訟特例法）。

一つは、行政事件が通常の民事事件と本質的に同じことを強調する考え方である。司法権は、通常、契約不履行や不法行為を救済するために損害賠償を命じるものであるが、権利の実現、被害の救済のために必要性・相当性があれば、謝罪広告を命じたり、妨害排除を命じたりすることも可能なはずであり、審判対象が行政処分の違法性である場合、行政処分を差し止めたり、行政処分を義務付けたりすることも当然可能であるという考え方である。この考え方を徹底すれば、法律に規定のないいわゆる無名抗告訴訟は、原則として許容されることになる。

もう一つは、行政事件が通常の民事事件と異なることを強調する考え方である。行政機関は、ある行政処分をするか否かについて第一次的な判断権を有しており、司法機関が、将来の行政処分を事前に差し止めたり、あるいは将来の行政処分を義務付けたりすることは、司法権の範囲を超え、裁判の名のもとに実質的に行政権を行使するのと同じことになるという考え方である。これは、差止訴訟や義務付け訴訟が三権分立に違反するのではないか、という視点でもある。また、未だ行政処分がなされていない段階で、法律上の争訟が存在すると言えるのか、という問題もある。この考え方を徹底すれば、いわゆる無名抗告訴訟は、当然には認められないことになる。

昭和二三年の特例法は、訴訟類型を厳密に立てることはせず、

① 行政庁の違法な処分の取消又は変更に係る訴訟

② その他公法上の権利関係に関する訴訟

という大まかな規定をした（一条）。同法は、取消訴訟のほかに、無名抗告訴訟を許容したものと見てよさそうであ

るが、行政事件の特殊性を強調して無名抗告訴訟を消極に解する考え方も存在することから、差止訴訟、義務付け訴訟などの可否、さらにはかかる無名抗告訴訟の訴訟要件が判然としなかったと言わざるを得ない。国会は、裁判所の運用に委ねたようであるが、その結果、差止訴訟及び義務付け訴訟が認められるのか否かについて、かえって混乱を生じさせる結果となった。

この特例法の時代の判例から見てみよう。

まず、差止訴訟について見る。

最高裁昭和三〇年四月五日第三小法廷判決（民集九巻四号四一一頁）は、農地委員会の買収計画に基づく土地買収の禁止を求めた民事裁判である。この事案は、北海道旭川市旭川地区農地委員会が、自作農創設特別措置法に該当する土地として買収計画を立て、北海道農地委員会の承認を受けたところ、同買収計画内の土地所有者である原告は、同土地の使用目的が近く農地から変更されるから、買収の対象から除外されるべきであると主張し、「原告所有に係る旭川市大町一丁目三十番の六畑一町七反九畝七歩を買収すべからず。」との判決を求めたというものである。この民事裁判では、土地の使用目的について、土地所有者による変更許可申請がなく、北海道農地委員会の承認もなく、旭川市農地委員会の指定もないのに、裁判所が、当該土地を買収対象から除外し、買収処分を禁止することができるのか、が争われた。

この事案につき、同判決は、農地買収処分が違法であるならば、これを禁止することができると判示した。すなわち、同判決は、「原判決の確定するところによれば、本件農地の中、甲地（旭川市大町一丁目三〇番地の六畑一町七反九畝七歩）は不在地主（上告人）の所有する小作地ではあるが、自創法五条五号にいわゆる『近く土地使用の目的を変更することを相当とする農地』に該当するものである。しかるに原判決は、このような農地についても、これを同法三条の規定による買収から除外するには、市町村農地委員会が道農地委員会の承認を得て指定し、又は道農地委員会が指定することを要件とするとの見解のもとに、かかる指定のない甲地について、裁判所がみずからこれを買収から除外すべきものと断ずることはできないとしたのである。しかし市町村農地委員会が同法三条による買収計画を樹立するにあたって、その農地が本件のように客観的に同法五条五号所定の『近く土地使用の目的を変更することを相当とする農地』に該当する場合においては、都道府県農地委員会の承認を得て同号所定の指定を行い、これを同法三条の買収の目的から除外すべきものであって、かかる農地につき右の指定を行わずして買収計画を樹立することは違法であり、このような違法な買収計画に基く買収処分もまた違法たることを免れない。（昭和二七年（オ）八五五号同二八年一二月二五日第二小法廷判決）。そうだとすれば第一審判決が甲地を買収すべからざるものとして上告人の請求を認容したのは正当であって、原判決がこれを取消したのは失当である。」と判示した。

同判決は、一定の合理性を有する判断である。これは、差止訴訟を是認したものと理解できる。

同判決の訴訟類型は、やや判然としない面もあるが、原告の特定した請求の趣旨からすれば、買収処分の「差止訴訟」と理解できよう。司法救済の方法としては、行政庁に買収除外の指定処分を義務付ける手法も考えられたが、裁判所は、かかる指定を待たずに原告の請求を認容したのである。特例法は、訴訟類型を厳密に区分けしていないが、これは、通常の民事訴訟のような差止訴訟などを許容したものと理解可能である。国会は、差止訴訟の訴訟要件を法律で具体的に定めることも可能であったが、そうすることはせず、差止訴訟の訴訟要件については、裁判所の判断に委ねたのである。裁判所としては、未だ行政処分がなされていないことを重視し、法律上の争訟に至っていないとして、差止訴訟に消極的な対応も可能であったろうが、違法な行政処分がなされる蓋然性の高さを重視し、法律上の争訟性ありと認めて、差止訴訟に積極的な対応を取ることも、合理的な選択肢であったと言えよう。なお、同判決が引用している昭和二八年判決は、既になされた買収処分の取消訴訟であった。

右の昭和三〇年判決（農地買収禁止事件）は、買収計画の違法性を端的に肯定し、買収処分の差止訴訟を認容しただけであり、いかなる訴訟要件のもとに差止訴訟を提起できるかについては、その後の判例を待つこととなった。

最高裁昭和四七年一一月三〇日第一小法廷判決（民集二六巻九号一七四六頁）は、教員が自己の勤務評定を表示する義務の不存在確認を求めた民事裁判である。この事案は、長野県教育委員会教育長が、長野県立学校職員の勤務評定実施要領を定め、同県立学校職員に対する勤務評定を実施することにしたところ、同県立高等学校の教諭が、同実施要領の定める自己観察表示の義務の不存在確認を求めたというものである。この民事裁判では、将来における懲戒処分の前提となる現在における表示義務の存否が問題となったのであるが、実質的には、将来の懲戒処分の差止訴訟を許容するための要件が論じられることになった。なお、本件は、行政事件訴訟法（昭和三七年法律一三九号）の施行前の事件であり、同法が適用されないものであった。

この事案につき、同判決は、事後的に義務の存否を争ったのでは回復しがたい重大な損害を被るおそれがあるなど事前の救済を認めないことを著しく不相当とする特段の事情がある場合を除き、義務不存在確認を求める法律上の利益はないと判示した。すなわち、同判決は、「所論の表示義務なるものは、それ自体その履行を直接強制されるような義務ではなく、その違反が懲戒その他の不利益処分の原因となるにすぎないものであるから、本訴の趣旨とするところを実質的に考察すれば、上告人らの過去もしくは将来における右義務の不履行に対し懲戒その他の不利益処分が行なわれるのを防止するために、その前提である上告人らの義務の不存在をあらかじめ確定しておくことにあるものと解せられる。ところで、具体的・現実的な争訟の解決を目的とする現行訴訟制度のもとにおいては、義務違反の結果として将来なんらかの不利益処分を受けるおそれがあるというだけで、その処分の発動を差し止めるため、事前に右義務の存否の確定を求めることが当然許されるわけではなく、当該義務の履行によって侵害を受ける権利の性質およびその侵害の程度、違反に対する制裁としての不利益処分の確実性およびその内容または性質等に照らし、右処分を受けてからこれに関する訴訟のなかで事後的に義務の存否を争ったのでは回復しがたい重大な損害を被るおそれがある等、事前の救済を認めないことを著しく不相当とする特段の事情がある場合は格別、そうでないかぎり、あらかじめ右のような義務の存否の確定を求める法律上の利益を認めることはできないものと解すべきである。」と判示した。

同判決は、訴えの利益を否定した事例であるが、判示内容によれば、一定の要件のもとで、事前の義務不存在確認の訴え、さらには、将来の行政処分の差止訴訟を許容したものとも理解できる。同判決についても、一定の合理性を認めることができる。

つぎに、義務付け訴訟について見てみよう。

最高裁昭和二七年一月二五日第二小法廷判決（民集六巻一号二二頁）は、農地買収処分の取消を求めた民事裁判である。この事案は、在村地主が、その所有する農地の買収処分を受けたので、自己が保有できるはずの地積を含めた買収処分は違法であると主張し、同買収処分の取消を求めて訴願したが、訴願を棄却する旨の裁決を受けたため、同棄却裁決の取消訴訟を提起したところ、原審裁判所が、保有面積に関する限度において同棄却裁決を取り消す旨の判決をしたというものである。この民事裁判では、裁判所が買収除外部分を特定しないで買収処分を取り消してもよいのか、裁判所は買収除外部分を特定すべきなのか、などが争われた。

この事案につき、同判決は、買収処分の範囲ないし買収処分の除外の範囲を特定するのは農地委員会であり、裁判所がこれを特定すべきではないと判示した。すなわち、同判決は、「在村地主がいわゆる保有面積を超えて小作地を所有している場合に、小作地のどの部分を保有せしめるかは農地委員会が自作農創設特別措置法六条四項の趣旨に従い買収計画で定めるべきことであって、本件の場合においても裁判所が本件買収計画のうち如何なる部分を買収から除外するかを定めるべきではない。従って原判決が如何なる部分について取り消すかを特定しなかったことは正当であって、原判決の趣旨は、上告人が本件訴願裁決で、被上告人に保有面積を認めないで定めた買収計画を是認したことを違法とし、如何なる小作地を買収から除外するかは農地委員会をして特定せしめる趣旨であって、結局、原判決は如上の趣意において、所論裁決全部を取り消すというに帰するものと解するを相当とする。」と判示した。

最高裁昭和三〇年一〇月二八日第二小法廷判決（民集九巻一一号一七二七頁）は、茨城県による都市計画の土地区画整理事業に関し、換地の指定を求めた民事裁判である。この民事裁判では、上告人が特定の土地（イ）の換地として指定することを請求する権利を有するのか、裁判所が行政庁に一定の行政処分を義務付けることができるのか、が争われた。

この事案につき、同判決は、土地所有者らが行政庁に対して特定の土地の換地指定処分を求める義務付け訴訟を提起することはできないと判示した。すなわち、同判決は、「記録に徴するに、上告人の本訴請求は、上告人が従前賃借権を有していたと主張する原判示（イ）の土地の換地または換地予定地として原判示（ロ）の土地の指定及び交付を求め、または、指定交付の義務の確認を求めるものである。しかし、換地または換地予定地の指定は、都市計画法一二条二項によって準用せられる耕地整理法三〇条一項に従い、従前の土地の地目、地積、等位等を標準として、整理施行者が決定すべきものであって、若し指定が右法条の趣旨に適合しない場合には、土地所有者及び関係者は、場合によってその取消を求めて争訟を提起することができるけれども、土地所有者または関係者は、特定の土地を指してその指定を請求する権利を有するものではない。」と判示した。

先の昭和三〇年四月判決（農地買収禁止事件）及び昭和四七年判決（長野県勤務評定事件）は、一定の要件のもとで「差止訴訟」を許容したものと理解できるのに対し、右の昭和二七年判決（農地買収除外事件）及び昭和三〇年一〇月判決（換地指定事件）は、「義務付け訴訟」を否定したものと理解できる。

ここには、いかなる論理が存するのか。

昭和三〇年四月判決では、やや判然としないきらいがあるが、昭和四七年判決では、法律上の争訟性を考慮しているように思える。すなわち、同判決では、訴訟制度が、「具体的・現実的な争訟」の解決を目的としており、差止訴訟の可否を論じるに当たり、不利益処分たる行政処分を受けるおそれの「確実性」等に照らし、回復しがたい重大な損害を被る「おそれ」があるなど、「事前の救済」を認めないことを著しく不相当とする特段の事情の有無を考慮した上で、「法律上の利益」を認定すべきことなどが判示されている。すなわち、当該争訟が、法令の解釈適用により解決すべきものとして成熟しており、司法権行使の対象たる法律上の争訟と言える場合、差止訴訟は、司法権の範囲内であるという論理であろう。

そして、昭和二七年判決及び昭和三〇年一〇月判決では、司法権と行政権との相違を意識しているように思われる。すなわち、ある範囲の土地のうち、どの範囲を買収処分の対象から除外すべきなのか（昭和二七年判決）、どの土地を換地指定処分の対象とすべきなのか（昭和三〇年一〇月判決）については、行政庁が、第一次的に判断すべきことであり、裁判所は、事後的に行政庁の判断の違法性を審判することはできるが、行政庁に代わって事前に第一次的判断を下すことはできないというのであろう。処分をするのか否か（行為裁量）、いかなる処分をすべきなのか（選択裁量）については、行政の権限と責務なのであり、義務付け訴訟は、司法権の範囲外であるという論理であろう。

右判例理論によれば、行政処分の差止は、本来的な司法権の行使として許されるが、行政処分の義務付けは、本来的な司法権の行使としては許されないということになる。この判例理論は、一定の合理性を有するものと言えよう。ただ、司法権の概念・範囲については、この判例理論とは異なる解釈を展開することも可能だったように思われる。本来的に、司法権の概念・範囲は、国会が法律で定めるべきであるが、裁判所も、法律の解釈という方法によってこれを実質的に定義付けることが不可能ではないはずである。すなわち、将来の行政処分を差し止めることが法律上の争訟として認められる場合があるのなら、一定の行政処分を義務付けることも法律上の争訟として認められる場合があるという論理である。争訟としての具体性・現実性があり、なすべき一定の行政処分を特定することが可能であり、行政庁が第一次的判断権の行使を懈怠すること（不作為）が違法であると認定するに足るだけの成熟性があるのならば、それは、法律上の争訟であり、義務付け訴訟も、司法権の行使として許容できるという論理である。かかる論理も、一定の合理性を有するものと言えよう。

いずれにしろ、憲法は、司法権の概念・範囲を明文化していないのであり、最高裁の判例理論にも、一定の合理性があり、義務付け訴訟を否定したことが不当とまでは言えないであろう。

(2) 行政事件訴訟法

昭和三七年、行政事件訴訟法が制定された。同法は、差止訴訟及び義務付け訴訟の可否について、何ら触れていないものの、新たに「不作為の違法確認の訴え」を明記した。すなわち、「不作為の違法確認の訴え」とは、行政庁が、法令に基づく申請に対し、相当の期間内に何らかの処分又は裁決をすべきであるにもかかわらず、これをしないことについての違法の確認を求める訴訟をいい（三条五項）、「不作為の違法確認の訴え」は、処分又は裁決についての申請をした者に限り、提起することができる（三七条）とした。

行政事件訴訟法の施行は、「差止訴訟」及び「義務付け訴訟」の可否の議論に関し、何らかの影響を及ぼしたのであろうか、何らの影響もなかったのであろうか。

まず、差止訴訟の可否から見てみよう。

最高裁平成元年七月四日第三小法廷判決（判時一三三六号八六頁、判タ七一七号八四頁）は、高知県知事に不作為義務があることの確認を求めた民事裁判である。この事案は、上告人が、河川区域内の河岸地を所有し、野菜類を栽培するために盛土をしたところ、高知県知事から、同盛土の除却命令が出され、その行政代執行を受けたため、同県知事に対し、今後、河川法上の処分をしてはならない義務があることの確認などを求めたというものである。

この事案につき、同判決は、行政処分がなされてから事後的にこれを争ったのでは回復しがたい重大な損害を被るおそれがある等の特段の事情がなければ、事前に不作為義務の確認を求めることはできないと判示した。すなわち、同判決は、先の最高裁昭和四七年一一月三〇日第一小法廷判決（長野県勤務評定事件）を引用しつつ、「上告人の主張するところによっても、上告人が、河川法七五条に基づく監督処分その他の不利益処分をまって、これに関する訴訟等において事後的に本件土地が河川法にいう河川区域に属するかどうかを争ったのでは、回復しがたい重大な損害を被るおそれがある等の特段の事情があるということはできないから、上告人は、あらかじめ河川管理者たる被上告人が河川法上の処分をしてはならない義務があることの確認（第一次的訴え）ないし河川法上の処分権限がないことの確認（第二次的訴え）及びこれらと同趣旨の本件土地が河川法にいう河川区域でないことの確認（第三次的訴え）を求める法律上の利益を有するということはできない（最高裁昭和四一年（行ツ）第三五号同四七年一一月三〇日第一小法廷判決・民集二六巻九号一七四六頁参照）。」と判示した。

同判決は、具体的事例において確認を求める法律上の利益がないと判示したが、先の昭和四七年判決（長野県勤務評定事件）を継承していることから、一定の要件のもとでは、不作為義務の確認訴訟のみならず、差止訴訟をも許容する可能性を否定していない。そうすると、侵害を受ける権利の性質及びその侵害の程度、違反に対する制裁としての不利益処分の確実性及びその内容又は性質等に照らし、右処分を受けてからこれに関する訴訟の中で事後的に義務の存否を争ったのでは「回復しがたい重大な損害」を被るおそれがある等、「事前の救済を認めないことを著しく不相当とする特段の事情」がある場合には、将来の行政処分に対する事前の差止訴訟を提起できることになりそうである。

ところで、先の最高裁平成五年二月二五日第一小法廷判決（民集四七巻二号六四三頁、厚木基地事件）は、いわゆる無名抗告訴訟の可否に関し、判然としないところがあった。同判決は、自衛隊航空機の離着陸という事実行為が、公権力の行使に該当することを認めたものと理解することができようが、いかなる訴訟要件のもとに、いかなる訴訟類型の行政訴訟を提起できるのか、判示していない。この点については、先に論じたとおり、「取消訴訟」のほかに、自衛隊航空機の離着陸の「差止訴訟」も考えられたし、離着陸の禁止命令の発出を求める「義務付け訴訟」も考えられたように思われる。同判決は、訴訟形態に関し、「自衛隊機の運行に関する権限の行使の取消変更ないしその発動を求める請求」という表現をしているので、あるいは主として「取消訴訟」ないし「義務付け訴訟」を念頭に置きつつ、その可否に関する判断を回避したに過ぎないと読むこともできそうであるが、少なくとも、同判決は、「差止訴訟」を正面から否定したものではない。

つぎに、義務付け訴訟の可否について、見てみよう。

例えば、国民が、法令に基づく申請をしたが、行政庁から、申請の却下処分又は棄却処分を受けたとき、当該行政処分の取消訴訟を提起することが可能である。また、昭和三七年の行政事件訴訟法によれば、法令に基づく申請に対し、行政庁が相当の期間内に処分をしないときには、不作為の違法確認の訴えを提起することができる（三条五項）。申請に対する「棄却処分」が判決により取り消されたとき、その取消判決は、その処分をした行政庁を拘束し、その行政庁は、判決の趣旨に従い、改めて申請に対する処分をしなければならない（三三条）。原処分の違法が、手続上の違法でなく、実体上の違法であるならば、通常、行政庁は、申請を認容しなければならなくなるから、原告は、一定の行政処分の「義務付け訴訟」を提起して勝訴したのと同様の結果が得られる。

これに対し、申請に対する「却下処分」が判決により取り消されたとき、又は、申請に対する「不作為」の違法確認の訴えが判決により認容されたとき、行政庁は、申請を認容する義務がない。行政庁は、判決の趣旨に従い、申請に対する処分をしなければならない（三三条、三八条）が、違法とされたのは、実体的判断をしなかったことであるから、棄却処分をすることも可能なのである。不作為違法確認の訴えによっては、原告は、一定の行政処分の「義務付け訴訟」を提起して勝訴したのと同様の結果が得られるとは限らない。

行政事件訴訟法が「不作為の違法確認の訴え」を明記したことは、「義務付け訴訟」の可否の議論に何らかの影響を与えることになったのだろうか。

同法は、行政処分について、法令に基づく申請に対する行政処分と、そうでない行政処分とを区別し、法令に基づく申請に対し、相当の期間内に処分をしない場合に限り、不作為の違法確認の訴えができるものとした（三条、三七条）。わざわざ前者（いわゆる申請型の行政処分）についてのみ、不作為の違法確認の訴えを明記したということは、同法の文言解釈・反対解釈により、後者（いわゆる非申請型の行政処分）については、不作為の違法確認の訴えが許されなくなったという理解が可能のように見える。

そして、「不作為の違法確認の訴え」のみを明記したということは、これを更に押し進めた「義務付け訴訟」を許容しない趣旨であると読むこともできそうである。

義務付け訴訟の可否に関し、行政事件訴訟法の施行後の判例を見てみよう。

先に見た最高裁昭和四二年一〇月二〇日第二小法廷判決（公文書訂正請求事件）は、公文書の記載の訂正を求めるなどした民事裁判であり、この民事裁判では、裁判所の執行吏合同役場事務員が作成した送達報告書の訂正を求めることの可否が争点となった（第八章、四　行政行為の国家賠償責任）。

この事案につき、同判決は、傍論ながら、一定の司法行政処分を求めるような請求は許されないと判示した。すなわち、同判決は、「論旨は、原判決は本件送達報告書の破棄訂正を求める請求を司法行政上の処分を求める独立の請求として取り扱わなかった点において、理由そごの違法を犯したものであるという。しかし、記録によれば、上告人は民法七二三条の規定に基づく名誉回復処分を求める趣旨のもとに右請求をしていることが明らかであり、裁判所に対して司法行政上の処分を求めた趣旨とは認められない（なお、仮に司法行政上の処分を求める趣旨に解されるとしても、そのような請求は許されるものではない。）。」と判示した。

最高裁昭和五六年一二月一六日大法廷判決（民集三五巻一〇号一三六九頁）は、大阪国際空港の夜間飛行禁止等を求めた民事裁判である。この事案は、運輸大臣が、大阪国際空港を第一種空港として指定し、民間の航空会社の航空機の発着の用に供したところ、付近住民が、同空港の供用に伴って航空機の発する騒音等により身体的・精神的被害、生活妨害等の損害を被っているとして、人格権又は環境権に基づく妨害排除又は妨害予防の民事上の請求をし、国に対し、「被告は、大阪国際空港を、毎夜午後九時から翌朝七時までの間、一切の航空機の発着に使用させてはならない。」などの判決を求めたというものである。この民事裁判では、運輸大臣に対し、航空行政権の発動（作為）を求め、一定時間帯の空港使用を規制するような行政処分（作為）を航空会社に発するよう求めることが、通常の民事訴訟として可能なのか、行政訴訟の方法によるべきではないのか、などが争われた。

この事案につき、同判決は、民事上の請求として行政権の発動を求めることは許されないと判示したが、義務付け訴訟の可否については判示しなかった。すなわち、同判決は、「被上告人ら（中略）は、本件空港の供用に伴う騒音等により被害を受けているとし、人格権又は環境権に基づく妨害排除又は妨害予防の請求として、毎日午後九時から翌日午前七時までの間本件空港を航空機の離着陸に使用させることの差止めを求めるものであって、その趣旨は、本件空港の設置・管理主体たる上告人に対し、いわゆる通常の民事上の請求として右のような不作為の給付請求権があると主張してこれを訴求するものと解される。そうすると、右の請求は、本件空港を一定の時間帯につき航空機の離着陸に使用させないということが本件空港の管理作用のみにかかわる単なる不作為にすぎず、およそ航空行政権の行使には関係しないものであるか、少なくとも管理作用の部面を航空行政権の行使とは法律上分離して給付請求の対象とすることができるとの見解を前提とするものということができる。しかしながら、前述のように、本件空港の離着陸のためにする供用は運輸大臣の有する空港管理権と航空行政権という二種の権限の、総合的判断に基づいた不可分一体的な行使の結果であるとみるべきであるから、右被上告人らの前記のような請求は、事理の当然として、不可避的に航空行政権の行使の取消変更ないしその発動を求める請求を包含することとなるものといわなければならない。したがって、右被上告人らが行政訴訟の方法により何らかの請求をすることができるかどうかはともかくとして、上告人に対し、いわゆる通常の民事上の請求として前記のような私法上の給付請求権を有するとの主張の成立すべきいわれはないというほかはない。」と判示した。

なお、先に見た最高裁平成五年二月二五日第一小法廷判決（民集四七巻二号六四三頁、厚木基地事件）は、訴訟形態に関し、「自衛隊機の運行に関する権限の行使の取消変更ないしその発動を求める請求」という表現をとっており、右の昭和五六年判決（大阪空港事件）を理論的前提としていることが窺われ、行政法学でも、両判決を同列に取り扱う見解があるが、かかる見方は、問題である。というのは、昭和五六年判決（大阪空港事件）において運輸大臣に求められていたのは、民間の航空会社に対する行政処分（規制権限行使）であり、まさに「義務付け訴訟」の可否が問題とされるべき事案であったのに対し、平成五年判決（厚木基地事件）において防衛庁長官に求められていたのは、国民に対する行政処分ではなく、組織内の指揮系統下にある自衛隊航空機の運用いかんという事実行為であって、本来的に「義務付け訴訟」の可否が問題とされるべき事案ではなかったからである。この点につき、平成五年判決は、公権力の行使に当たる事実行為を問題にしているのか、行政処分を問題にしているのか、やや混乱気味であったばかりでなく、訴訟形態論としても、差止訴訟を問題にしているのか、義務付け訴訟を問題にしているのか、混乱気味であったと言わざるを得ない（第十章、3、(2) 行政事件訴訟法）。

さて、特例法の時代に、昭和二七年判決（農地買収除外事件）及び昭和三〇年一〇月判決（換地指定事件）は、義務付け訴訟を否定しており、国会は、昭和三七年、行政事件訴訟法を制定する際、義務付け訴訟を創設しなかった。裁判所は、義務付け訴訟に消極的な姿勢を取っており、国会も、判例の動きを変更する姿勢を取らなかったのである。右の昭和四二年判決（公文書訂正請求事件）は、傍論ながら、義務付け訴訟を否定しており、特例法時代の判例を踏襲したものと理解できる。

義務付け訴訟は、行政庁が第一次的判断権を行使しない場合に、裁判所が一定の行政処分を義務付けるものであり、かかる権限が司法権の概念・範囲を逸脱していないのか、三権分立の原則に違反しないのか、多くの議論があった。他方で、国会及び最高裁は、立法及び判例によって原告適格及び処分性の概念を拡大してきており、その議論の延長線上にあって、国民が法律上保護された利益を侵害された場合、その被害を司法救済するため、従来なかった新たな訴訟類型（義務付け訴訟）が必要であるとの意見が根強く存在した。

昭和五六年判決（大阪空港事件）は、わざわざ「行政訴訟の方法により何らかの請求をすることができるかどうかはともかくとして」という表現方法を採り、義務付け訴訟の可否について判断を回避し、これを肯定も否定もしなかった。最高裁は、判例によって義務付け訴訟を創設することを躊躇しつつ、義務付け訴訟の可能性を排斥することもしなかったのである。義務付け訴訟の可否は、統治制度のあり方、司法権の概念・範囲に直結する憲法問題であり、最高裁は、国会による立法的解決を望んでいたのであろう。

(3) 行政事件訴訟法の改正

平成一六年、行政事件訴訟法は、大きく改正され（平成一六年法律八四号）、新たな訴訟類型として、

① 義務付けの訴え（三条六項）

② 差止めの訴え（同条七項）

の二つが明記された。

同改正によれば、「差止訴訟」とは、行政庁が一定の処分又は裁決をすべきでないのにかかわらず、これがされようとしている場合において、行政庁がその処分又は裁決をしてはならない旨を命ずることを求める訴訟をいう（三条七項）。

その訴訟要件としては、処分性、原告適格などのほか、

① 一定の処分又は裁決がされることにより重大な損害を生ずるおそれがあること

② その損害を避けるため他に適当な方法がないこと

という要件がある（三七条の四）。

差止訴訟は、特例法の時代において、昭和三〇年四月判決（農地買収禁止事件）及び昭和四七年判決（長野県勤務評定事件）がこれを許容し、昭和三七年の行政事件訴訟法の施行後も、これを否定する判例はなかったところ、平成一六年の改正により、これが明文化されたのである。

同改正によれば、差止訴訟の訴訟要件として、「その損害を避けるため他に適当な方法がないこと」という要件が挙げられた。これは、下級審判決例や行政法学の見解を踏まえたものであろうが、昭和四七年判決では判示されていなかった要件であり、訴えが許容されるための要件が厳格になったという見方もできよう。

従来、差止訴訟は、いわゆる無名抗告訴訟とされ、その訴訟要件は、裁判所が自ら定めていたが、国会がこれを法律で定めた以上、今後、同改正法による訴訟要件を充足しなければ、訴えは却下されることになる。国会は、司法権の概念・範囲を定める権限を有しており、法律上の争訟性、訴訟要件が具体的に法定された以上、その反対解釈により、今後、法定要件を満たさない訴えは、これを認めないという趣旨に解される。

さて、改正法によれば、義務付け訴訟には、いわゆる申請型と非申請型とがある。

「申請型の義務付け訴訟」とは、行政庁に対し、一定の処分又は裁決を求める旨の法令に基づく申請又は審査請求がされた場合において、当該行政庁がその処分又は裁決をすべきであるにかかわらず、これがされない場合において、行政庁がその処分または裁決をすべき旨を命ずることを求める訴訟をいう（三条六項二号）。

その訴訟要件としては、処分性、原告適格などのほか、

①　当該法令に基づく申請又は審査請求に対し、相当の期間内に何らの処分又は裁決がされないこと

又は、申請若しくは審査請求を却下し若しくは棄却する旨の処分若しくは裁決がされた場合において、当該

処分若しくは裁決が取り消されるべきものであり、若しくは無効・不存在であること

② 処分又は裁決に係る不作為の違法確認の訴えを併合提起していること

又は、処分若しくは裁決に係る取消訴訟若しくは無効等確認の訴えを併合提起していること

という要件がある（三七条の三）。

「非申請型の義務付け訴訟」とは、右の申請型の場合を除き、行政庁が一定の処分をすべきであるにかかわらず、これがされない場合において、行政庁がその処分または裁決をすべき旨を命ずることを求める訴訟をいう（三条六項一号）。

その訴訟要件としては、処分性、原告適格などのほか、

① 一定の処分がされないことにより重大な損害を生ずるおそれがあり、かつ、その損害を避けるため他に適当な方法がないとき

② 処分又は裁決に係る不作為の違法確認の訴えを併合提起していること

又は、処分若しくは裁決に係る取消訴訟若しくは無効等確認の訴えを併合提起していること

という要件がある（三七条の二）。

従来、義務付け訴訟は、いわゆる無名抗告訴訟として下級審判決例及び行政法学で論じられてきたが、特例法の時代において、昭和二七年判決（農地買収除外事件）及び昭和三〇年一〇月判決（換地指定事件）がこれを否定し、昭和三七年の行政事件訴訟法の施行後も、これを肯定する判例はなかったところ、平成一六年の改正により、これが認められたのである。

義務付け訴訟のうち、「申請型」については、比較的問題が少ないと思われる。ここでは、法令に基づく申請権の

存在が前提とされているため、申請に対する不作為、却下処分又は棄却処分が、申請人の権利義務・法律関係に法的な効力を及ぼす「処分性」を有し、法律上の利益を有する申請人に「原告適格」が存すると認めることが比較的容易なのである。申請型の義務付け訴訟は、法律上の争訟性を具備しているものと比較的認めやすい類型と言うことが出来る。

これに対し、「非申請型」については、問題が多いと思われる。ここでは、法令に基づく申請権の存在が前提とされていないため、行政庁の「不作為」が、原告の権利義務・法律関係に法的な効力を及ぼしていると言えるのか、あるいは、法的根拠のもとに、行政権の優越的な意思の発動として、当該国民の法律上保護される利益について、その侵害の受忍を義務付けていると言えるのか（処分性及び原告適格）、問題が生じやすい。非申請型の義務付け訴訟も、司法権の行使として認められた制度であり、法律上の争訟性を有しなければならない。行政庁が一定の処分をすべきか否か、一定の処分がされないことにより重大な損害を生ずるおそれがあるか否か、その損害を避けるため他に適当な方法がないか否か、といった訴訟要件の有無が厳格に審理判断されることになる。

義務付け訴訟は、平成一六年の改正により、伝統的な司法権の概念・範囲を超えて創設されたものと評価するのが適切であり、その訴訟要件が明文化されたことの意義は大きい。同訴訟の運用のみならず、さらなる訴訟類型の創設いかんも含め、今後も、法律上の争訟性、司法権の概念・範囲を踏まえた国会の審議・判例法の展開がなされていくものと予想される。

5　自由心証主義と事実誤認

(1)　民事訴訟における事実誤認と上告理由

憲法によれば、すべて裁判官は、その良心に従い、法にのみ拘束される（七六条三項）。司法権の行使が、実体法的に違法とされるのは、どのようなときか。司法権は、法律上の争訟の存在を前提として、これに法令を解釈適用し、争訟を終局的に解決する作用であるから、その作用が実体法的に違法であるとは、事実認定の誤り、法令の解釈適用の誤りを指すことになろう。

ここでは、民事訴訟における事実認定上の違法性、自由心証主義の限界について見てみよう。

民事訴訟法（平成八年法律一〇九号、数次の改正あり）によれば、裁判所において当事者が自白した事実及び顕著な事実は、証明することを要しない（一七九条）。その反対解釈により、当事者が争っている事実及び裁判所に顕著でない事実は、証明することを要する。裁判所は、訴訟が裁判をするのに熟したとき、終局判決をする（二四三条）。裁判をするのに熟したときとは、事実を認定し、法令を解釈適用するのに適した段階に至ったということであろう。裁判所は、判決をするに当たり、口頭弁論の全趣旨及び証拠調べの結果を斟酌して、自由な心証により、事実についての主張を真実と認めるべきか否かを判断する（二四七条）。

自由心証主義は、証拠の取捨・選択、弁論の全趣旨の斟酌、事実の認定、間接事実から主要事実（法律要件事実）の推認などについて、裁判官の自由な心証によるべきであるというものであり、法定証拠主義の対概念である。

自由心証主義といっても、裁判所の事実認定が不合理なものであってはならない。裁判所は、法廷に顕出されていない証拠を事実認定の基礎にすることは許されないし、また、違法な証拠を心証形成の基礎にすることも許されない。

そして、心証形成の過程及び結果は、いずれも合理的なものでなければならない。

それでは、事実誤認と上告理由の関係について検討してみよう。

最高裁昭和二九年二月一八日第一小法廷判決（裁判集民事一二号六九三頁）は、「一定の証拠を措信すべきか否かの理由は、それら信憑力形成の事由たる諸般の事情の一つ一つについて論理的にこれを解明することは不可能でもあり、また事物自然の道理にも反するものといわなければならないのである。いわゆる自由心証とは単に法定証拠主義の束縛から解放されるという意味ばかりではなく、裁判所が証拠の信憑力に対する心証の形成について論理的にその理由を解明することなく証拠の採否を決定し得るとの意義をも包含するものといわなければならない。」と判示し、上告を棄却した。

最高裁昭和三〇年一一月八日第三小法廷判決（裁判集民事二〇号三七三頁）は、「いわゆる弁論の全趣旨の内容は頗る微妙に亘りこれによって裁判所が事実についての確信を得るに至った理由を理性常識ある人が首肯できる程度に判決理由中に説示することは至難ないし不可能の場合が多い（特に当事者の主張陳述の態度、証拠調の際の証人、本人等の陳述態度等はこれを調書に記載すること、若しくはこれを裁判官が見て取ったと同様に正確に書記官が調書に記載することが至難ないし不可能の場合において左様である）から、裁判所が弁論の全趣旨をも事実認定の一資料とした場合にその内容を判決理由中に説示することは、それが可能な限り、裁判所が判決における事実認定の適法正当であることを宣明し、上告審における事後審査を容易ならしめる上において望ましいことに相違ないが、如何なる場合にも必ずこれが内容を判示すべきものとすることは裁判官に難きを求める場合を生じ合理的とはいい難い。従って本件の如く裁判所が弁論の全趣旨をも事実認定の一資料とした場合にも必ずしもその内容を判決理由中に説示しなくても理由不備の違法あるものではないと解するのを妥当とする。」と判示し、上告を棄却した。

これらと同趣旨を判示した最高裁判例は多数ある。ここでは、証拠の取捨・選択、弁論の全趣旨の内容、事実の認定、間接事実から主要事実への推認など、事実認定に関し、心証形成の「理由」の一々を説示する必要はないとされ、原判決が維持され、上告が棄却されている。

つぎに、判決に理由不備があるとして、原判決を破棄した最高裁判例を見てみよう。

最高裁昭和二三年四月一三日第三小法廷判決（民集二巻四号七一頁）は、証拠上、鉱業権者が、廃炭をその所有地に置いていたこと、必要になったら再び廃炭を利用する意思を有していたこと、現実に廃炭の一部を第三者に売却していたことなどの間接事実が認められるにもかかわらず、原審が、これらの間接事実につき何ら説明するところなく、鉱業権者が廃炭の所有権を放棄していたと事実認定したことに対し、原判決が「実験法則違反若しくは理由不備の違法あるもの」であり、「原判決は審理不尽若しくは理由不備の違法あるもの」と判示し、原判決を破棄した。

最高裁昭和四三年八月二〇日第三小法廷判決（民集二二巻八号一六七七頁）は、愛知県規則に、宅地建物取引業者の報酬の最高額が定められていた一方、同最高額をもって報酬の相当額とすべき慣習の存在を肯定するに足る合理的根拠が法廷に検出されていないにもかかわらず、原審が、同最高額をもって報酬の相当額と認定したことに対し、原判決には「審理不尽、理由不備の違法があるもの」と判示し、原判決を破棄した。

これらと同趣旨を判示した最高裁判例は多数ある。ここでは、証拠の取捨・選択、弁論の全趣旨の内容、事実の認定、間接事実から主要事実への推認など、事実認定に関し、「理由不備」などが指摘され、原判決が破棄されている。

上告棄却の判例（昭和二九年二月一八日判決など）と原判決破棄の判例（昭和二三年四月一三日判決など）には、何かしら問題がないだろうか。最高裁判例は、事実認定それ自体が「誤り」か否かを判示するのではなく、「理由不備」があるか否かを判示するという手法を採ってきた。いかなる場合に「理由」を説示する必要があり、いかなる場合に

「理由」の一々を説示する必要がないのか。いかなる場合に「理由不備」となり、いかなる場合に「理由不備」とならないのか。

これら最高裁判例の理解について、民事訴訟法学では、当該事実認定が一般経験則上「通常」の事例であり、当事者及び上級審に自明である場合に、「理由」の一々を説示する必要がなく、当該事実認定が一般経験則上「異例」な事例であり、当事者及び上級審に自明でない場合に、「理由」を具体的に示す必要がある、と読む見解がある。

確かに、最高裁判例は、その判示の記載表現にもかかわらず、事実認定・心証形成が合理的であり、証拠関係に照らして「正当な事実認定」である場合に、「理由」の一々を説示する必要がないと判示し、事実認定・心証形成が不合理であり、証拠関係に照らして「事実誤認」である場合に、「理由」の不備があると判示しているように思われる。最高裁判例は、形式上、「理由不備」という言葉を用い、あたかも判決書の記載上の問題であるかのように説示しているが、実質上、必ずしも手続法上の違法を問題としているのではなく、実際のところは、「事実誤認」すなわち事実認定上の実体法上の違法を問題としているようである。その意味で、最高裁判例を理解するに当たり、その判示内容を記載文言どおりに受け取るのは問題かもしれない。

さて、最高裁は、原判決の事実認定について、右のような「理由不備」を問うのではなく、「経験則違反」を指摘することもある。

最高裁昭和五〇年一〇月二四日第二小法廷判決（民集二九巻九号一四一七頁）は、国立大学附属病院の医療過誤に基づく損害賠償請求という民事裁判である。この事案は、上告人が、化膿性髄膜炎に罹患して国立大学附属病院での治療を受け、軽快に向かっていたが、医師によるルンバール施術を受けた直後、突然、発作を起こし、知能障害・運動障害を残したというものである。この民事裁判では、ルンバールの実施とその後の発作・病変との因果関係の有無が争点となった。

この事案につき、同判決は、「訴訟上の因果関係の立証は、一点の疑義も許されない自然科学的証明ではなく、経験則に照らして全証拠を総合検討し、特定の事実が特定の結果発生を招来した関係を是認しうる高度の蓋然性を証明することであり、その判定は、通常人が疑を差し挟まない程度に真実性の確信を持ちうるものであることを必要とし、かつ、それで足りるものである。」と判示し、因果関係を認めた。

最高裁昭和五四年三月二三日第二小法廷判決（判時九二四号五一頁、判タ三九六号六六頁）は、真正に成立したことが認められる念書に、「乙は、昭和四六年三月三一日をもって、甲の経営する大学を自発的に退職する旨申し出で、甲は、これを認めた。」と記載されていたにもかかわらず、原審が、同念書をもって退職の意思表示ではないとし、乙が改めて甲に対して退職する旨の申し出をしていない以上、乙は退職していないと事実認定したことに対し、「原審の事実認定には、経験則の適用を誤った違法がある」ものと判示し、原判決を破棄した。

右の昭和五〇年判決（ルンバール事件）及び昭和五四年判決（退職念書事件）では、事実認定における「経験則」が問われた。「経験則」という概念は、「規則」の類の語感を伴うが、現実には、「法令」の類ではなく、事実認定の「合理性」を指しているように思われる。

以上のとおり、最高裁は、事実認定に関連して原判決を破棄するとき、「理由不備」又は「経験則違反」という概念を用いて説示しているが、その背景には、大きな憲法問題が横たわっているように思われる。

そもそも、判決書における「理由付記」には、いかなる意義があったか。

理由付記は、民事上の紛争を解決する上で、事実認定・法律解釈の適正さを確保し、当事者に上訴の便宜を与え、上級審に事後審査の便宜を与えることなどにあるはずである。事実認定に限って言えば、事実認定・心証形成の適正さを制度的に保障することにある。判決書には、当該事件に無関係の標準的な一般国民が、その事実認定・心証形成の合理性・適法性を判断できる程度の理由記載が要求されるものと解すべきである。一つの判例は、一定の紛争解決の基準を示し、国民の自由な活動の範囲を画するのであるから、一般の国民が読んで理解できる程度のものでなければ、意味がない。しかし、争訟は、知的財産権、医療行為、原子力政策など、さまざまな分野に及ぶものであり、高度の専門技術性、政治性が問われるものもあるから、事実認定・心証形成の過程を判決書に記載するに当たり、全ての国民に理解できることまでは要求できない。少なくとも、当該争訟の問題解決のあり方に利害関係を持ち得る国民、例えば、医療訴訟であれば、第三者たる同業医師が読んで理解できる程度の記載が求められよう。

そのため、客観的には、事実認定・心証形成が合理性・適法性を有していたとしても、判決書において、標準的な一般国民がその合理性・適法性を判断できる程度に「理由」が記載されていなければ、「理由不備」となり、上告理由になるはずである。なお、先の上告棄却の判例（昭和二九年二月一八日判決など）は、「理由」の一々を説示する必要はないと判示しているが、かかる判示は、言葉の厳密さにおいて、やや適切さを欠いているように感じられる。確かに、これら判例が指摘しているとおり、説示の程度に限界はあろうが、例えば、原判決の説示内容が、一般国民を標準としたときに、必要十分な程度に達しているのであれば、「理由不備の違法はない。」と判示すれば足りるのであって、「理由の一々を説示する必要はない。」と判示する必要はなかったのではなかろうか。

本来、かかる「理由付記」及び「理由不備」というのは、司法権行使の手続上の問題であるはずなのに、何故、最高裁は、事実認定の分野において、かかる概念を使用するのか。また、何故、最高裁は、「経験則違反」という、ルール違反をイメージさせる概念を使用するのか。

ここには、三審制度及び上告制度のあり方に関わる問題があるようである。

民事訴訟法によれば、控訴裁判所は、第一審判決を不当とするときは、これを取り消す（三〇五条）のであって、事実認定の誤りも控訴理由となるが、上告は、判決に理由を付せず、又は理由に食い違いがあることなどを理由としてする（三一二条二項六号）のであり、事実誤認は、原則として上告理由とならない。最高裁は、原則として、原審の適法に確定した事実を前提にして、憲法違反等の有無を審査するのであって、自ら事実認定をやり直すことは予定されていない。国会は、民事訴訟法を制定することにより、最高裁が主として違憲審査権を行使する終審裁判所として機能するよう定めたのである。かかる国会の判断には、一定の合理性があると言わざるを得ない。

にもかかわらず、先の原判決破棄の判例（昭和二三年四月一三日判決など）は、原判決における事実認定・心証形成の不合理性を問題にしているのである。かかる事例において、最高裁は、「事実誤認」を理由として原判決を破棄するわけにいかないため、「理由不備」又は「経験則違反」などを理由にして、原判決を破棄したのであろう。

確かに、司法権は、「事実」に法令を解釈適用する作用であるから、「事実誤認」を放置することはできないという要請が大きいであろうが、事実誤認を理由とする上告を安易に許してしまえば、法律に反することになりかねず、相当でない。上告趣意書において、「理由不備」又は「経験則違反」と記載されていたとしても、当該上告が実質的に「事実誤認」を理由としたものであるならば、本来、最高裁は、当該上告を受理・認容すべきではない。最高裁は、事実誤認があると思われる事例において、一の上告を受理・認容するかと思えば、他の上告を不受理・棄却するというのであれば、国会が上告理由を法定した意義が失われかねない。最高裁による選択的な上告制度の運用には問題があると言わざるを得ない。

とはいえ、最高裁の判断は終局的なものであり、これを覆すことはできない。最高裁は、実質的に事実誤認を理由とした上告を一律に受理・認容しているわけではなく、諸事情を勘案して受理・不受理を決定しているようである。

(2) 刑事訴訟における事実誤認と上告理由

つぎに、刑事訴訟における事実誤認、自由心証主義の限界について見てみよう。

刑事訴訟法（昭和二三年法律一三一号、数次の改正あり）によれば、同法は、事案の真相を明らかにすることを一つの目的とし（一条）、事実の認定は、証拠により（三一七条）、証拠の証明力は、裁判官の自由な判断に委ねる（三一八条）。有罪の言渡をするには、罪となるべき事実、証拠の標目及び法令の適用を示さなければならず、法律上犯罪の成立を妨げる理由又は刑の加重減免の理由となる事実が主張されたときは、これに対する判断を示さなければならない（三三五条）。被告事件が罪とならないとき、又は被告事件について犯罪の証明がないときは、判決で無罪の言渡をしなければならない（三三六条）。判決に理由を附せず、又は理由にくいちがいがある場合（三七八条四号）、あるいは、事実の誤認があってその誤認が判決に影響を及ぼすことが明らかである場合（三八二条）、これを理由として控訴の申立をすることができる。上告裁判所は、判決に影響を及ぼすべき重大な事実の誤認がある場合であって、原判決を破棄しなければ著しく正義に反すると認めるときは、判決で原判決を破棄することができる（四一一条三号）。

すなわち、刑事訴訟では、判決に影響を及ぼすべき事実誤認がある場合、それが控訴理由となり、そのうち原判決を破棄しなければ著しく正義に反すると認められる重大な事実誤認がある場合、それが上告理由となる。上告裁判所は、上告を受理して原判決を破棄するか否か、職権発動の選択権を有しており、事実誤認は、絶対的な上告理由とはされていないが、ともかくも事実誤認を理由とした上告の途が開かれている。

国会は、民事訴訟と異なり、刑事訴訟については、事実誤認を理由とした上訴の途を認めているが、何故だろうか。

思うに、それは、刑罰権の行使が、公の目的により運用されるべきである上、国民の自由を制約する重大な公権力の行使に該当するため、より一層、真相の解明が求められるからであろう。

それでは、事実認定をめぐる最高裁判例を見てみよう。

最高裁昭和二三年八月五日第一小法廷判決（刑集二巻九号一一二三頁）は、窃盗被告事件につき、「元来訴訟上の証明は、自然科学者の用いるような実験に基づくいわゆる論理的証明ではなくして、いわゆる歴史的証明である。論理的証明は『真実』そのものを目標とするに反し、歴史的証明は『真実の高度な蓋然性』をもって満足する。言いかえれば、通常人なら誰でも疑を差し挟まない程度に真実らしいとの確信を得ることで証明ができたとするものである。」と判示した。

最高裁昭和二三年一一月一七日大法廷判決（刑集二巻一二号一五八八頁）は、住居侵入・強盗被告事件につき、「被告人の近親者に相当多数の精神異常者があるような場合には、裁判官は、被告人の精神状態については特に慎重な注意と考慮を払い、その良識により合理的な判断を下さなければならないことは云う迄もないところである。そして、苟も被告人本人に精神の異常を疑はしめるものがあるならば、鑑定人をして鑑定せしめた上、これを参酌してその判断を下すべきである。しかし、裁判所が事件を審理した結果、被告人の供述、行動、態度その他一切の資料によって被告人本人についてその疑がないと判断し、その判断が経験則に反しない以上、その判断をもって違法であると云うことはできないのであって、被告人の近親者に相当多数の精神異常者があると云う一事によって直ちにその判断が経験則に反すると論断することはできないのである。」と判示した。

最高裁昭和二四年二月九日大法廷判決（刑集三巻二号一三〇頁）は、住居侵入・殺人被告事件につき、「前記の如く被告人は警察で自白しているだけでその後は犯行を否認し続けているのであるが、被告人の犯罪事実を認める供述と否認する供述とがある場合にその何れを採るかは、裁判官の自由心証に委ねられているところである。そして原審は被告人の自白が真実に合するものであるかどうかについて十分な注意をもって審理に当たったことは記録上認められるところであり、その結果被告人の公判廷における供述を排斥し警察における自白を採用するに至ったものと認めるを相当とし、証拠の採否について一々その理由を判示する必要はないのであるから、原判決には何等所論の如く審理不尽理由不備の違法はない。」と判示した。

最高裁昭和三三年五月二八日大法廷判決（刑集一二巻八号一七一八頁）は、傷害致死等被告事件につき、「ここにいう『共謀』または『謀議』は、共謀共同正犯における『罪となるべき事実』にほかならないから、これを認めるためには厳格な証明によらなければならないことはいうまでもない。しかし『共謀』の事実が厳格な証明によって認められ、その証拠が判決に挙示されている以上、共謀の判示は、前示の趣旨において成立したことが明らかにされれば足り、さらに進んで、謀議の行われた日時、場所またはその内容の詳細、すなわち実行の方法、各人の行為の分担役割等についていちいち具体的に判示することを要するものではない。」と判示した。

これらの判例によれば、裁判所は、証拠の取捨・選択、事実の認定、間接事実から直接事実（犯罪構成要件事実）の推認などについて、自由な心証によるべきであり、その心証形成の過程が合理的で、経験則に反しておらず、高度の蓋然性をもって事実の有無を判断したのであれば、当該事実認定は、違法でないということになる。逆に、心証形成の過程が不合理で、経験則に反しており、合理的な疑いを容れる余地があるのであれば、当該事実認定は、違法ということになる。

これらと同旨の判例は、多数ある。

なお、右の昭和二四年判決（住居侵入・殺人被告事件）は、「一々その理由を判示する必要はない」としているが、その言葉どおりに受け取るなら、同判決は、相当でない。というのは、判決には、理由を附さなければならず（三七八条四号）、理由附記の趣旨は、裁判所の判断の適正さを確保するとともに、被告人の上訴の便宜を図り、また上級審の審理の便宜を図るところにあると解されるから、事実認定が適法であったとしても、その理由を判示する必要があるからである。原審の理由附記が必要十分であるならば、「一々その理由を判示する必要はない」と説示するのではなく、「理由不備の違法はない」と説示すれば足りたであろう。

また、右の昭和三三年判決（傷害致死等被告事件）にあるとおり、犯罪事実をどこまで特定するかという問題と、その事実認定が適法かという問題は、別々の問題である。というのは、ある共謀、実行行為などの日時、場所、態様等の詳細を特定できなくても、関係証拠により、被告人が当該共謀、実行行為などに加担したことは間違いないと認定できる場合もあり得るからである。

6　法令の解釈適用権と司法裁量

(1)　民事訴訟における損害額の算定

民事裁判所は、自由心証により法律要件事実を認定し、これに法令を解釈適用して、法律上の争訟を終局的に解決する。例えば、裁判所は、債務者に対し、契約に基づく債務の履行を命じたり、債務不履行・不法行為に基づく損害賠償を命じたりする。履行義務の内容は、契約内容いかんによるから、その事実認定がなされれば、判決で命じるべき給付内容も特定できる。損害には、財産的損害と非財産的損害があり、財産的損害の損害額については、請求権者が主張・立証する責任があり、裁判所は、請求権者が主張・立証した限りで、損害額の賠償請求を認容することになる。

ところで、損害が生じたことが認められるにもかかわらず、その損害額を立証することが極めて困難な事態が生じ得る。例えば、非財産的損害である慰謝料の場合、その額を数理的に算定することは容易ではない。裁判所は、法廷に検出されていない証拠や証拠能力のない証拠などを基礎として損害額を算定する権限を有するものではないが、非財産的損害額の算定につき、裁量権を有している。

それでは、非財産的な損害額の算定について、最高裁判例を見てみよう。

最高裁昭和三二年二月七日第一小法廷判決（裁判集民事二五号三八三頁）は、建物引渡の債務不履行及び不法行為による損害賠償請求という民事事件につき、「精神上の苦痛に対しどれだけの慰謝料を支払うのを相当とするかは、当該債務不履行もしくは不法行為に関する諸般の事情に即して裁判所が判断すべき事項であるから、右の諸般の事情そのものは証拠によって認定しうるとしても、慰謝料の数額のごときものについては、証拠によって判断し得べきものではないといわなければならない。」と判示した。

最高裁昭和三九年一月二八日第一小法廷判決（民集一八巻一号一三六頁）は、名誉権を侵害されたとする財団法人である病院による慰謝料請求という民事事件につき、「数理的に算定できるものが、有形の損害すなわち財産上の損害であり、その然らざるものが無形の損害である。しかしその無形の損害と雖も法律の上では金銭的評価の途が全くとざされているわけのものではない。侵害行為の程度、加害者、被害者の年令、資産その社会的環境等各般の情況を斟酌して右金銭の評価は可能である。その顕著な事例は判示にいうところの精神上の苦痛を和らげるであろうところの慰謝料支払の場合である。……前示のように金銭評価が可能であり、しかもその評価だけの金銭を支払うことが社会観念上至当と認められるところの損害の意味に帰するのである。」と判示した。

確かに、損害額の算定には、司法裁量がある。債務不履行又は不法行為により、債権者又は被害者に対し、精神上の苦痛を与えたり、名誉信用を毀損したりした場合、その非財産的損害額を数理的に算定できないからといって、損害賠償請求を棄却すべきではない。非財産的損害額の算定については、社会通念上相手方に支払うべきものと認められる金額を賠償すべきであるが、その金額は、裁判所が裁量により決すべきものである。

しかし、右の昭和三九年一月判決（法人名誉権侵害事件）が、損害額の算定に当たり、侵害行為の程度、被害者の年令などの事情のほか、加害者の年令、資産、社会環境並びに被害者の資産、社会環境などの事情をも斟酌すべきであるとしているのは、やや問題がある。

というのは、加害者の年令、資産などをも斟酌するというが、加害者が年少者か高齢者か、加害者が資産家か生活困窮者かにより、被害者の被った損害に変動をきたすとは思えないからである。また、被害者の社会環境という事情が、何を意味するのか必ずしも判然としないが、被害者が大企業の経営者か無職かなどの事情いかんによって、被害者の請求できる慰謝料額に変動をきたすというのであれば、そこにも問題がある。同判決は、法律上の損害額算定の問題と、加害者に賠償させることの社会的妥当性の問題や民事執行の実現可能性の問題などとを混乱している観がある。

思うに、一般的にいえば、損害額の算定に当たっては、侵害行為の態様及び程度、並びに侵害される利益の内容及び性質などが斟酌されるべきであろうが、加害者の年齢、資産などを斟酌すべきではなかろう。

それにしても、非財産的損害額は、もともと金銭評価が困難な性質を有しており、その算定過程が合理的なのか、裁判所の裁量権行使が適法なのかについては、検討すべき点がある。

最高裁昭和三九年六月二四日第三小法廷判決（民集一八巻五号八七四頁）は、満八歳の被害少年が死亡し、その損害賠償を請求するという民事事件につき、人の死亡という損害額の算定につき、慰謝料の算定だけでまかなうのではなく、これとは別に「将来の得べかりし収入」と「将来の失うべかりし支出」とを加減して、可能な限り財産的損害を算定すべきであると判示した。すなわち、同判決は、「慰謝料の額の算定については、諸般の事情が斟酌されるとはいえ、これらの精神的損害の賠償のうちに被害者本人の財産的損害の趣旨をも含ませること自体に無理があるばかりでなく、その額の算定は、結局において、裁判所の自由な裁量にこれを委ねるほかはないのであるから、その額が低きに過ぎて被害者側の救済に不十分となり、高きに失して不法行為者に酷となるおそれをはらんでいることは否定しえないところである。したがって、年少者死亡の場合における右消極的損害の賠償請求については、一般の場合に比し不正確さが伴うにしても、裁判所は被害者側が提出するあらゆる証拠資料に基づき、経験則とその良識を十分に活用して、できうるかぎり蓋然性のある額を算出するよう努め、ことに右蓋然性に疑がもたれるときは、被害者側にとって控え目な算定方法（中略）を採用することにすれば、慰謝料制度に依存する場合に比較してより客観性のある額を算出することができ、被害者側の救済に資する反面、不法行為者に過当な責任を負わせることともならず、損失の公平な分担を究極の目的とする損害賠償制度の理念にも副うのではないかと考えられる。」と判示した。

非財産的損害額の算定に困難が伴う以上、同判決にも、一定の合理性があるとは言えよう。

しかし、司法的解決としては、財産的損害の算定に重きを置くのではなく、慰謝料の算定を主とする方策を採用する選択肢もあり得るように思う。というのは、財産的損害の算定を主とすると、一つの生命が奪われたという点では同じであるにもかかわらず、被害者の生前の収入いかんにより損害額の多寡が生じてしまい、違和感が残るし、また、財産的損害の立証に重点が置かれると、精神的損害の填補が軽視されかねないと思うからである。例えば、強姦被害の場合、「得べかりし利益」、「失うべかりし支出」などといった判断枠組みは機能し難いため、損害額の算定は、慰謝料を中心にして行われることになるだろうが、これと同じように考えるならば、死亡被害の場合も、非財産的損害額の算定を主として行うことが不可能ではない。

さて、現行の民事訴訟法（平成八年法律一〇九号、数次の改正あり）によれば、損害が生じたことが認められる場合において、損害の性質上その額を立証することが極めて困難であるときは、裁判所は、口頭弁論の全趣旨及び証拠調べの結果に基づき、相当な損害額を認定することができる（二四八条）。同条は、旧法には見られなかった規定である。民事訴訟法学では、同条をもって、証明度を軽減する規定であるという理解があるが、かかる理解には、やや問題がある。

問題は、相当な損害額の認定方法なのである。例えば、幼児が死亡した事例において、損害額の立証責任は、請求権者側にあるが、同条は、請求権者側の立証責任を軽減することになるのだろうか。

先の昭和三九年六月判決（逸失利益事件）は、慰謝料を中心とした損害額算定の方法に否定的であり、「得べかりし利益」と「失うべかりし支出」を加減することにより、逸失利益という財産的損害額を算定することを求めている。そして、民事訴訟法二四八条（損害額の認定）は、同判決を変更するものではない。同条は、逸失利益の上限・下限を設定するものではなく、具体的な判断基準を設定するものでもなく、類型的な算定基準を設定するものでもない。同条は、抽象的な規定にとどまっており、従前の判例理論に具体的な基準を付加するものとは認め難い。同条にいう「損害の性質上その額を立証することが極めて困難であるとき」とは、精神的損害の場合が典型例であろうが、従前から、慰謝料の算定は、裁判所の裁量で行われていたのであり、同条の制定前後において、慰謝料算定のあり方に基本的な変更が行われたことにはならないであろう。

そのため、民事訴訟法二四八条の創設にも係わらず、損害の性質上その額を立証することが極めて困難な慰謝料が問題となる場合であっても、これまでどおり、請求権者側において、「得べかりし利益」、「失うべかりし支出」などを立証することになるのではなかろうか。逸失利益の算定に重点が置かれ、その額を立証することが極めて困難とまでは言えないとしたら、今後も、裁判所は、損害賠償の請求権者に対し、従前同様の立証責任を求めることになると予想されるのである。

裁判所は、非財産的損害額の算定につき、大幅な裁量権がある。その裁量権の濫用・逸脱により違法性を指摘され、上訴審で原審が破棄されるというような事態は、それほど多くないと思われる。

思うに、慰謝料の算定を考える場合、裁判所の裁量権行使の合理性を確保するためには、国会が、算定額の上限・下限を法定したり、類型的な判断基準を可能な限り法定したり、損害額の推定規定を設けたりする方策を採るべきではなかろうか。また、法律により、慰謝料算定の参考基準を公表する公的機関を設置し、同機関により、判決例の積み重ねを踏まえて、類型的に損害額の相場を一覧表化するという方策を採ることも合理的であろう。慰謝料の算定に当たっては、その可視性・予測可能性を高めることが重要と思われる。

(2)　刑事訴訟における刑の量定

刑事裁判所は、自由心証により犯罪構成要件事実を認定し、これに法令を解釈適用して、刑罰権の発動の有無及び内容を決する。すなわち、裁判所は、有罪か無罪かを判断し、有罪であれば刑の量定をするのである。

裁判所は、刑の量定について、広範な裁量権を付与されている。例えば、現行の刑法（明治四〇年法律四五号、数次の改正あり）によれば、裁判所は、殺人者に対し、死刑か懲役刑かの選択権があり、懲役刑には、無期懲役のほか、五年以上二〇年以下の有期懲役があり（一九九条）、その刑期の長短の幅が広いことは、世界的に見て日本法の特色となっている。裁判所は、その短期である懲役五年を懲役二年六月に酌量減軽することができ（六六条、六八条）、さらに、その刑の執行を猶予することもできるのである（二五条）。

刑事訴訟法によれば、刑の量定の不当は、控訴理由となるし（三八一条）、上告審裁判所は、刑の量定が甚だしく不当であり、原判決を破棄しなければ著しく正義に反すると認めるときは、判決で原判決を破棄することができる（四一一条二号）。

それでは、いかなる場合に、裁判所の量刑判断が違法となるのか。

まず、刑の量定に関する裁量権について、最高裁判例を見てみよう。

最高裁昭和二三年二月六日大法廷判決（刑集二巻二号二三頁）は、「酌量減軽は裁判所が各場合について犯罪の情状を審究しその職権裁量によって許否すべきものである」と判示し、最高裁昭和二三年三月二四日大法廷判決（裁判所時報九号八頁）は、刑の量定が「事実審である原審の自由裁量権に属する」と判示し、最高裁昭和二三年六月一七日第一小法廷判決（裁判集刑事二号四九三頁）は、「酌量減軽の事由である憫諒すべき事情は罪となるべき事実ではないから証拠によりこれを認めた理由を示す必要はない。」と判示し、最高裁昭和二三年六月二三日大法廷判決（刑集二巻七号七七七頁）は、刑の量定が「事実審である原審の自由裁量権にのみ属する」と判示した。

これら初期の最高裁判例は、相当とは思われない。

というのは、国会が、刑罰法規の法定刑を幅広く定めているのは、裁判所に、量刑に関する自由裁量権を与えたものとは考え難いからである。刑罰の軽重の幅が広い以上、裁判所に、大きな裁量権を有しているとは言えようが、裁量権の逸脱・濫用が認められれば、上級審において、量刑不当を理由として破棄されるべきことは当然であり、その意味において、量刑が裁判所の自由裁量であるとは言えないはずである。

また、常に、量刑事情を判決理由中に明示すべきであるとまでは言えないにしても、裁判所が被告人を重い刑に処す場合、その量定判断の根拠は、事実認定の理由に匹敵するほど重要なことがある。

したがって、刑の量定は、裁判所の自由裁量とは言えず、また、事案に応じて、刑の量定理由を判決で明示すべきであろう。

つぎに、刑の量定に当たって斟酌すべき事情について、最高裁判例を見てみよう。

最高裁昭和二三年一〇月六日大法廷判決（刑集二巻一一号一二七五頁）は、強盗被告事件につき、「事実審たる裁判所は、犯人の性格、年齢及び境遇並びに犯罪の情状及び犯罪後の情況等を審査してその犯人に適切妥当な刑罰を量定するのであるから、犯情の或る面において他の犯人に類似した犯人であってもこれより重く処罰せられることのあるのは理の当然であり、これを目して憲法第一四条の規定する法の平等の原則に違反するということはできない。」と判示した。

最高裁昭和二九年三月一一日第一小法廷判決（刑集八巻三号二七〇頁）は、食糧管理法違反・贈賄被告事件につき、「被告人が、所論の罰金刑に処せられたという事実その他被告人の経歴、性格、年令及び境遇並びに犯罪の情状及び犯罪後の情況等の考察、参酌して、各犯罪、各犯人毎に適切妥当な刑罰を量定するのは当然であって、憲法一三条、一四条に違反しないことは、当裁判所大法廷屡次の判例の趣旨とするところである。」と判示した。

両判決は、いかなる事情を斟酌すべきかの一般論としては相当であろう。

ただし、両判決は、判決理由中において、被告人の有利・不利な諸事情を具体的に挙げていないので、その量刑判断の根拠が判然としない。

さて、右の昭和二三年一〇月判決（強盗被告事件）等は、刑の量定に当たって同種事例を参酌することを否定したものではない。

最高裁昭和二九年一〇月二二日第二小法廷判決（刑集八巻一〇号一六五三頁）は、公職選挙法違反被告事件につき、「同種事案に関する従来の裁判例の如きは、当該犯罪及び犯人に関する個別的、具体的な量刑事情（中略）とは異なり、証拠によってその有無を判断すべき性質のものではなく、裁判所が刑を量定し、または量刑の当否を判断するにあたり、規範的要素として当然考慮し得べきものである。従って、控訴審が第一審の量刑の当否を判断するにあたって、訴訟記録等に現れていない同種事案に関する裁判例を考慮したからといって、控訴審の事後審たる性格に反するものということはできない。されば、裁判例については刑訴三八一条、三八二条の二、三九三条の諸規定はその適用がないと解するのが相当であり、本件における検察官の控訴趣意書における如く、訴訟記録等に現れていない同種事案に関する裁判例を量刑不当の一事由として記述しても、これを不適法とすべき理由はない。」と判示した。

同判決は、刑の量定に当たって同種事例を考慮することを肯定したものと言えるが、相当である。

というのは、別個の刑事事件において、相互に、犯人の性格、年齢及び境遇、犯罪の軽重及び情状並びに犯罪後の情況等が類似しているのであれば、それぞれの被告人に対し、同様の刑を量定するのが合理的だからである。量刑事情が同様であるのに異なる量刑をするのは、通常とは言えないだろう。特別事情がないにもかかわらず、同種事例で異なる量刑判断がなされた場合、いずれかの判断が、合理性を欠き、裁量権の逸脱・濫用があり、違法であると言うべきであろう。

刑の量定に当たり、犯行の動機や、犯行後の情況などを斟酌することの当否が争われた事例は、多数ある。

最高裁昭和三〇年六月二二日大法廷判決（刑集九巻八号一一八九頁）は、電車顛覆致死等被告事件（三鷹事件）につき、原審が、国鉄職員の全国的ストライキの口火を切るという被告人の犯行動機を重視し、被告人を死刑にしたのを、是認した。

最高裁昭和三一年一二月二二日第二小法廷判決（刑集一〇巻一二号一六六七頁）は、火薬類取締法違反被告事件につき、原審が、被告人の譲渡した魚雷が爆発して災害が発生したという犯行後の事情を斟酌し、火薬類所持罪に問われていた被告人を重く処罰したのを、是認した。

両判決は、相当である。犯行動機が利欲目的にあったのか、犯行が計画的だったのか偶発的だったのか、同情すべき余地があったのか等の事情により、刑罰の軽重を異にすべきは当然である。また、犯行により重大な結果が惹起されたのか否か、犯行による直接的な結果ではないにしろ、犯行に起因して重大な結果が生じたのか否かも、重要な事情と言わざるを得ない。

前科を斟酌することの当否が争われた事例も、多数ある。

最高裁昭和二四年一二月二一日大法廷判決（刑集三巻一二号二〇六二頁）は、再犯者を加重処罰する刑法の規定が憲法三九条（二重処罰）に該当しないと判示し、最高裁昭和二五年三月一五日大法廷判決（刑集四巻三号三六六頁）は、併合罪を加重処罰する刑法の規定が憲法三九条（二重処罰）に違反しないと判示し、最高裁昭和二五年五月三〇日第三小法廷判決（刑集四巻五号八八九頁）は、「被告人が以前に犯罪により処罰されたという事実は消滅するものでないから、原審がその事実を審問したからといって違法と言うことはできない。」と判示し、最高裁昭和三二年四月二五日第一小法廷判決（刑集一一巻四号一四八五頁）は、「量刑に当たり、犯罪が前刑の執行猶予期間内に犯されたものであることを、犯罪の情状として考慮することは何ら違法ではない。」と判示した。

これら判決は、相当である。これら判決のうち、再犯加重、併合加重などに関するものは、直接的には刑法の合憲性を判断したものであるが、それは、再犯・併合罪を犯した被告人を、そうでない被告人よりも重く量刑することを適法なものとして許容したものと理解できる。前科があるということは、刑事裁判手続を経ており、判決の言い渡しを受け、少なくとも一度は、刑罰法令の規範に直面したことを意味する。それにも係わらず、再び犯罪を犯すということは、規範意識が欠如ないし低下していると言わざるを得ない。被害者らの応報感情に配慮しつつ、自由社会の秩序を回復し、一般予防の実効性を維持するためにも、また、犯罪者の特別予防のためにも、前科のある者をより重く量刑することには、合理的な理由があると言えよう。

余罪を斟酌することの当否が争われた事例も、多数ある。

最高裁昭和四一年七月一三日大法廷判決（刑集二〇巻六号六〇九頁）は、窃盗被告事件につき、「刑事裁判において、起訴された犯罪事実のほかに、起訴されていない犯罪事実をいわゆる余罪として認定し、実質上これを処罰する趣旨で量刑の資料に考慮し、これがため被告人を重く処罰することは許されないものと解すべきである。……しかし、他面刑事裁判における量刑は、被告人の性格、経歴及び犯罪の動機、目的、方法等すべての事情を考慮して、裁判所が法定刑の範囲内において、適当に決定すべきものであるから、その量刑のための一情状として、いわゆる余罪をも考慮することは、必ずしも禁ぜられるところではない。」と判示した。

最高裁昭和四二年七月五日大法廷判決（刑集二一巻六号七四八頁）も、同旨である。

これら判決は、相当である。

いわゆる余罪は、正式に起訴されたものではないから、これを実質的に処罰することは、許されない。それは、憲法三一条の不告不理の原則に違反するし、余罪について十分な証拠調べを経ないまま実質的にこれを処罰することは、憲法三八条三項の自白の補強法則に違反しかねず、また、後にこれを正式起訴する可能性を残すことは、憲法三九条の二重処罰の禁止にも触れかねない。

その一方で、余罪を量刑の一事情として考慮することには合理性がある。同種余罪があるということは、犯罪者がその種の犯行に対して常習性を有していることを示し、また、異種余罪があるということは、犯罪者が一般的な規範意識を欠如・鈍磨していることを示すから、かかる犯罪者を重く処罰することは、合理的であろう。

さて、現行の刑罰法令の極刑は、死刑であるが、いかなる場合に、死刑判決は許容されるのか。

最高裁昭和五八年七月八日第二小法廷判決（刑集三七巻六号六〇九頁）は、強盗殺人等被告事件（永山事件）という刑事裁判である。この事案は、被告人が、わずか一か月足らずの間に、東京、京都、函館及び名古屋で、合計四名の被害者を拳銃で射殺した上、その約半年後に、東京で、警備員を狙撃したというものであり、その犯行動機は、金品強取等の目的にあり、その殺害方法は、米軍基地から拳銃を窃取し、これを被害者らの頭部等に至近距離から複数発射したというものであり、犯行の結果は、重大であり、社会的影響としては、全国的に連続射殺魔事件として社会不安を招いており、遺族等の被害感情は、厳しかった。その他の事情としては、被告人が犯行時一九歳の少年であったこと、家庭環境が不遇で生育歴に同情すべき点が多々あること、被告人が第一審判決後に結婚して伴侶を得たこと、遺族の一部に被害弁償をしたことなどがあった。この刑事裁判では、第一審が、死刑判決を言い渡し、第二審が、無期懲役を言い渡したことから、死刑判決の当否が争われた。

この事案につき、最高裁は、「死刑制度を存置する現行法制の下では、犯行の罪質、動機、態様ことに殺害の手段方法の執拗性・残虐性、結果の重大性ことに殺害された被害者の数、遺族の被害感情、社会的影響、犯人の年齢、前科、犯行後の情状等各般の情状を併せ考察したとき、その罪質が誠に重大であって、罪刑の均衡の見地からも一般予防の見地からも極刑がやむをえないと認められる場合には、死刑の選択も許されるものといわなければならない。」と判示し、無期懲役に処した原判決を破棄した。

同判決は、相当である。その判決理由中において、被告人に有利・不利な諸事情を具体的に挙げ、その量刑判断の根拠を明示したことは、重要な意義を持った。

その後、同様の判断手法により、死刑判決が言い渡されている。例えば、最高裁昭和六二年七月一七日第二小法廷

判決（判時一二四八号一三八頁、判タ六四五号一六五頁）、最高裁昭和六三年四月一五日第二小法廷判決（判タ六六七号一〇三頁）、最高裁平成二年四月一七日第三小法廷判決（判時一三四八号一五頁、判タ七二七号二一二頁）、最高裁平成一〇年九月四日第二小法廷判決（判時一六四八号一五六頁、判タ九八〇号一一三頁）などである。

右の一連の最高裁判例では、死刑判決を言い渡すに当たり、諸情状を慎重に考察していることが窺われる。死刑は、国民の生命を奪う極刑であり、また、最高裁は、終審裁判所であって、その判断の適法性を事後的に審査する他の国家機関が存在しないのであるから、死刑の処断に慎重であるべきなのは、当然のことであろう。

その一方で、国会は、国民の自由な活動を保護し、社会秩序を維持するため、死刑制度を定めているのであるから、裁判所が、死刑判決の言い渡しに消極的になり過ぎるのは相当でない。実務上、複数の被害者が殺害された事例において、死刑判決が言い渡されることが多いが、仮に、被害者が一名であっても、情状次第では、死刑判決を言い渡さなければならないこともあろう。

最高裁は、広い法定刑を定めた殺人罪等の量刑判断のうち、極刑である死刑判決の判断基準については、これを相当詳細に明確化しており、裁量権行使の可視性・予測可能性が高まったことの意義は大きい。

四　裁判の国家賠償責任

裁判所が、司法権を行使するに当たり、様々な違法を犯す可能性がある。

例えば、裁判には、手続上の要請として、裁判官の除斥制度、反対尋問権の保障、弁護人選任権の保障、公開裁判の原則、迅速な裁判、証拠法則、判決書の理由附記など様々な制度がある。裁判所が訴訟手続に違反した場合、上級審は、下級審判決を破棄することになる。

また、裁判には、実体上の問題として、司法権の概念・範囲を逸脱していないかといった問題のほか、事実認定が経験則に違反していないか、法令の解釈適用に誤りはないか、慰謝料の算定は合理的か、刑の量定は合理的か、など様々な問題が起こり得る。司法権の行使に実体上の違法があった場合、上級審は、下級審判決を破棄することになる。

司法権の行使に違法があった場合、その違法は、上訴制度によって破棄訂正されることが想定されているが、これに加えて、違法な司法行為に対する国家賠償責任の有無が問題となる。

憲法によれば、何人も、公務員の不法行為により、損害を受けたときは、法律の定めるところにより、国又は公共団体に、その損害を求めることができる（一七条）のであり、裁判官も公務員であるから、裁判が違法であれば、国がその賠償責任を負うべきは当然であろう。

さて、司法行為の国家賠償責任は、行政行為の国家賠償責任と同様に扱ってよいのだろうか。

最高裁昭和五七年三月一二日第二小法廷判決（民集三六巻三号三二九頁）は、民事判決に違法があったと主張され、民事判決に対する国家賠償が請求された事件である。

この事案につき、同判決は、裁判官に違法・不当な目的がなければ、民事判決に違法があったとしても、国家賠償責任はないと判示した。すなわち、同判決は、「裁判官がした争訟の裁判に上訴等の訴訟法上の救済方法によって是正されるべき瑕疵が存在したとしても、これによって当然に国家賠償法一条一項の規定にいう違法な行為があったものとして国の損害賠償責任の問題が生ずるわけのものではなく、右責任が肯定されるためには、当該裁判官が違法又は不当な目的をもって裁判をしたなど、裁判官がその付与された権限の趣旨に明らかに背いてこれを行使したものと認めうるような特別の事情があることを必要とすると解するのが相当である。……本件において仮に前訴判決に所論のような法令の解釈・適用の誤りがあったとしても、それが上訴による是正の原因となるのは格別、それだけでは未だ右特別の事情がある場合にあたるものとすることはできない。」と判示した。

最高裁平成二年七月二〇日第二小法廷判決（民集四四巻五号九三八頁）は、確定した有罪判決が再審で取り消されて無罪判決が確定した場合の、当初の有罪判決に対する国家賠償請求事件である。

この事案につき、同判決は、右の昭和五七年判決を引用した上、「この理は、刑事事件において、上告審で確定した有罪判決が再審で取り消され、無罪判決が確定した場合においても異ならないと解するのが相当である。」と判示した。

右両判決の結論は、相当である。しかし、両判決は、その理由を明示していない。事実認定や法令の解釈適用などに違法があった場合、当該裁判は、違法である。それにもかかわらず、かかる違法判決について、直ちに国家賠償責任が生じないのは、いかなる理由によるのか。

思うに、三審制度の意義に鑑みて、原則として、当事者は、判決の違法性を三審制度の枠内で争う権利を保障されるべきではあるが、三審制度の枠外で司法行為の違法性を争う権利を安易に認めるべきではない。国会は、法令解釈の統一性を確保し、当事者に不服申立の権利を保障するために上訴制度を設けつつ、裁判による紛争解決の実効性を確保するため、三審制をもってその限度としている。下級審裁判所が手続的又は実体的な違法を犯した場合、当事者は、その違法を是正するため、控訴することができるし、限定的ながら上訴することができる。原則として、当事者は、三審制度の枠内で裁判を受ける権利を行使すべきなのであって、上訴により違法判決が取り消されるならば、それをもって是とすべきである。民事事件の下級審判決は、仮執行されていたとしても、上級審で取り消されれば、当事者の被害は回復されるのであるから、それ以上に国家賠償請求まで認められるべき必然性がない。刑事事件の下級審の有罪判決は、上級審で取り消されれば、刑罰権が行使されることはない上、刑事補償がなされるのであるから、それ以上に国家賠償請求まで認められるべき必然性がない。ましてや、確定判決に対する国家賠償請求を安易に認めれば、確定判決に対する実質的な蒸し返しを許すことになり、国会が定めた審級制度の意義が損なわれかねない。

また、訴訟構造の観点から見ても、当事者は、個々の判決内容について、相応の責任があると言うべきである。裁判は、当事者の主張責任・立証責任に負うものである。国会は、法律により、裁判所が従うべき手続規範及び実体規範を定めており、当事者は、これらの法規に則って、訴えを提起し、応訴し、主張・立証活動を行う権利及び責任がある。裁判所は、当事者が特定した訴訟物（民事事件）又は訴因（刑事事件）のみを審判対象とし、当事者が主張しない要件事実（民事事件）又は犯罪構成要件事実（刑事事件）を認定することが出来ず、原則として、当事者が法廷に検出しない証拠に基づいて事実認定をすることが出来ない。法令の解釈適用は、裁判所の専権事項であるが、これとて当事者の主張に依拠することが避け難い。民事裁判の当事者は、主張・立証責任を負わされているのである。刑事裁判の被告人は、原則として主張・立証責任を負わされているわけではないが、検察官の主張・立証活動に対し、反論・反証の機会を与えられているのであって、これに合理的な疑いを容れることが出来なかったのであれば、有罪判決を甘受しなければならないはずである。

したがって、裁判官が違法・不当な目的をもって裁判をしたなどの特別事情があった場合を除き、裁判に違法があっても、原則として、国家賠償責任が生ずることはないと解すべきなのである。

参考文献

本書執筆に当たり、主として参考にした文献は、以下のものである。

イリィ『民主主義と司法審査』（佐藤幸治ほか訳）（平成二年、成文堂）
カネヘム『裁判官・立法者・大学教授　―比較西洋法制史論―』（小山貞夫訳）（平成二年、ミネルヴァ書房）
コーイング『ヨーロッパ法史論』（佐々木有司編訳）（昭和五五年、創文社）
デュヴェルジェ『フランス憲法史』（時本義昭訳）（平成七年、みすず書房）
トクヴィル『アメリカの民主政治［全三冊］』（井伊玄太郎訳）（昭和六二年、講談社学術文庫）
ハーツ『アメリカ自由主義の伝統』（有賀貞訳）（平成六年、講談社学術文庫）
ハミルトン、ジェイ、マディソン『ザ・フェデラリスト』（斎藤眞ほか訳）（平成一一年、岩波文庫）
ベネディクト『アメリカ憲法史』（常本照樹訳）（平成六年、北海道大学図書刊行会）
ペリィ『憲法・裁判所・人権』（芦部信喜監訳）（昭和六二年、東京大学出版会）
モンテスキュー『法の精神［全三冊］』（野田良之ほか訳）（平成元年、岩波文庫）
ルソー『社会契約論』（桑原武夫ほか訳）（昭和二九年、岩波文庫）
ロック『市民政府論』（鵜飼信成訳）（昭和四三年、岩波文庫）
芦部信喜（高橋和之補訂）『憲法　第四版』（平成一九年、岩波書店）
阿部照哉『比較憲法入門』（平成六年、有斐閣）
宇賀克也『ベーシック行政法』（「法学教室」平成一六年四月号～平成一八年三月号、有斐閣）
大石眞『日本憲法史［第2版］』（平成一七年、有斐閣）
金子一・松浦馨・新堂幸司・竹下守夫『条解民事訴訟法』（昭和六一年、弘文堂）

金子宏『租税法［第九版増補版］法律学講座双書』（平成一六年、弘文堂）
佐藤幸治『現代法律学講座5　憲法［新版］』（平成二年、青林書院）
塩野宏『行政法Ⅰ［第四版］行政法総論』（平成一七年、有斐閣）
塩野宏『行政法Ⅱ［第四版］行政救済法』（平成一七年、有斐閣）
塩野宏『行政法Ⅲ［第三版］行政組織法』（平成一八年、有斐閣）
世界史小辞典編集委員会『山川世界史小辞典（改訂新版）』（平成一六年、山川出版社）
園部逸夫『注解行政事件訴訟法』（平成元年、有斐閣）
田上穣治『法律学全集一二―Ⅰ警察法［新版］』（昭和五八年、有斐閣）
日本史広辞典編集委員会『山川日本史小辞典（新版）』（平成一三年、山川出版社）
樋口陽一『現代法律学全集三六　比較憲法［全訂第三版］』（平成四年、青林書院）
松本時夫・土本武司『条解刑事訴訟法　増補補正版』（昭和六三年、弘文堂）
松本英昭『新版逐条地方自治法〈第1次改訂版〉』（平成一四年、学陽書房）
南博方・高橋滋『条解行政事件訴訟法［第2版］』（平成一五年、弘文堂）

なお、法令違憲の判断を示した最高裁大法廷判決には、以下のものがある。

1　昭和四八年四月四日（刑集二七巻三号二六五頁）（刑法二〇〇条の尊属殺人規定）
2　昭和五〇年四月三〇日（民集二九巻四号五七二頁）（薬事法の適正配置規定）
3　昭和五一年四月一四日（民集三〇巻三号二二三頁）（公職選挙法の議員定数配分規定）
4　昭和六〇年七月一七日（民集三九巻五号一一〇〇頁）（同右）
5　昭和六二年四月二二日（民集四一巻三号四〇八頁）（森林法の共有地分割禁止規定）
6　平成一四年九月一一日（民集五六巻七号一四三九頁）（郵便法の免責規定）
7　平成一七年九月一四日（民集五九巻七号二〇八七頁）（公職選挙法の在外国民選挙権規定）
8　平成二〇年六月四日（国籍法の国籍取得要件）

著者略歴

福島　弘（ふくしま　ひろし）

昭和38年　東京生まれ
昭和61年　中央大学法学部卒業
平成元年　東京地方検察庁検事任官
現　　在　札幌法務局訟務部長等を経て、東京高等検察庁検事

日本国憲法の理論

2008年９月21日　初版第１刷発行

著　者　福　島　　弘
発行者　玉　造　竹　彦

郵便番号 192－0393
東京都八王子市東中野742－1
発行所　中央大学出版部
電話 042(674)2351　FAX 042(674)2354
http://www2.chuo-u.ac.jp/up/

印刷・藤原印刷

ISBN978-4-8057-0724-1

事項・人名索引

ア　行

カ　行

サ　行

タ　行

ナ　行

ハ　行

マ　行

ヤ　行

ラ　行

判例索引

最高裁昭和23年２月６日大法廷判決（刑集２巻２号23頁）　432
最高裁昭和23年３月10日大法廷判決（刑集２巻３号175頁）　318
最高裁昭和23年３月12日大法廷判決（刑集２巻３号191頁）　115
最高裁昭和23年３月24日大法廷判決（裁判所時報９号８頁）　432
最高裁昭和23年４月13日第３小法廷判決（民集２巻４号71頁）　418
最高裁昭和23年５月５日大法廷判決（刑集２巻５号447頁）　330
最高裁昭和23年５月26日大法廷判決（刑集２巻５号551頁）　331
最高裁昭和23年６月17日第１小法廷判決（裁判集刑事２号493頁）　432
最高裁昭和23年６月23日大法廷判決（刑集２巻７号715頁）　358
最高裁昭和23年６月23日大法廷判決（刑集２巻７号777頁）　432
最高裁昭和23年７月８日大法廷判決（刑集２巻８号801頁）　70,376
最高裁昭和23年７月19日大法廷判決（刑集２巻８号922頁）　318
最高裁昭和23年７月19日大法廷判決（刑集２巻８号944頁）　360
最高裁昭和23年７月19日大法廷判決（刑集２巻８号952頁）　350
最高裁昭和23年７月29日大法廷判決（刑集２巻９号1029頁）　363
最高裁昭和23年８月５日第１小法廷判決（刑集２巻９号1123頁）　424
最高裁昭和23年９月18日第２小法廷判決（刑集２巻10号1209頁）　360
最高裁昭和23年10月６日大法廷判決（刑集２巻11号1275頁）　433
最高裁昭和23年10月30日第２小法廷判決（刑集２巻11号1427頁）　371
最高裁昭和23年11月17日大法廷判決（刑集２巻12号1558頁）　360,424

最高裁昭和24年２月９日大法廷判決（刑集３巻２号130頁）　424
最高裁昭和24年４月６日大法廷判決（刑集３巻４号445頁）　365
最高裁昭和24年４月７日第１小法廷判決（刑集３巻４号489頁）　372
最高裁昭和24年４月30日第２小法廷判決（刑集３巻５号691頁）　372
最高裁昭和24年５月18日大法廷判決（刑集３巻６号734頁）　366
最高裁昭和24年５月18日大法廷判決（刑集３巻６号789頁）　351
最高裁昭和24年７月19日第３小法廷判決（刑集３巻８号1348頁）　372
最高裁昭和24年11月２日大法廷判決（刑集３巻11号1691頁）　372
最高裁昭和24年11月２日大法廷判決（刑集３巻11号1732頁）　360
最高裁昭和24年12月21日大法廷判決（刑集３巻12号2062頁）　435

最高裁昭和25年２月１日大法廷判決（刑集４巻２号73頁）　71,376
最高裁昭和25年２月15日大法廷判決（刑集４巻２号167頁）　325
最高裁昭和25年３月15日大法廷判決（刑集４巻３号366頁）　435
最高裁昭和25年５月30日第３小法廷判決（刑集４巻５号889頁）　435
最高裁昭和25年６月８日第１小法廷判決（刑集４巻６号972頁）　337
最高裁昭和25年９月27日大法廷判決（刑集４巻９号1774頁）　351

最高裁昭和25年10月4日大法廷判決（刑集4巻10号1866頁）　351
最高裁昭和25年10月25日大法廷判決（刑集4巻10号2126頁）　60
最高裁昭和25年10月25日大法廷判決（刑集4巻10号2151頁）　326
最高裁昭和25年11月29日大法廷判決（刑集4巻11号2402頁）　372

最高裁昭和26年1月31日大法廷判決（刑集5巻1号129頁）　372
最高裁昭和26年3月9日大法廷判決（刑集5巻4号509頁）　372

最高裁昭和27年1月25日第2小法廷判決（民集6巻1号22頁）　402
最高裁昭和27年2月20日大法廷判決（民集6巻2号122頁）　320
最高裁昭和27年4月9日大法廷判決（刑集6巻4号584頁）　354
最高裁昭和27年10月8日大法廷判決（民集6巻9号783頁）　376
最高裁昭和27年10月31日第2小法廷判決（民集6巻9号926頁）　377

最高裁昭和28年3月5日第1小法廷判決（刑集7巻3号482頁）　163
最高裁昭和28年4月30日第1小法廷判決（刑集7巻4号909頁）　296
最高裁昭和28年10月30日第2小法廷判決（裁判集民事10号331頁）　206

最高裁昭和29年2月11日第1小法廷判決（民集8巻2号419頁）　377
最高裁昭和29年2月18日第1小法廷判決（裁判集民事12号693頁）　417
最高裁昭和29年3月11日第1小法廷判決（刑集8巻3号270頁）　433
最高裁昭和29年7月29日第1小法廷判決（刑集8巻7号1217頁）　355
最高裁昭和29年7月30日第3小法廷判決（民集8巻7号1463頁）　206
最高裁昭和29年8月20日第2小法廷判決（刑集8巻8号1249頁）　338
最高裁昭和29年10月22日第2小法廷判決（刑集8巻10号1653頁）　433
最高裁昭和29年11月24日大法廷判決（刑集8巻11号1875頁）　292

最高裁昭和30年1月26日大法廷判決（刑集9巻1号89頁）　116,128
最高裁昭和30年2月24日第1小法廷判決（民集9巻2号217頁）　383
最高裁昭和30年4月5日第3小法廷判決（民集9巻4号411頁）　399
最高裁昭和30年4月22日第2小法廷判決（刑集9巻5号911頁）　324
最高裁昭和30年6月22日大法廷判決（刑集9巻8号1189頁）　372,434
最高裁昭和30年10月28日第2小法廷判決（民集9巻11号1727頁）　403
最高裁昭和30年11月8日第3小法廷判決（裁判集民事20号373頁）　417
最高裁昭和30年11月29日第3小法廷判決（刑集9巻12号2524頁）　352

最高裁昭和31年4月13日第2小法廷判決（民集10巻4号397頁）　207
最高裁昭和31年11月27日第3小法廷判決（民集10巻11号1468頁）　184
最高裁昭和31年12月22日第2小法廷判決（刑集10巻12号1667頁）　434

最高裁昭和32年1月22日第3小法廷判決（刑集11巻1号103頁）　353
最高裁昭和32年2月7日第1小法廷判決（裁判集民事25号383頁）　427
最高裁昭和32年4月25日第1小法廷判決（刑集11巻4号1485頁）　435

最高裁昭和33年５月28日大法廷判決（刑集12巻８号1718頁）　366,425
最高裁昭和33年７月１日第３小法廷判決（民集12巻11号1612頁）　208
最高裁昭和33年７月９日大法廷判決（刑集12巻11号2407頁）　137
最高裁昭和33年10月15日大法廷判決（刑集12巻14号3305頁）　292

最高裁昭和34年７月15日第２小法廷判決（民集13巻７号1062頁）　207
最高裁昭和34年12月16日大法廷判決（刑集13巻13号3225頁）　33,154,380

最高裁昭和35年６月８日大法廷判決（民集14巻７号1206頁）　149,380
最高裁昭和35年７月６日大法廷判決（民集14巻９号1657頁）　344

最高裁昭和36年３月９日第１小法廷判決（刑集15巻３号500頁）　355
最高裁昭和36年４月27日第１小法廷判決（民集15巻４号928頁）　209
最高裁昭和36年６月13日第３小法廷判決（刑集15巻６号961頁）　338
最高裁昭和36年７月19日大法廷判決（刑集15巻７号1106頁）　6

最高裁昭和37年１月19日第２小法廷判決（民集16巻１号57頁）　386
最高裁昭和37年２月21日大法廷判決（刑集16巻２号107頁）　110
最高裁昭和37年３月７日大法廷判決（民集16巻３号445頁）　104,380
最高裁昭和37年５月30日大法廷判決（刑集16巻５号577頁）　138,293
最高裁昭和37年11月28日大法廷判決（刑集16巻11号1593頁）　336
最高裁昭和37年12月26日第２小法廷判決（民集16巻12号2557頁）　192

最高裁昭和38年３月27日大法廷判決（刑集17巻２号121頁）　254
最高裁昭和38年５月31日第２小法廷判決（民集17巻４号617頁）　193
最高裁昭和38年６月26日大法廷判決（刑集17巻５号521頁）　289

最高裁昭和39年１月28日第１小法廷判決（民集18巻１号136頁）　427
最高裁昭和39年２月５日大法廷判決（民集18巻２号270頁）　82,106
最高裁昭和39年６月４日第１小法廷判決（民集18巻５号745頁）　210
最高裁昭和39年６月24日第３小法廷判決（民集18巻５号874頁）　428
最高裁昭和39年10月29日第１小法廷判決（民集18巻８号1809頁）　384

最高裁昭和40年６月30日大法廷判決（民集19巻４号1089頁）　345
最高裁昭和40年６月30日大法廷判決（民集19巻４号1114頁）　347

最高裁昭和41年２月８日第３小法廷判決（民集20巻２号196頁）　377
最高裁昭和41年３月２日大法廷判決（民集20巻３号360頁）　347
最高裁昭和41年７月１日第２小法廷判決（刑集20巻６号537頁）　360
最高裁昭和41年７月13日大法廷判決（刑集20巻６号609頁）　338,436
最高裁昭和41年12月27日大法廷判決（民集20巻10号2279頁）　347

最高裁昭和42年７月５日大法廷判決（刑集21巻６号748頁）　339,436

最高裁昭和42年10月20日第２小法廷判決（訟務月報13巻12号1514頁）　238,409

最高裁昭和43年７月９日第３小法廷判決（判時529号51頁）　239
最高裁昭和43年８月20日第３小法廷判決（民集22巻８号1677頁）　418

最高裁昭和44年12月５日第２小法廷判決（刑集23巻12号1583頁）　164

最高裁昭和45年７月２日第１小法廷判決（刑集24巻７号412頁）　111
最高裁昭和45年９月16日大法廷判決（民集24巻10号1410頁）　225
最高裁昭和45年11月25日大法廷判決（刑集24巻12号1670頁）　361

最高裁昭和46年１月22日第２小法廷判決（民集25巻１号45頁）　185
最高裁昭和46年10月28日第１小法廷判決（民集25巻７号1037頁）　186

最高裁昭和47年11月22日大法廷判決（刑集26巻９号554頁）　165,279
最高裁昭和47年11月22日大法廷判決（刑集26巻９号586頁）　117,124,132
最高裁昭和47年11月30日第１小法廷判決（民集26巻９号1746頁）　401,406
最高裁昭和47年12月５日第３小法廷判決（民集26巻10号1795頁）　194
最高裁昭和47年12月20日大法廷判決（刑集26巻10号631頁）　347

最高裁昭和48年４月４日大法廷判決（刑集27巻３号265頁）　60
最高裁昭和48年４月25日大法廷判決（刑集27巻４号547頁）　111
最高裁昭和48年９月14日第２小法廷判決（民集27巻８号925頁）　211

最高裁昭和49年４月25日第１小法廷判決（民集28巻３号405頁）　194
最高裁昭和49年11月６日大法廷判決（刑集28巻９号393頁）　112
最高裁昭和49年12月10日第３小法廷判決（民集28巻10号1868頁）　190

最高裁昭和50年４月30日大法廷判決（民集29巻４号572頁）　117
最高裁昭和50年５月29日第１小法廷判決（民集29巻５号662頁）　187
最高裁昭和50年９月10日大法廷判決（刑集29巻８号489頁）　111,299
最高裁昭和50年10月24日第２小法廷判決（民集29巻９号1417頁）　419

最高裁昭和51年４月14日大法廷判決（民集30巻３号223頁）　82,106

最高裁昭和52年12月20日第３小法廷判決（民集31巻７号1101頁）　222

最高裁昭和53年３月14日第３小法廷判決（民集32巻２号211頁）　393
最高裁昭和53年５月26日第２小法廷判決（民集32巻３号689頁）　224
最高裁昭和53年９月７日第１小法廷判決（刑集32巻６号1672頁）　161
最高裁昭和53年10月４日大法廷判決（民集32巻７号1223頁）　203
最高裁昭和53年10月20日第２小法廷判決（民集32巻７号1367頁）　249
最高裁昭和53年12月21日第１小法廷判決（民集32巻９号1723頁）　300

最高裁昭和54年3月23日第2小法廷判決（判時924号51頁）　420

最高裁昭和55年12月17日第1小法廷決定（刑集34巻7号672頁）　234

最高裁昭和56年4月7日第3小法廷判決（民集35巻3号443頁）　377
最高裁昭和56年6月26日第2小法廷判決（刑集35巻4号426頁）　235
最高裁昭和56年12月16日大法廷判決（民集35巻10号1369頁）　409

最高裁昭和57年3月12日第2小法廷判決（民集36巻3号329頁）　439
最高裁昭和57年4月23日第2小法廷判決（民集36巻4号727頁）　172
最高裁昭和57年7月7日大法廷判決（民集36巻7号1235頁）　131

最高裁昭和58年6月22日大法廷判決（民集37巻5号793頁）　226
最高裁昭和58年7月8日第2小法廷判決（刑集37巻6号609頁）　437

最高裁昭和60年1月22日第3小法廷判決（民集39巻1号1頁）　195
最高裁昭和60年5月17日第2小法廷判決（民集39巻4号919頁）　227
最高裁昭和60年7月17日大法廷判決（民集39巻5号1100頁）　84,106
最高裁昭和60年11月21日大法廷判決（民集39巻7号1512頁）　140

最高裁昭和61年2月27日第1小法廷判決（民集40巻1号124頁）　228
最高裁昭和61年4月25日第2小法廷判決（刑集40巻3号215頁）　163

最高裁昭和62年4月22日大法廷判決（民集41巻3号408頁）　121
最高裁昭和62年5月28日第1小法廷判決（判時1246号80頁）　389
最高裁昭和62年7月17日第2小法廷判決（判時1248号138頁）　437

最高裁昭和63年4月15日第2小法廷判決（判タ667号103頁）　438

最高裁平成元年1月20日第2小法廷判決（刑集43巻1号1頁）　117,128
最高裁平成元年2月17日第2小法廷判決（民集43巻2号56頁）　395
最高裁平成元年3月7日第3小法廷判決（判時1308号111頁）　117,128
最高裁平成元年6月29日第1小法廷判決（民集43巻6号664頁）　250
最高裁平成元年7月4日第3小法廷判決（判時1336号86頁）　406
最高裁平成元年11月24日第2小法廷判決（民集43巻10号1169頁）　173,229

最高裁平成2年2月20日第3小法廷判決（判時1380号94頁）　240
最高裁平成2年4月17日第3小法廷判決（判時1348号15頁）　438
最高裁平成2年7月20日第2小法廷判決（民集44巻5号938頁）　440
最高裁平成2年9月28日第2小法廷判決（刑集44巻6号463頁）　108

最高裁平成3年4月26日第2小法廷判決（民集45巻4号653頁）　175,241,279
最高裁平成3年7月9日第3小法廷判決（民集45巻6号1049頁）　198

最高裁平成４年７月１日大法廷判決（民集46巻５号437頁）　122,167,279
最高裁平成４年９月22日第３小法廷判決（民集46巻６号571頁）　396
最高裁平成４年10月29日第１小法廷判決（民集46巻７号1174頁）　169,212,279
最高裁平成４年12月10日第１小法廷判決（判時1453号116頁）　195

最高裁平成５年２月25日第１小法廷判決（民集47巻２号643頁）　391,407,410
最高裁平成５年３月11日第１小法廷判決（民集47巻４号2863頁）　244
最高裁平成５年３月16日第３小法廷判決（民集47巻５号3483頁）　170,201,279
最高裁平成５年６月25日第２小法廷判決（判時1475号59頁）　130

最高裁平成６年１月20日第１小法廷判決（判時1502号98頁）　392

最高裁平成７年２月28日第１小法廷判決（民集49巻２号639頁）　307
最高裁平成７年６月23日第２小法廷判決（民集49巻６号1600頁）　214,229

最高裁平成９年１月28日第３小法廷判決（民集51巻１号250頁）　396

最高裁平成10年７月16日第１小法廷判決（判時1652号52頁）　200
最高裁平成10年９月４日第２小法廷判決（判時1648号156頁）　438

最高裁平成11年１月21日第１小法廷判決（判時1675号48頁）　220,247

最高裁平成16年４月27日第３小法廷判決（民集58巻４号1032頁）　202,231

最高裁平成17年９月14日大法廷判決（判タ1191号143頁）　141

最高裁平成18年３月１日大法廷判決（民集60巻２号587頁）　298

最高裁平成20年６月４日大法廷判決　443